JAHRBUCH
BILDUNGS- & TALENTMANAGEMENT 2016

Bibliografische Information der Deutschen Nationalbibliothek

Die Deutsche Nationalbibliothek verzeichnet diese Publikation in der Deutschen Nationalbibliografie; detaillierte bibliografische Daten sind im Internet über http://dnb.d-nb.de abrufbar.

Herausgeber
TÜV SÜD Akademie GmbH
Westendstraße 160
80339 München
www.tuev-sued.de/akademie
bildungspreis@tuev-sued.de

Projektleitung, Autorin und Redaktion
Anne Dreyer

Statistische Auswertungen und Übersichten
Statistik und SPSS, Bernd Bahr

Art Direction und Lektorat
Reinhard Köhrer

ISBN 978-3-95863-224-0

Dieses Werk, einschließlich aller seiner Teile, ist urheberrechtlich geschützt. Die Autoren sind für ihre Beiträge selbst verantwortlich. Die Rechte an den Beiträgen – und, soweit nicht abweichend bezeichnet, die Rechte an Grafiken und Bildmaterial – liegen ebenfalls bei den Autoren bzw. den Urhebern der jeweiligen Werke. Jede Verwertung außerhalb der engen Grenzen der urheberrechtlichen Schrankenbestimmungen ist ohne vorherige Zustimmung des Verlages unzulässig und strafbar. Das gilt insbesondere für Vervielfältigungen, Bearbeitungen, Übersetzungen, Mikroverfilmungen und die digitale Einspeicherung und Verarbeitung in elektronischen Systemen.

Umschlaggestaltung, Layout und Satz: DTP und Verlags Service Reinhard Köhrer
Umschlagfoto: Bildagentur Shutterstock

Initiator

Jürgen Merz | Jörg Schemat
TÜV SÜD Akademie GmbH

Grußwort

Höhere Kunden- oder Qualitätsansprüche und der demografische Wandel verlangen flexibles unternehmerisches Agieren und stetige Anpassung an Markt und Technik. Das gelingt nur durch kontinuierliche Weiterbildung und Qualifikation der Mitarbeiter. Wissen sichert heute den Unternehmenserfolg und die Zukunftsfähigkeit des Unternehmens.

Die Auswertungen der Bewerbungen zum Deutschen Bildungspreis 2016 zeigen sehr schön, dass die Teilnehmer intensiv an ihrem Personalentwicklungssystem arbeiten. Viele Bereiche werden bereits vorbildlich umgesetzt. In anderen bestehen noch – zum Teil erhebliche – Verbesserungsmöglichkeiten.

Wir haben es uns zum Ziel gemacht, den Weiterbildungsprozess zu systematisieren und zu professionalisieren. Langfristige Bildungskonzepte, gründliches Controlling und optimale Prozessabläufe sollen helfen, die Unternehmensziele konsequent umzusetzen. Das Qualitätsmodell des Deutschen Bildungspreis will die betriebliche Weiterbildung effizienter gestalten, die Relevanz des Bildungsmanagements in der Öffentlichkeit hervorheben und somit die Unternehmen langfristig unterstützen.

Wir sind stolz, mit den ausgezeichneten Unternehmen aus dem Deutschen Bildungspreis Firmen zeigen zu können, die als Vorbild bei der Umsetzung strategischen Bildungs- und Talentmanagements gelten können. Das Audit, das diese Unternehmen bestanden haben, wurde seit 2013 bereits in über 80 Unternehmen erfolgreich durchgeführt und erfasst das gesamte Managementsystem, von der Bedarfsanalyse über die Bildungsplanung bis hin zu Controlling, Steuerung des Praxistransfers und Qualitätssicherung.

Die vielfältigen Fachbeiträge aus dem Netzwerk rund um den Deutschen Bildungspreis sowie die starken Partner und Unterstützer zeigen, dass ein intensiver Austausch vielfältige Best-Practice-Impulse geben kann. Es bleibt zu wünschen, dass diese in der deutschen HR-Landschaft rege aufgenommen und weiterentwickelt werden.

Jürgen Merz   Jörg Schemat

INHALTSVERZEICHNIS

Grußwort 5

Zum Aufbau dieses Buches 12

Kapitel 1 | Der Deutsche Bildungspreis 2016 – Qualitätsmodell und Grundlagen   15

Die Stakeholder der betrieblichen Weiterbildung 16

    1. Einleitung 16
    2. Stakeholderanalysen im Projektmanagement 17
    3. Welche betrieblichen Akteure der betrieblichen Weiterbildung
       werden in der Theorie genannt? 22
    4. Fazit 59

Qualitätsbereiche und Ergebnisse 63

Ergebnisse des Deutschen Bildungspreises 2016 76

    1. Strategie 82
       Managementsummary zu den Ergebnissen im Bereich Strategie 82
       1.1 Kernbereich Bedarfsanalyse 83
       1.2 Kernbereich Bildungsplanung 88
       1.3 Kernbereich Transfer 92
       1.4 Kernbereich Controlling 97
       1.5 Mitarbeitergespräche 100
       1.6 Interne Kommunikation 103
       1.7 Mitarbeiterrekrutierung 108
       Fazit 112

    2. Struktur 115
       Managementsummary zu den Ergebnissen im Bereich Struktur 115
       2.1 Kernbereich Organisation 116
       2.2 Kernbereich Infrastruktur 120

| Inhaltsverzeichnis

2.3 Führungskräfte 124
2.4 Mitarbeiter 128
Fazit 132

3. Leistungen 134
Managementsummary zu den Ergebnissen im Bereich Leistungen 134
3.1 Beratung 135
3.2 Interne Trainer 138
3.3 Externe Dienstleister 142
3.4 Kernbereich Bildungsmaßnahmen 146
Fazit 150

Kapitel 2 | Fachbeiträge   155

Organisationale Resilienz als unternehmerisches Bildungsziel 156
Erich R. Unkrig – AREVA GmbH

Führung 171

Our people make it work 172
Steffen Straub, Julia Willer – Bilfinger SE

Blended learning in der Führungskräfteentwicklung 178
Susann Bock, Julia Willer – RICOH DEUTSCHLAND GmbH

Führung heißt Beziehungen gestalten 186
Brigitte Scheder – Materne Training

Qualitätszirkel Führung: „Kulturell wirksam – aber auch ganz praktisch" 192
Annette Arand – VR Bank Südpfalz

Return of Fun – Warum Führung Spaß machen muss 200
Wolfgang Rathert – CN St. Gallen Academy AG

Bildung strategisch planen und umsetzen ... 209

Generationenkongress am Universitätsklinikum Würzburg: Miteinander – füreinander ... 210
Dr. Susanne Buld – Universitätsklinikum Würzburg

Wissen steigert Kundenzufriedenheit und Umsatz ... 218
Andreas Kleinknecht – Compass Gruppe

Lernkultur im Wandel ... 224
Wilhelm Stock – RWE Power AG

Recruiting und Kommunikation ... 233

Od School und New Media: Das richtige Medium für Bildungsprojekte ... 234
Regina Koller – IKW team GmbH

Auszubildende sind die Mitarbeiter von morgen ... 244
Peter Martin Thomas, Christine Uhlmann – SINUS akademie

Studienabbrecher vs. Studienaussteiger ... 250
Thomas Skowronek – Fernlehrinstitut Dr. Robert Eckert GmbH

Mitarbeiter mit passenden Maßnahmen effektiv unterstützen ... 261

Das Einführungsseminar – reloaded ... 262
Bitta Scholten – Vistaprint

Mein Weg in der Johannes-Diakonie – berufliche Perspektiven nutzen ... 270
Kerstin Wolff – Johannes Diakonie Moosbach

Auf Erfahrung bauen ... 278
Claudia Benfer – Loh Academy

Arbeitsprozessintegrierte Kompetenzentwicklung in produzierenden Unternehmen ... 284
Joachim Bessell – Christiani Academy

| Inhaltsverzeichnis

Kapitel 3 | Ausgezeichnete Unternehmen des Deutschen Bildungspreises   293

Gewinnerprofile

Wohngemeinschaft für Senioren 294
MOTEL One Group 296
Dichtungstechnik Wallstabe & Schneider 298
AREVA GmbH 300
LAMILUX Heinrich Strunz Gruppe 302
Bundesagentur für Arbeit 304
Dr. Ing. h.c. F. Porsche AG 306

Exzellenzunternehmen 2013 bis 2016

Abfallwirtschaftsbetrieb München 310
Adwen GmbH 311
AirPlus Servicekarten GmbH 312
Allianz Beratungs- und Vertriebs-AG 313
AOK PLUS 314
AOK Rheinland/Hamburg 315
ascent AG 316
AUDI 317
BASF 318
Bayer Business Services 319
Bayerische Landesbank 320
Berliner Wasserbetriebe 321
BKK firmus 322
BSH Hausgeräte GmbH 323
Compass Gruppe 324
conplement AG 325
ConVista 326
D+H Mechatronic AG 327
DB Regio/DB Training 328
Dentsu Aegis Network 329
Deutsche Kreditbank AG 330
Deutsche Postbank 331
Deutsche Telekom AG 332
Dornseif® Winterdienst mit System 333
E.G.O.-Gruppe 334
Giesecke & Devrient 335
Heiligenfeld Kliniken 336
Horváth & Partners 337
IBM Deutschland GmbH 338
Ingenics AG 339
Johnsons Controls 340

Kautex Textron 341
KfW..342
KYOCERA 343
Landeshauptstadt München 344
Loesche GmbH 345
Luther Rechtsanwaltsgesellschaft..346
Munich Re 347
OKE Group..348
Olympus...349
Pflegezentrum Mainterrasse 350
Pharma Waldhof GmbH 351
PROFILMETALL 352
ResMed Germany Inc. 353
Stihl 354
ThyssenKrupp Business Services..355
ThyssenKrupp Steel Europe..356
VISPIRON Engineering GmbH 357
Volkswagen AG 358
VR Bank Südpfalz 359
Wöhrl Akademie 360

Kapitel 4 | Die Initiative Deutscher Bildungspreis — 363

Der Initiator 364
Schirmherrschaft 366
Beirat des Deutschen Bildungspreises 367
Premiumpartner des Deutschen Bildungspreises 368
Freunde des Deutschen Bildungspreises 371

Anhang | Literaturverzeichnis — 373

Anne Dreyer
Referentin Bildungsmanagement
TÜV SÜD Akademie

Zum Aufbau dieses Buches

Nach den einleitenden Grußworten zu Beginn des Jahrbuchs Bildungs- und Talentmanagement 2016 zeigt das erste Kapitel die Ergebnisse aller Bewerbungen um den Deutschen Bildungspreis 2016.

In den Grundlagen wird analysiert, wer eigentlich die Stakeholder betrieblicher Weiterbildung sind. Nach der Herangehensweise der Stakeholderanalyse aus dem Projektmanagement wird auf Basis von Literaturrecherche sowie zweier Interviews analysiert, welche Stakeholdergruppen es im Bildungsmanagement gibt und welche Charakteristika diese ausmachen.

Die Auswertung der Bewerberunterlagen erläutert detailliert, wie die Bewerber die einzelnen Qualitätskriterien hinsichtlich Umsetzung und Relevanz bewertet haben. Ein Rückblick auf die Bewerbergruppe von 2015 stellt übergreifende Bezüge her.

Personaler und Experten zeigen verschiedene, praxisnahe Aspekte des Bildungsmanagements in 16 Fachbeiträgen auf.

Schwerpunkte werden dabei gebildet zu Führung, zur strategischen Planung und Ausrichtung von Weiterbildung, zum Employer Branding sowie zu konkreten Maßnahmen für eine nachhaltige Entwicklung der Mitarbeiter.

Im dritten Teil stellen sich die Unternehmen, die im Rahmen des Deutschen Bildungspreises seit 2013 ausgezeichnet wurden, vor. Die Gewinner 2016 geben Einblick in ihre Systeme und ihre Bildungsphilosophie, gefolgt von den Trägern des Qualitätssiegels „Exzellentes Bildungs- und Talentmanagement".

Im letzten Teil des Buches werden die Initiative Deutscher Bildungspreis und die dabei beteiligten Unternehmen gezeigt. Nach einer kurzen Vorstellung des Initiators TÜV SÜD Akademie sowie des Expertenbeirats können die Partner des Deutschen Bildungspreises ihre Leistungen darstellen. Als Know-how-Träger unterstützen sie die Initiative aktiv und tragen erheblich zum Aufbau des bundesweiten Kompetenznetzwerks bei.

An dieser Stelle herzlichen Dank an alle beteiligten Premium-Partner und Freunde des Deutschen Bildungspreises.

Die Autorin

Anne Dreyer ist Referentin im Bildungsmanagement der TÜV SÜD Akademie. 2011 gehörte sie zu den Gründern des Deutschen Bildungspreises und führt die Initiative seither als Projektleiterin. In diesem Rahmen auditierte sie zahlreiche Unternehmen. Sie ist als Vortragsrednerin und Sprecherin deutschlandweit im Einsatz. Sie hat bereits vielfältige Fachartikel, Beiträge und Bücher zur Professionalisierung im Bildungsmanagement und zur Qualität betrieblicher Bildung veröffentlicht. Nach dem Abschluss als Diplom-Kauffrau für Europäische Wirtschaft an der Universität Bamberg ist sie seit 2012 Doktorandin am Institut für Technik und Bildung der Universität Bremen.

KAPITEL 1

DER DEUTSCHE BILDUNGSPREIS 2016
QUALITÄTSMODELL UND GRUNDLAGEN

Anne Dreyer
Referentin Bildungsmanagement
TÜV SÜD Akademie

Die Stakeholder der betrieblichen Weiterbildung

Dreyer, A. (2016): Wer sind eigentlich die Stakeholder betrieblicher Weiterbildung? In: Laske, S.; Orthey, A.; Schmid, M. (Hrsg.): PersonalEntwickeln (Loseblatt), Ergänzungslieferung 5.110, Juli 2016. Köln: Verlag Deutscher Wirtschaftsdienst

In diesem Beitrag erfahren Sie,
» welche Vorteile die Stakeholderanalyse als Tool des Projektmanagements für das Themenfeld berufliche Bildung besitzt,
» welche Stakeholder betrieblicher Bildung in der Literatur aufgezählt werden,
» empirische Ergebnisse, wer diese Stakeholder sind und welche Interessen sie verfolgen, sowie
» eine Bewertung, welche Stakeholder für das betriebliche Bildungsmanagement besonders relevant sind.

1. Einleitung

Seit Jahren beschäftige ich mich schon mit der Frage, wie bei Lernprozessen im Unternehmen optimale Lernerfolge und ein reibungsloser Transfer in die Praxis erreicht werden können. Um sich der Frage nach den Qualitätskriterien des betrieblichen Bildungsmanagements zu nähern, ist es unerlässlich, die Erwartungen und Bedürfnisse derer zu kennen, die am Lernprozess beteiligt sind. Im Rahmen meiner Dissertationsschrift führte ich eine Stakeholderanalyse durch, um die wichtigsten Stakeholder zu identifizieren. Dieses Vorgehen und die Ergebnisse lesen Sie in diesem Beitrag. Im Anschluss führte ich mit Vertretern der wesentlichen Stakeholdergruppen Interviews durch, um ihre Anforderungen an die betriebliche Weiterbildung zu analysieren.

2. Stakeholderanalyse im Projektmanagement

Das Verfahren der Stakeholderanalyse kommt ursprünglich aus dem Projektmanagement. Der Begriff wird jedoch auch in der allgemeinen Managementlehre benutzt. Grundsätzlich können für vielfältige Themen Stakeholder geprüft werden, solange das Thema möglichst konkret und klar fassbar und in zumindest einem Aspekt kontrovers ist, damit die Positionen der verschiedenen Gruppen klare Unterschiede aufweisen. Zudem sollte das Thema eine gewisse Wichtigkeit bergen, um den Aufwand einer Stakeholderanalyse zu rechtfertigen (Schmeer 1999: 7).

In dieser Arbeit soll die Stakeholderanalyse durchgeführt werden, um die Beteiligten am Bildungsprozess im Unternehmen festzustellen. Das Thema ist mit dem Managen von Weiterbildung klar umrissen. Es birgt durchaus eine gewisse Kontroversität in der Frage der Wertigkeit beruflicher Bildung oder im Bias zwischen Unternehmens- und Mitarbeiterperspektive. Die Wichtigkeit ist ebenfalls gegeben. Zum einen kann sie in den großen Weiterbildungsaufwänden und -investitionen, dem damit verbundenem Erfolgsdruck und der dazu nötigen Professionalisierung gesehen werden. Zum anderen ist eine Analyse der Stakeholder im Rahmen dieser Arbeit wichtig, um im Anschluss passende Interviewpersonen zur Ermittlung der Anforderungen an das Bildungsmanagement auswählen zu können.

Im Projektmanagement geht es bei der Stakeholderanalyse darum, bevor ein Projekt aufgesetzt und gestartet wird, alle Beteiligten und Betroffenen zu identifizieren und ihre Positionierung zum Projekt festzustellen. Auf dieser Basis wird dann die Einbindung der einzelnen identifizierten Gruppen festgelegt und zum Beispiel in der Teamzusammenstellung oder im Kommunikationsplan operationalisiert. In den meisten Unternehmen gibt es jedoch schon laufende Weiterbildungssysteme, sodass die Stakeholderanalyse hier eher zur Standortbestimmung und ggf. Neuausrichtung dient.

Personen als Stakeholder

Zuerst ist an dieser Stelle zu klären, wer überhaupt Stakeholder sein kann. Nach Drews/Hillebrand handelt es sich dabei immer um konkrete Personen oder Personengruppen (Drews/Hillebrand 2007: 1). Schmeer (1999: 8) spricht zudem auch von Organisationen, die Projektmanagement Manufaktur (2015) schließt auch formelle und informelle Gruppierungen sowie das weitere Projektumfeld ein.

Wichtig ist in jedem Fall, dass es sich um „interested parties" (Schmeer 1999: 3) handelt. Als interessiert gelten dabei Gruppen oder Personen, die von einem Thema betroffen sind oder es beeinflussen können, beziehungsweise in einem generellen Managementkontext gesehen, von der Tätigkeit eines bestimmten Unternehmens beeinflusst werden oder diese beeinflussen können (Sztuka 2011). Dabei gilt es immer, beide Richtungen zu untersuchen – Gruppen, die selbst beeinflusst werden, oder solche, die Einfluss auf das untersuchte Thema nehmen können oder wollen. In jedem Fall muss ein irgendwie geartetes Interesse vorhanden sein, Schmeer spricht von einem „vested interest in the policy being promoted" (Schmeer 1999: 3). Die Projektmanagement Manufaktur (2015) stellt heraus, dass es sich um ein berechtigtes Interesse handeln muss.

Ebenfalls möglich ist, dass die als Stakeholder bezeichneten Personen oder Gruppen direkte Berührungspunkte zum untersuchten Thema haben (Projektmanagement Manufaktur 2015). Im Projektmanagement sind sie zum Beispiel „am Projekt direkt beteiligt, am Projektablauf interessiert oder von den Auswirkungen der Projektziele oder Projektergebnisse betroffen" (Drews/Hillebrand 2007: 1). Manche „Stakeholder wollen Einfluss auf den Projektverlauf nehmen und die Projektziele mitgestalten" (Drews/Hillebrand 2007: 1), sind also an einer aktiven Rolle im Thema interessiert. Im Bildungsmanagement wird es sich demnach um Personen oder Personengruppen handeln, die in den Lernprozess involviert sind oder von ihm beeinflusst werden.

Treffen diese genannten Kriterien von Interesse und Einflussnahme nicht zu, können solche Stakeholder aus der Analyse auch herausgelassen werden: „Actors who are not organized or do not have the ability to affect the specific policy should not be included" (Schmeer 1999: 9).

Einstellung und Haltung

Im Projektmanagement ist die Stakeholderanalyse eine besondere Ausprägung der Umfeldanalyse (Schloß 2015), bei der es nicht nur um die Ermittlung von Interessensträgern geht, sondern auch um die Analyse der Art ihrer Beziehung zum untersuchten Thema (Schloß 2015). So soll geprüft werden, ob sie mit dem Thema in einer Beziehung stehen und welcher Art diese Beziehung ist. Im Fokus stehen dabei zum Beispiel die „potenziellen Barrieren und Behinderungen durch Personen, Personengruppen bzw.

Institutionen" (Projektmanagement Manufaktur 2015), die negativen Einfluss auf den Verlauf eines Projektes oder einer Initiative nehmen könnten.

Die DIN 69901-5 (2009) verweist deshalb darauf, dass auch die Haltung der Gruppen zum untersuchten Thema analysiert werden muss: „Stakeholderanalyse: […] Analyse der Projektbeteiligten hinsichtlich deren Einfluss auf das Projekt und deren Einstellungen (positiv oder negativ) […]." Im Bildungsmanagement muss also untersucht werden, wie sich die involvierten Personen zum Thema Lernen und Weiterbildung positionieren und verhalten.

Systematisches Vorgehen

Die Analyse sollte dabei möglichst systematisch und strukturiert ablaufen, also „process of systematically gathering and analyzing qualitative information to determine whose interests should be taken into account when developing and/or implementing a policy or program" (Schmeer 1999: 3). In der Regel werden dazu mit jeder Stakeholdergruppe Interviews geführt. Schmeer weist jedoch darauf hin, dass selbst mit strukturiertem Ablauf die Stakeholderanalyse immer ein stückweit subjektiv bleibt. Dabei liegt der subjektive Anteil jedoch nicht wie so häufig in der Forschung vorrangig beim Forscher oder Untersucher selbst, sondern bei den Stakeholdern: „Stakeholder analysis is based on what stakeholders communicate to analysts" (Schmeer 1999: 1). Positionen und Einschätzungen von Stakeholdern sollten deshalb immer hinterfragt werden.

Aber auch mit diesem Subjektivitätsgehalt kann Stakeholderanalyse sehr positive Ergebnisse vorweisen. Sie verbessert in jedem Fall das Verständnis der Interessen der Stakeholder (Schloß 2015) und kann damit herangezogen werden, um diese besser zu berücksichtigen. Das kann einen „participatory consensus-building process" anregen und unterstützen, Missverständnisse beseitigen und den Rückhalt für das Thema verstärken (Schmeer 1999: 20). Zudem können die Ergebnisse der Stakeholderanalyse als Input für weitere Untersuchungen dienen, so wie es hier in dieser Arbeit der Fall ist.

In der Umsetzung schlägt Schmeer (1999: 10) vor, zuerst die Stakeholder zu identifizieren und dann deren Merkmale zu untersuchen: knowledge, interests, positions, alliances and importance.

Abbildung 1: Stakeholderanalyse (Drews/Hillebrand 2007)

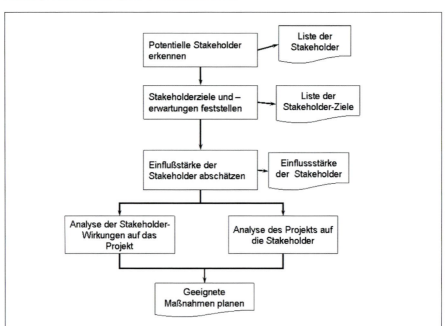

Bewertung der Stakeholder

In der Bewertung und Ordnung der Stakeholder sind viele Dimensionen denkbar. Schloß (2015) ordnet die Stakeholder nach
» „ihrem Einfluss auf andere Stakeholder, ihrem Entscheidungspotenzial (finanziell, technisch, politisch etc.),
» ihrer Einstellung zum Projekt (Gegner, Konkurrent, Befürworter, neutral, ...),
» ihrer Rolle im Projekt, ihren Beziehungen untereinander".

Als „interest" beschreibt Schmeer (1999: 19): „what the [...] stakeholders may have to lose or gain from policy implementation". Diese Vor- und Nachteile können für jede Stakeholdergruppe erfasst werden. Ähnlich ist es mit der „importance". Diese zeigt sich durch die Möglichkeiten, das untersuchte Thema aktiv zu beeinflussen (Schmeer 1999: 17). Schmeer unterteilt dabei in zwei Dimensionen, „power" und „leadership". Da beide Dimensionen stark oder schwach ausgeprägt sein können, ergeben sich vier Gruppen:

- » Group 1: those who have leadership and high power,
- » Group 2: those who have leadership and medium power,
- » Group 3: those who do not have leadership but have high to medium power.

Stakeholder, die weder Macht noch Führungseinfluss besitzen, sollten laut Schmeer (1999: 18) aus der Analyse ausgeklammert werden, da sie das untersuchte Thema nicht wirkungsvoll beeinflussen können. Alternativ könnten sie auch als vierte Gruppe zusammengefasst werden.

Jede Einordnung und Bewertung der Stakeholder sollte kenntlich gemacht und verglichen werden. Schloß (2015) schlägt die Darstellung der Ergebnisse am Ende in einer Kraftfeldanalyse vor.

Die Stakeholderanalyse ist sehr hilfreich, um alle Beteiligten an einem Thema zu untersuchen. Da es sich jedoch um Personen handelt, die sich in Verhalten und Einstellungen verändern und zudem in einem veränderlichen sozialen Umfeld agieren, muss darauf hingewiesen werden, dass eine solche Analyse immer nur eine Momentaufnahme ist. Sie muss immer wieder aktualisiert werden, wenn zu einem späteren Zeitpunkt neue Entscheidungen oder Einschätzungen zum Thema und seinen Stakeholdern gemacht werden sollen (Schloß 2015).

In der betrieblichen Weiterbildung wurde meines Wissens noch keine ausführliche Stakeholderanalyse gemacht. Die Beteiligten und Betroffenen in den Unternehmen wurden bislang noch nicht empirisch erhoben. Im Rahmen dieser Arbeit wird jedoch eine eingeschränkte beziehungsweise verkürzte Stakeholderanalyse durchgeführt. Die unterschiedlichen Stakeholder werden der Literatur entnommen. Zwei Interviews mit Personalleitern dienen dann dazu, die identifizierten Stakeholder zu diskutieren und durch eine Praxisperspektive zu komplettieren. Ich bin mir bewusst, dass eine klassische Analyse über mehrfache Interviews in allen Stakeholdergruppen, idealerweise zweistufig zuerst zur Identifikation der Gruppen und anschließend zu deren Ausdifferenzierung, das optimale Vorgehen wäre. In dieser Arbeit erfüllt die Stakeholderanalyse jedoch in erster Linie den Zweck, die wichtigsten Stakeholder der betrieblichen Weiterbildung zu identifizieren. Ihre Charakteristika sollen auf einer eher allgemeinen Ebene erhoben werden im Sinne eines sensibilisierenden Konzeptes für die anschließend folgenden ausführlichen Interviews mit Vertretern der wichtigsten Stakeholdergruppen zur Analyse ihrer Anforderungen und Erwartungen. In Anbetracht der begrenzten Ressourcen muss deshalb die Stakeholderanalyse verkürzt werden.

An dieser Stelle soll jedoch darauf hingewiesen werden, dass für weiterführende Forschung zum Thema betriebliches Bildungsmanagement umfassende Stakeholderanalysen sinnvoll und nötig wären. Die Forschungsgemeinschaft bleibt ausdrücklich dazu aufgerufen, diese wichtige Grundlage intensiv zu bearbeiten.

3. Welche Akteure der betrieblichen Weiterbildung werden in der Theorie genannt?

Bislang gibt es noch keine valide Aufstellung und empirische Ermittlung der Stakeholder der betrieblichen Weiterbildung. In der Literatur werden verschiedene Akteure genannt. Dabei handelt es sich jedoch in der Regel um Aufzählungen und Nennungen. Diese sind teilweise nur beispielhaft zu verstehen und erheben sicher keinen Anspruch auf Vollständigkeit. Zudem beziehen sich viele Autoren weniger auf die Weiterbildung in den Unternehmen, sondern vielmehr auf das Umfeld von Weiterbildungsanbietern. Alle genannten Akteure zusammengenommen ergeben jedoch ein vielschichtiges Bild, mit dem im Rahmen dieser Arbeit weitergearbeitet werden soll.

3.1 Ausgewählte Betrachtungen aus der Literatur

Nachfolgend einige ausgewählte Aussagen von Autoren zu einzelnen Stakeholdergruppen.

Im Fokus: Die Trainer
Von Hippel (2011: 46 u. 52) blickt zum Beispiel auf den Trainer und stellt fest, dass der „professionelle Akteur nicht nur zwischen sich als Lehrendem, dem Lernenden und dem Lerngegenstand vermitteln, sondern eine Fülle weiterer Erwartungen […] ausbalancieren muss". Als Beispiele für solche Erwartungshaltungen und deren Träger nennt sie die Gesellschaft, den Arbeitsmarkt und die einzelne Person, aber auch die Politik, Gesellschaft, Geldgeber, Kooperationspartner, die jeweiligen Organisationen und Professionen. Sie stellt dabei heraus, dass häufig nicht klar herausgearbeitet werden kann, wer Hauptbezugspunkt oder Adressat des pädagogischen Handelns ist.

Im Fokus: Die Kunden der Weiterbildung
Mit der Bezeichnung des „Weiterbildungs-Kunden" setzen sich verschiedene Autoren auseinander. Nach Crawford (1992) kann der Begriff „Kunde" auf die, die die Dienstleistung nutzen (Lerner), die sie bezahlen oder andere Interessensgruppen (z. B. Trainer), zutreffen. Harvey und Green (2000: 25) interpretieren das Wort „Konsumenten" von Weiterbildung in diesem Sinne.

Diese Unterscheidung in verschiedene Kundengruppen ist sicher nicht trivial, wenn man bedenkt, dass das dominante Qualitätsmerkmal in vielen Qualitätsansätzen die Orientierung an Bedürfnissen und Wünschen der potenziellen „Kunden" ist (Denker 2006: 24). Dazu muss erst einmal klargestellt werden, wer als Kunde zu verstehen ist.

Im Fokus: Die Personalentwicklung
Schermuly u. a. (2012: 111) sehen in der Personalentwicklung durchaus verschiedene Akteursinteressen. Sie begrenzen das Feld jedoch auf Unternehmen, Beschäftigte und die Anbieter von Personalentwicklungs-Maßnahmen (Schermuly u. a. 2012: 112). Lohaus und Habermann (2011: 8) nehmen zu diesen dreien noch den Staat mit auf.

Denker (2006: 24) beschreibt die Aufgaben der Verwaltungs- und Leitungskräfte. Zu den Interessen dieser verschiedenen betrieblichen Entscheidungsträger gibt es eine Reihe von Einzeluntersuchungen, zum Beispiel zum Management oder Betriebs- und Personalräten (Bahnmüller u. a. 1992).

Auch in konkreten Tools und Methoden der Personalentwicklung lassen sich Stakeholdergruppen herauslesen. So ist das Lernkulturinventar (Sonntag et al 2004: 113 ff.) in Bereiche für Experten und Mitarbeiter gegliedert.

Im Fokus: Volkshochschulen und Hochschulen

Loibl (2003: 42) untersucht ausführlich Stakeholder in Volkshochschulen. Er zählt als systemrelevante Umwelten die Mitarbeitenden, die Vorstandsmitglieder, die Kunden und die Teilnehmenden auf, außerdem Kommunalpolitiker, die politischen Parteien, Sponsoren, Kooperationspartner, Konkurrenten, Landespolitiker und Bundespolitiker. Er bezieht sich dabei jedoch auf die öffentliche Erwachsenenbildung. Zudem lässt er am Ende mit „und so weiter" anklingen, sodass durchaus noch von weiteren Stakeholdergruppen ausgegangen werden kann.

In der Hochschulbildung werden Schüler/Studenten, Arbeitgeber, Lehrende, Administratoren, Regierung und Geldgeber als Stakeholder genannt (Burrows/Harvey 1992).

Im Fokus: Weitere Stakeholdergruppen

Rosenstiel fasst Qualität als Übereinstimmung der Leistungen mit den Ansprüchen von Bezugsgruppen etwas weiter und geht über den direkten „Kunden" hinaus. Für ihn sind die Stakeholder bei der Weiterbildung die Teilnehmer einer Weiterbildungsmaßnahme, der Auftraggeber, aber auch Kunden, Vorgesetzte und Kollegen derer, die geschult wurden (Rosenstiel 2008: 122).

Denker (2006: 7) stellt dann richtigerweise die weiterführende Frage und zählt dabei weitere aus seiner Sicht relevante Stakeholder auf: „Welche Qualitätsmaßstäbe legen die verschiedenen Interessengruppen (Teilnehmende/Kunden, Kursleiter/Dozenten, hauptamtliche Mitarbeiter, Akteure auf politischen Ebenen) an die Erwachsenen- und Weiterbildung an?"

3.2 Sammlung und Systematisierung

Um zu konkreten, einheitlichen Stakeholdergruppen für das Bildungsmanagement im Unternehmen zu kommen, wurden die oben in den Zitaten genannten Stakeholder oder Stakeholderbeschreibungen herausgefiltert. Ohne Mehrfachnennungen derselben Wörter entstand so eine Liste von 41 Begriffen:

Tabelle 1: Sammlung von Stakeholdern oder Stakeholderbschreibungen

Begriffe	Begriffe
Administratoren	Kursleiter/Dozenten
Adressaten	Landespolitiker
Akteure auf politischen Ebenen	Lehrende
Anbieter	Leitungskräfte
Anbieter von PE-Maßnahmen	Lernende
Arbeitsmarkt	Lerner
Auftraggeber	Management
Beschäftigte	Mitarbeitende
Betriebs- und Personalräte	Politik
Bundespolitiker	politische Parteien
die jeweiligen Organisationen	Professionen
die sie bezahlen	Regierung
Experten	Sponsoren
Geldgeber	Staat
Gesellschaft	Teilnehmer einer Weiterbildungsmaßnahme
hauptamtliche Mitarbeiter	Trainer
Kollegen	Unternehmen
Kommunalpolitiker	Verwaltungskräfte
Konkurrenten	Vorgesetzte
Kooperationspartner	Vorstandsmitglieder
Kunden	

Diese Begriffe wurden erst alphabetisch und dann danach sortiert, ob sich die genannten Personen innerhalb oder außerhalb des Unternehmens befinden. Dann wurden diese Stakeholder übergreifenden Gruppen zugeordnet, um die inhaltlichen Wiederholungen in der Liste zu reduzieren.

Tabelle 2: Zuordnung der Stakeholder inach Gruppen

Überbegriff	Interne Stakeholder	Überbegriff	Externe Stakeholder
Personal/ Bildungsmanagement	Administratoren Experten hauptamtl. Mitarbeiter Professionen Verwaltungskräfte	Politiker	Akteure auf politischen Ebenen Bundespolitiker Kommunalpolitiker Landespolitiker politische Parteien
Teilnehmer	Adressaten Beschäftigte Lernende Lerner Mitarbeitende Teilnehmer einer Weiterbildungsmaßnahme Professionen	Bildungsanbieter	Anbieter Anbieter von PE-Maßnahmen
Führungskräfte	Auftraggeber Leitungskräfte Vorgesetzte	Arbeitsmarkt	Arbeitsmarkt
Kollegen	Kollegen	Gesellschaft	Gesellschaft
Betriebsrat	Betriebs- und Personalräte	Wettbewerber	Konkurrenten
Unternehmensleitung	Auftraggeber die jew. Organisationen die sie bezahlen Geldgeber Management Unternehmen Vorstandsmitglieder	Partner	Kooperationspartner Sponsoren
Interne Trainer	Kursleiter/Dozenten Lehrende Trainer	Kunden	Kunden
		Externe Trainer	Kursleiter/Dozenten Lehrende Trainer
		Staat	Politik Regierung Staat

Lehrkräfte/Trainer wurden sowohl intern als auch extern gelistet, da in den Unternehmen sowohl interne, festangestellte Trainer als auch externe Trainer zum Einsatz kommen.

15 Stakeholdergruppen

Damit entstehen 15 Gruppen (Überbegriffe) von internen und externen Stakeholdern. Diese sollen hier in alphabetischer Reihenfolge kurz charakterisiert werden. Teilweise wird dabei schon eine Entscheidung bezüglich des weiteren Umgangs mit diesem Stakeholder getroffen.

1. **Arbeitsmarkt:** Der in den Quellen genannte Arbeitsmarkt ist nur schwer als Stakeholder zu charakterisieren. Der Begriff ist abstrakt, und es handelt sich um keine Person oder abgrenzbare Personengruppe. Der Arbeitsmarkt beeinflusst die Weiterbildung hinsichtlich der zu schulenden Themen und Zielgruppen sowie durch die Verfügbarkeit alternativer Arbeitskräfte. Letzteres bestimmt den Grad der nötigen Mitarbeiterbindung. Der Arbeitsmarkt ist jedoch ein Konglomerat aus einer Vielzahl von beteiligten Unternehmen, staatlichen Organen und natürlich Einzelpersonen. Die Beteiligten handeln zudem nach divergierenden Zielen und Interessen, sodass nicht von einem Verhalten im Sinne einer Organisation als Akteur ausgegangen werden kann. Deshalb wird „Arbeitsmarkt" aus der Liste der Stakeholder herausgenommen und in der folgenden Untersuchung nicht weiter berücksichtigt.

2. **Betriebsrat:** Im Bildungsmanagement gibt es eine Reihe zustimmungspflichtiger Themen, besonders wenn es um die Messung oder Erfassung von Leistung und Performance der Mitarbeiter geht. Der Betriebsrat prüft den angemessenen Schutz von personen- und leistungsbezogenen Daten. Er kann sich zudem auch aktiv einbringen und eigene Bildungsthemen oder Abläufe vorschlagen.

3. **Bildungsanbieter/externe Trainer:** Externe Dozenten vermitteln ebenfalls Wissen an die Teilnehmer analog den internen Trainern. Sie sind jedoch externe Dienstleister und arbeiten in der Regel nach einem klar umrissenen Auftrag. Sie sind stärker ersetz- und austauschbar und mit den Bildungsprozessen im Unternehmen nur auftragsbezogen vernetzt.

4. **Bildungsmanagement/Personalentwicklung:** Das Bildungsmanagement oder die Personalentwicklung (in den Unternehmen unterschiedlich benannt) übernimmt die operative und strategische Leitung des Themas Weiterbildung im Unternehmen. Es plant alle Bildungsmaßnahmen und führt diese durch. Es arbeitet sowohl mit dem Management/Unternehmensleitung, mit den Führungskräften und mit den Mitarbeitern. Die Bildungsmanager haben in der Regel eine hohe Expertise in der Organisation von Weiterbildung.

5. **Führungskräfte:** Die Führungskräfte sind häufig Auftraggeber der Weiterbildung. Sie geben teilweise Bildungsthemen vor und geben Weiterbildungsanträge frei. Als Vorgesetzte benötigen sie gut ausgebildete Mitarbeiter zur Erledigung der Aufgaben ihres Bereichs. Sie haben ein persönliches Interesse an der Zielerreichung der Abteilung durch damit verbundene Boni/Gehalt und Prestige. Sie wollen die Mitarbeiter in der Regel im Unternehmen halten und hohe Performance ermöglichen. Durch Beobachtung und Beurteilung der Mitarbeiter schätzen sie zudem auch den Erfolg der durchgeführten Bildungs- und Entwicklungsmaßnahmen ein.

6. **Gesellschaft:** Auch die in den Quellen genannte „Gesellschaft" kann als abstrakter Begriff nicht als Stakeholder behandelt werden. Die Gesellschaft erwartet von Unternehmen und Einzelpersonen soziales und verantwortliches Handeln. Sie beein-

flusst das Wertebewusstsein für Bildung und ist somit global betrachtet wichtig für den gesamten Bildungssektor. Mit Blick auf das Bildungsmanagement in konkreten Unternehmen wird sie jedoch aufgrund fehlender direkter Bezüge aus der Liste herausgenommen.

7. **Interne Trainer:** Als Kursleiter, Dozenten und Lehrende vermitteln sie Wissen an die Teilnehmer, leiten die Gruppe an, beantworten Fragen und unterstützen bei der Transferplanung. Die internen Trainer richten sich dabei nach Vorgaben des Unternehmens und kennen das Unternehmen sehr gut. Sie sind eine feste Größe in der Weiterbildung. Sie können das Weiterbildungsgeschehen zumindest in Bezug auf die Ausgestaltung ihrer Maßnahmen aktiv beeinflussen und Ideen einbringen.

8. **Kollegen:** Die Kollegen von Mitarbeitern, die eine Bildungsmaßnahme absolvieren, müssen teilweise deren Aufgaben für die Zeit der Weiterbildung übernehmen. Danach müssen sie bereit sein, Prozesse umzustellen, wenn Gelerntes in den Alltag umgesetzt wird. Sie können den Lernenden motivieren und sind ggf. Lernpartner. Sie profitieren ihrerseits vom Wissen der Geschulten, indem sie Neues selbst übernehmen. Verbessern sich durch die Weiterbildung die Karrierechancen des Mitarbeiters, können unter den Kollegen jedoch auch negative Gefühle wie Neid oder Vernachlässigung entstehen.

9. **Kunden:** Die Kunden eines Unternehmens stellen Erwartungen an das Produkt oder an die Dienstleistung. Damit stellen sie indirekt auch Anforderungen an die Aus- und Weiterbildung der Mitarbeiter, denn sie profitieren von gut ausgebildeten Mitarbeitern durch bessere Beratung und Betreuung, hochwertige Produkte und Dienstleistungen. Im Zuge der Nachhaltigkeitsdebatte haben Kunden ggf. auch ethische Erwartungen an den Umgang mit den Mitarbeitern.

10. **Mitarbeiter/Teilnehmer:** Die Mitarbeiter des Unternehmens sind die Adressaten der Weiterbildung. Sie nehmen als Lernende an Weiterbildungsaktivitäten teil und sollen die Weiterbildungsvorgaben umsetzen. Sie verfügen in der Regel über umfangreiches Vorwissen und Berufserfahrung. Sie sollen das neu erworbene Wissen bzw. die Kenntnisse an den Arbeitsplatz transferieren, sollen Verhalten ändern, Prozesse verbessern etc.

11. **Partner:** Unternehmen arbeiten häufig mit Kooperationspartnern oder Sponsoren zusammen. Je nach Ausrichtung und Intensität der Kooperation sind dabei gemeinsame Ausbildungsaktivitäten möglich. Teilweise hängt die Durchführung der Partnerschaft von einzelnen Fachexperten ab. Weitere Berührungspunkte zum Bildungsmanagement sind jedoch nicht erkennbar. Deshalb werden die Partner aus der Liste für die weitere Untersuchung entfernt.

12. **Politiker:** Die Vertreter der Politik bewegen sich auf verschiedenen politischen Ebenen. In der Regel wünschen sie sich viele Arbeitsplätze in der Region und sind

an Fortbestehen und Entwicklung der Unternehmen interessiert. Sie können das Gesamtgeschäft eines Unternehmens teils auch beeinflussen, zum Beispiel durch verminderte Abgaben oder durch Auftragsvergaben. Zum Teil sind Politiker auch persönlich durch eine starke humanistische Wertorientierung an Bildungsaktivitäten interessiert.

13. **Staat:** Die Regierung gibt die gesetzlichen Rahmenbedingungen vor für Arbeit allgemein und zum Teil auch für die Aus- und Weiterbildung. Sie fördert die berufliche Bildung zum Teil finanziell und ideell. Abläufe im Bildungsmanagement in den einzelnen Unternehmen werden jedoch nicht reguliert. Zudem ist „Staat" als abstraktes Gebilde für die Stakeholderbetrachtung wiederum wenig hilfreich und wird deshalb aus der Liste herausgenommen.

14. **Unternehmensleitung:** Das Unternehmen finanziert die Weiterbildungsaktivitäten. Zudem gibt es die strategische Ausrichtung vor und bestimmt die zur Verfügung stehenden Ressourcen, zum Beispiel auch personelle. Das Unternehmen erwartet einen positiven Rückfluss aus der Weiterbildung, also eine positive Beeinflussung des Geschäfts.

15. **Wettbewerber:** Die Konkurrenten haben in der Regel am Erfolg des Unternehmens kein Interesse. Ein Konkurrenzunternehmen wünscht sich vielleicht gut ausgebildete Mitarbeiter, die es dann für das eigene Haus abwerben kann. Unprofessionelles Auftreten des Unternehmens durch schlecht ausgebildete Mitarbeiter kann für einen Konkurrenten positiv sein, zum Beispiel wenn er Marktanteile übernehmen kann, oder auch negativ, wenn durch das Verhalten ein Schaden für die ganze Branche entsteht.

Nach dem Wegfall der drei abstrakten Gruppen Arbeitsmarkt, Gesellschaft und Staat sowie der Partner bleiben elf Stakeholdergruppen, die in der näheren Betrachtung analysiert werden sollen:

Tabelle 3: Auswahl von Stakeholdergruppen zur genaueren Analyse

Stakeholdergruppen	
Betriebsrat	Bildungsanbieter/externe Trainer
Bildungsmanagement/Personal	Kunden
Führungskräfte	Politiker
Interne Trainer	Wettbewerber
Kollegen	
Mitarbeiter/Teilnehmer	
Unternehmen	

Diese elf Stakeholdergruppen wurden in Gesprächen mit zwei Personalleitern diskutiert. Dabei wurden die elf Gruppen an sich sowie deren Charakteristika noch einmal eingehend hinterfragt. Die Ergebnisse sollen im nächsten Abschnitt dargestellt werden.

Zwei Interviews: Diskussion der Stakeholder mit zwei Unternehmensvertretern

Zum methodischen Vorgehen
Stakeholder in der betrieblichen Weiterbildung waren zum Zeitpunkt der Untersuchung ein wenig untersuchtes Feld. Deshalb standen in der Erhebung das bessere Kennenlernen der Stakeholdergruppen, die Vertiefung des Verständnisses des unternehmerischen Kontextes sowie die Erklärung menschlichen Handelns im Vordergrund. Die Untersuchung verfolgte dabei ein praktisches Erkenntnisinteresse.

Gesprächspartner sollten dabei sachkundige Personen sein, die als Leitungskräfte der betrieblichen Weiterbildung über spezifisches Handlungs- und Erfahrungswissen verfügen. Deshalb wurden Experteninterviews zur Rekonstruktion der Stakeholderlandschaft geführt. Die subjektiven Erfahrungen der Befragten sollten dabei verallgemeinernd ausgewertet werden und eine Einschätzung losgelöst von den Unternehmen der Befragten ermöglichen.

Für die Gespräche wurde dabei die Form des leitfadengestützten Interviews genutzt. So konnten offene Fragen gestellt werden, ohne Antwortmöglichkeiten vorgeben zu müssen. Dadurch wurde das Antwortspektrum möglichst breit gelassen. Zudem erlaubt die Arbeit mit einem Leitfaden das Nachfragen und Abweichungen von der Reihenfolge sowie Vertiefungen. Die Fragen können somit sehr gut auf den Interviewpartner abgestimmt werden. Vom Interviewten selbst angesprochene Aspekte können sofort aufgegriffen und vertieft werden. Durch dieses Setting sollte die subjektive Sichtweise der Interviewten bewusst zugelassen werden, um neue Aspekte des Themenfeldes zu entdecken (Lamnek 1995: 51 ff.). Damit sollten explorative, qualitative Untersuchungsziele verfolgt werden. Da aus den theoretischen Quellen bereits eine Stakeholderliste vorhanden war, bestand das Erkenntnisziel der Interviews aber auch in der Überprüfung dieser theoriebasierten Stakeholder.

Experteninterviews können natürlich grundlegend immer kritisiert werden. Die daraus gezogenen Erkenntnisse basieren nicht vollständig auf konkreten Beobachtungen. Vielmehr besitzen sie einen hohen Interpretationsanteil, logische Eindeutigkeit ist teils nicht gegeben. Allerdings schien mir für die Aufgabenstellung der Stakeholderanalyse die persönliche offene Befragung von Personen mit einem umfassenden Hintergrundwissen als geeignet, um mit vertretbarem Aufwand einen ausreichenden Erkenntnisgewinn für die weitere Untersuchung zu erreichen. In der Untersuchung wurde davon ausgegangen, dass die Einschätzung derer, die bereits langjährig im Forschungsfeld aktiv sind, sehr hilfreich sein könnte.

Auswahl der Unternehmen

Um passende Unternehmen zu finden, wurde aus den Exzellenzunternehmen des Deutschen Bildungspreises gewählt. Diese Unternehmen haben bereits ein Audit „Exzellenz im Bildungs- und Talentmanagement" erfolgreich bestanden. Daher kann bei ihnen von einem hohen Reifegrad des Weiterbildungssystems ausgegangen werden. Dies ist wichtig, da nur Unternehmen, die bereits umfassende Strukturen im Bildungsmanagement aufgebaut haben, zur Wirkungsweise und Bedingungen guter betrieblicher Bildung Auskunft geben können. Unternehmen, die nur über ein rudimentäres Weiterbildungssystem verfügen, haben häufig wichtige Handlungsfelder im Bildungsmanagement noch nicht bearbeitet. Deshalb ist zu erwarten, dass sie nicht über die nötigen Praxiserfahrungen verfügen.

Verschiedene wissenschaftliche Erhebungen zeigen, dass die Weiterbildungsaktivitäten der Unternehmen je nach Branche sehr unterschiedlich sind: „Die Möglichkeiten für Beschäftigte, an betrieblicher Weiterbildung in Form von Lehrveranstaltungen teilnehmen zu können, fallen [...] sehr heterogen aus" (Vollmar 2013: 883). Der Weiterbildungsbedarf ist sehr stark von branchenspezifischen Bedarfen und Ressourcen abhängig (Petanovitsch 2012: 4–14), die Art und Weise, wie dieser Bedarf gedeckt und beantwortet wird, ebenfalls. Es gibt Branchen mit sehr starken Bildungsaktivitäten (Banken und Versicherungen, Energie- und Wasserversorgung, Elektro-Industrie, Fahrzeugbau, Kfz-Handel), solche mit mittlerem Aufkommen (Bau, Metallerzeugung, Chemie/Kunststoff) und Branchen mit geringen Aktivitäten (Tourismus, Verkehr und Logistik, Ernährungsgewerbe) (Continuing Vocational Training Survey 2005, Schiersmann 2006: 22). Zudem spielt auch die Größe der Unternehmen eine Rolle, da auch diese die Ressourcenausstattung und somit das Weiterbildungsverhalten der Unternehmen „signifikant beeinflusst" (Vollmar 2013: 886).

Aus den auditierten Unternehmen des Deutschen Bildungspreises wurden besonders weiterbildungsaffine Branchen für die folgenden Untersuchungen ausgewählt. Innerhalb der Gruppe dieser Auswahl sollten Unternehmen unterschiedlicher Größe befragt werden, da so ein möglichst breites Erfahrungsspektrum einfließen konnte. Je ein Großunternehmen und ein KMU wurden in der Stakeholderanalyse einbezogen.

Auswahl der interviewten Personen

Die in diesen Unternehmen zu befragenden Personen wurden nach Position, Einflussmöglichkeiten und Beteiligung an relevanten Entscheidungen bzw. Handlungen in der betrieblichen Weiterbildung ausgewählt. Auch die Erreichbarkeit, Verfügbarkeit und Bereitschaft der Personen beeinflussten die Auswahl. In den Audits im Rahmen des Deutschen Bildungspreises hatte ich bereits zahlreiche Unternehmensvertreter aus dem Dienstleistungssektor kennengelernt. Bei den Großunternehmen war es sinnvoll, den Leiter der Personalentwicklung zu befragen, da dieser in der Hierarchie häufig den besten Einblick in die Abläufe des Bildungsmanagements einerseits und die strategische Verankerung andererseits besitzt. Andreas Blank, Leiter Personalentwicklung der Bayerischen Landesbank, konnte aus der Kategorie „Dienstleistung Großunternehmen" für die Befragung gewonnen werden. Bei den KMU war meist der Personalchef der passende Ansprechpartner, da KMU in der Regel im Personalbereich weniger kleinteilig strukturiert sind. In dieser Kategorie stellte sich Manfred Loistl, Personalvorstand der Ingenics, zur Verfügung. Beide Firmenvertreter waren langjährig im Personal tätig und hatten in den Audits profunde Kenntnisse in der betrieblichen Weiterbildung gezeigt. Großunternehmen und KMU, ehemals staatliche Landesbank und Beratungsunternehmen für Prozesseffizienz – durch die Auswahl der beiden Interviewpartner mit ihrem spezifischen unternehmerischen Hintergrund konnte eine große Erfahrungsbandbreite erreicht werden.

Methodik und Auswertung

Folgende Fragestellungen wurden in den Interviews bearbeitet:

» Wer sind aus Sicht der Befragten die Stakeholder betrieblicher Weiterbildung?
» Wodurch zeichnen sich diese Stakeholder aus?

Grundlage der Interviews war ein Fragebogen, der im Sinne eines Leitfadens flexibel gehandhabt wurde.

Im ersten Teil wurden die Interviews mit Einstiegsfragen eröffnet, um eine vertrauensvolle Gesprächsatmosphäre herzustellen und den Einstieg ins Thema für die Befragten zu erleichtern (König/Vollmer 1994: 106–108). Im Anschluss wurden die aus der Literatur identifizierten Stakeholder einzeln diskutiert und in den Dimensionen Kenntnis, Haltung, Macht und Einflussmöglichkeiten von den Befragten eingeschätzt. Der orientierende Leitfaden wurde nach dem ersten Interview überarbeitet, um offene Aspekte ergänzen oder als besonders wichtig eingeschätzte Fragestellungen vertiefen zu können.

Im zweiten Gespräch lag der Fokus zudem auf ausgewählten Stakeholdergruppen, die sich im ersten Gespräch als besonders gehaltvoll erwiesen hatten. Diese sollten im zweiten Gespräch inhaltlich angereichert und vertieft werden.

Nach den Interviews erhielten die Interviewten eine strukturierte Zusammenfassung des Gesprächs zur Freigabe, um sicherzugehen, dass ihre Kernaussagen im Folgenden korrekt wiedergegeben werden. Dabei wurden auch noch fehlende Bewertungen abgefragt und von den Interviewten zum Teil nachgereicht. Das aufgezeichnete Tonmaterial wurde durch den Transkriptionsservice Transkripto wortgenau in Textform überführt. Anschließend wurden Füllwörter, Versprecher, Unterbrechungen etc. gelöscht.

In der Inhaltsanalyse nach Mayring (1985) konnte das Textmaterial verdichtet und reduziert werden. Aus der Theorie wurden die Basiskategorien „genannte Stakeholder", „Interessen der Stakeholder" und „Verhältnis der Stakeholder" sowie eine Kategorie für die Bewertungen in den vier Dimensionen gebildet. Dieses Kategoriensystem erwies sich bei der Analyse als sinnvoll. Einleitende Textabschnitte sowie Abschnitte zu Inhalten, die in keinem direkten Bezug zur Fragestellung der Stakeholder standen, wurden in einer neuen Kategorie „Kontext" abgelegt.

In der Textanalyse wurden relevante Wörter, Sätze oder Sinneinheiten den Kategorien zugeordnet. In der Interpretation der Textteile und Kategorien wurde das Material dann nach den einzelnen Stakeholdergruppen strukturiert, da so die gesetzten Forschungsfragen zielführend bearbeitet werden konnten. Als deskriptive Analyse spiegeln die Interpretationen des Materials die Sicht der befragten Experten wider.

Möglichkeiten der Verallgemeinerung

In Bezug auf die Generalisierung der Ergebnisse wurde der Ansatz der exemplarischen Verallgemeinerung verfolgt. Diese Einzelfallbeschreibungen der beiden Interviews wurden als repräsentative Fälle genutzt, die eine gewisse Übertragbarkeit der Ergebnisse auf andere Unternehmen erlauben.

Die gewählten Unternehmen wiesen in den Audits zum Deutschen Bildungspreis eine hohe Übereinstimmung zu den Vorgaben des Qualitätsmodells des Deutschen Bildungspreises auf. In den Unternehmen sind keine Einschränkungen aufgefallen, die das Bildungsmanagement maßgeblich beeinflussen können, wie zum Beispiel Zugehörigkeit zu einem internationalen Konzern als deutsche GmbH oder aktuelle tiefgreifende Umstrukturierungen durch Eingehen eines Joint Ventures oder Aufkauf.

In Bezug auf ihr Bildungs- und Talentmanagement verfolgten beide Unternehmen klassische Personalentwicklungsprozesse mit einem Schwerpunkt auf jährliche Mitarbeitergespräche, Kompetenzmanagement, einem breiten Angebot interner und externer Bildungsmaßnahmen in verschiedenen Lernformaten sowie die Arbeit mit internen und externen Trainern. Insofern weisen beide Unternehmen typische Ausprägungen des Bildungs- und Talentmanagements in Dienstleistungsunternehmen auf.

Die Auswahl der zu befragenden Personen erfolgte nach der Position und einer langjährigen Erfahrung im Personalbereich. Persönlichkeitseigenschaften oder besondere Kenntnisse im Bildungsmanagement wurden bei der Auswahl nicht berücksichtigt. Deren Ausprägung ist bei beiden Personen zufällig.

Einschränkend ist darauf hinzuweisen, dass beide Unternehmen bereits einen hohen Reifegrad im Bildungs-und Talentmanagement aufweisen. In Unternehmen mit rudimentären Weiterbildungsstrukturen wären die Ergebnisse sicher anders ausgefallen. Solche

Unternehmen können zur Qualität in der Weiterbildung allerdings kaum befragt werden, da sie über zu wenig praktische Erfahrung mit dem Thema verfügen, um substanzielle neue Erkenntnisse beitragen zu können. Gleiches gilt im Übrigen für Personaler, die erst neu in der Personalentwicklung tätig sind. In beiden Fällen wären die zu erwartenden Antworten stärker als Wünsche oder theoretisches Soll zu bewerten denn als tatsächliche Erfahrungen aus dem Unternehmensalltag.

Unter Berücksichtigung dieser Einschränkung könnte man die Einzelfälle als repräsentativ für die Konstellation „Dienstleistungsunternehmen mit ausgereiftem Bildungsmanagement und erfahrenem Personalverantwortlichem" im Sinne einer Typenbildung bewerten (nach Kluge 1999). Da sich die folgenden Untersuchungen dieser Arbeit auf Dienstleistungsunternehmen mit ausgezeichnetem Bildungsmanagement beziehen, ist die Eingrenzung auf diesen Falltyp ausreichend.

Experteninterview 1: Andreas Blank, Bayerische Landesbank

Herr Blank erklärte sich gern bereit, als Experte zum Thema Stakeholder in der betrieblichen Weiterbildung zu fungieren. Er ist der SVP Human Resource Development/Director HR der Bayerischen Landesbank und seit acht Jahren im Unternehmen beschäftigt. Das Gespräch war insgesamt von einer angenehmen, konstruktiven Atmosphäre geprägt. Herr Blank konnte alle gestellten Fragen beantworten und brachte seine persönliche Einschätzung der Stakeholder glaubhaft zum Ausdruck.

Zehn identifizierte Stakeholdergruppen

Zu Beginn des Gesprächs stellte Herr Blank heraus, dass er in seinem Unternehmen Stakeholder identifizieren kann und sich diese klar voneinander abgrenzen lassen. Im Frageteil zwei identifizierte er den Personalrat, das Bildungsmanagement, Führungskräfte, Kollegen, Teilnehmer, Trainer, Unternehmensleitung und Kunden klar als Stakeholder der betrieblichen Bildung in seinem Unternehmen. Politiker wurden von Herrn Blank nicht als Stakeholder eingeschätzt. Er ergänzte die Liste der Stakeholder um den Aktionär oder Anteilseigner sowie den Gesellschafter bzw. Inhaber. Dabei legte er dar, dass das Weiterbildungsengagement für Investoren und Aktionäre ein wichtiges Kriterium bei Investitionsentscheidungen ist.

Besonders wichtige Stakeholdergruppen

Im nächsten Frageteil identifizierte Herr Blank in seinem Unternehmen die *Führungskräfte*, die *Teilnehmer* und die *Personalentwicklung/das Bildungsmanagement* als besonders wichtige Stakeholder der betrieblichen Weiterbildung. Zu jeder Gruppe beschrieb er Aufgaben, Interessen und Spezifika.

- » So beschrieb er die *Führungskräfte* als wichtige Treiber der Weiterbildung. Die Weiterentwicklung der Mitarbeiter sieht Herr Blank als wichtige Führungsaufgabe.
- » Bei den *Teilnehmern* stellte er heraus, dass eine offene, positive Lernhaltung für den Erfolg der Qualifizierung sehr wichtig ist. Außerdem sieht er den Teilnehmer als Bewerter und Entscheider in Bezug auf die Qualität einer Bildungsmaßnahme.
- » Kernaufgabe der *Personalentwicklung*/des *Bildungsmanagements* ist für Herrn Blank die vorausschauende Bereitstellung passender Bildungsmaßnahmen und -programme, um die im Unternehmen benötigten Kompetenzen langfristig sicherzustellen.

Alle drei Gruppen bewertete er hinsichtlich Kenntnis, Einstellung, zur Verfügung stehender Ressourcen, Entscheidungsgewalt und möglicher Aktivität für oder gegen die Weiterbildung. Anschließend wurde die Thematik der positiven oder negativen Haltung erfragt. Hier konnte Herr Blank klare Verhaltensweisen aufführen, die auf eine positive Haltung schließen lassen. Zudem betonte er die Bedingung der Zielgerichtetheit, die für alle Maßnahmen der betrieblichen Bildung gelten müsse.

Die übrigen Stakeholdergruppen

Im letzten Fragenteil wurden die verbleibenden Stakeholder *Betriebsrat, Kollegen, Trainer* und die *Unternehmensleitung* besprochen. Auch hier erläuterte Herr Blank die Aufgaben und Spezifika der Gruppen und ordnete sie in den genannten Kategorien ein.

- » Er stellte bei der Besprechung des *Betriebsrats* dessen äußerst positive Haltung heraus, die auf einem starken Interesse an Entwicklungs- und Unterstützungsmöglichkeiten für die Mitarbeiter fußt. Kritisch betrachtet der Betriebsrat seiner Ansicht nach Aktivitäten, die die Mitarbeiter im Sinne einer Selektion bewerten und über die eigentliche Weiterbildung hinaus Wirkung entfalten können, zum Beispiel im Sinne von Entlassungen.
- » Die *Kollegen* erwiesen sich im Gespräch als interessante Stakeholdergruppe und wurden von Herrn Blank sowohl als potenzielle Störer als auch als potenzielle Unterstützer des Lernprozesses dargestellt. Er betonte die große Bedeutung persönlicher Beziehungen für diese Stakeholder.
- » Die *Trainer* zeigte Herr Blank mit klar umrissenem, unstrittigem Aufgaben- und Interessenprofil.
- » Für die *Unternehmensleitung* stellte er die Aspekte Committment und Vorbildfunktion heraus.

Nach dem offiziellen Ende des Gesprächs bewertete Herr Blank die von ihm hinzugefügten Stakeholder Aktionär und Gesellschafter in den fünf Kategorien. Anschließend unterhielten wir uns noch kurz über das Forschungsdesign meiner Arbeit und den weiteren Verlauf.

Die einzelnen Stakeholdergruppen bewertete Herr Blank wie folgt:

Tabelle 4: Bewertung der Stakeholdergruppen I

Gruppe	Kenntnis 1 = gering 2 = mittel 3 = hoch	Haltung	Ressourcen Umfang 1 = gering 2 = mittel 3 = hoch	Ressourcen Einsatz, Entscheidungsgewalt 1 = gering 2 = mittel 3 = hoch	Aktivitäten dafür oder dagegen möglich?
Betriebsrat	3	positiv	3	2	ja
Bildungsmanagement/Personal	3	positiv	3	3	ja
Führungskräfte	2	positiv	3	3	ja
Kollegen	3	auch Gegner/kritisch	2	1	nein
Mitarbeiter/Teilnehmer	3	positiv	3	2	ja
Interne Trainer	3	positiv	3	2,5	ja
Unternehmensleitung	2	positiv	3	3	ja
Bildungsanbieter/Trainer	1	neutral	1	1	nein
Kunden	1	neutral	1	1	nein
Politiker	–	–	–	–	–
Wettbewerber	1	neutral	1	1	nein

Experteninterview 2: Manfred Loistl, Ingenics

Herr Loistl erklärte sich aus seinem Urlaub heraus schnell bereit, als Experte zum Thema Stakeholder in der betrieblichen Weiterbildung zu fungieren. Er ist der Vorstand Personal der Ingenics AG und seit 22 Jahren im Unternehmen beschäftigt. Das Gespräch war sehr angenehm. Herr Loistl konnte alle gestellten Fragen beantworten, unterlegte alle Einschätzungen mit zahlreichen Beispielen und brachte eigene Anregungen zu den Stakeholdern ein.

Grundlegende Überlegungen

Zu Beginn des Gesprächs stellte Herr Loistl klar, dass es aus seiner Sicht Stakeholder in der Weiterbildung gibt. Insbesondere ging er dabei auf den Fachmann als den internen Auftraggeber ein sowie den Aspekt der Besetzung von Beratungsprojekten beim Kunden. Er machte deutlich, dass es verschiedene Stakeholder-Gruppen im Unternehmen gibt, die Einzelpersonen aber durchaus auch Einzelinteressen verfolgen.

Im Fragenteil zwei erläuterte Herr Loistl ausführlich aus seiner Sicht die Interessen der vorgeschlagenen Stakeholdergruppen. Er konnte alle genannten Stakeholder bestätigen. Lediglich ein Betriebsrat ist in der Ingenics AG nicht vorhanden. Die Familie ergänzte er zur Liste der Stakeholder. Dabei sah er die Möglichkeit, dass die Familie großen positiven oder eher hinderlichen Einfluss auf das Lernverhalten eines Mitarbeiters ausübt. Die im ersten Stakeholder-Interview ergänzten Gruppen Anteilseigner/Aktionär des Unternehmens sowie Gesellschafter/Inhaber wurden von Herrn Loistl ebenfalls bestätigt.

Besonders wichtige Stakeholdergruppen

Im nächsten Fragenteil identifizierte Herr Loistl *Kunden, Teilnehmer, Führungskräfte* und *Unternehmensleitung* als besonders wichtige Stakeholder der betrieblichen Weiterbildung.

Aufgrund des Geschäftsmodells der Ingenics als Beratungsunternehmen kommt dem Kunden in Auswahl und Bewertung der Mitarbeiter große Bedeutung zu. Führungskräfte und Unternehmensleitung orientieren sich dementsprechend auch stark an der Einsetzbarkeit bestimmter Qualifikationen und der Befriedigung von Kundenbedürfnissen.

Alle vier Gruppen bewertete Herr Loistl hinsichtlich Kenntnis, Einstellung, zur Verfügung stehender Ressourcen, Entscheidungsgewalt und möglicher Aktivität für oder gegen die Weiterbildung. Er stellte Kennzahlen als wichtige Indikatoren für Weiterbildungsqualität für diese vier Stakeholdergruppen heraus. Bezogen auf die Erwartungshaltung zur Weiterbildung verwies er besonders auf Gesichtspunkte der Effizienz und des Lernerfolgs.

Anschließend bewertete er auch das Bildungsmanagement in den gefragten Dimensionen und schätzte ausgewählte andere Gruppen ein bezüglich ihrer Haltung. Am Ende kam das Gespräch nochmals auf die Familie als weitere Stakeholder-Gruppe sowie auf Motivation und Engagement des Lernenden selbst.

Bewertung der einzelnen Stakeholdergruppen

Die einzelnen Stakeholdergruppen bewertete Herr Loistl wie folgt:

Tabelle 5: Bewertung der Stakeholdergruppen II

Gruppe	Kenntnis 1 = gering 2 = mittel 3 = hoch	Haltung	Ressourcen Umfang 1 = gering 2 = mittel 3 = hoch	Ressourcen Einsatz, Entscheidungsgewalt 1 = gering 2 = mittel 3 = hoch	Aktivität dafür oder dagegen möglich?
Betriebsrat	–	–	–	–	–
Bildungsmanagement/Personal	3	positiv	3	3	ja
Führungskräfte	3	positiv	2	2	ja
Kollegen	–	–	–	–	–
Mitarbeiter/Teilnehmer	3	positiv	2	1	ja
Trainer	–	–	–	–	–
Unternehmen	3	positiv	3	3	ja
Bildungsanbieter/Trainer	2	positiv bis neutral	1,5	1	ja
Kunden	1	positiv	1	1	ja
Politiker	–	–	–	–	–
Wettbewerber	–	Gegner/kritisch	–	–	–

Ergebnisse der Stakeholder-Interviews

Durch die beiden geführten Interviews konnten die Stakeholdergruppen hinsichtlich ihrer Aufgaben und Interessenslagen sehr gut erfasst werden. Das Verständnis der Stakeholder der betrieblichen Bildung konnte damit verbessert werden.

Die Befragten gaben eindeutig an, dass es verschiedene Akteure in der betrieblichen Weiterbildung gibt. Sie waren in der Lage, diese Akteure klar zu benennen und ihre Interessen, Haltungen und Möglichkeiten ausführlich zu beschreiben. Dabei wurde deutlich, dass die genannten Personengruppen klar voneinander abgrenzbar sind und unterscheidbare Charakteristika aufweisen. Sie können als Stakeholder der betrieblichen Weiterbildung aufgefasst werden. Durch Beschreibungen von Weiterbildungsprozessen im Speziellen und Geschäftsprozessen im Allgemeinen zeigte sich zudem, dass diese Stakeholder in einem engen Beziehungsgeflecht zueinander stehen und teils gemeinsame, teils divergierende Ziele verfolgen.

Beschreibung der Stakeholdergruppen

Auf Basis der Interviews sollen die Stakeholdergruppen beschrieben werden. Dabei werden beide Interviewpartner als Quellen zitiert (AB für Andreas Blank und

ML für Manfred Loistl). Für jede Quelle ist die Interviewpassage (P) mit Stunde, Minute und Sekunde angegeben, auf die sich der Inhalt bezieht. Im Transkript der Interviews können diese Stellen en detail nachvollzogen werden.

Betriebsrat

Der Stakeholder Betriebsrat (BR) wurde nur mit AB im Interview besprochen. AB äußert sich sehr positiv über den Betriebsrat und schreibt ihm eine „treibende Rolle" zu (AB P00:27:41). AB erlebt den BR als sehr positiv eingestellt und als sehr aktiv: „ein großer, großer Befürworter" (AB P00:26:46). Der BR arbeitet aktiv mit an den Themen in Weiterbildung und Personalentwicklung („Maßnahmen mitgestaltet", AB P00:27:41; „unterstützen sehr stark", AB P00:26:46). Die Kooperationsform ist dabei stark dialogisch geprägt („einbeziehen und besprechen", AB P00:28:44). Zudem setzt sich der BR stark für die Entwicklungsmöglichkeiten der Mitarbeiter ein. Er geht auf die Führungskräfte zu und animiert diese, ihre Entwicklungsaufgaben wahrzunehmen: „Setzt Entwicklungspläne auf, entwickelt eure Mitarbeiter, fördert eure Mitarbeiter" (AB P00:27:41). Er übernimmt damit eine wichtige Kommunikationsaufgabe. Das bedeutet aber auch, er kann „die Stimmung in der Organisation machen" (AB P00:29:22).

Zu vielen Themen besitzt der BR ein Mitbestimmungsrecht, und es werden formale Vereinbarungen wie eine Betriebsvereinbarung getroffen. „Da muss er mitbestimmen" (AB P00:29:22). „Da können wir sowieso nur gemeinsam eine Lösung machen" (AB P00:28:44). In diesen Fällen bewertet AB die Möglichkeiten des BR, sich einzubringen, als „extremst" (AB P00:29:22).

Bei Anhörungen sind sie wesentlich geringer, aber es „ist immer besser, er trägt es mit" (AB P00:29:22). Das Unternehmen sucht also auch dort positive Abstimmung mit dem BR, wo es keine rechtliche Verpflichtung dazu gibt.

Nach Aussagen von AB lehnt der BR Maßnahmen und Aktivitäten ab, die eine „Bewertung" des Mitarbeiters zulassen im Sinne von „wir überprüfen, ob du das Gelernte dann auch tadellos umsetzen kannst" (AB P00:27:41). Dies gilt insbesondere, wenn das Ziel einer derartigen Bewertung nicht der Lernerfolg ist, sondern „Selektion" („Die es gut machen, die bleiben. Die es nicht gut gemacht haben, die schmeißen wir raus", AB P00:28:18). Solchen Steuerungs- und Controllingansätzen steht der BR „eher skeptisch" gegenüber (AB P00:27:41).

Ingenics hat keinen Betriebsrat, nach Aussage von ML „weil wir so mit unseren Mitarbeitern umgehen, dass bisher sich da noch keiner gebildet hat" (ML P00:05:20). Er deutet damit an, dass die Existenz eines Betriebsrats in Zusammenhang mit dem Umgang der Unternehmensleitung mit den Mitarbeitern stehe.

Resümee

» Die Kenntnis der Bildungsmanagementprozesse wurde als sehr hoch eingeschätzt.
» Die Haltung wurde von AB als positiv wahrgenommen.
» Der BR verfügt über hohe Ressourcen und eine mittlere Entscheidungsgewalt. Er kann sich aktiv für oder gegen Maßnahmen einsetzen.

Tabelle 6: Bewertung Betriebsrat

ID	Gruppe	Kenntnis 1 = gering 2 = mittel 3 = hoch	Haltung	Ressourcen Umfang 1 = gering 2 = mittel 3 = hoch	Ressourcen Einsatz, Entscheidungsgewalt 1 = gering 2 = mittel 3 = hoch	Macht (Ressourcen gemittelt)	Aktivität dafür oder dagegen möglich?
1	Betriebsrat	3	Positiv	3	2	2,5	Ja

Bildungsmanagement/Personalentwicklung

Beide Gesprächspartner sprachen über ihre Bildungsmanagementabteilung bzw. Personalentwicklung. Das Bildungsmanagement ist eine strategische Aufgabe im Unternehmen, „die dem Unternehmen hilft, die wichtigsten Aufgaben meistern zu können" (AB P00:21:25). Ziel ist ein „Sicherstellen der Arbeitsfähigkeit der Organisation" (AB P00:21:25). Der Stellenwert der Abteilung variiert jedoch je nach Situation des Unternehmens. Während der Personalentwicklung in Krisenzeiten hohe Bedeutung zugeschrieben wird, sinkt die Relevanz in Zeiten eines Überangebots an Arbeitskräften (ML P00:06:58).

Das Bildungsmanagement plant die Bildungsmaßnahmen und das strategische und systematische Umfeld, in dem alle Maßnahmen stattfinden („Dinge zu strukturieren", „feste Strukturen aufzubauen", ML P00:06:58). Diese Bereiche können sie zu großen Teilen selbstständig bearbeiten und gestalten („wir haben da sehr hohen Einfluss", ML P01:01:26).

Das Bildungsmanagement stellt die benötigten Bildungsmaßnahmen zur Verfügung (AB P00:36:14, ML P00:21:25, „Programme aufzusetzen", „Training-on-the-Job, Fachkarriere, Projektleiterausbildung", ML 00:06:58).

Dabei muss es mit Weitblick agieren und auch zukünftige Bildungsbedarfe antizipieren („in ein, zwei Jahren", „da baue ich das jetzt schon auf", „also fangen wir jetzt schon an", ML P00:54:47, „frühzeitig auch zu erkennen", AB P00:21:25).

Auch müssen Veränderungen im Markt sowie „demografische Entwicklungen" (AB P00:22:16) berücksichtigt und passende Maßnahmen entwickelt werden (AB P00:21:25). Aus Sicht von AB geht es dabei weniger um fachliche Änderungen in einzelnen Bereichen, sondern um „übergeordnete Themen" (AB 00:22:16). Das Bildungsmanagement ist als Unterstützer und Helfer tätig („das Bildungsmanagement hilft ja, das dann umzusetzen" AB P00:14:19). Bildungsmanagement will demnach die Mitarbeiter befähigen, ihre Aufgaben erfolgreich durchzuführen und ihnen somit eine langfristige Perspektive im Unternehmen bieten.

Durch ihre Tätigkeiten für die interne Bildung sichern die Bildungsmanager oder Personalentwickler jedoch auch ihren eigenen Arbeitsplatz (ML P00:11:44, ML P00:06:58). Erfolgreiche Weiterbildung ist für sie „Daseinsberechtigung" (ML P00:11:44). Deshalb will die Abteilung ihre Leistungen auch nach innen und außen zeigen, zum Beispiel indem sie mit dem Unternehmen an Wettbewerben teilnimmt (ML P00:11:44). In der Regel sind Bildungsmanagementabteilungen hochmotiviert und engagiert („Wir wollen Erfolg", „Ja, wir sind gut. Wir sind super", ML P00:11:44). Zudem wollen sie die Ansprüche an sie erfüllen und einen positiven Beitrag zum Unternehmenserfolg liefern („einen Mehrwert liefern", „einen Beitrag", „eigentliche Kernaufgabe", ML P00:06:58).

Resümee

Da alle Aufgaben und Prozesse durch das Bildungsmanagement durchgeführt und gesteuert werden, ist die Kenntnis des Systems sehr hoch. Die Haltung ist sehr engagiert und damit positiv. Das Bildungsmanagement hat große Ressourcen und Möglichkeiten, sich einzubringen und zu entscheiden. Die Abteilung beeinflusst das Bildungssystem aktiv.

Tabelle 6: Bewertung Bildungsmanagement/Personal

ID	Gruppe	Kenntnis 1 = gering 2 = mittel 3 = hoch	Haltung	Ressourcen Umfang 1 = gering 2 = mittel 3 = hoch	Ressourcen Einsatz, Entscheidungsgewalt 1 = gering 2 = mittel 3 = hoch	Macht (Ressourcen gemittelt)	Aktivität dafür oder dagegen möglich?
2	Bildungsmanagement/Personal	3	Positiv	3	3	3	Ja

Führungskräfte

Die Gruppe der Führungskräfte wurde mit beiden Gesprächspartnern besprochen. Beide schätzen die Bedeutung der Führungskräfte für die Weiterbildung als hoch ein: „Da braucht man die Führungskräfte dazu" (AB P00:00:22). Die Führungskräfte tragen die wirtschaftliche Verantwortung für ihre Abteilung. Sie erhalten von der Geschäftsführung Zielvorgaben, die sie erfüllen müssen. Um diese zu erreichen, benötigen sie qualifizierte Mitarbeiter (ML P00:31:44). Deshalb „werden sie alle Hebel in Bewegung setzen, (…) Mitarbeiter zu qualifizieren" (ML P00:31:44).

Die so qualifizierten Mitarbeiter sollen „effektiver", „besser", „schneller" arbeiten und „Ergebnisse mit höherer Qualität" erreichen (alles AB P00:02:24). Andernfalls droht einer Führungskraft die Nicht-Erreichung der eigenen Ziele („Bereichsziele nicht im Griff", „bestimmte Tätigkeiten nicht machen kann", je ML P00:39:45) und damit eine negative Erfahrung, ein Misserfolg. Gut ausgebildete Mitarbeiter, die ihre Arbeit erfolgreich durchführen, tragen für ihren Vorgesetzten dazu bei, „dass sein Job dadurch auch besser wird" (AB P00:03:30). Weiterbildung „dient ja der Führungskraft auch" (AB P00:03:30).

Deshalb sind Führungskräfte für AB die „Treiber" der Weiterbildung (AB P00:14:19 und AB P00:10:37) und die „Personalentwicklungsaufgabe" ist ein wichtiger „Führungsjob" (AB P00:14:19).

Die Führungskraft soll für ihre Mitarbeiter „der Personalentwickler" sein und Verantwortung für die Qualifizierung und Entwicklung der Mitarbeiter übernehmen (AB P00:10:37). Eine Alternative zur Weiterbildung besteht im Austausch eines Mitarbeiters durch einen anderen, ggf. neu anzuwerbenden Mitarbeiter. „Aber es ist im Regelfall nicht die billigste Lösung" (ML P00:31:44). Mitarbeiter, die eine Weiterbildung erhalten, sollen dann auch entsprechend eingesetzt werden: „Entweder qualifizieren wir ihn [Anm.: den Mitarbeiter], weil er [Anm.: der Vorgesetzte] ihn braucht und weil er ihn auch will. Oder wir machen es nicht" (ML P00:59:47).

Führungskräfte sind die wichtigsten Ansprechpartner für die Mitarbeiter. Sie sind „sehr stark mit den individuellen Wünschen des Teilnehmers konfrontiert" (ML P00:39:45). Die Führungskräfte sind damit wichtige „Multiplikatoren für das Unternehmen" (AB P00:11:21). Sie können die „Akzeptanz" der Bildung und die „Qualität" der Angebote positiv beeinflussen (AB P00:10:37). Wie unter „Mitarbeiter" beschrieben, wünschen sich viele Mitarbeiter Weiterbildungsmöglichkeiten und sprechen diese auch aktiv an. Die Führungskräfte müssen diese Erwartungen erkennen und entsprechend handeln: „Ich muss da was machen, sonst kündigt der mir" (ML P00:39:45).

Wenn ein Mitarbeiter sich gut qualifiziert und unterstützt fühlt, steigt nach Meinung von AB seine Zufriedenheit. Diese wiederum ist ebenfalls Ziel der Führungskräfte (AB P00:02:24).

Weiterbildungsaffines Verhalten einer Führungskraft ist zu erkennen

» an der Betreuung des Mitarbeiters („mit dem Mitarbeiter bespricht", „Entwicklungsgespräche", je AB P00:24:18, „das mit den Mitarbeitern gemeinsam zu besprechen", AB P00:14:19, „mit ihrem Mitarbeiter im Dialog", „wissen, wer bereit ist, wer will und wer kann", ML 00:49:01),
» an der Positionierung gegenüber der Geschäftsführung („einsetzen", „im Steuerungskreis anspricht", je ML P00:49:01),
» am Buchungsverhalten („Maßnahmen bucht", „Nachfrage an Produkten, Programmen", je AB P00:24:18)
» sowie an der direkten Rückmeldung nach einer Schulung: „Das war super. Es hat was gebracht. Der Mitarbeiter ist wie verändert" (AB P00:24:18). Dabei sind auch Feedback-Gespräche „Bildungsmanagement, der Mitarbeiter und die Führungskraft gemeinsam" möglich (AB P00:14:19).

AB bewertet die Unterstützungsmöglichkeiten der Weiterbildung durch die Führungskräfte als sehr hoch („extrem pusht, extrem fördert", „extrem unterstützend" AB P00:14:19).

» Die Führungskraft soll die Weiterbildung inhaltlich steuern, soll helfen, „Defizite zu erkennen" (AB P00:10:37), „Themen erkennen" und „benennen".
» Die Führungskraft plant die Weiterbildungen für die Mitarbeiter, geht in den Dialog und gibt Maßnahmen frei. Dabei kann sie im Rahmen des Budgets selbstständig Aktivitäten freigeben. Alles, was den Verfügungsrahmen übersteigt, muss sie jedoch von einer höheren Ebene oder der Geschäftsführung freigeben lassen (ML P00:47:51).
» Bei der Entscheidung für eine Weiterbildungsmaßnahme beachtet die Führungskraft die Dimensionen „Kosten" sowie „Benefit" bzw. „Output" (AB P00:03:30). AB stellt dabei heraus, dass immer beide Dimensionen betrachtet werden sollten. Eine ausschließliche Fixierung auf die Kosten bewertet er als negativ.
» Die Führungskraft schätzt ein, ob die Weiterbildung erfolgreich war und bewertet damit das Ergebnis der Maßnahme. Im Fokus steht dabei der erzielte „Nutzen" im Sinne einer erfolgreichen Verhaltensänderung („bessere Kundengespräche führen", „was er da anders machen kann", je AB P00:11:21). Gleichzeitig erhält er auch die Bewertung des Mitarbeiters („Feedback", AB P00:11:21).
» Beide Eindrücke sind für ihn dann die Grundlage für weitere Investitionsentscheidungen in diese Bildungsmaßnahme (AB P00:11:21). Für die Umsetzung des Gelernten in die Praxis sieht AB sowohl die Führungskraft als auch den Mitarbeiter als verantwortlich an (AB P00:14:19).
» Gegenüber HR setzt die Führungskraft „klare Anforderungen" (ML P00:03:00), wenn es um die benötigten Kompetenzen und Fähigkeiten der Mitarbeiter in seinem Bereich geht.

Resümee

Die Führungskräfte verfügen insgesamt über eine mittlere bis hohe Kenntnis des Bildungssystems im Unternehmen. Wie oben beschrieben, sind sie sehr positiv eingestellt in Bezug auf Weiterbildung und besitzen mittlere bis hohe Ressourcen und Entscheidungsgewalt. Sie können sich aktiv für oder gegen Maßnahmen einsetzen.

Tabelle 8: Bewertung Führungskräfte

ID	Gruppe	Kenntnis 1 = gering 2 = mittel 3 = hoch	Haltung	Ressourcen Umfang 1 = gering 2 = mittel 3 = hoch	Ressourcen Einsatz, Entscheidungsgewalt 1 = gering 2 = mittel 3 = hoch	Macht (Ressourcen gemittelt)	Aktivität dafür oder dagegen möglich?
3	Führungskräfte	2,5	Positiv	2,5	2,5	2,5	Ja

Kollegen

In beiden Interviews wurde deutlich, dass Kollegen durchaus eine ambivalente Rolle spielen können. In den konkreten Lern- und Entwicklungsprozess eines Mitarbeiters sind sie nicht eingebunden, dieser wird ausschließlich zwischen Mitarbeiter und Führungskraft ausgehandelt: „Das logischerweise geht ihn [Anm.: den Kollegen] nichts an. Also da ist er nicht eingebunden" (AB P00:33:20). Die Kollegen können den Lernprozess aber sowohl fördern als auch behindern. ML stellt heraus, dass gut ausgebildete Mitarbeiter für die Kollegen positiv sind, weil dann die übertragenen Aufgaben mit hoher Qualität ausgeführt werden und die Kollegen „selber weniger Stress haben" (ML P00:11:44). Er konstatiert deshalb „ein starkes Interesse, dass deren Kollegen [...] gute Qualifikationen haben" (ML P00:11:44).

Von beiden Interviewpartnern wurden Kollegen als wichtige Feedbackgeber identifiziert. Dieses Feedback kann entweder auf Leistung bezogen sein („zurückspielen, wenn Aufgaben nicht klappen", ML P00:12:44), auf Wissen („Wissenslücken", ML P00:12:44, „professioneller ist in dem Thema", AB P00:31:48) oder auf Verhalten („verhaltenstechnisch", ML P00:12:44). Der Kollege nimmt dabei bezogen auf den Mitarbeiter als Individuum eine Außenperspektive ein, indem er „Lücken aufzeigt [...], die wir nicht selber sehen" (ML P00:12:44). Dieses Feedback hilft dem Lernenden bei der Reflexion. Er kann sich darüber Situationen und Zusammenhänge „bewusst machen" (ML P00:12:44).

Der Kollege kann den Mitarbeiter auch im Sinne einer „Mentor-Rolle" (AB P00:31:48) aktiv unterstützen und begleiten: „Erfahrenere können logischerweise Unerfahrene sehr stark unterstützen und überprüfen, ob das Gelernte denn angewendet wird" (AB P00:31:48). AB deutet damit an, dass ein Kollege als Mentor nicht nur punktuellen

Einfluss ausüben, sondern den Mitarbeiter aus der Lern- bis in die Anwendungs- oder Transferphase begleiten kann.

Kollegen können durch ihr Verhalten jedoch auch negativ auf das Lernen anderer einwirken. Beide Interviewpartner nannten explizit den Umstand, Weiterbildung und das Gelernte herabzusetzen („indem er das schlecht redet", AB P00:35:02, „wird dann als Quatsch abgetan", „vergiss es, alles Gelump", beides ML P00:14:37).

Außerdem führt AB an, dass Kollegen auch die Person des Mitarbeiters gegenüber der Führungskraft diskreditieren können („der Führungskraft [...] einen Kollegen oder eine Kollegin schlecht reden", „der Führungskraft was stecken, sodass sie hellhörig wird", „Komplott gegen einen Mitarbeiter", jeweils AB P00:31:16).

Die Kollegen können dem Mitarbeiter auch in der Umsetzungsphase die Unterstützung verweigern („die machen nicht mit", „untergraben [...] dann eigentlich diese Entwicklung", „ordentlich einbremsen", je ML P00:14:37), sodass dieser Schwierigkeiten hat, das Gelernte anzuwenden. ML beschrieb ein solches Verhalten der Kollegen als möglich, erklärte aber: „also habe ich jetzt so noch nicht erlebt" (ML P00:14:37).

AB machte deutlich, dass die Weiterbildung eines Mitarbeiters bei einem Kollegen negative Gefühle hervorrufen kann. AB spricht von „Neid" und „könnte es natürlich negativ sein" (je AB P 00:33:56).

ML weist darauf hin, dass aus der Weiterbildung eines Mitarbeiters für die Kollegen mitunter auch Anstöße für Verhaltensänderung entstehen können. Diese Anstöße werden jedoch nicht immer positiv aufgenommen, sondern zum Teil auch kritisch gesehen. Mitunter haben Kollegen kein Interesse an Veränderungsimpulsen, „weil sie IHR Verhalten [...] sich selbst bestätigen wollen" im Sinne von „wir sind auf Stand" (verfügen über den aktuellen Wissensstand, jeweils ML P00:14:37). Sie sind vielleicht wenig veränderungsaffin und wollen ihre eigenen Arbeitsmethoden nicht anpassen, weder durch eigene noch durch Weiterbildung anderer. Sie haben ein „Interesse, das flach zu halten, weil sie dann selbst nicht mehr auf Weiterbildung müssen" (ML P00:14:37).

Zudem löst die Entwicklung eines Mitarbeiters bei den Kollegen vielleicht auch Ängste um die eigene Karriereentwicklung aus („keinen, der vielleicht an ihnen vorbeizieht").

Kollegen können jedoch auch positive Gefühle bezüglich der Weiterbildung anderer entwickeln. So könnte sich der Kollege „auch total freuen" und sagen „Super! Klasse, dass du das machen darfst!" (AB P 00:33:56). Dies deutet darauf hin, dass die Reaktion eines Kollegen ein Stück weit auch von seiner Persönlichkeit abhängt.

AB schränkt die Einschätzungen zum Einfluss von Kollegen zudem ein, indem er auf die starke Abhängigkeit von den jeweiligen Beziehungen zwischen den Kollegen verweist („das hängt wirklich davon ab, wie das Team zusammengesetzt ist", „Beziehung im Team", je AB P00:32:29).

Dieser Beziehungskontext sowie die starke Abhängigkeit von individuellen Merkmalen der Kollegen (Persönlichkeit, Biografie etc.) machen die Untersuchung dieser Stakeholdergruppe besonders komplex.

Zudem sollte der tatsächliche Einfluss der Kollegen mit Vorsicht bewertet werden. Die Interviewpartner haben verschiedene Interessenslagen und Verhaltensoptionen beschrieben. AB sagte aber über den Kollegen deutlich: „Entscheidungen hat er keine" (AB P00:35:02). Kollegen können das Lernen allenfalls indirekt beeinflussen (AB 00:31:16).

Resümee

Da Kollegen selbst auch Mitarbeiter sind, verfügen sie über sehr gute Kenntnisse zum Bildungssystem insgesamt. Wie beschrieben ist die Haltung eines Kollegen zur Weiterbildung anderer unterschiedlich, je nach eigener Situation und Kontext. Kollegen verfügen über mittlere Ressourcen im Sinne von Zeit, Wissen oder Leistungen, um sie in die Weiterbildung einzubringen. In Bezug auf die Weiterbildung anderer haben sie nur geringe Entscheidungsgewalt und können keine Aktivitäten dafür oder dagegen entfalten.

Tabelle 9: Bewertung Kollegen

ID	Gruppe	Kenntnis 1 = gering 2 = mittel 3 = hoch	Haltung	Ressourcen Umfang 1 = gering 2 = mittel 3 = hoch	Ressourcen Einsatz, Entscheidungsgewalt 1 = gering 2 = mittel 3 = hoch	Macht (Ressourcen gemittelt)	Aktivität dafür oder dagegen möglich?
4	Kollegen	3	Unterschiedlich	2	1	1,5	Nein

Mitarbeiter

Die Stakeholdergruppe Mitarbeiter wurde mit AB und ML ausführlich diskutiert. Beide sehen die Mitarbeiter klar als Stakeholder der betrieblichen Weiterbildung. Beide Interviewpartner gehen davon aus, dass die Mitarbeiter Weiterbildung aktiv erwarten und ihr positiv gegenüberstehen: „Die Mitarbeiter WOLLEN Qualifikationen" (ML P00:39:45), „er wünscht es sich" (ML P00:44:17). Für AB haben sie ein „Interesse, sich zu qualifizieren" (AB P00:02:24), und wollen sich „entfalten" (AB P00:17:52): „Weiterbildung ist eine Chance" (AB P00:17:52). ML sagt zudem aus, dass die Mitarbeiter gern noch mehr Weiterbildung in Anspruch nehmen wollen: „Da ist der Wunsch nach noch mehr da" (ML P00:44:17).

Vorrangiges Lernziel der Mitarbeiter ist für AB das Beheben von „Qualifizierungsdefiziten" sowie die persönliche und fachliche Weiterentwicklung sowie sich zu „verbessern" (alles AB P00:02:24). Als Lernmotivation dahinter nennt ML das Interesse, „seinen Arbeitsmarktwert" zu erhöhen, „Wissensdurst" sowie „Sicherheit verschaffen". Er macht diese Motivationen abhängig von der „Motivlage" und sieht drei Typen von Mitarbeitern (bzw. „völlig unterschiedliche Typen", ML P01:13:13, „nicht immer homogen", ML P00:04:09):

» solche, die „monetär getrieben" sind,
» solche mit dem „Bedürfnis Neugierde"
» und Mitarbeiter mit einem hohen „Sicherheitsbedürfnis" (alles ML P00:15:45).

ML zeigt ein Beispiel auf, wo die Lernmotivation stark von persönlichen Zielsetzungen oder Erwartungshaltungen aus dem persönlichen Umfeld geprägt wurde („unbedingt Projektleiter werden", „auf Biegen und Brechen irgendeine Karriere machen", ML P01:13:13, „Fähigkeiten (…) unter zuviel Wollen (…) verschüttet", ML P01:15:38). Eine solche Konstellation als Hauptantrieb für Lernen und Entwicklung sieht ML kritisch („du quälst dich ja dermaßen", „dann ist das vielleicht nicht der richtige Weg", ML P01:13:13). Ingenics arbeitet mit Coaching, um in solchen Fällen die Motivation und die Orientierung zu hinterfragen (ML P01:13:13).

In jedem Fall ist für beide Unternehmen die Freiwilligkeit und die Lernbereitschaft des Mitarbeiters entscheidend: „Wir unterstützen die Qualifikation und wir brauchen den Mitarbeiter, der sagt: „Ja, ich will das" (ML P00:04:09). „Wenn du jemand gegen den Willen oder mit viel Widerstand in eine Maßnahme rein tust, dann wird das nicht besonders effektiv sein" (AB P00:16:31).

AB weist darauf hin, dass der Stellenwert der Bildung immer auch davon abhängt, wie die Thematik im Unternehmen „kommuniziert", „platziert" und „transportiert" wird (AB P00:17:52). Er sieht den Dialog mit den Führungskräften dabei als entscheidend an.

Voraussetzung dafür, an einer Weiterbildung teilnehmen zu können, ist für ML die Arbeitsleistung des Mitarbeiters. Er soll „sich empfehlen mit Leistungen" im Sinne von „Performance" (ML P00:47:09). Zudem soll er Lernbereitschaft signalisieren, „Angebote (…) aktiv wahrnehmen" (ML P00:47:09) und bereit sein, Freizeit für die Weiterbildung zu investieren (ML P00:59:47).

ML erwartet, dass der Mitarbeiter auch bereit ist, sich selbst aktiv einzubringen (ML P01:00:28). Für AB ist es die Aufgabe des Mitarbeiters, sich in der Weiterbildung aktiv zu „engagieren" im Sinne einer „Auseinandersetzung mit den Themen", aber auch der Bereitschaft, „an sich zu arbeiten" (alles AB P00:15:51).

Ingenics nutzt die Potenzialanalyse um die Weiterbildungsmöglichkeiten auszuloten. Ingenics will dabei „die Menschen (...) immer weiter begleiten in der Entwicklung" und „verlässlicher Partner in der Weiterbildung" sein (beides ML P01:15:38). ML schränkt jedoch die Möglichkeiten der Potenzialanalyse als Methode klar ein, man wisse nie, „ob (...) unser Messverfahren (...) auf den Menschen so passt", „durchgefallen heißt bei uns erst mal noch gar nichts" (beides ML P01:15:38).

In seinen Lernmöglichkeiten ist der Mitarbeiter nicht frei. Beiden Gesprächspartnern zufolge kann er Bildungsmöglichkeiten „thematisieren" (AB P00:19:59), „einfordern" (AB P00:19:03) und hat einen „Anspruch" (ML P00:45:14) auf einen entsprechenden Personalentwicklungsplan („Karriereplan", ML P00:45:14). Ob er tatsächlich an einer Weiterbildung teilnehmen darf, kann er jedoch „nicht frei entscheiden". „Er muss es diskutieren" (beides ML P00:45:14). Die Führungskraft ist dabei wiederum entscheidend: „Ohne Support von der Führungskraft geht es nicht" (AB P00:19:33). ML zeigt auf, dass der Mitarbeiter sich dem Lernen auch verweigern und nicht an einer Maßnahme teilnehmen kann (ML P00:46:19).

Als positiven Effekt von Weiterbildung beschreibt ML die größere „Loyalität" (ML P00:37:07) der Mitarbeiter, die sich dann weniger auf dem Arbeitsmarkt nach alternativen Stellen umschauen und weniger empfänglich sind für Angebote anderer Unternehmen.

Besonders wichtig ist für ML, dass die Weiterbildung eines Mitarbeiters strategisch geplant und für den Mitarbeiter im Anschluss auch eine passende Stelle oder Aufgabe vorhanden ist. Hier sieht ML einen wichtigen Beitrag zur „Effizienz" der Weiterbildung (ML P00:59:47). AB weist auf die Bildungsinhalte hin, die zur Tätigkeit des Mitarbeiters passen müssen: „Dinge, die ein Mitarbeiter auf seinem Job machen muss, um dem Unternehmen einen Nutzen zu bringen", also inhaltlich „zielgerichtet und fokussiert" (je AB P00:25:33). „Wir profitieren, er profitiert" (ML P00:04:48).

AB beschreibt den Mitarbeiter zudem in seiner Rolle als Weiterbildungsteilnehmer als „Bewerter der Qualität der Weiterbildungsmaßnahme" und „wichtigen Feedbackgeber" (beide AB P00:15:51), als „Qualitätssicherer (...) durch Feedbacks" (AB P00:19:03).

Resümee

Die Mitarbeiter haben eine sehr gute Kenntnis der Bildungslandschaft im Unternehmen und sind sehr positiv eingestellt. Die Ressourcen, sich einzubringen, sind mittel bis hoch. Die Entscheidungsmöglichkeiten sind mit gering bis mittel bewertet. Mitarbeiter können sich aktiv einsetzen in der Weiterbildung.

Tabelle 10: Bewertung Mitarbeiter/Teilnehmer

ID	Gruppe	Kenntnis 1 = gering 2 = mittel 3 = hoch	Haltung	Ressourcen Umfang 1 = gering 2 = mittel 3 = hoch	Ressourcen Einsatz, Entscheidungsgewalt 1 = gering 2 = mittel 3 = hoch	Macht (Ressourcen gemittelt)	Aktivität dafür oder dagegen möglich?
5	Mitarbeiter/ Teilnehmer	3	Positiv	2,5	1,5	2	Ja

Interne Trainer

In beiden Unternehmen wird mit internen Trainern gearbeitet. AB beschrieb die Aufgaben als „trainieren", „schulen" und „transportieren […] der Inhalte an die Teilnehmer" (je AB P00:35:37). Auch die Konzeption der Bildungsmaßnahmen wird von den internen Trainern teilweise übernommen. ML verwies auf die Gestaltungsfunktion der internen Trainer („fördern das", „bauen das ja aus", „Ideen zu entwickeln, wo man dann noch mal ein Training machen könnte", ML P00:18:00). Er erklärte zudem, die Trainer „definieren auch Qualitätsansprüche". Sie sind damit eine wichtige Stakeholdergruppe in Bezug auf zu erfüllende Anforderungen in der Qualitätsbetrachtung. ML unterschied nochmals in „unterschiedliche Qualifikationsstufen bei den Trainern" (ML P00:18:51).

Bei Ingenics üben alle internen Trainer diese Tätigkeit „nebenberuflich" – also zusätzlich zu ihrer eigentlichen Tätigkeit – aus und werden mit unterschiedlicher Intensität für die Trainerrolle ausgebildet („Akademietrainer", „richtige Trainerausbildung gemacht", „normale Trainer", ML P00:18:51).

ML erläuterte ausführlich die hohe Motivation der internen Trainer: „die machen das für ihr Leben gern", „aus Überzeugung und Leidenschaft" (ML P00:18:00). Für sie steht der „Spaß" an der Sache im Vordergrund, und sie erhalten für ihre Trainerrolle große „Anerkennung" (je ML P00:18:00). Finanzielle Interessen sieht ML bei den internen Trainern nicht („bestimmt nicht aus monetären Anreizen", ML P00:18:00).

Resümee

Die Kenntnis des Weiterbildungssystems wird als hoch eingeschätzt, die Haltung der internen Trainer ist positiv. Ressourcen, sich einzubringen, stehen in geringem oder mittlerem Maße zur Verfügung. Die Entscheidungsmöglichkeiten sind mittel bis hoch. Die internen Trainer können sich aktiv einbringen.

Tabelle 11: Bewertung interne Trainer

ID	Gruppe	Kenntnis 1 = gering 2 = mittel 3 = hoch	Haltung	Ressourcen Umfang 1 = gering 2 = mittel 3 = hoch	Ressourcen Einsatz, Entscheidungsgewalt 1 = gering 2 = mittel 3 = hoch	Macht (Ressourcen gemittelt)	Aktivität dafür oder dagegen möglich?
6	Interne Trainer	3	Positiv	1,5	2,5	2	Ja

Unternehmensleitung

Mit beiden Gesprächspartnern wurde die Unternehmensleitung als Stakeholder der Weiterbildung diskutiert. Beide erläuterten die betriebswirtschaftliche Perspektive des Managements in diesem Kontext. Weiterbildung ist wichtig für den Fortbestand und die Weiterentwicklung des Unternehmens. ML sieht zudem eine enge Verbindung zwischen Qualität und Qualifikation der Mitarbeiter (ML P00:49:44, ML 00:21:31). Die Unternehmensleitung besitzt die „Macht" und kann die Weiterbildungsaktivitäten beeinflussen (AB P00:04:02). Sie stellt „den Rahmen" für Weiterbildung zur Verfügung und gewährleistet deren „Grundausrichtung" (je ML P00:39:45). Sie besitzt jedoch auch „Vorbildfunktion" (AB P00:37:47) und soll den Bildungsanspruch selbst vorleben sowie die eigenen Mitarbeiter entsprechend fördern (AB P00:38:14).

Die Bildungsaktivitäten sollen einen positiven Geschäftsablauf und „betriebswirtschaftlichen Erfolg" ermöglichen (ML P00:03:00). ML nennt als konkrete Beispiele die verbesserte Auslastung der Mitarbeiter und die Erfüllung von Kundenprojekten (ML P00:03:00) sowie die Kundenzufriedenheit (ML P00:21:31).

Weiterbildung ist jedoch auch mit Kosten verbunden („Wir investieren", ML 00:49:44). Die Unternehmensleitung besitzt die Hoheit über das verwendete Budget (ML P00:49:58), an welches sich die Führungskräfte halten müssen (ML P00:39:45). Für die Unternehmensleitung ist sowohl der Aufwand relevant, mit dem die Weiterbildung betrieben wird, als auch das Ergebnis. In beiden Aspekten strebt die Leitung nach „sehr hoher Effizienz" (ML P00:59:47). Die Geschäftsführung begrenzt die Weiterbildungsaktivitäten, indem sie das dafür zur Verfügung gestellte Budget begrenzt (ML 00:50:51).

ML stellte als Frage in den Raum, ob „vielleicht noch mehr positive Effekte" entstünden, wenn die Mitarbeiter und Führungskräfte „noch viel mehr Freiraum" für Weiterbildung hätten (ML 00:50:51). Er bewertete die positiven Auswirkungen der Weiterbildung insgesamt als sehr hoch.

ML verwies auf die Bedeutung der Weiterbildung für die Mitarbeiterbindung, für die Senkung der Fluktuation, für die passenden interne Weiterentwicklung und für die Vermeidung teuren Recruitings (ML P00:37:07 und ML P00:21:31, „Einstellung von einem

Spezialisten gespart", ML P00:03:00). Dabei bezieht ML sich nicht nur auf die Werbungskosten, sondern auch auf die zu zahlenden Gehälter: „Wenn ich die Mitarbeiter selber entwickle und aufbaue, zahle ich in Summe dann weniger Gehalt, als wenn ich die dann von Außen hole" (ML P00:36:26).

ML stellte außerdem die für eine gute Weiterbildung benötigten Strukturen heraus („strukturiertes Entwicklungsmodell", ML P00:49:44, „Personalentwicklungsprogramm", „systematisches Modell", beides ML P00:21:31).

Resümee

Die Leitung des Unternehmens kennt sich in Bezug auf die Bildungslandschaft gut bis sehr gut aus und ist positiv eingestellt. Alle Ressourcen und Entscheidungsmöglichkeiten liegen bei der Geschäftsführung und sind deshalb mit „hoch" bewertet. Die Möglichkeit für oder gegen Weiterbildung aktiv zu werden, ist in hohem Maße gegeben.

Tabelle 12: Bewertung Unternehmensleitung

ID	Gruppe	Kenntnis 1 = gering 2 = mittel 3 = hoch	Haltung	Ressourcen Umfang 1 = gering 2 = mittel 3 = hoch	Ressourcen Einsatz, Entscheidungsgewalt 1 = gering 2 = mittel 3 = hoch	Macht (Ressourcen gemittelt)	Aktivität dafür oder dagegen möglich?
7	Unternehmensleitung	2,5	Positiv	3	3	3	Ja

Externe Trainer

Die externen Trainer und ihre Spezifika wurden nur mit ML im Interview besprochen. Für ML handelt es sich bei der Zusammenarbeit mit externen Weiterbildungsanbietern um ein „klares Kunden-Lieferanten-Verhältnis" (ML P00:23:04). Bei Ingenics wird die Weiterbildung mit einem „relativ hohen Eigenanteil" (ML P01:05:19) abgewickelt, das heißt, das Unternehmen schult viele Themen mit internen Trainern und nutzt externe Anbieter nur teilweise. ML meinte, dass es vielleicht externe Trainer gibt, die diese hohe Eigenleistung kritisch sehen und lieber selbst stärker im Schulungsablauf vertreten wären („vielleicht hätte mancher externer Anbieter, dass wir weniger machen und er mehr", „Anbieter, die sagen: Nein, das fördern wir gar nicht so. Wir versuchen da nur unsere Leistungen zu verkaufen", je ML P01:05:19). Für ihn ist es jedoch wichtig, „Partner zu finden, die das dann auch unterstützen" und ihm helfen, die Eigenleistung sauber zu erbringen („geprüft mit uns […] von der Didaktik und allem", ML P01:05:19, „gemeinsam entwickelt", „befähigt, so ein System sauber zu betreiben", „mitgestaltet", je ML P01:07:24).

Ingenics nutzt bewusst das Know-how externer Anbieter. ML möchte mit einem Partner arbeiten, „der einen selber befähigt, in seinen starken Bereichen die Trainings selber durchzuführen und dann die Lücken schließt, die man selber gar nicht schließen kann" (ML P01:07:24). Er sieht das Gewinninteresse des Anbieters, wünscht sich jedoch einen Partner, „der auch die eigenen Interessen des Kunden mit wahrt" (ML P01:05:19) und sich aktiv einbringt („das könntest du noch machen, jenes könntest du noch machen", „hat Ideen", „er bringt uns weiter", ML P00:23:04).

Durch diese inhaltlichen Inputs sieht ML auch einen „Einfluss im Sinne von Qualität (ML P00:23:04). Als Haupttreiber externer Weiterbildungsanbieter sieht ML die Gewinnerzielung („will Umsatz", ML P00:22:16) und damit die Sicherung der wirtschaftlichen Existenz („der auch existieren will", ML P01:05:19, „Existenzsicherung", ML P00:22:16). Er verfolgt zudem eine langfristige Perspektive („weiter Umsatz macht", „sichert sich dann über Jahre [...] seinen Umsatz", ML P00:22:16). Wichtigster Indikator für eine erfolgreiche Dienstleistung ist dabei die Kundenzufriedenheit („dauerhaft zufriedene Kunden", ML 00:22:16).

Resümee

Als Stakeholdergruppe außerhalb des Unternehmens verfügen externe Trainer oder Bildungsanbieter nur über geringe bis mittlere Kenntnisse zum Bildungsmanagement des Unternehmens. Ihre Einstellung dazu ist neutral oder unterschiedlich. Externe Trainer haben kaum Ressourcen oder Entscheidungsspielräume im Unternehmen. Die Möglichkeiten, sich aktiv einzubringen, wurden als unterschiedlich eingeschätzt.

Tabelle 13: Bewertung externe Bildungsanbieter/Trainer

ID	Gruppe	Kenntnis 1 = gering 2 = mittel 3 = hoch	Haltung	Ressourcen Umfang 1 = gering 2 = mittel 3 = hoch	Ressourcen Einsatz, Entscheidungsgewalt 1 = gering 2 = mittel 3 = hoch	Macht (Ressourcen gemittelt)	Aktivität dafür oder dagegen möglich?
8	Externe Bildungsanbieter/Trainer	1,5	Neutral	1,25	1	1,13	Unterschiedlich

Kunden

Der Einfluss der Kunden in Bezug auf das betriebliche Bildungsmanagement wurde nur mit ML im Interview besprochen.

ML ist der Meinung, der „Kunde ist da stark mit dabei" (ML P00:39:45). Bei Ingenics ist die Beziehung zu den Kunden sehr eng, da Ingenics-Mitarbeiter teilweise für mehrere

Monate im Haus des Kunden arbeiten und dort wichtige Projekte planen und umsetzen. Daher zeigt ML auf, wie wichtig gut ausgebildete Mitarbeiter für den Kunden sind: „Er weiß es zu schätzen" (ML P00:42:25), „wünschen, dass dort qualifizierte Leute kommen" (ML P00:26:31). Ziel des Kunden ist die erfolgreiche Durchführung seiner Projekte (ML P00:26:31). Der Kunde sucht sich die Mitarbeiter anhand ihrer „Beraterprofile" persönlich aus.

ML führt aber auch aus, dass der Kunde durchaus konkret in die Weiterbildung eingreift und nicht nur passiver Nutznießer ist. Er nimmt vielmehr aktiv Einfluss, und es kommt zu Absprachen (ML P00:42:25). Ingenics stellt teilweise spezielle Ausbildungen zur Verfügung, um die Mitarbeiter für die Arbeit bei einem konkreten Kunden zu befähigen („kundenspezifisch dann noch mal qualifizieren, dass sie dort arbeiten können", „kundenspezifische Vorbereitung", ML P00:26:31). Zum Teil stellt er auch konkrete Weiterbildungsanforderungen (ML P00:42:25).

Der Einfluss ist jedoch nicht nur positiv. ML berichtet von Fällen, in denen Kunden Weiterbildung blockieren, insbesondere was deren Freistellung angeht: „Du kannst jetzt nicht weg", „wenn er den Mitarbeiter aus dem Projekt nicht raus lässt" (ML P00:43:20). Ingenics wirbt beim Kunden für kooperatives Verhalten, welches die Weiterbildung ermöglicht: „bitten da um die Unterstützung" (ML P00:43:20). In der Regel ist diese Strategie von Erfolg gekrönt: „Wenn er dann davon überzeugt ist, dann ist er da mit dabei" (ML P00:43:20).

Ingenics profitiert von gut qualifizierten Mitarbeitern, die für den Kunden attraktiv sind, in den „Honorarverhandlungen" (ML P00:26:31), weil dadurch höhere Preise erzielt werden können.

Interessant ist die Fragestellung, wie sich der Einfluss des Kunden auf die Weiterbildung mit abnehmender Dienstleistungsintensität hinsichtlich persönlichem Kontakt, Dauer, räumlicher Nähe etc. verändert. In der Theorie ist eine abnehmende Bedeutung des Kunden für das Bildungsmanagement anzunehmen, da kürzere, weniger intensive Kundenbeziehungen Kunde als auch Dienstleister austauschbar machen und somit Weiterbildungsanforderungen nicht substanziieren können.

Die Kenntnis über die Abläufe und Inhalte des Bildungsmanagements ist jedoch nur gering. „Er will eigentlich das Ergebnis sehen" (ML P00:41:08).

Resümee

Die Kunden eines Unternehmens verfügen nur über geringe Kenntnisse über das Bildungsmanagementsystem und sind neutral eingestellt. Sie besitzen nur geringe Ressourcen und Entscheidungsmöglichkeiten. Ob sie sich aktiv einbringen können, hängt von der Art der Kundenbeziehung ab.

Tabelle 14: Bewertung Kunden

ID	Gruppe	Kenntnis 1 = gering 2 = mittel 3 = hoch	Haltung	Ressourcen Umfang 1 = gering 2 = mittel 3 = hoch	Ressourcen Einsatz, Entscheidungsgewalt 1 = gering 2 = mittel 3 = hoch	Macht (Ressourcen gemittelt)	Aktivität dafür oder dagegen möglich?
9	Kunden	1	Neutral	1	1	1	Unterschiedlich

Politiker

ML konnte im Interview mögliche Interessen von Politikern an der Weiterbildung der Unternehmen ausführen. So legte er dar, dass Weiterbildungsaktivitäten Firmen in der Region halten und neue anziehen, „dann wächst da die Region". So würden Unternehmen dort Niederlassungen errichten, wo qualifizierte Mitarbeiter vorhanden seien. Als Folge steigt nach Meinung von ML die Attraktivität der Region: „Wenn die Firmen gut qualifizieren, ausbilden, auch die Jungen, dann wächst natürlich die Attraktivität der Region oder des Landes oder des Kontinents" (ML P00:28:42). Dieser Zusammenhang ist als Kontext der betrieblichen Weiterbildung zu bewerten. Eine direkte Einflussnahme durch Politiker auf die Weiterbildung in seinem Unternehmen konnte ML nicht erkennen.

AB schätzte Politiker insgesamt nicht als Stakeholdergruppe ein. Eine Einschätzung nach den Kategorien Kenntnis, Haltung, Ressourcen und Aktivität wurde nicht vorgenommen.

Wettbewerber

Die Rolle des Wettbewerbs in Bezug auf das Bildungsmanagementsystem wurde nur mit ML im Interview besprochen. Als Beratungsunternehmen bietet Ingenics seine Mitarbeiter für bestimmte Kundenprojekte an. ML gab an, dass besonders im Beratungsumfeld Beobachtungskonstellationen zwischen den Wettbewerbern bestehen („angucken", ML P00:33:55, „da wird es mehr öffentlich", „mehr transparent", „beschrieben, wie wir arbeiten", „beäugen", jeweils ML P00:33:04). So prüfen die Unternehmen jeweils, welche Methoden andere Beratungshäuser anbieten, welche Aus- und Weiterbildungen sie vornehmen und welche Vorerfahrung sie bei Beratern erwarten (ML P00:33:04).

ML sprach weiterhin die Situation des Abwerbens von Personal an. Wettbewerber könnten an Ingenics-Mitarbeitern interessiert sein („gutes Abwerbesystem", ML P00:31:01). Für den Wettbewerb wären gut ausgebildete Mitarbeiter dann als sehr positiv und attraktiv zu bewerten. Der Wettbewerber muss seinerseits weniger ausbilden, „er holt sich den Mitarbeiter dann von uns" (ML P00:31:01). Als Abwerbestrategien beschreibt

ML „bisschen mehr Geld auf den Tisch legen" (ML P01:02:23), „da lege ich einfach was drauf" (ML P00:31:01) sowie „bessere Rahmenbedingungen" (ML P01:02:23). Die Weiterbildung der Mitarbeiter ist für Ingenics wiederum eine Strategie, um Abwerbung zu verhindern: „Dass wir da investieren, […] das macht es denen ja eigentlich ein Stück weit schwerer" (ML P01:02:23).

Des Weiteren könnte die Nicht-Weiterbildung im Interesse des Mitbewerbers liegen, wenn Ingenics bestimmte Qualifikationen und Mitarbeiterprofile dem Kunden nicht anbieten kann, da diese wichtig seien, „bei der Vergabe […] solcher Beratungsprojekte" (ML P00:33:55). Der Wettbewerber hätte so gegenüber Ingenics einen Wettbewerbsvorteil.

Auch schlechte Dienstleistungsqualität auf Seiten Ingenics könnte dem Wettbewerber einen Vorteil verschaffen: „Vorsprung" (ML P00:31:01). Folgt man dieser Interpretation, hätte der Wettbewerb ein Interesse daran, dass Ingenics möglich wenig Weiterbildung durchführt: „die sollen gar nicht sich qualifizieren" (ML P00:31:01). Der Wettbewerb kann also sowohl positiv als auch negativ eingestellt sein.

Resümee

Die Wettbewerber eines Unternehmens verfügen nur über geringe Kenntnisse des Bildungsmanagementsystems. Sie sind neutral eingestellt oder können als Konkurrenten für sich Vorteile generieren, wenn ein Unternehmen schlechte Bildungsmöglichkeiten anbietet. Sie besitzen nur geringe Ressourcen und Entscheidungsmöglichkeiten und können sich nicht aktiv einbringen.

Tabelle 15: Bewertung Wettbewerber

ID	Gruppe	Kenntnis 1 = gering 2 = mittel 3 = hoch	Haltung	Ressourcen Umfang 1 = gering 2 = mittel 3 = hoch	Ressourcen Einsatz, Entscheidungsgewalt 1 = gering 2 = mittel 3 = hoch	Macht (Ressourcen gemittelt)	Aktivität dafür oder dagegen möglich?
11	Wettbewerber	1	Neutral/Gegner	1	1	1	Nein

Familie

ML fügte im Interview die Familie des lernenden Mitarbeiters als Stakeholder zur Liste hinzu. ML spricht von „Grundsatzthemen" und „Erwartungshaltungen", die den Mitarbeiter aus seinem familiären Umfeld heraus prägen (ML P1:13:13). Konkret spricht er in mehreren Beispielen die Situation an, dass Mitarbeiter Karrierewünsche verfolgen, die ursprünglich von anderen Familienmitgliedern stammen. So verweist er auf den

Lebenspartner („Vielleicht will auch die Frau, dass er Karriere macht", ML P1:13:13) und die Eltern („Vorstellungen, vielleicht von Eltern, wo man sagt, der muss Karriere machen", ML 01:13:13). Er deutet zudem auf Statussymbole, die mit einer positiven Karriereentwicklung und einer höheren Position im Unternehmen verbunden sind („Firmenauto", ML P1:13:13). Er sieht deshalb aus der Familie heraus starke Treibereffekte (ML P1:13:13).

Diese können entweder für oder gegen eine Weiterbildung wirken (ML P0:35:08). So führt er als Beispiel an, dass in der Partnerschaft des Mitarbeiters die Abwesenheit durch die Weiterbildung als negativ eingeschätzt werden könnte: „Bleib doch da, was will ich mit deiner blöden Weiterbildung" (ML P0:35:08).

Angesprochen auf die Möglichkeit für das Unternehmen, mit diesem starken Einfluss der Familie umzugehen, entwickelt ML verschiedene Lösungsstrategien. Diese sind stark dialogisch geprägt („sich kennenlernen", „die Aufgabe kennen", ML 01:09:18), schließen aber auch Problemanalyse („rauskriegt, was das Problem ist", „wenn man da die Ursache kennt", ML 01:09:18) und konkrete Lösungsansätze ein („Anreize schaffen", „individuelle Maßnahmen", „beratend", „Unterstützung anbietet", ML 01:09:18). In einem Nebensatz deutet sich an, dass sich diese Effekte nicht nur auf die Familie beschränken, sondern generell das „private Umfeld" des Mitarbeiters betreffen (ML P1:13:13).

Resümee

Bereits die Familie stellt eine große Ausweitung des Forschungsbereichs bei der Stakeholderanalyse zur betrieblichen Weiterbildung dar. Diese Personen befinden sich außerhalb des Unternehmens. Eine weitere Ausweitung auf das private Umfeld im Allgemeinen vervielfacht die Zahl potenzieller Beeinflusser stark. Sinnvoll erscheint deshalb an dieser Stelle, die Familie und das private Umfeld der jeweiligen Biografie des Mitarbeiters zuzuordnen. Aufgrund der verschiedenen Effekte auf Motivation, Ausrichtung und Leistungsbereitschaft ist es wichtig, diesen Personenkreis in der Betreuung des Mitarbeiters im Hinterkopf zu behalten. Das Unternehmen hat nach Angaben von ML nur beschränkte und bislang nicht standardisierte Möglichkeiten, auf diese Stakeholdergruppe einzuwirken. Deshalb wird die Familie als Stakeholdergruppe an dieser Stelle in dieser Arbeit nicht weiter verfolgt.

Aktionäre

AB fügte im Interview die Stakeholder Aktionäre und Gesellschafter zur Liste hinzu. Seiner Einschätzung zufolge schauen Unternehmer und Aktionäre verstärkt auf Investitionen in das Humankapital eines Unternehmens (AB P00:08:08), um Investitionsentscheidungen treffen zu können (AB P00:08:13). Hintergrund ist das Gewinninteresse des Aktionärs bzw. des Gesellschafters: „Der Aktionär hat ein Interesse dran, dass das Unternehmen, wo er seine Aktien drin hat, Gewinne abwirft" (AB P00:07:28). AB führt aus: Wenn Weiterbildung und Qualifizierung „Treiber von Unternehmenserfolg" sind, dann müssen Aktionär oder Gesellschafter daran Interesse haben (AB P00:07:28).

Auch ML sieht Aktionär und Gesellschafter als Stakeholder. Bei Ingenics sind diese Rollen „beides Mal im Vorstand komplett vertreten" (ML P00:36:26). Als vorrangiges Interesse sieht ML „gute Kundenleistung" und damit verbunden ebenso wie AB eine „attraktive Rendite" (ML P00:36:26).

Während bei Ingenics Aktionäre und Gesellschafter als Mitglieder des Vorstands direkt ins Tagesgeschäft eingreifen können, sieht AB die Rolle dieser Stakeholder etwas schwächer:„Inhaltliche Inputs kann er nicht liefern" (AB P00:07:35). Offen bleibt, ob die Anteilseigner von Ingenics stärker als Vorstände agieren oder als Aktionäre. Auch wenn das grundsätzliche Gewinninteresse beide Rollen verbindet, so gehört der Eingriff in die operativen Abläufe nicht zum klassischen Rollenbild von Aktionären.

Resümee

Der direkte Einfluss auf Inhalte, Abläufe und Qualität des Bildungsmanagements muss als gering eingeschätzt werden. Deshalb wird diese Gruppe in der weiteren Analyse und Betrachtung nicht berücksichtigt.

Gesamtbewertungen

In der Zusammenführung ergeben sich für die Stakeholder folgende Gesamtbewertungen:

Tabelle 16: Gesamtbewertung der Stakeholdergruppen

ID	Gruppe	Kenntnis 1 = gering 2 = mittel 3 = hoch	Haltung	Ressourcen Umfang 1 = gering 2 = mittel 3 = hoch	Ressourcen Einsatz, Entscheidungsgewalt 1 = gering 2 = mittel 3 = hoch	Macht (Ressourcen gemittelt)	Aktivität dafür oder dagegen möglich?
1	Betriebsrat	3	Positiv	3	2	2,5	Ja
2	Bildungsmanagement/ Personal	3	Positiv	3	3	3	Ja
3	Führungskräfte	2,5	Positiv	2,5	2,5	2,5	Ja
4	Kollegen	3	Unterschiedlich	2	1	1,5	Nein
5	Mitarbeiter/ Teilnehmer	3	Positiv	1,5	2,5	2	Ja
6	Interne Trainer	3	Positiv	1,5	2,5	2	Ja
7	Unternehmensleitung	2,5	Positiv	3	3	3	Ja
8	Externe Bildungsanbieter/Trainer	1,5	Neutral	1,25	1	1,13	Unterschiedlich
9	Kunden	1	Neutral	1	1	1	Unterschiedlich
10	Politiker	–	–	–	–	–	–
11	Wettbewerber	1	Neutral/Gegner	1	1	1	Nein
(12)	(Familie)	–	–	–	–	–	–
(13)	(Aktionäre)	–	–	–	–	–	–

Diese Tabelle kann man nun in Anlehnung an Schmeer nach bestimmten Themen oder Schwerpunkten auswerten.

Tabelle 17: Zuordnung nach Kenntnisstand

Kenntnis des Bildungsmanagements		
hoch	mittel	niedrig
Betriebsrat	Führungskräfte	Externe Bildungsanbieter/Trainer
Bildungsmanagement/Personal	Unternehmungsleitung	Kunden
Interne Trainer	–	Wettbewerber
Kollegen	–	–
Mitarbeiter/Teilnehmer	–	–

Den Interviews zufolge gibt es Stakeholder, die über sehr gute Kenntnisse zum Bildungsmanagementsystem eines Unternehmens verfügen. Das ist zum einen die Abteilung Bildungsmanagement/Personalentwicklung, die alle Maßnahmen plant und umsetzt, aber natürlich sind das auch die Mitarbeiterals Teilnehmer an der Weiterbildung, die Kollegen und die internen Trainer als Wissensvermittler. Der Betriebsrat besitzt häufig sehr gute Kenntnisse aufgrund seiner Informations- und Entscheidungsrechte.

Eine zweite Gruppe, die Führungskräfte und die Unternehmensleitung, besitzt mittlere Kenntnisse. Diese Stakeholder kennen vielleicht nicht jedes Detail und jedes Angebot, sind jedoch über wesentliche Inhalte und die Zusammenhänge gut informiert.

Gruppe drei besitzt geringe oder keine Kenntnisse zum Bildungsmanagement eines konkreten Unternehmens. Die hier eingestuften Stakeholder externe Trainer, Kunden und Wettbewerber sind außerhalb des Unternehmens und haben aus dieser Position heraus kaum Einblick in Angebote oder Abläufe der internen Bildung. Hier wären mit hoher Wahrscheinlichkeit auch die Politiker einzuordnen.

Tabelle 18: Haltung der Stakeholder

Haltung		
Positiv	Neutral/unterschiedlich	Gegner
Betriebsrat	Externe Bildungsanbieter/Trainer	Wettbewerber
Bildungsmanagement/Personal	Kollegen	–
Führungskräfte	Kunden	–
Mitarbeiter/Teilnehmer	–	–
Interne Trainer	–	–
Unrernehmensleitung	–	–

Die Auswertung der Interviews zeigte, dass der Großteil der internen Stakeholder sehr positiv eingestellt ist, wenn es um interne Weiterbildung geht. Lediglich der Betriebsrat und die Gruppe der Kollegen sehen die Weiterbildung der Mitarbeiter unterschiedlich, da dort Schutzansprüche oder persönliche Interessen interferieren.

Externe Stakeholder wie Trainer oder Kunden sind neutral eingestellt. Wettbewerber können auch eine kritische Position vertreten und die Weiterbildungsbemühungen eines Unternehmens negativ betrachten.

Macht und Aktionsmöglichkeit

Sortiert man die Stakeholder nach Macht und Aktionsmöglichkeit, ergibt sich folgendes Bild:

Tabelle 19: Gruppeneinteilung nach Aktionsmöglichkeiten und Macht

Gruppe 1: Aktion und große Macht	Gruppe 2: Aktion und mittlere Macht	Gruppe 3: keine Aktion und große/ mittlere Macht	Gruppe 4: keine Aktion und keine Macht
Bildungsmanagement/ Personal	Betriebsrat	–	Externe Bildungsanbieter/Trainer
Unternehmensleitung	Führungskräfte	–	Kollegen
–	Interne Trainer	–	Kunden
–	Mitarbeiter/ Teilnehmer–	–	Wettbewerber

An dieser Tabelle zeigt sich, dass die Möglichkeit, sich aktiv für die Weiterbildung in einem Unternehmen einzusetzen, eng mit der Macht, die ein Stakeholder ausüben kann, zusammenhängt. Die Gruppen 1 und 2 können die Weiterbildung aktiv beeinflussen. Gruppe 1 verfügt dabei über große Macht. Sie kann viele Ressourcen mobilisieren und besitzt große Entscheidungsgewalt. Gruppe 2 verfügt über mittlere Macht. Gruppe 3 ist leer. Im Kontext der betrieblichen Weiterbildung konnten keine Stakeholder identifiziert werden, die zwar über große oder mittlere Macht verfügen, aber keine Aktivitäten für oder gegen Weiterbildung entfalten können.

Hingegen gibt es vier Stakeholder, die über keinerlei Macht und keine Einflussmöglichkeiten verfügen.

Zusammenfassender Vergleich

Nimmt man nun noch die oben bereits beschriebene Dimension der Haltung dazu und führt beide Tabellen zusammen, erhält man folgende Übersicht:

Tabelle 20: Kombination von Haltung und Machtgruppen

	Positiv	Neutral	Gegner
Gruppe 1: Aktion und große Macht	Bildungsmanagement/Personal, Unternehmensleitung	–	–
Gruppe 2: Aktion und mittlere Macht	Betriebsrat, Führungskräfte Interne Trainer Mitarbeiter/Teilnehmer	–	–
Gruppe 3: keine Aktion und große/mittlere Macht	Interne Trainer	–	–
Gruppe 4: keine Aktion und keine Macht	–	Ext. Bildungsanbieter/Trainer, Kollegen, Kunden	Wettbewerber

In den Gruppen 1 und 2 zeigt sich nun, dass fast alle Stakeholder gegenüber der betrieblichen Weiterbildung positiv eingestellt sind. Lediglich der Betriebsrat tritt unterschiedlich auf – teilweise als Kritiker, teilweise als Gegner. Da dieser umfangreiche Möglichkeiten besitzt, das Bildungsmanagement auch negativ zu beeinflussen, ist es sehr wichtig, diesen Stakeholder durch entsprechende Kommunikationsmaßnahmen umfassend zu informieren und für das Bildungsmanagement zu gewinnen.

Die in Gruppe 4 genannten Stakeholder, die keine nennenswerten Möglichkeiten besitzen, das Bildungsmanagement des Unternehmens nachhaltig positiv oder negativ zu beeinflussen und über keine Entscheidungsgewalt verfügen, können nach Definition von Schmeer und nach den Ergebnissen der Interviews vernachlässigt werden.

4. Fazit

Über die Stakeholderanalyse und die zwei Interviews konnten sechs Stakeholder identifiziert werden, die für das Bildungsmanagement eines Unternehmens von besonderer Bedeutung sind:

» Betriebsrat
» Bildungsmanagement/Personalentwicklung
» Führungskräfte
» Interne Trainer
» Mitarbeiter/Teilnehmer
» Unternehmensleitung

Diese sechs sind in ihrer jeweiligen Rolle direkt am Bildungsprozess im Unternehmen beteiligt und verknüpfen mit der Weiterbildung vielfältige Interessen.

Jeder einzelne Stakeholder ist ein Individuum und besitzt im Sinne der Akteurstheorie (Schimank 2007) als solches die Möglichkeit, sich gemäß seiner Interessen zu verhalten und zu handeln. Seine Handlungsantriebe können zum Beispiel Normkonformität, Nutzenverfolgung, Emotionen oder das Aufrechterhalten des eigenen Selbstbilds sein. Die Akteurmodelle des Homo Sociologicus, Home Oeconomicus, Emotional Man, Identitätsbehaupter und Homo Politicus können auf dieser individuellen Ebene gut Anwendung finden und zum Verständnis von Verhalten beitragen.

Die Individuen bewegen sich jedoch im Kontext des Unternehmens, das als soziales System fungiert. Das Unternehmen ist eine formale Organisation, die ihre Aufgaben arbeitsteilig abwickelt. Die Individuen sind aktive Akteure, die dieses System gemeinsam schaffen, beeinflussen und verändern (Schimank 2007). Das Unternehmen als soziales System stellt dabei Erwartungen an das Verhalten der Individuen, die diese erfüllen müssen.

Zudem übernehmen die Individuen im Unternehmen Rollen. Diese Rollen sind klar erkennbar und voneinander abgrenzbar, das wurde in den Interviews deutlich. Die einzelnen Individuen sind so einer Gruppe von Stakeholdern zugehörig. Diese konstituiert sich zum Beispiel durch ihre hierarchische Position, durch den Arbeitsvertrag oder durch die Aufgabe, die im Weiterbildungssystem übernommen wird. Damit besitzen die Vertreter einer Stakeholdergruppe ähnliche Möglichkeiten und Einschränkungen, ihre Interessen im Unternehmen durchzusetzen. Diese Rollen sind zudem auch mit impliziten oder expliziten Verhaltenserwartungen und sozialen Normen belegt.

Somit kann insgesamt davon ausgegangen werden, dass eine Stakeholdergruppe neben aller Individualität ihrer Mitglieder auch breite Gemeinsamkeiten aufweist, die ein ähnliches Verhalten der Mitglieder bewirkt.

Die Stakeholder stehen teilweise in einer hierarchischen Beziehung zueinander, teilweise in einer funktionalen. Dieses Geflecht soll abschließend hier dargestellt werden (vgl. Abbildung 2).

Abbildung 2: Hierarchische und funktionale Beziehungen von Stakeholdern (eigene Darstellung)

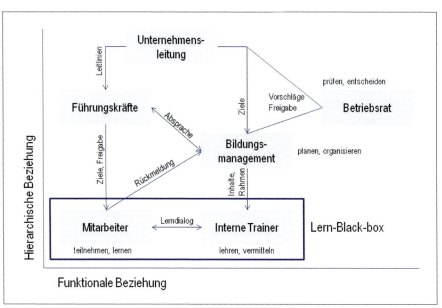

QUALITÄTSBEREICHE UND ERGEBNISSE DES DEUTSCHEN BILDUNGSPREISES 2016

Anne Dreyer
Referentin Bildungsmanagement
TÜV SÜD Akademie

Qualitätsbereiche und Ergebnisse des Deutschen Bildungspreises 2016

Überblick

Die Unternehmen, die sich um den Deutschen Bildungspreis 2016 beworben haben, engagieren sich in der Regel bereits stark für die Aus- und Weiterbildung ihrer Mitarbeiter. Sie beschäftigen sich intensiv mit ihrer Personalentwicklung und haben viele Aspekte ihres Bildungsmanagement bereits implementiert oder arbeiten daran.

Im Kontakt mit den Teilnehmern war das große Interesse an einer Professionalisierung im Bildungs- und Talentmanagement deutlich erkennbar. Es kann davon ausgegangen werden, dass die teilnehmenden Unternehmen die große Bedeutung von Know-how und Expertise ihrer Mitarbeiter bereits erkannt haben und als zentralen Faktor für ihren unternehmerischen Erfolg werten.

Unternehmen, die ihr eigenes Bildungsmanagement als sehr gut einschätzen, nehmen am Wettbewerb teil, um den Deutschen Bildungspreis zu bekommen. Firmen, die ihr System noch nicht als professionell bewerten, nutzen die Initiative meist, um sich zu verbessern. Dabei bietet die Selbstreflektion beim Ausfüllen des Fragebogens eine erste Möglichkeit, in strukturierter Art und Weise Schwachstellen aufzudecken. Der im Nachgang der Bewerbung verschickte Benchmark zeigt den Unternehmen dann die erreichten Umsetzungswerte und ermöglicht einen Vergleich zu den Gesamtbewerbern sowie anderen Teilnehmer aus ähnlicher Branche sowie ähnlicher Größe. Das Feedbackgespräch bietet dann Gelegenheit, diese Ergebnisse noch einmal mit der Projektleitung zu besprechen und konkrete Optimierungsansätze zu entwickeln.

Mit Blick auf die Gesamtheit der Deutschen Unternehmen sind noch keine generalisierenden Aussagen möglich. Die Bewerber des Deutschen Bildungspreises beschäftigen sich in der Regel schon seit Jahren mit Auf- und Ausbau ihres Bildungsmanagements und haben zumindest gute Grundlagen schon verlässlich aufgebaut. Dies gilt sicher nicht für alle deutschen Firmen. Somit beziehen sich die Aussagen in diesem Buch ausschließlich auf die Teilnehmer am Deutschen Bildungspreis. Auch wenn sich seit 2013 schon über 600 Firmen beworben haben, so ist die Stichprobe im Vergleich zur bundesweiten Gesamtheit immer noch klein.

Zur Datenerhebung

Für den Deutschen Bildungspreis 2016 wurden insgesamt 150 Bewerbungen eingereicht. Davon wurden 98 als Qualifizierungsbogen für das Gesamtsystem gewertet, 52 Bewerbungen gingen für den Innovationspreis ein. Ansprechpartner in den Unternehmen waren vor allem Verantwortliche aus den Bereichen Personal. In kleinen und mittleren Unternehmen ist häufig auch die Geschäftsleitung aktiv.

Grundlage der hier vorliegenden Detailauswertungen sind die eingegangenen Qualifizierungsbögen im Zuge des Wettbewerbs. Für die Teilnahme füllten die Bewerber einen Fragebogen als Selbstauskunft aus. Dieser Qualifizierungsbogen umfasste die 15 Handlungsfelder des Qualitätsmodells, welches dem Deutschen Bildungspreis zugrunde liegt.

Abbildung 3: Das Qualitätsmodell des Deutschen Bildungspreises

Der Fragebogen war aufgeteilt in die strategische, strukturelle sowie operative Ebene des Bildungs- und Talentmanagements. In jedem der 15 Handlungsfelder wurden dazu zwischen zwei und zehn Kriterien abgefragt.

Für den Innovationspreis lag ein eigener Fragebogen vor. Dieser bildete die eingereichten Projekte und Konzepte in Freitextfeldern nach bestimmten Schwerpunkten sowie Detailfragen mit Umsetzungsbezug ab.

In der Bewerbung mit dem Gesamtsystem wurden vier Kategorien nach Größe und Branche gebildet (bei Dienstleistung und Produktion jeweils KMU und Großunternehmen). Die eingegangenen Fragebögen wurden statistisch ausgewertet. Die besten acht Bewerber nach Punkten wurden so ermittelt, anonymisiert und an den Beirat versandt. Im Innovationspreis wurden die eingegangenen Bewerbungen von zehn Experten vorsortiert und dann vollständig dem Beirat übergeben.

In den fünf Kategorien bestimmte der Expertenbeirat jeweils drei Unternehmen, die Anfang 2016 umfassend auditiert wurden. Dazu wurden diese 15 Finalisten vor Ort von zwei Auditoren besucht. Im Audit wurden das Bildungs- und Talentmanagement analysiert. Schwerpunkt waren dabei der Reifegrad des Systems, die Angemessenheit in Bezug auf Herausforderungen und Rahmenbedingungen des Unternehmens sowie nachvollziehbare, reibungsfreie Prozesse. Die Auditoren nahmen Einsicht in Dokumente und IT-Systeme und arbeiteten Stärken und ggf. Optimierungspotenziale heraus.

| Deutscher Bildungspreis 2016 Qualitätsbereiche und Ergebnisse **KAPITEL 1**

Bei den Projektaudits für den Innovationspreis werden die eingereichten Projekte oder Konzepte der drei Finalisten hinsichtlich Innovationsgrad und Professionalität in der Abwicklung geprüft.

Auf Grundlage der umfangreichen Auditberichte konnte der Beirat dann die Preisträger bestimmen.

Die teilnehmenden Unternehmen

52 Bewerbungen gingen ein für den Innovationspreis. Die Bewerber um den Innovationspreis wurden nicht näher nach Branchenzugehörigkeit aufgegliedert.

Die restlichen Bewerber wurden anhand ihrer Branche und Unternehmensgröße in vier Preiskategorien unterteilt.

Abbildung 4: Preiskategorien mit Anzahl der eingegangenen Bewerbungen

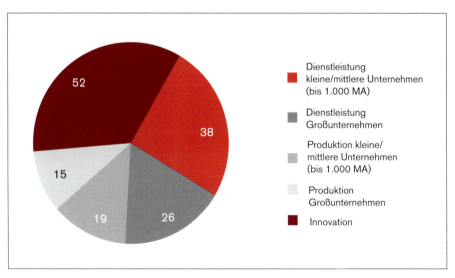

Unter den Bewerbern, die sich mit dem Gesamtsystem beworben haben, konnten 35 Prozent dem Bereich Produktion zugeordnet werden. Der größere Teil der bewerbenden Firmen mit 65 Prozent waren Dienstleistungsunternehmen. Diese Verteilung war im vergangenen Jahr ähnlich:

Abbildung 5: Anteil Produktion und Dienstleistung in Prozent

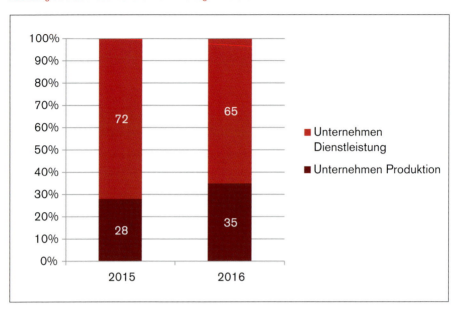

Während der Bewerbungsphase um den Deutschen Bildungspreis wurden verstärkt Marketing- und Kommunikationsaktivitäten in Verbänden aus Produktion und Industrie vorgenommen, um möglichst viele produzierende Unternehmen zu erreichen und deren Anteil an den Bewerbungen zu steigern. Das ist gelungen und soll in den kommenden Jahren fortgesetzt werden.

32,1 Prozent der Bewerber fallen in die Kategorie Großunternehmen, weitere 27,5 Prozent der Bewerber sind kleine und mittelständische Unternehmen.

Während der Bewerbungsphase war es Ziel, möglichst viele Großunternehmen für den Deutschen Bildungspreis zu gewinnen, um deren Anteil zu steigern. Im Vergleich zu den Zahlen aus dem Vorjahr konnte deren Anteil ebenfalls gesteigert werden. Lag die durchschnittliche Mitarbeiterzahl 2015 noch bei 4.356, stieg sie 2016 auf 5.602 Mitarbeiter.

Abbbildung 6: Anteil Großunternehmen und KMU in Prozent

	2015	2016
Großunternehmen	36	42
KMU	64	58

Die hier dargestellten Werte für den DBP 2015 wurden an die Rahmenbedingungen von 2016 angepasst. Bis 2015 wurden 500 Mitarbeiter als Grenze zwischen KMU und Großunternehmen genutzt. Nach den Auswertungen und den Auditerfahrungen im vergangenen Jahr wurde die Grenze dann auf 1.000 Mitarbeiter erhöht. Die hier dargestellten Werte beziehen sich nun ebenfalls auf diese neue Grenzziehung.

Betrachtet man die Unternehmensgrößen aller Bewerber en detail, wird deutlich, dass zwei Unternehmensgrößen besonders stark vertreten waren: Unternehmen zwischen 100 und 500 Mitarbeitern und Großunternehmen mit mehr als 1.000 Mitarbeitern. Auch diese Verteilung bestätigte die Ergebnisse der Vorjahre.

Abbildung 7: Mitarbeiterzahl in Prozent

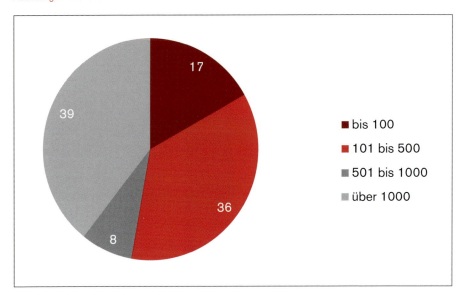

Die Bewerberunternehmen sind in den unterschiedlichsten Branchen angesiedelt. Größere Cluster sind Gesundheitswesen, IT und Kommunikation sowie Maschinenbau, Unternehmen aus der Automobil- und Automotiveindustrie sowie Beratungsunternehmen, Banken und Versicherungen.

Abbildung 8: Branchenverteilung, Anzahl eingereichter Bewerbungen

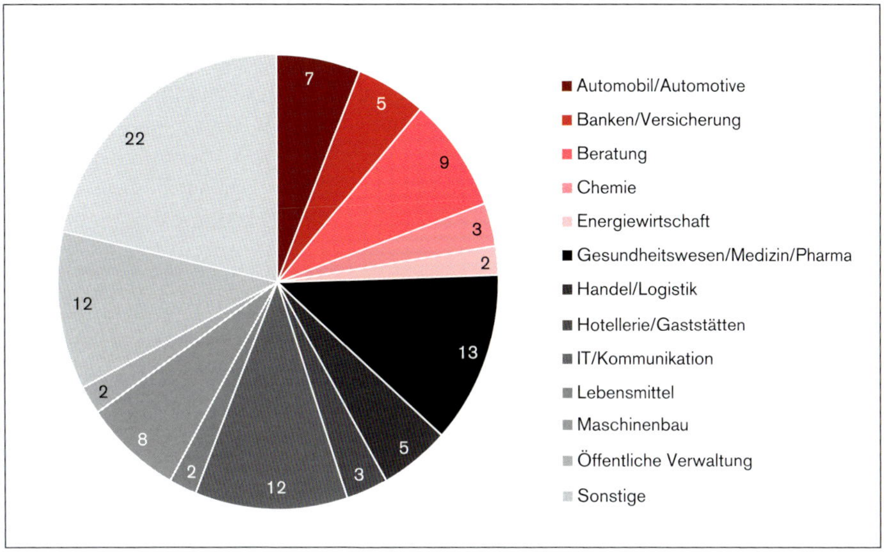

- Automobil/Automotive: 7
- Banken/Versicherung: 5
- Beratung: 9
- Chemie: 3
- Energiewirtschaft: 2
- Gesundheitswesen/Medizin/Pharma: 13
- Handel/Logistik: 5
- Hotellerie/Gaststätten: 3
- IT/Kommunikation: 12
- Lebensmittel: 2
- Maschinenbau: 8
- Öffentliche Verwaltung: 2
- Sonstige: 12
- (22, 12 weitere Segmente)

Kritik und Anpassung

Die Bewerber des Deutschen Bildungspreises 2016 haben insgesamt bessere Ergebnisse erzielt als die Teilnehmer der Wettbewerbe 2013 bis 2015. In diesem Jahr wurden im Schnitt bereits 74 Prozent der im Qualitätsmodell geforderten Aspekte erfüllt, während die Teilnehmergruppen der vergangenen Jahre zum Teil noch deutlich unter 70 Prozent lagen.

Tabelle 21: Vergleichswerte 2013 bis 2016

Kategorie	DBP 2013	DBP 2014	DBP 2015	DBP 2016	Gesamt
Dienstleistung KMU	62,8 %	60 %	56 %	69 %	62 %
Dienstleistung Großunternehmen	75,8 %	74 %	65 %	82 %	74 %
Produktion KMU	67,5	54 %	55 %	64 %	60 %
Produktion Großunternehmen	63,3 %	78 %	68 %	84 %	73 %
Gesamt	67,2 %	67 %	62 %	74 %	67 %

In dieser Übersicht kann man die Ergebnisse der letzten Jahre sehr gut vergleichen. Kleine und mittelständische Unternehmen erzielen insgesamt deutlich geringere Ergebnisse als Großunternehmen. Zwischen Dienstleistungsunternehmen und Firmen aus dem Produktionsbereich bestehen dabei nur geringe Unterschiede. Die Unternehmensgröße scheint somit einen wesentlich größeren Effekt auf die Professionalität des Bildungsmanagements zu haben als die Branche der Unternehmen.

Deshalb werden die bisherigen Branchenkategorien für den Deutschen Bildungspreis 2017 aufgelöst. Stattdessen werden vier neue Kategorien gebildet, die ausschließlich auf die Unternehmensgröße abstellen:

- » Klein-Unternehmen bis 500 Mitarbeiter
- » Mittlere Unternehmen 501 bis 3.000 Mitarbeiter
- » Großunternehmen 3.001 bis 10.000 Mitarbeiter
- » Großunternehmen über 10.001 Mitarbeiter

Der Innovationspreis bleibt unverändert.

Im Wettbewerb sollen möglichst ähnliche Unternehmen miteinander verglichen werden, und die Erwartung besteht, dass dies mit einer stärkeren Aufgliederung nach Unternehmensgrößen besser möglich sein wird. So soll eine gerechte und faire Bewertung gewährleistet sein.

Bewertungsmodus im Fragebogen

Die Teilnehmer des Deutschen Bildungspreises haben den Umsetzungsgrad aller im Qualifizierungsbogen gelisteten Qualitätskriterien in ihrem Haus anhand folgender Systematik bewertet:

- **+** für „vollständig umgesetzt"
- **0** für „in Teilen umgesetzt" (grundsätzlich umgesetzt, aber Optimierungspotenziale vorhanden)
- **−** für „nicht umgesetzt"

Zudem waren die Bewerber angehalten, die Relevanz der einzelnen Qualitätskriterien für den Erfolg des Bildungs- und Talentmanagements anhand einer Schulnotenskala (1 = sehr wichtig bis 6 = gar nicht wichtig) einzuschätzen. Sie sollten sich dabei nicht an der Umsetzung der Aspekte im eigenen Haus orientieren, sondern bewerten, wie wichtig eine Fragestellung für das Gesamtsystem im Allgemeinen ist.

Die von den Unternehmen vergebenen Relevanzbewertungen wurden dazu genutzt, um die einzelnen Kriterien zu gewichten. Die Gewichtung erfolgte dabei als Mittelwert jeweils innerhalb der vier Preiskategorien. Aus diesem Mittelwert wurde die Punktzahl für jede

Frage berechnet. So erhielten die Bewerber für höher gewichtete Fragen mehr Punkte als für niedrig gewichtete. Damit sollte zum einen gewährleistet werden, dass besonders wichtige Aspekte stärker in die Bewertung einfließen, und zum anderen sollten spezielle Rahmenbedingungen der Branche und Unternehmensgröße Berücksichtigung finden.

Im Auswertungsteil dieses Buches werden sowohl diese von den Teilnehmern vergebenen Relevanzzuweisungen als auch der Umsetzungsgrad der einzelnen Qualitätskriterien vorgestellt. Beides wird anhand von Grafiken für jedes Handlungsfeld im Qualitätsmodell im Detail dargestellt und interpretiert.

Zur besseren Identifikation der Handlungsfelder des betrieblichen Bildungs- und Talentmanagements innerhalb der einzelnen Kategorien Strategie, Strukturen und Leistungen stellt eine Tabelle am Ende jeden Abschnitts aggregierte Daten der Einzelkriterien im Hinblick auf Relevanzzuweisung und Umsetzung dar. Je nach Umsetzungsgrad sind die Qualitätskriterien mit Ampelfarben hinterlegt. Die farbliche Klassifizierung erfolgte nach Einteilung der Umsetzungsquoten der einzelnen Qualitätskriterien. Zur besseren Vergleichbarkeit wurden die aus den Bewerbungen 2013 festgelegten Terzile beibehalten.

Abhängigkeit von Relevanz und Umsetzungsgrad

Die Bewerber bewerten sowohl die Umsetzung als auch die Relevanz der verschiedenen Items. Stellt man beides gegenüber, fällt jedoch auf, dass die Bewertungen der beiden Aspekte nicht unabhängig voneinander sind. Tendenziell bewerten die Unternehmen die Aspekte als besonders wichtig, die sie auch erfolgreich umsetzen. Kriterien, die sie selbst noch nicht implementiert haben, erhalten in der Regel eine geringe bis sehr geringe Relevanzzuweisung.

Abbildung 9: Umsetzungsgrad und Relevanzzuweisung

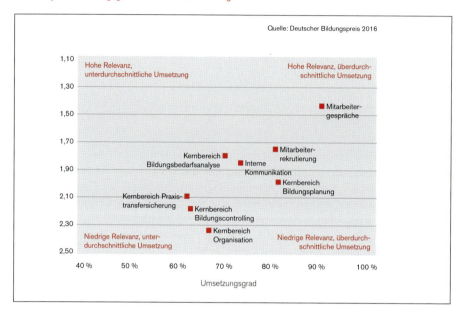

Die Interpretation ist dabei schwierig. Es ist unklar, ob die Unternehmen die Bereiche umsetzen, die ihnen besonders wichtig erscheinen, oder ob sie die Bereiche als wichtig einstufen, die sie selbst bereits gut bearbeiten. In jedem Fall verzerrt dieser starke Zusammenhang die Ergebnisse, da die Teilnehmer ihre umgesetzten Bereiche damit tendenziell noch stärker gewichten. Wichtige Verbesserungsfelder fallen in der Gewichtung zurück.

Auch der avisierte Nutzen, dass Teilnehmer beim Ausfüllen des Fragebogens selbst auf Diskrepanzen zwischen dem, was sie umsetzen, und dem, was wichtig wäre, aufmerksam werden, konnte in den vergangenen Jahren nicht realisiert werden.

Kritik und Anpassung

Deswegen werden die Bewertungsskalen für den Deutschen Bildungspreis 2017 geändert. Die Skala „Relevanz" (1–6) entfällt. Die Gewichtung wird stattdessen nach den im Qualitätsmodell gelegten Schwerpunkten (Kernbereiche) vorgenommen.

Die Skala „Umsetzung" wird geändert. Die bisherige Bewertung nach „vollständig", „teilweise" und „nicht umgesetzt" zeigte besonders im mittleren Wert „teilweise" große Schwankungen in der Interpretation durch die Bewerber. So deckte „teilweise" ein ganzes Kontinuum von „erste Gedanken zu diesem Thema sind vorhanden" bis „Projekt kurz vor dem Abschluss" ab. Die Vorgaben dazu fehlten, sodass die Interpretation der Angaben deutlich erschwert wurde.

Stattdessen wird nun folgende neue Skala genutzt und sprachlich wie folgt erklärt. Der Aspekt „wird umgesetzt zu":

- 0 %   wird nicht umgesetzt, nicht vorhanden
- 20 %   wird diskutiert, erste Ansätze vorhanden, Stakeholder involviert, klare Zielvorstellung
- 40%   konkreter Umsetzungsplan vorhanden, Ressourcen freigegeben, vorbereitende Arbeiten abgeschlossen, Umsetzung erster Aspekte
- 60 %   Umsetzung für einen Teil der Mitarbeiter in einem Bereich, Pilot abgeschlossen, Basisfunktionalität sichergestellt
- 80 %   vollständige Umsetzung absehbar, umgesetzt für einen großen Teil der Mitarbeiter in bestimmten Bereichen, kleinere Anpassungen nötig
- 100 %   vollständig umgesetzt, reibungslose Schnittstellen im Gesamtsystem, kontinuierliche Reflexion und Verbesserung

Zur Vergleichbarkeit der Ergebnisse 2013, 2014, 2015 und 2016

Das Qualitätsmodell wird jedes Jahr grundlegend überarbeitet. Basis dafür sind die Auswertungen der vorliegenden Fragebögen, Feedbacks der Bewerber, Erkenntnisse aus den Audits sowie aktuelle wissenschaftliche Ergebnisse.

Von 2013 zu 2014 wurden umfassende Änderungen an den Qualitätskriterien vorgenommen. So wurden Fragen gelöscht oder umformuliert. Neue Fragen wurden hinzugenommen, und viele Kriterien wurden innerhalb des Modells umsortiert. Eine direkte Vergleichbarkeit der Handlungsfelder zu den Ergebnissen von 2013 ist damit nicht gegeben.

Von 2014 zu 2015 und von 2015 zu 2016 wurden nur geringe Änderungen vorgenommen. Hier ist die Vergleichbarkeit wesentlich besser.

Die Bewerbergruppen in den drei Jahren bestanden aus unterschiedlichen Unternehmen. Nur ein kleiner Teil der Firmen nahm in mehreren Jahren am Wettbewerb teil. Aufgrund der jeweils geringen Größe der Stichprobe kann man keine Aussagen dahingehend treffen, ob sich die Bewerber von einem zum anderen Jahr verbessert haben.

Somit ist keine direkte Vergleichbarkeit der Werte gegeben, zumindest nicht im Sinne von deutlichen Trends oder Entwicklungen. Lediglich in Einzelfragen kann verglichen werden, wie die Bewerbergruppen aus den Jahren 2013, 2014, 2015 und 2016 jeweils entschieden oder welche Ergebnisse sie erzielt haben. Aussagen wie „Die Bewerber 2016 setzen das Kriterium bereits häufiger um als die Bewerber 2015" sind damit möglich.

Ergebnisse des Deutschen Bildungspreises 2016

Gesamtergebnis

Die Ergebnisse des Deutschen Bildungspreises 2016 sind insgesamt als sehr gut zu bewerten. Die hohen durchschnittlichen Umsetzungsraten liegen deutlich über den Ergebnissen der Vorjahre. Insofern kann man feststellen, dass sich die Qualität und das Niveau der Bewerbungen klar erhöht haben.

In unten stehender Tabelle wurden die Mittelwerte der Relevanzzuweisungen und Umsetzungsgrade für alle Handlungsfelder errechnet.

Die aggregierten Studiendaten lassen sich in der Bewertung in ein Ampelsystem überführen, das den jeweiligen Optimierungsbedarf farblich darstellt:

unter 55,8 Prozent = **rot** (überdurchschnittlicher Optimierungsbedarf)
bis 75,0 Prozent = **gelb** (durchschnittlicher Optimierungsbedarf)
über 75,0 Prozent = **grün** (unterdurchschnittlicher Optimierungsbedarf)

Die prozentuale Aufteilung entspricht der Aufteilung aus dem Deutschen Bildungspreis 2013 um eine leichtere Gegenüberstellung zu ermöglichen.

Tabelle 22: Gesamtüberblick über Umsetzung und Relevanzbewertung 2016

Bereich	Durchschnittliche Relevanz	Durchschnittlicher Umsetzungsgrad in %	Bewertung
Kernbereich Bildungsbedarfsanalyse	1,80	74,54	gelb
Kernbereich Bildungsplanung	1,98	80,98	grün
Kernbereich Praxistransfersicherung	1,89	69,06	gelb
Kernbereich Bildungscontrolling	2,20	62,79	gelb
Mitarbeitergespräche	1,22	94,46	grün
Interne Kommunikation	1,86	75,48	grün
Mitarbeiterrekrutierung	1,76	81,60	grün
Kernbereich Organisation	2,34	66,24	gelb
Kernbereich IT-Infrastruktur	2,37	61,05	gelb
Führungskräfte	1,60	74,75	gelb
Mitarbeiter	1,96	68,39	gelb
Bildungsberatung	1,97	75,68	grün
Interne Trainer	2,15	66,24	gelb
Externe Bildungsdienstleister	2,19	65,37	gelb
Kernbereich Maßnahmen	1,92	80,01	grün

Erstmalig liegen in der Umsetzung alle Handlungsfelder im gelben oder sogar im grünen Bereich. Zum Teil konnten höchste Umsetzungsergebnisse erreicht werden, kein Handlungsfeld wird zu weniger als 60 Prozent umgesetzt. Die Teilnehmergruppe 2016 präsentiert damit insgesamt ein sehr gutes Bildungsmanagement, in dem die Vorgaben aus dem Qualitätsmodell in weiten Teilen schon umgesetzt werden.

Rückblick auf den Deutschen Bildungspreis 2014 und 2015

Relevanz

Die Relevanz wurde von den Teilnehmern nach Schulnoten bewertet: 1 – sehr wichtig bis 6 – gar nicht wichtig.

Tabelle 23: Durchschnittliche Relevanz der Jahre 2014 bis 2016

Bereich	Ø Relevanz 2014	Ø Relevanz 2015	Ø Relevanz 2016	Trend
Kernbereich Bildungsbedarfsanalyse	1,59	2,34	1,80	↑
Kernbereich Bildungsplanung	2,13	2,36	1,98	↑
Kernbereich Praxistransfer	2,14	2,22	1,89	↑
Kernbereich Bildungscontrolling	2,47	2,61	2,20	↑
Mitarbeitergespräche	1,73	1,90	1,22	↑
Interne Kommunikation	1,94	2,21	1,86	↑
Mitarbeiterrekrutierung	1,98	2,09	1,76	↑
Kernbereich Organisation	2,64	2,76	2,34	↑
Kernbereich IT-Infrastruktur	2,49	3,03	2,37	↑
Führungskräfte	1,61	2,07	1,60	↑
Mitarbeiter	2,36	2,52	1,96	↑
Beratung	2,45	2,77	1,97	↑
Interne Trainer	2,19	2,46	2,15	↑
Externe Dienstleister	2,43	2,69	2,19	↑
Kernbereich Bildungsmaßnahmen	2,14	2,42	1,92	↑

Die Relevanz aller 15 Handlungsfelder wurde von der Teilnehmergruppe im Deutschen Bildungspreis 2016 – zum Teil deutlich – wichtiger eingeschätzt als von der Teilnehmergruppe 2015 und liegt auf dem Niveau 2014 oder darüber. Die wichtigsten Handlungsfelder waren konstant die Mitarbeitergespräche und der Bereich Führungskräfte. Auch das Recruiting wurde 2015 und 2016 als sehr wichtig bewertet.

Als am wenigsten wichtig bewerteten die drei Teilnehmergruppen die Handlungsfelder Organisation und IT-Infrastruktur. Die Beratung der Mitarbeiter wurde 2015 noch mit einer geringen Wertigkeit von durchschnittlich 2,77 belegt. 2016 vergaben die Unternehmen deutlich höhere Relevanzen von durchschnittlich 1,97. Stattdessen liegen in diesem Jahr die Handlungsfelder Controlling und Steuerung externer Dienstleister im Gesamtüberblick der Relevanzen hinten. Dennoch liegen die vergebenen Werte für diese zwei Bereiche deutlich über den Ergebnissen aus 2015 und 2014.

Tabelle 24: Durchschnittlicher Umsetzungsgrad der Jahre 2014 bis 2016

Bereich	Ø Umsetzungsgrad 2014 in %	Ø Umsetzungsgrad 2015 in %	Ø Umsetzungsgrad 2016 in %	Trend
Kernbereich Bildungsbedarfsanalyse	68,81	64,97	74,54	↑
Kernbereich Bildungsplanung	68,80	71,88	80,98	↑
Kernbereich Praxistransfer	58,61	62,45	69,06	↑
Kernbereich Bildungscontrolling	51,90	58,57	62,79	↔
Mitarbeitergespräche	78,97	80,34	94,46	↑
Interne Kommunikation	69,41	75,29	75,48	↔
Mitarbeiterrekrutierung	68,01	72,84	81,60	↑
Kernbereich Organisation	50,12	59,57	66,24	↑
Kernbereich IT-Infrastruktur	42,02	45,46	61,05	↑
Führungskräfte	70,80	68,60	74,75	↑
Mitarbeiter	55,60	56,65	68,39	↑
Beratung	58,76	58,54	75,68	↑
Interne Trainer	67,54	62,18	66,24	↔
Externe Dienstleister	60,72	57,65	65,37	↑
Kernbereich Bildungsmaßnahmen	68,46	71,07	80,01	↑

Die Teilnehmergruppe 2016 weist in ihrem Bildungsmanagement exzellente Ergebnisse und insgesamt hohe bis sehr hohe Umsetzungswerte vor. Alle Umsetzungswerte liegen deutlich über dem Vorjahr oder bewegen sich mit nur leichten Verbesserungen auf Vorjahresniveau. Erstmalig wurde anhand der Umsetzungswerte kein Handlungsfeld „rot" und somit kritisch eingestuft. Im Deutschen Bildungspreis 2014 wurden vier Handlungsfelder rot markiert, 2015 war es nur ein Handlungsfeld.

Analog stieg auch die Anzahl der Felder, die bereits sehr gut umgesetzt werden deutlich an. 2014 gelang die „grüne" Positionierung nur in einem Feld, 2015 konnten zwei Felder bereits „grün" markiert werden mit einer durchschnittlichen Umsetzung der Vorgaben von 75 Prozent und darüber. In diesem Jahr belegten sechs Handlungsfelder diese hohen Umsetzungsbereiche.

Überblick zum Innovationspreis

Im Deutschen Bildungspreis 2016 gingen 52 Bewerbungen um den Innovationspreis ein. Es handelt sich damit um die Kategorie mit den meisten Teilnehmern.

In der Expertenbewertung wurden die eingegangenen Bewerbungen qualitativ nach Schulnoten eingestuft. Ausschlaggebend dafür waren Innovationsgrad sowie die Professionalität der Abwicklung.

» 9 Bewerbungen konnten mit einer Gesamtnote von 1,25 bis 1,49 als sehr innovativ eingestuft werden.
» 23 Bewerbungen wurden zwischen 1,50 und 2,49 als innovativ bewertet.
» 32 eingereichte Bewerbungen stellten interessante und erfolgreich umgesetzte Projekte mit mittlerem oder geringem Innovationsgrad dar, und drei Bewerbungen rückten durch den fehlenden thematischen Bezug zum betrieblichen Bildungsmanagement ans Ende der Bewertungsliste.

Bei den Zielgruppen, auf die die eingereichten Bewerbungen abzielten, ergab sich folgendes Bild:

Tabelle 25: Übersicht der zielgruppenspezifischen Bewerbungen für den Innovationspreis

Zielgruppe	Anzahl eingereichter Berwerbungen
Alle Mitarbeiter	15
Fachkräfte	9
Auszubildende	7
Führungskräfte	8
Händler	3
Schüler	2
Berufsbegleitende Studenten	1
Mitarbeiter ohne formalen Abschluss	1
Neue Mitarbeiter	1
Sonstige	5

Die eingereichten Bewerbungen bezogen sich auf viele unterschiedliche Zielgruppen. Während 15 Programme allgemeiner Natur waren und alle Mitarbeiter des Unternehmens ansprachen, gab es auch eine Reihe von Einreichungen, die sich auf spezielle Zielgruppen wie Führungskräfte, Fachkräfte bestimmter Abteilungen, Auszubildende oder angeschlossene Händler fokussierten.

Die eingereichten Themen waren sehr unterschiedlich und lassen sich etwa wie folgt zusammenfassen:

Tabelle 26: Auflistung der verschidenen Themenbereiche

Thema	Anzahl eingereichter Berwerbungen
eLearning/IT	11
Führungskräfteschulung	8
Auszubildende	7
Schüler/Studenten	3
Händlerqualifizierung	3
Bildungsberatung	2
Expertenlaufbahn	2
Produktschulung	2
Seminar/Kurs	2
Sonstiges	12

Die thematische Zuordnung ist insgesamt sehr kleinteilig. 11 eingereichte Bewerbungen fokussierten auf Projekte, die sich mit eLearning-Maßnahmen oder technisch gestützten Lernformaten beschäftigen. Acht Bewerbungen behandelten die Aus- und Weiterbildung von Führungskräften und Nachwuchsführungskräften. Programme für Auszubildende wurden von sieben Unternehmen eingereicht. Drei Bewerbungen bezogen sich auf Programme für Schüler und/oder Studenten. Die übrigen Bewerbungen waren meist Einzelthemen, die zum Beispiel als Kompetenzmanagement, Talentprogramme, Zertifizierungsprogramme oder Angebote für neue Mitarbeiter nicht weiter geclustert.

1. Strategie

Managementsummary zu den Ergebnissen im Bereich Strategie

Inhaltlicher Schwerpunkt dieses Bereichs:
Das Bildungsmanagement soll als Managementprozess über die fest definierten Schritte Bedarfsanalyse, Planung, Durchführung bis zur Transfersicherung und zum Controlling gesteuert werden. Die Bildungsaktivitäten sollen an klaren, strategischen Bildungszielen orientiert sein, die systematisch auf Zielerreichung geprüft werden.

Alle Bildungsmaßnahmen sollen einem nachvollziehbaren strategischen Kompetenzzuwachs dienen und dem Mitarbeiter verargumentiert werden. Im Fokus steht die Umsetzung in die Praxis, weniger der bloße Wissenserwerb oder das Bestehen von Tests.

Das setzen die Unternehmen bereits gut um:
Insgesamt liegen die Umsetzungswerte im Bereich Strategie deutlich über den Ergebnissen des Vorjahrs. Besonders die Bedarfsermittlung und die Planung der Bildungsmaßnahmen laufen in den meisten Unternehmen bereits professionell ab. Das Handlungsfeld Mitarbeitergespräche verzeichnet wie in jedem Jahr sehr gute Ergebnisse.

Hier besteht noch Handlungsbedarf:
Auch im Deutschen Bildungspreis 2016 bestehen in den Feldern Praxistransfersicherung und Bildungscontrolling noch große Verbesserungsmöglichkeiten. Verbindliche, unterstützende Transferbegleitung durch die Führungskräfte, die konsequente Nutzung konkreter Tools und Methoden nach systematischen Vorgaben sowie eine klare Nachverfolgung von Zielen und Strategien könnten in beiden Handlungsfeldern deutlich bessere Lernergebnisse für die Unternehmen generieren.

Aufruf
» Bildungsziele nicht nur aufstellen, sondern auch sorgfältig controllen!
» Bei der betrieblichen Bildung geht es nicht um das Lernen an sich, sondern um die Anwendung in der Praxis. Die Ermöglichung eines schnellen Praxistransfers ist DIE große Führungsaufgabe auf allen Leitungsebenen!

1.1 Kernbereich Bedarfsanalyse

Im Handlungsfeld Bildungsbedarfsanalyse wurden neun Kriterien zu Strategie und Bedarf abgefragt. Diese lassen sich folgenden Themenbereichen zuordnen:

» Bildungsziele: Jedes Unternehmen sollte aus der Unternehmensstrategie klare Bildungsziele ableiten, die aufzeigen, welche Kompetenzen und Fähigkeiten auf Seiten der Mitarbeiter und Führungskräfte benötigt werden, um die geplante Unternehmensentwicklung zu erreichen. Diese übergeordneten Bildungsziele dienen als Schwerpunktsetzung und Orientierung. Sie werden dann für alle Geschäftsfelder, Bereiche und Abteilungen in konkrete Unterziele ausdifferenziert und für jeden Mitarbeiter mit den entsprechenden Maßnahmen hinterlegt.

» Ermittlung des Bildungsbedarfs: Für eine sinnvolle, zielgerichtete Weiterbildungsplanung müssen die Bedarfe festgestellt werden. In vielen Unternehmen erfolgt diese Bedarfsermittlung ausschließlich unstrukturiert im Mitarbeitergespräch. Hier ist Professionalisierung empfehlenswert. Bildungsbedarfe ergeben sich zum Beispiel aus den oben beschriebenen Bildungszielen, aus dem Abgleich von Stellenanforderung und individuellem Kompetenzprofil des Mitarbeiters, aus gesetzlichen Vorgaben oder der geplanten Karriereentwicklung oder Laufbahnbeschreibung. In der Umsetzung sind zum Beispiel Befragungen, Interviews, Wissenstests oder Kompetenzmessungen sinnvolle Tools zur Erhebung. Zusätzlich sollte es dem Mitarbeiter aber auch unterjährig jederzeit möglich sein, Bildungsbedarfe zu artikulieren. Ein vom Mitarbeiter selbst empfundenes Defizit sollte möglichst zeitnah mit den entsprechenden Maßnahmen bedient werden.

» Stellenprofile: Um genau zu wissen, welche Fähigkeiten ein Mitarbeiter für die Durchführung seiner Tätigkeit benötigt, sind genaue Stellenbeschreibungen nötig. Diese definieren konkret, was an dieser Stelle praktisch getan wird und welche Qualifikationen, Fähigkeiten und Fertigkeiten ein Mitarbeiter benötigt. Idealerweise werden diese verlangten Kompetenzen in einem Soll-Profil abgetragen.

» Kompetenzprofil des Mitarbeiters: Während das Stellenprofil die Soll-Werte im Kompetenzmanagement vorgibt, trägt der Mitarbeiter seine individuellen Kompetenzen als persönliches Ist-Profil. Dieses wird im Kompetenzmodell des Unternehmens für jeden Mitarbeiter erstellt. Idealerweise kommen dazu die Selbsteinschätzung des Mitarbeiters sowie die Fremdeinschätzung durch die Führungskraft, Kollegen, Projektleiter oder auch Kunden zusammen. Kompetenzen können sich natürlich ändern, zum Beispiel durch neue Praxiserfahrung oder durch Aus- und Weiterbildung. Deshalb sollte die Kompetenzerhebung regelmäßig erneuert werden.

» Schlüsselpositionen und Nachfolge: In jedem Unternehmen gibt es Personen, Funktionen oder Rollen, die besondere Bedeutung für den Erfolg der Abteilung oder des Gesamtunternehmens tragen. Diese Positionen sollten in einem ersten Schritt identifiziert werden und die darauf arbeitenden Personen anschließend in einer Risikobewertung hinsichtlich ihres Ausfallrisikos zu beurteilen. In jedem Fall sollte ein Nachfolger und/oder Notfallvertreter festgelegt und mit Weitblick auf diese Position entwickelt werden, damit das unternehmerische Risiko soweit wie möglich reduziert und Wissenstransfer langfristig und zu beiderseitigem Einvernehmen wertschätzend organisiert werden kann.

Ergebnisse im Rahmen des Deutschen Bildungspreises

Umsetzung

Insgesamt wird die strategische Dimension in den Unternehmen schon sehr gut umgesetzt. So arbeiten 64,2 Prozent der Unternehmen im DBP 2016 mit Bildungszielen. Weitere 32,6 Prozent beschäftigen sich zudem damit und setzen sie teilweise ein.

Weiterhin prüfen fast 83 Prozent der Befragten regelmäßig den Bildungsbedarf. 76,5 Prozent orientieren sich dabei an den gesetzlichen Vorgaben, die zum Beispiel die Aus- und Weiterbildung von beauftragten Personen in vielen, vor allem technischen Bereichen vorschreiben.

72,4 Prozent der Teilnehmer des DBP 2016 arbeiten zudem mit Stellenprofilen, in denen die Aufgaben und Verantwortlichkeiten für jede Stelle oder Funktion festgehalten werden. Kompetenzen werden in den Stellenprofilen jedoch nur bei 47,4 Prozent der Befragten aufgeführt. Immerhin weitere fast 40 Prozent melden zumindest eine teilweise Umsetzung oder arbeiten gerade an diesem Aspekt.

37,2 Prozent der Unternehmen arbeiten mit einem Kompetenzmanagement und erstellen für die Mitarbeiter individuelle Kompetenzprofile. Weitere 38,3 Prozent setzen das Kompetenzmanagement teilweise um. Einen regelmäßigen Abgleich von Stellenprofil und den tatsächlichen Fähigkeiten der Mitarbeiter nehmen fast 60 Prozent der Befragten vor.

68 Prozent der Befragten haben ihre Schlüsselpositionen bereits identifiziert und benannt. Allerdings haben nur knapp 38 Prozent der Unternehmen für diese besonders wichtigen Funktionen eine Nachfolge geplant. Weitere 30 Prozent tun dies zumindest teilweise. Immerhin fast ein Drittel der Firmen beschäftigt sich jedoch überhaupt nicht mit der Frage der Nachfolge ihrer Leistungsträger.

Abbildung 10: Umsetzungsgrad im Bereich Bedarfsanalyse

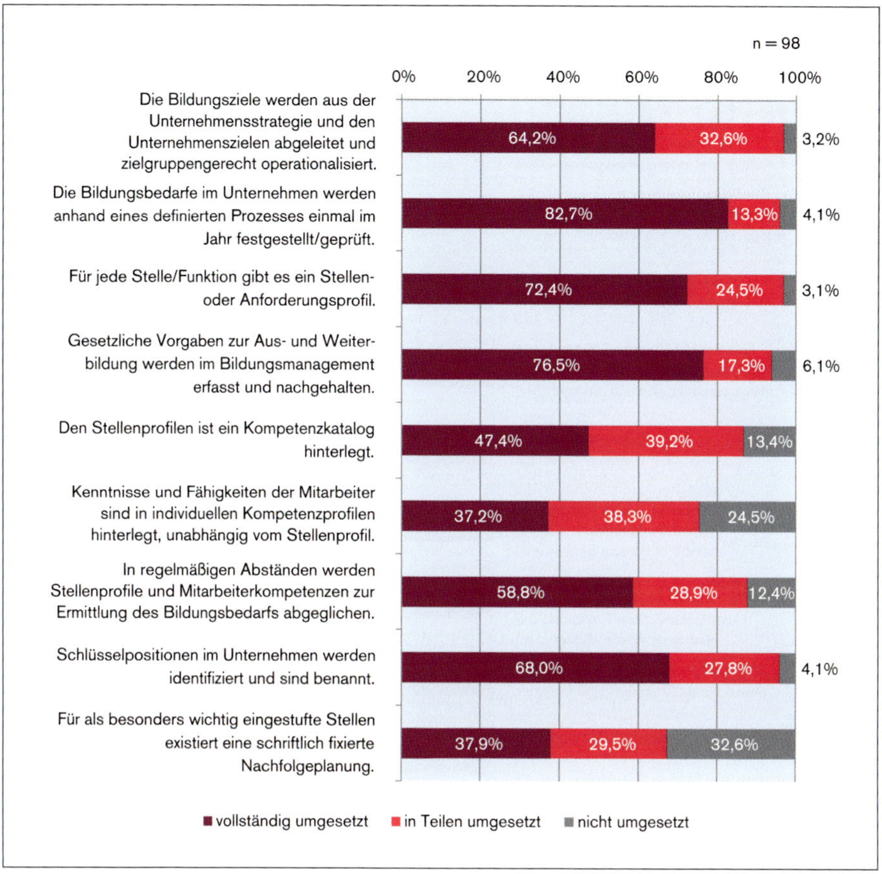

Aussage	vollständig umgesetzt	in Teilen umgesetzt	nicht umgesetzt
Die Bildungsziele werden aus der Unternehmensstrategie und den Unternehmenszielen abgeleitet und zielgruppengerecht operationalisiert.	64,2%	32,6%	3,2%
Die Bildungsbedarfe im Unternehmen werden anhand eines definierten Prozesses einmal im Jahr festgestellt/geprüft.	82,7%	13,3%	4,1%
Für jede Stelle/Funktion gibt es ein Stellen- oder Anforderungsprofil.	72,4%	24,5%	3,1%
Gesetzliche Vorgaben zur Aus- und Weiterbildung werden im Bildungsmanagement erfasst und nachgehalten.	76,5%	17,3%	6,1%
Den Stellenprofilen ist ein Kompetenzkatalog hinterlegt.	47,4%	39,2%	13,4%
Kenntnisse und Fähigkeiten der Mitarbeiter sind in individuellen Kompetenzprofilen hinterlegt, unabhängig vom Stellenprofil.	37,2%	38,3%	24,5%
In regelmäßigen Abständen werden Stellenprofile und Mitarbeiterkompetenzen zur Ermittlung des Bildungsbedarfs abgeglichen.	58,8%	28,9%	12,4%
Schlüsselpositionen im Unternehmen werden identifiziert und sind benannt.	68,0%	27,8%	4,1%
Für als besonders wichtig eingestufte Stellen existiert eine schriftlich fixierte Nachfolgeplanung.	37,9%	29,5%	32,6%

n = 98

Relevanz

Als besonders wichtig sehen die Unternehmen das Aufstellen von Bildungszielen. 57,4 Prozent halten diesen Punkt für sehr relevant. Sogar 65 Prozent bewerten die jährliche Bedarfsanalyse als hochrelevant.

Die Arbeit mit Stellen- und Kompetenzprofilen sowie deren Abgleich wird von jeweils ca. 80 Prozent der Befragten als wichtig oder sehr wichtig eingeschätzt.

Die Benennung von Schlüsselpositionen ist für 54 Prozent der Teilnehmer des DBP 2016 sehr wichtig, die Nachfolgeplanung für 39,6 Prozent.

Abbildung 11: Relevanzzuweisung im Bereich Bedarfsanalyse

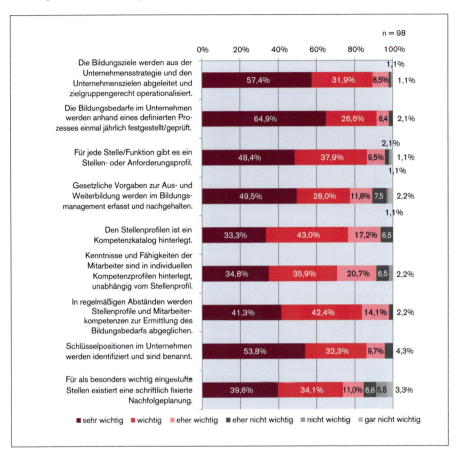

Rückblick auf den Deutschen Bildungspreis 2015

Gut die Hälfte der Unternehmen des Deutschen Bildungspreises 2015 stellten Bildungsziele auf. 2016 ist dieser Anteil fast 65 Prozent.

Ähnlich ist es bei den Stellenprofilen. 2015 nutzen etwa 50 Prozent der Befragten Stellenprofile, bei 38,4 Prozent der Unternehmen war dabei ein Kompetenzkatalog integriert. In diesem Jahr liegen beide Angaben mit 72,4 Prozent und 47,4 Prozent für den dazugehörigen Kompetenzkatalog deutlich darüber. Im DBP 2015 nutzten zudem nur 34,9 Prozent den Abgleich aus Stellenprofilen und Mitarbeiterkompetenzen. Dieser Wert hat sich 2016 ebenfalls wesentlich verbessert auf fast 60 Prozent. Der Anteil der Unternehmen, die für die Mitarbeiter individuelle Kompetenzprofile erstellen, ist jedoch gleich geblieben. Immerhin 25 Prozent der Firmen arbeiten jedoch noch gar nicht mit Kompetenzmanagement.

Der Anteil der Unternehmen, der gesetzliche Vorgaben zur Aus- und Weiterbildung sorgfältig berücksichtigt, verfolgt und für die Bedarfserhebung herzieht, ist im Vergleich zu 2015 konstant geblieben

Deutlich höhere Werte wurden bei der Nachfolgeplanung erfasst. Eine schriftliche Nachfolgeplanung gaben 2015 nur 15,1 Prozent der Befragten als erfolgreich umgesetzt an. In der aktuellen Befragung lag dieser Wert bei 38 Prozent.

Bei den Relevanzbewertungen zeigt sich, dass die Unternehmen die Aspekte zu Strategie und Bedarf als wichtig bis sehr wichtig einschätzen. 91,5 Prozent der Befragten schätzten die jährliche Erhebung der Bildungsbedarfe als wichtig oder sehr wichtig ein. Im Vorjahr waren dies 84 Prozent. 89,3 Prozent halten die Bildungsziele für wichtig oder sehr wichtig, 2015 gaben 79,4 Prozent der Teilnehmer diese Einschätzung ab.

Der Identifikation von Schlüsselpositionen schrieben 2015 46,4 Prozent große Relevanz zu. 2016 waren es 53,8 Prozent der Befragten.

Der Abgleich von Stellenanforderungen und Mitarbeiterkompetenzen sowie die Nachfolgeplanung wurden 2015 von weniger als 20 Prozent der Befragten als sehr wichtig eingestuft. Dies ist 2016 deutlich gestiegen auf 41,3 Prozent und 39,6 Prozent.

Eine schöne Entwicklung zeigt sich in der Einschätzung der Relevanz des Aspekts der gesetzlichen Vorgaben. Dieser konnte über die Jahre deutlich an Wichtigkeit zulegen. Während im Deutschen Bildungspreis 2014 noch 27,5 Prozent der Befragten die gesetzliche Rahmung als sehr wichtig einstuften, waren es 2015 45,2 Prozent und 2016 49,5 Prozent.

Ähnlich ist es bei den Mitarbeiterkompetenzprofilen: 2014 bewerteten nur 18,3 Prozent der Teilnehmer diesen Aspekt als sehr wichtig, 2015 waren es 29,8 Prozent und 2016 schon 34,8 Prozent.

Zusammenfassung

Sehr schön zu sehen ist, dass fast 65 Prozent der Befragten ihre Personalentwicklung an konkreten Bildungszielen orientieren. Dies ist eine deutliche Steigerung von den etwa 50 Prozent im Vorjahr. Wünschenswert wäre, dass dieser Anteil sich den 100 Prozent nähert. Denn Bildungsarbeit sollte – wie jede andere Tätigkeit im Unternehmen – immer greifbare Ziele verfolgen. Nur wenn klar ist, was mit den Aktivitäten erreicht werden soll, können Maßnahmen passgenau entwickelt werden. Zudem sollte auch genau evaluiert werden, auf welche strategischen Unternehmensziele die Maßnahmen einzahlen. Nur dann ist es möglich, dass Weiterbildung einen tatsächlichen Effekt für die Entwicklung des Unternehmens erzielen kann. Sind die Bildungsziele klar, konkret und nachprüfbar, ergeben sich zudem vielfältige Möglichkeiten des Controllings und der Darstellung von Bildungserfolgen nach innen und nach außen. Das unterstützt die Personaler dabei, ihre oft noch schwache unternehmenspolitische Position zu stärken und als wichtiger Kernprozess im Haus wahrgenommen zu werden.

Über 75 Prozent der Befragten beschäftigen sich schon vollständig oder teilweise mit der Erfassung der Kompetenzen ihrer Mitarbeiter. Das ist ein gutes Zeichen, dass die Mitarbeiter als entscheidende Know-how-Träger erkannt wurden.

Auch arbeitet die Bewerbergruppe 2016 wesentlich stärker mit Stellenprofilen und Nachfolgeplanung. Im gesamten Handlungsfeld „Strategie und Bedarf" lagen die Umsetzungswerte zum Teil deutlich über dem Vorjahr oder auf einem ähnlich hohen Niveau. Dies lässt darauf schließen, dass die Unternehmen strukturierter und systematischer vorgehen. Eine konsequente Professionalisierung der Unternehmen, die mehrfach am Deutschen Bildungspreis teilnahmen, konnte in den einzelnen Benchmarks der Firmen gut nachvollzogen werden.

1.2 Kernbereich Bildungsplanung

Im Handlungsfeld Bildungsplanung wurden fünf Kriterien zu Zielgruppen, Maßnahmen und Methoden abgefragt. Diese lassen sich folgenden Themenbereichen zuordnen:

» Integration in die strategische Unternehmensplanung: Bildung sollte im Unternehmen kein Randthema sein, sondern fest in der Unternehmensplanung verankert werden. Bei allen Planungsgesprächen zur Geschäftsentwicklung sollten die benötigten Kompetenzen immer mit besprochen werden. Das trägt nicht nur dazu bei, dass die Bildungsangebote die Unternehmensziele passgenau unterstützen, sondern hebt langfristig auch die Bedeutung von Weiterbildung und Personalentwicklung im Unternehmen.

» Zielgruppen: Im Unternehmen arbeiten viele verschiedene Mitarbeitergruppen, die sich nach Hierarchiestufe, Geschlecht, Alter, Ausbildungsstand oder Tätigkeitsfeld differenzieren lassen. Wichtig ist, dass das Bildungsmanagement für viele verschiedene Mitarbeitergruppen passende Angebote vorhält. Eine Beschränkung auf Softskill-Trainings oder die ausschließliche Adressierung von Führungskräften sind nicht zielführend. Abgesehen davon, dass es unwahrscheinlich ist, dass die Geschäftsentwicklung ausschließlich von einer definierten Kompetenz oder einer isolierten Zielgruppe abhängt, so ist es auch politisch und sozial unklug, ganze Mitarbeitergruppen auszuschließen. Unzufriedenheit und Frustration über fehlende Entwicklungsmöglichkeiten können zur Verschlechterung der Arbeitsergebnisse führen oder in Kündigung enden. Viele Unternehmen wählen einen Mittelweg und bieten im Rahmen des zentralen Bildungsmanagements nur Softskill- und Führungstrainings an, stellen aber allen Mitarbeitern frei, selbstorganisiert externe Bildungsmaßnahmen wahrzunehmen. Auch das ist kein sinnvoller Weg, denn die damit ausgedrückte Wertschätzung ist deutlich geringer als bei systematisch organisierten Bildungskonzepten. Hinzukommen große Qualitätsverluste und hohe Investitionen, da durch die Mitarbeiter selbstorganisierte Maßnahmen sich der Steuerung durch das Bildungsmanagement entziehen. Ungenaue Passung, geringe Qualität der Wissensvermittlung und fehlender Wissenstransfer schmälern die positiven Effekte der Weiterbildung erheblich.

» Lernformen: Längst steht neben dem klassischen Seminar eine Vielzahl anderer Lernformen zur Verfügung. eLearning, Wissensdatenbanken, Coaching oder Projektarbeitsgruppen können Frontalunterricht sinnvoll ergänzen oder je nach Thema und Rahmenbedingungen auch ersetzen. Das Bildungsmanagement ist hier explizit aufgerufen, die passende Lernform zu ermitteln. Dazu sollten die genauen Anforderungen der Zielgruppe erhoben werden, zum Beispiel durch Befragungen.

» Demografie: Weniger junge Arbeitskräfte treten in die Unternehmen ein, diese sind teilweise schlechter ausgebildet, die Belegschaft altert, ganze Teile der Mitarbeiterschaft treten gleichzeitig in neue Lebensphasen ein – kurz: demografische Aspekte beschäftigen jedes Unternehmen. Deshalb sollten regelmäßig Altersstrukturanalysen durchgeführt und mit Folgenabschätzungen hinterlegt werden. Das kann im Übrigen auch von HR oder dem betrieblichen Gesundheitsmanagement vorgenommen werden. Wichtig ist, die Ergebnisse auch im Bildungsmanagement zu berücksichtigen und entsprechende Maßnahmen einzuplanen.

Ergebnisse im Rahmen des Deutschen Bildungspreises

Umsetzung
Die Planung der Weiterbildungsaktivitäten beschäftigt die meisten Unternehmen regelmäßig. In 85,6 Prozent der Firmen ist sie ein fester Bestandteil der Unternehmensplanung. Dabei berücksichtigen 85 Prozent der Befragten die verschiedenen Mitarbeiter- und Zielgruppen im Haus und planen für diese passende Maßnahmen.

Über 62 Prozent der Teilnehmer des Deutschen Bildungspreises 2016 prüfen dazu verschiedene Methoden und Lernformate ab und erstellen Bildungskonzepte, die verschiedene Medien integrieren.

Auch die Demografie ist nach wie vor ein wichtiges Thema in den Unternehmen. 57,9 Prozent der Befragten führen regelmäßig Altersstrukturanalysen durch, weitere 25 Prozent tun dies zumindest teilweise.

Abbildung 12: Umsetzungsgrad im Bereich Bildungsplanung

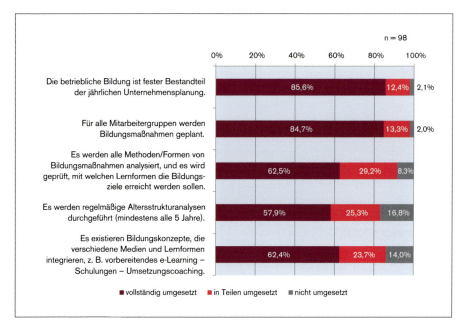

Relevanz

Im Handlungsfeld Bildungsplanung werden die höchsten Relevanzwerte für die Aspekte Bildungsmanagement als Bestandteil der Unternehmensplanung und Integration aller Mitarbeitergruppen vergeben. Beide Fragestellungen halten je 61 Prozent der Befragten für sehr wichtig.

Mittlere Relevanzbewertungen erhielten die anderen drei Aspekte Methodenanalyse, Altersstrukturbetrachtung und die Integration verschiedener Lernformen. Diese werden von knapp 30 Prozent der Befragten als sehr wichtig gesehen. Allerdings gibt es dort auch 10 bis knapp 20 Prozent Unternehmen, die neue Lernformen und Demografie als weniger wichtig bis unwichtig einstufen.

Abbildung 13: Relevanzzuweisung im Bereich Bildungsplanung

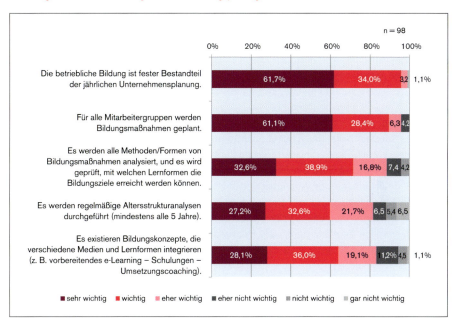

Rückblick auf den Deutschen Bildungspreis 2015

Die Berücksichtigung verschiedener Lernformen bewegte sich 2015 bei vollständigen Umsetzungsraten um die 50 Prozent. Im DBP 2016 gaben schon über 60 Prozent eine vollständige Umsetzung an.

Alle anderen Aspekte aus diesem Handlungsfeld verzeichnen ähnliche Umsetzungsraten wie im Vorjahr.

Das Bildungsmanagement als Bestandteil der Unternehmensplanung und die Integration aller Mitarbeitergruppen wurden deutlich höher gewichtet als im Vorjahr. 2015 bewerteten jeweils 46,1 Prozent der Befragten diese Aspekte als besonders wichtig, 2016 waren es 61 Prozent.

Die niedrigsten Relevanzzuweisungen erhielt in beiden Jahren die Altersstrukturanalyse, jedoch ist auch dort eine Steigerung von 17,9 Prozent „sehr wichtig" 2015 zu 27,2 Prozent in diesem Jahr.

Zusammenfassung
Besonders hohe Umsetzungsraten weisen die Integration in die jährliche Unternehmensplanung sowie die Berücksichtigung aller Mitarbeitergruppen auf. Das ist als sehr positiv zu bewerten. Auf lange Sicht kann das Bildungsmanagement nur dann deutliche Umsetzungserfolge erzielen, wenn es kein Exotenfach im Unternehmensmanagement ist, sondern als gleichberechtigter Prozess zu allen anderen Leistungsprozessen wirken darf. Dazu ist eine kontinuierliche, strategieorientierte Planung sehr wichtig.

Ähnlich ist es mit demografischen Aspekten. Gerät die Demografie-Debatte aus dem Fokus der Medien, wird das Thema in Unternehmen gern schnell auch wieder ad acta gelegt. Eine klare Orientierung der Personalentwicklung an Lebensphasen bietet jedoch für Unternehmen und Mitarbeiter enorme Vorteile. Durch eine passgenaue Unterstützung, nötige Freiräume und Ausnutzung der Hochleistungsphasen können die Mitarbeiter langfristig gehalten und ans Unternehmen gebunden werden. Das trägt stark dazu bei, dass die Unternehmensziele erreicht werden können. In den Feedbackgesprächen und Audits wurde deutlich, dass viele Personaler diese Dimension noch nicht verinnerlicht hatten. Oft wird Demografie mit altersbedingtem Ausscheiden in die Rente gleichgesetzt. Berufseinstieg, Kindererziehung und Neuorientierung, wenn die Kinder erwachsen sind, haben nur die wenigsten Firmen auf dem Schirm.

Die beiden Fragen zu den verschiedenen Lernformaten und Medien erzielten fast identische Umsetzungswerte. Hier muss im kommenden Jahr geprüft werden, ob sich diese Tendenz fortsetzt. Ggf. müssen die Fragen textlich besser voneinander differenziert werden.

1.3 Kernbreich Transfer

Im Handlungsfeld Praxistransfer wurden fünf Kriterien zu Verbindlichkeit und Transferunterstützung abgefragt. Diese lassen sich folgenden Themenbereichen zuordnen:

- » Transfer als Bestandteil des Bildungsmanagements: Diese Frage wurde im Deutschen Bildungspreis 2015 neu aufgenommen. Sie soll klarstellen, dass der Aspekt des Transfers, also die Übernahme und Anwendung des Gelernten in die praktische Tätigkeit, explizit Inhalt und Ziel des Bildungsmanagements sind. Denn letztlich geht es ja nicht um das Angebot von Bildungsmaßnahmen, sondern um zielgenauen Kompetenzaufbau, damit die Mitarbeiter aktuelle und zukünftige Herausforderungen erfolgreich meistern können. Deswegen sollte sich jedes Unternehmen bereits bei der Planung und Konzeption konkrete Gedanken über den späteren Transfer machen. Das schließt zum Beispiel mögliche Transferhemmnisse und passende Transferunterstützung ein.

» Gesprächskultur: Ein vorbereitendes Gespräch vor einer Bildungsmaßnahme und ein Nachbereitungsgespräch helfen, Erwartungshaltung und Zielsetzung sowie Ergebnisse und nötige Unterstützung zwischen Führungskraft und Mitarbeiter zu besprechen. Die regelmäßige Kommunikation sorgt für Verbindlichkeit und stellt die Bedeutung der Weiterbildung heraus.

» Maßnahmen: Es gibt vielfältige Möglichkeiten, den Wissenstransfer im Unternehmen und die Anwendung des Gelernten in der Praxis zu unterstützen. Die im Fragebogen abgefragten Aspekte Transferplan und Weitergabe des Gelernten an Kollegen sollen stellvertretend für diese methodische Vielfalt stehen.

Ergebnisse im Rahmen des Deutschen Bildungspreises

Umsetzung

Viele Bewerber des Deutschen Bildungspreises 2016 bemühen sich um klare Ziele für die Teilnahme an einer Bildungsmaßnahme und um eine intensive Gesprächskultur zwischen Führungskraft und Mitarbeiter.

So definiert die Führungskraft in 77,6 Prozent der befragten Unternehmen die Ziele der Maßnahme für den Mitarbeiter. Im 60 Prozent der Firmen finden vorbereitende Gespräche statt, in denen die Erwartungshaltungen abgeglichen werden. In weiteren 34 Prozent der Unternehmen ist dies zumindest teilweise der Fall. Nur 6 Prozent der Befragten gaben an, keine Vorbereitungsgespräche zu führen.

Nach der Teilnahme kommen in 50 Prozent der Unternehmen Führungskraft und Mitarbeiter für ein Nachgespräch zusammen. Weitere 40 Prozent der Befragten gaben eine teilweise Umsetzung dieser Transfergespräche an. Ganze 11 Prozent der Firmen sprechen nach der Maßnahme nicht mehr mit dem Mitarbeiter.

Die Kommunikation zwischen den Mitarbeitern läuft gut. 48 Prozent der befragten Personaler gaben an, dass gelernte Inhalte anderen Mitarbeitern weitervermittelt werden. Weitere 40 Prozent haben an, diese Multiplikatorenrolle zumindest teilweise zu nutzen.

Auffällig ist, dass nur wenige Unternehmen mit konkreten Transfertools arbeiten, um die Umsetzung des Gelernten am Arbeitsplatz zu unterstützen. So setzen nur 22,7 Prozent der Teilnehmer einen Transferplan auf. 41,2 Prozent tun dies zumindest teilweise, aber immerhin 36 Prozent der Befragten beschäftigen sich nicht mit solchen Hilfestellungen.

Abbildung 14: Umsetzungsgrad im Bereich Transfer

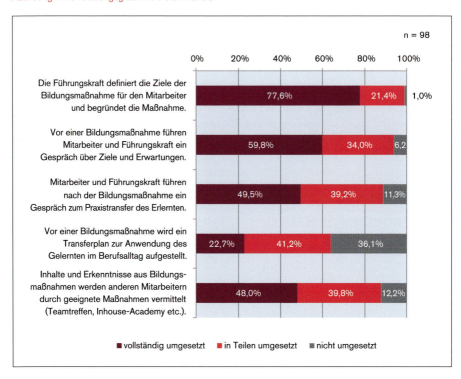

Als sehr wichtig oder wichtig sehen die Unternehmen die Gesprächskultur im Bildungsmanagement. Das Erläutern der Ziele sowie das Vor- und Nachgespräch zwischen Führungskraft und Mitarbeiter wurden von jeweils etwa 90 Prozent der Befragten mit hoher oder sehr hoher Relevanz markiert.

Die Nutzung eines Transferplans fällt hingegen deutlich ab. Nur 18,5 Prozent der Teilnehmer sehen ein solches Tool als sehr wichtig an.

Abbildung 15: Relevanzzuweisung im Bereich Transfer

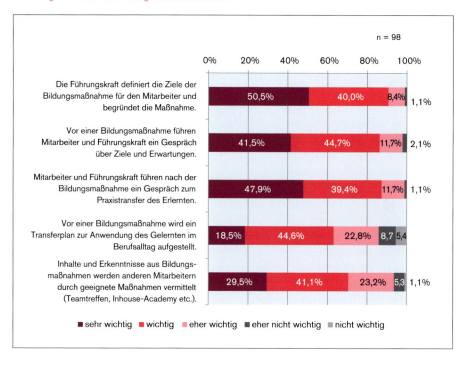

Rückblick auf den Deutschen Bildungspreis 2015

Im Bereich der Gesprächskultur zeigen sich 2016 bessere Umsetzungsraten, die jedoch analog der Vorjahre mit zunehmendem Anforderungsgrad deutlich abnehmen. So gaben 67 Prozent der Unternehmen an, dass die Führungskräfte die Maßnahmen gegenüber dem Mitarbeiter begründen und Ziele setzen. 2016 lag der Wert 10 Prozentpunkte darüber. Jedoch führen nur noch 59,8 Prozent Vorbereitungsgespräche durch. 2015 waren es sogar nur 50 Prozent der Unternehmen, die ein orientierendes Gespräch vor der Maßnahme umsetzten. In knapp 38 Prozent wurde ein Gespräch im Nachgang absolviert. Dieser Wert liegt 2016 mit 49,5 Prozent ebenfalls deutlich höher.

Auch 2015 wurden die Fragen zur Gesprächskultur in der Relevanz sehr hoch eingestuft. Jeweils über 70 Prozent der teilnehmenden Personaler sahen sie als wichtig oder sehr wichtig. 2016 liegt die Einschätzung sogar noch deutliche 20 Prozentpunkte über diesem Wert.

Der Transferplan erhielt geringere Relevanzzuweisungen wie 2015. Hier zeichnet sich zudem ein Negativtrend ab von 25,3 Prozent 2014 über 20,9 Prozent 2015 zu nun nur noch 18,5 Prozent. Wissensweitergabe an Kollegen wurde etwas besser bewertet. 2016 sahen diesen Aspekt 30 Prozent der Personaler als sehr wichtig an, im Vorjahr lag der Wert unter 20 Prozent.

Zusammenfassung

Die Entwicklung einer verbesserten Gesprächskultur ist sehr zu begrüßen. In den Audits wurde deutlich, dass die Bedeutung der Vor- und Nachbereitung durch die Führungskräfte immer noch unterschätzt wird. Klare Erwartungen und konkrete Hinweise zur gewünschten Verhaltensänderung helfen dem Mitarbeiter jedoch stark, sich in der Maßnahme entsprechend aufmerksam zu fokussieren und an sich zu arbeiten.

Dazu kommt, dass der Mitarbeiter in der Regel auch Unterstützung benötigt, um das Gelernte an seinem Arbeitsplatz umzusetzen, wenn zum Beispiel Prozesse verändert oder Stakeholder anders einbezogen werden müssen.

Dieser Aspekt wird jedoch in vielen Firmen noch stark vernachlässigt. Das zeigen das nachlassende Engagement in der Gesprächsintensität und die geringe Nutzung der Transfertools. Häufig fehlt dabei das Bewusstsein, dass eine Verhaltensänderung und bessere Arbeitsergebnisse das eigentliche Ziel der Bildungsmaßnahmen sind. Als nicht unwesentliche Investition des Unternehmens sollte diese Maxime jedoch bei allen Beteiligten klar verankert sein. Kein Unternehmen kann und soll es sich heute leisten, Bildung nur um der Bildung willen anzubieten. Dank zahlreicher privatwirtschaftlicher sowie digitaler Dienstleister können sich die Mitarbeiter heute problemlos für ihre privaten Interessen in ihrer Freizeit weiterbilden. Betriebliche und berufliche Bildung ist jedoch immer auf die Arbeitssituation ausgelegt und strebt eine Erhaltung der Leistung oder eine Verbesserung an. Dies sollte gegenüber den Mitarbeitern klar als Erwartungshaltung und gegenüber den Führungskräften klar als Aufgabe formuliert werden.

Viele Personaler beklagen, dass sie die Führungskräfte nicht „zwingen" können, die nötigen Gespräche und Hilfeleistungen umzusetzen. Das können sie tatsächlich nicht. Dies ist allein über eine kulturelle Ebene zu erreichen. Mit einer starken Lernkultur erhält die Weiterbildung eine hohe Wertigkeit. Eine klare strategische Ausrichtung jeder einzelnen Maßnahme macht die Umsetzung in die Praxis verbindlich. Die Integration der dazu benötigten Unterstützung in die Führungsgrundsätze zeigt das Transfermanagement klar als Führungsaufgabe.

Wie bei allen kulturellen Fragen muss auch das Bildungsmanagement von der Unternehmensleitung selbst getragen und als wichtiger Bestandteil des Führungsalltags vorgelebt werden. Eine entsprechende Betreuung der eigenen Mitarbeiter sowie Sanktionierung der Führungskräfte, die diese Aufgaben vernachlässigen, können die Glaubwürdigkeit sehr unterstützen.

Die Personalabteilung sollte zudem analysieren, wie sie die Führungskräfte bei dieser Aufgabe noch unterstützen kann. Denn häufig liegt die Nichterfüllung dieser Aufgaben weniger am fehlenden Willen als vielmehr an der fehlenden Zeit, der mangelnden Praxis und schlichtweg daran, dass sie nicht wissen, wie sie den Mitarbeitern bei ihren Transferaufgaben helfen können.

1.4 Kernbreich Controlling

Im Handlungsfeld Bildungscontrolling wurden sechs Kriterien zu Budget, Evaluation und Zielcontrolling abgefragt. Diese lassen sich folgenden Themenbereichen zuordnen:

» Budget: Eigentlich sollte die Festlegung eines Budgets kein Qualitätskriterium sein. Die Praxis zeigt doch, dass zum einen Weiterbildung immer wieder von Investitionsentscheidungen abhängt. Zum anderen kann ein festes Budget im Unternehmen auch konstituierend auf den Weiterbildungsbereich wirken. Hat sich ein Unternehmen einmal dazu durchgerungen, jährlich ein festes Budget zu veranschlagen, werden in der Regel leichter personelle Ressourcen bereitgestellt und Maßnahmen freigegeben.

» Evaluation: Bei der Evaluation geht es darum, das Bildungsgeschehen rückwirkend einzuschätzen. Das kann verschiedene Aspekte umfassen, zum Beispiel die Zufriedenheit der Teilnehmer oder das Kosten-Nutzen-Verhältnis. In jedem Fall sollte das Bildungsmanagement VOR der Maßnahme entscheiden, welche Evaluationsebenen bearbeitet werden sollen und welche Methoden dafür sinnvoll sind.

» Kennzahlen: Gleiches gilt für Kennzahlen, besonders, wenn ein IST-Wert vor der Bildungsmaßnahme als Vergleichswert benötigt wird. Deskriptive Kennzahlen zu den Teilnehmern und den durchgeführten Maßnahmen können und sollten in jedem Fall erhoben werden. Sie bilden das Gerüst für jede weitere Controllingtätigkeit. Sinnvoll ist die Beschränkung auf einige wenige Werte, da die Interpretation mit steigender Informationsmenge nicht einfacher wird.

» Zielerreichung: Sinn des Controllings ist nicht (nur) beschreiben zu können, welche Aktivitäten im vergangenen Jahr im Weiterbildungsbereich durchgeführt wurden und was sie gekostet haben. Vielmehr geht es um den Zielerreichungsgrad und die Einschätzung, ob die festgelegten Zwecke mit diesen Maßnahmen erreicht werden konnten.

Ergebnisse im Rahmen des Deutschen Bildungspreises

Umsetzung
Das Handlungsfeld Controlling weist sehr unterschiedliche Umsetzungsraten auf.

Viele Unternehmen arbeiten mit einem festen Budget. 76,6 Prozent melden hier die vollständige Umsetzung. Fast 90 Prozent messen zudem die Zufriedenheit der Teilnehmer mit den Bildungsmaßnahmen.

Mittlere Umsetzungswerte liegen vor im Bereich der Erhebung sonstiger Bewertungsebenen. So erheben nur 53,2 Prozent der Befragten konkrete Kennzahlen, weitere 26,6 Prozent tun dies teilweise, aber es gibt auch 20 Prozent der befragten Personaler, die angaben, keine Kennzahlen zu nutzen.

Eine Kosten-Nutzen-Betrachtung nehmen 50 Prozent der Befragten vor. Immerhin 40 Prozent tun dies zumindest teilweise.

Einen Return-on-Education berechnen aber nur 7,5 Prozent. Immerhin 26,9 Prozent der Befragten beschäftigen sich mit dieser Fragestellung. Für über 65 Prozent der Unternehmen spielt dies jedoch keine Rolle.

Auffällig ist, dass nur 22 Prozent der Teilnehmer des Deutschen Bildungspreises 2016 prüfen, ob sie ihre Bildungsziele erreicht haben. 45 Prozent prüfen die Zielerreichung zumindest teilweise, jedoch 33 Prozent überhaupt nicht.

Abbildung 16: Umsetzungsgrad im Bereich Controlling

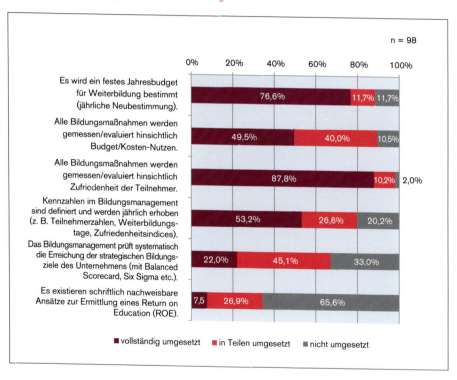

Relevanz

Etwas über die Hälfte der Befragten bewerten die Bestimmung des Jahresbudgets sowie die Zufriedenheitsmessung als sehr wichtig. Eine Kosten-Nutzen-Betrachtung finden 37,4 Prozent der Teilnehmer hochrelevant, weitere 44 Prozent finden sie zumindest wichtig. Jedoch vergeben nur 6,9 Prozent der DBP-Unternehmen höchste Relevanzwerte für die Ermittlung eines Return-on-Education. 18,4 Prozent finden solche Ansätze zumindest wichtig, aber für über 35 Prozent der Befragten ist ein monetäres Bewertungsverfahren unwichtig.

Auch die Verfolgung der Bildungsziele kann mit 18,8 Prozent nur einen kleinen Teil der Unternehmen von größter Wichtigkeit überzeugen.

Abbildung 17: Relevanzzuweisung im Bereich Controlling

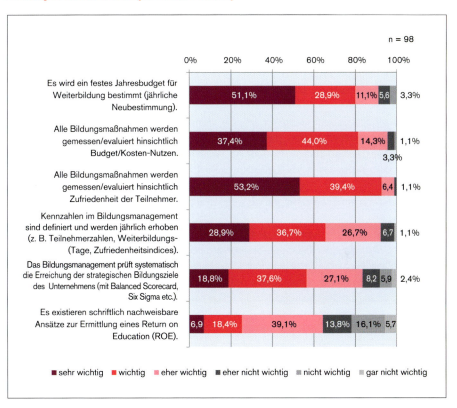

Rückblick auf den Deutschen Bildungspreis 2015

Im Bildungscontrolling sind keine großen Unterschiede zum Vorjahr erkennbar. Die Umsetzungswerte beim Festlegen des Budgets, der Evaluation von Teilnehmerzufriedenheit, den Kennzahlen und der Kosten-Nutzen-Betrachtung sind jeweils leicht höher als im Deutschen Bildungspreis 2015.

Die Prüfung der Bildungsziele erreichte 2016 leicht niedrigere Umsetzungswerte. Mit einem Return des eingesetzten Kapitals beschäftigen sich 2016 sogar noch weniger Unternehmen. Nur 7 Prozent arbeiten damit. 2015 existierten Ansätze zur Berechnung eines Return-on-Education bei 9,3 Prozent der befragten Firmen.

Im Vorjahr schätzten 67,7 Prozent der befragten Unternehmen die Festlegung eines Bildungsbudget als wichtig oder sehr wichtig ein. 2016 traf dies auf 80 Prozent der Unternehmen zu.

Zusammenfassung

Die Zusammenfassung zum Handlungsfeld Controlling fällt seit dem ersten Deutschen Bildungspreis 2013 im Wesentlichen immer gleich aus: Die Basics wie Budgetcontrolle und Abfrage der Zufriedenheit über die klassischen Teilnehmerfeedbackbögen setzen die meisten Unternehmen um. Mit konkreten Kenzahlen beschäftigen sich schon weit weniger Firmen, und was tatsächlich bei der Weiterbildung rauskommt, erfassen nur wenige Prozent der Befragten. Dies korrespondiert gut mit den Ergebnissen im Handlungsfeld Transfer, denn oft kommen Umsetzung und Ergebnisse des Lernens wenn überhaupt nur am Rande der Aufgabenbeschreibung der Personalabteilung vor.

Besonders schade ist auch in diesem Jahr die Vernachlässigung des Zielcontrollings. Eingangs konnte dargestellt werden, dass fast 65 Prozent der Firmen Bildungsziele aufstellen. Dieser gute Wert verliert stark an Bedeutung, wenn im Handlungsfeld Controlling klar wird, dass nach dem Aufstellen diese Zielsetzungen mit hoher Wahrscheinlichkeit nicht weiter verwendet werden. Ziele werden nutzlos, wenn die Maßnahmen daran nicht ausgerichtet werden und wenn am Ende nicht geprüft wird, ob die Ziele erreicht werden konnten.

Woran es liegt, dass die Arbeit mit den Bildungszielen vielen Personalern so schwer fällt, bleibt unklar. Denn in einer Balanced Score Card oder einer einfachen Tabelle könnten die gesetzten Ziele leicht bewertet werden: Umsetzungsgrad, aufgetretene Schwierigkeiten, Konsequenzen, Folgemaßnahmen. Diese Aufstellung könnte das Bildungsmanagement hervorragend nutzen, um die Leistungen und Erfolge nach innen und außen darzustellen, Budgets freigegeben zu bekommen oder neue bzw. weiterführende Projekte zu verargumentieren.

1.5 Mitarbeitergespräche

Im Handlungsfeld Mitarbeitergespräche wurden drei Kriterien abgefragt. Diese betreffen folgende Aspekte:

» Jährliche Durchführung: In den meisten Unternehmen werden Mitarbeitergespräche bereits jährlich durchgeführt. Dieser Abstand ist als optimal zu bewerten, da größere Zeitintervalle die direkte Verbindung von Leistung und Bewertung erschweren. Auch mit Blick auf Bildungs- und Entwicklungsprozesse ist ein Jahr als Zeitspanne sinnvoll, da ggf. nachgesteuert oder Feedback gegeben werden kann. Zusätzliche Halbjahresgespräche können den Austausch noch intensivieren.

» Bildung als Gesprächsbestandteil: Das Mitarbeitergespräch sollte nicht nur dazu dienen, Leistung und Entlohnung zu diskutieren. Vielmehr sollte es vor allem auf die Entwicklung des Mitarbeiters fokussieren. Zum einen betrifft das die Karriereentwicklung, zum anderen aber auch die persönliche Entwicklung. Dabei geht es darum, für den Mitarbeiter mögliche Lern- und Entwicklungspfade aufzuzeigen, Umsetzungsmöglichkeiten zu diskutieren und die persönliche Beteiligung in diesem Prozess zu klären. Die Trennung der Themen Bewertung/Belohnung und Entwicklung in zwei separate Gespräche ist sinnvoll und wird bereits in vielen Unternehmen auch so gehandhabt.

» Zielvereinbarungen: Mitarbeitergespräche als fest institutionalisierter Gesprächsablauf haben – im Gegensatz zu unterjährigen Besprechungen – ein klares, schriftlich niedergelegtes Ergebnis. Zur Entwicklung des Mitarbeiters sollte eine Zielvereinbarung geschlossen werden, die dann als verbindlich angesehen wird. So kann der Mitarbeiter Lernprozesse sicher beginnen und sich zu Maßnahmen anmelden.

Ergebnisse im Rahmen des Deutschen Bildungspreises

Umsetzung
Traditionell ist das Handlungsfeld Mitarbeitergespräche das am besten umgesetzte im ganzen Qualitätsmodell. Die drei Fragen erzielen alle Umsetzungswerte um die 90 Prozent. Die überwiegende Mehrzahl der Unternehmen führt diese Art von Gesprächen bereits sehr sorgfältig durch. Nur wenige Unternehmen geben eine teilweise Umsetzung der Aspekte an. Das bedeutet meist, dass sie zumindest für einen Teil der Beschäftigten jährliche Gespräche eingerichtet haben oder dass zwar regelmäßige Gespräche durchgeführt werden, jedoch in größerem zeitlichem Abstand, zum Beispiel nur alle zwei Jahre.

Abbildung 18: Umsetzungsgrad im Bereich Mitarbeitergespräche

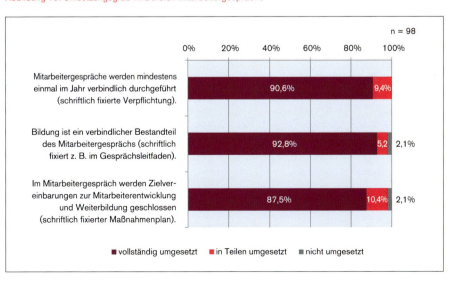

Relevanz

Die Mitarbeitergespräche erzielen auch höchste Relevanzbewertungen. 84,9 Prozent der Befragten hielten die jährliche verbindliche Durchführung für sehr wichtig, 80,9 Prozent sahen die feste Integration von Bildungsthemen in das Gespräch als sehr wichtig an und für 74,5 Prozent ist es sehr wichtig, Zielvereinbarungen zu Weiterbildung und Entwicklung zu treffen. Die übrigen Prozentpunkte bewegen sich fast ausnahmslos im Bereich der Bewertung „wichtig".

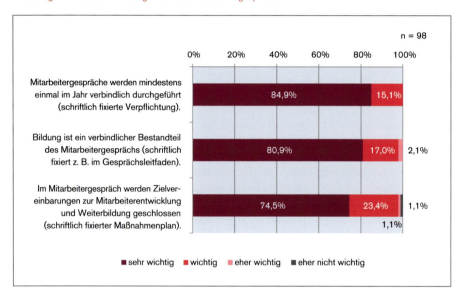

Abbildung 19: Relevanzzuweisung im Bereich Mitarbeitergespräche

Rückblick auf den Deutschen Bildungspreis 2015

Die bereits schon sehr hohen Umsetzungsraten in diesem Handlungsfeld sind im DBP 2016 nochmals gestiegen.

So gaben 2015 86,4 Prozent der Befragten an, dass sie jährliche Gespräche durchführen. 2016 waren es 90,6 Prozent. 2015 wurde in 84,5 Prozent der befragten Unternehmen Bildung und Personalentwicklung im Mitarbeitergespräch diskutiert. In diesem Jahr war Bildungsmanagement sogar bei 92,8 Prozent der Unternehmen fester Bestandteil des Mitarbeitergesprächs.

87,5 Prozent halten die Ergebnisse in Zielvereinbarungen fest. 2015 lag dieser Wert noch bei 72,8 Prozent.

Die Mitarbeitergespräche werden 2016 noch einmal deutlich wichtiger bewertet als im Vorjahr. Bewerteten 2015 77,5 Prozent die jährliche Durchführung als sehr wichtig, waren es 2016 84,9 Prozent. 2015 schätzten 65,7 Prozent die Integration von Bildung als verbindlichem Bestandteil des Gesprächs als hochrelevant ein. 2016 vertraten 80,9 Prozent der Teilnehmer diese Meinung.

Zielvereinbarungen konnten 2015 von 51 Prozent der Befragten als sehr wichtig eingestuft werden, in diesem Jahr lag der Wert 74,5 Prozent.

Zusammenfassung

Auf Messen und Podiumsdiskussionen wird aktuell gern diskutiert, ob Mitarbeitergespräche überhaupt nötig sind. Bislang konnten sich die Argumente dafür noch immer durchsetzen. Denn mit diesen festen Gesprächsterminen wird eine regelmäßige Betrachtung der Entwicklung eines Mitarbeiters über einen festen Zeitraum gewährleistet. Das Format bietet die Möglichkeit zu Diskussion und Austausch. Führungskraft und Mitarbeiter sind im Idealfall gleichberechtigte Gesprächspartner. Alle Ergebnisse und Vereinbarungen sollten in einem Gesprächsprotokoll niedergelegt werden.

Ein standardisierter Bogen stellt sicher, dass wichtige Themen tatsächlich diskutiert werden. Dieser Bogen sollte kompetenzseitig zudem das Soll-Profil der jeweiligen Stelle enthalten, in welches gemeinsam mit dem Mitarbeiter die Ist-Ausprägungen der Kompetenzen eingetragen werden. Dieses Vorgehen erleichtert und objektiviert das Gespräch. Es macht die Einschätzung und Bewertung von Leistung und Entwicklungsmöglichkeiten nachvollziehbar. Das Protokoll sollte später an die Personalabteilung übergeben und dort geprüft werden. Die Bildungsmanager können so feststellen, ob alle Gespräche in der gewünschten Form geführt worden.

Vielleicht wird sich der Tenor der Gespräche in der Zukunft ändern. In Anbetracht der Arbeitsmarktsituation und des steigenden Werts gut ausgebildeter Mitarbeiter ist es denkbar, dass der Mitarbeiter das Unternehmen bald stärker bewertet und entscheidet, ob er eine weitere Zusammenarbeit für sich als gewinnbringend beurteilt. Dann würde das Unternehmen stärker darlegen müssen, wie es sich auch künftig als sein attraktiver Arbeitgeber positionieren möchte und welche weiteren Entwicklungsmöglichkeiten es dem Mitarbeiter bietet, wenn er sich für ein weiteres Jahr im Unternehmen entscheidet.

1.6 Interne Kommunikation

Im Handlungsfeld Kommunikation wurden fünf Kriterien zu Bildungsmarketing und Information abgefragt. Diese lassen sich folgenden Themenbereichen zuordnen:

» Sichtbarkeit des Bildungsmanagements: Der Bereich sollte im Unternehmen präsent sein, zum Beispiel im Intra- oder Internet, auf Postern, in Flyern o. ä. Dabei sollte nicht nur auf die Vollständigkeit der Information und die leichte Auffindbarkeit, sondern auch ein ansprechendes Erscheinungsbild geachtet werden. Eine eigene Farb- und Bilderwelt sowie ein Logo oder Signet können dazu beitragen, dem Thema Weiterbildung ein „Gesicht" zu geben mit hohem Wiedererkennungswert. Zusätzlich sollten Weiterbildung und Entwicklung inhaltlich überall dort verankert werden, wo es für das Unternehmen relevant ist, zum Beispiel in den Unternehmensleitlinien, in den Werten, im Führungsleitbild.

» Information der Mitarbeiter: Die Mitarbeiter sollten regelmäßig informiert werden zu den Angeboten und Möglichkeiten im Bildungsmanagement. Außerdem sollten sie ihrerseits jederzeit unkompliziert auf alle Informationen, Dokumente und Systeme der Abteilung zugreifen können. Für die aktive und passive Kommunikation ist es dabei wichtig, die Bedürfnisse der Zielgruppe genau zu kennen. Kontaktfrequenz, Kanal und Informationsschwerpunkte können dann genau darauf abgestimmt werden.

» Information der Leitung: Das Bildungsmanagement sollte regelmäßig an die Unternehmensführung berichten und Erfolge, aber auch Hindernisse in der täglichen Arbeit zur Sprache bringen. Ein Bildungsbericht fasst Ergebnisse, Controllingdaten und die Bewertung der Bildungsziele zusammen. Als hochwertiges Dokument kann er dazu beitragen, die wahrgenommene Bedeutung des Bildungsmanagements zu verbessern. Wird er allen Mitarbeitern zugänglich gemacht, erhöht er zudem die Transparenz.

Ergebnisse im Rahmen des Deutschen Bildungspreises

Umsetzung
Die meisten Unternehmen des DBP 2016 sind in der internen Kommunikation ihres Bildungsmanagements schon gut aufgestellt. Auffällig ist, dass im Vergleich zu anderen Handlungsfeldern hier auch immer nennenswerte Anteile von Firmen angegeben haben, dass sie die Aspekte noch nicht umsetzen.

76,3 Prozent der teilnehmenden Firmen informierten ihre Mitarbeiter regelmäßig über das Weiterbildungsangebot.

Auch die Unternehmensleitung wird bereits gut unterrichtet. 65 Prozent der Personaler gaben an, regelmäßig über das Bildungsmanagement zu berichten. Weitere 25 Prozent tun dies zumindest teilweise, aber immerhin 10 Prozent stehen in keinem regelmäßigen Dialog mit der Führungsebene. Dies weist auf eine eher untergeordnete Positionierung des Personals in der Hierarchie hin.

Ein jährlicher Bildungsbericht wird von gut der Hälfte der Firmen publiziert. Ein weiteres Viertel arbeitet teilweise mit solch einem Bericht. Aber 23,2 Prozent der Befragten gaben an, dass sie keinen standardisierten Bericht verwenden.

Über einen eigenen Auftritt des Bildungsmanagements verfügten 58,9 Prozent der Befragten. Knapp 10 Prozent gaben an, dass die Weiterbildung noch nicht als Aufgabe oder Bereich in Erscheinung tritt.

66 Prozent bemühen sich zudem um eine gute Positionierung des Bildungsmanagements, indem sie es in den Unternehmensleitlinien verankern. 21 Prozent gaben für diesen Aspekt die teilweise Umsetzung an. Bei 13 Prozent der Firmen finden sich die Aspekte Weiterbildung und Entwicklung nicht in den Leitlinien.

Abbildung 20: Umsetzungsgrad im Bereich Interne Kommunikation

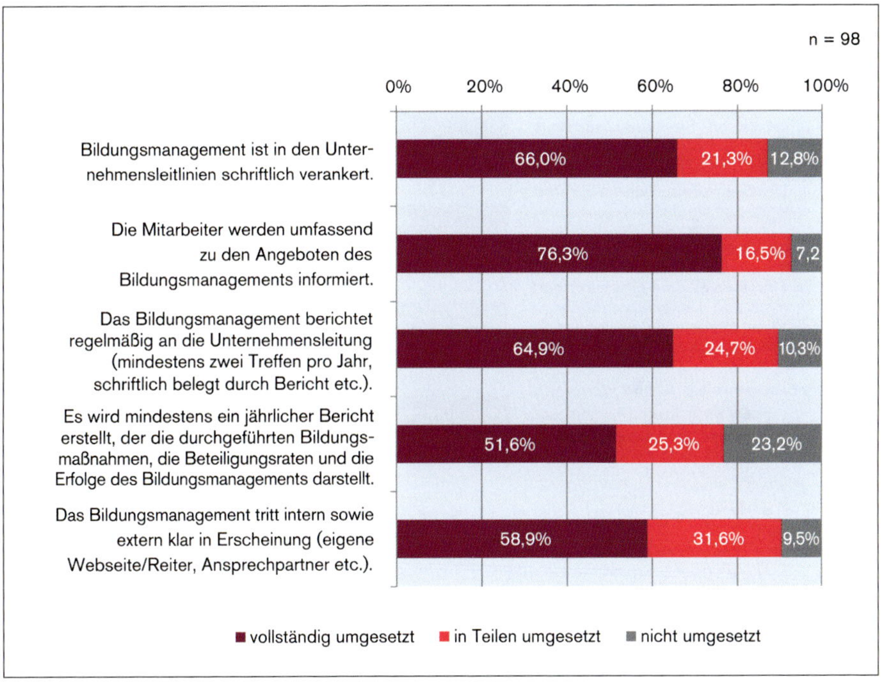

n = 98

Aspekt	vollständig umgesetzt	in Teilen umgesetzt	nicht umgesetzt
Bildungsmanagement ist in den Unternehmensleitlinien schriftlich verankert.	66,0%	21,3%	12,8%
Die Mitarbeiter werden umfassend zu den Angeboten des Bildungsmanagements informiert.	76,3%	16,5%	7,2
Das Bildungsmanagement berichtet regelmäßig an die Unternehmensleitung (mindestens zwei Treffen pro Jahr, schriftlich belegt durch Bericht etc.).	64,9%	24,7%	10,3%
Es wird mindestens ein jährlicher Bericht erstellt, der die durchgeführten Bildungsmaßnahmen, die Beteiligungsraten und die Erfolge des Bildungsmanagements darstellt.	51,6%	25,3%	23,2%
Das Bildungsmanagement tritt intern sowie extern klar in Erscheinung (eigene Webseite/Reiter, Ansprechpartner etc.).	58,9%	31,6%	9,5%

Relevanz

Die Information der Mitarbeiter zu den Angeboten der Weiterbildung war den Teilnehmern des DBP 2016 besonders wichtig. 59,1 Prozent vergaben dafür die höchste Relevanzbewertung.

Je über 40 Prozent der Befragten sehen auch die Verankerung des Bildungsmanagements in den Unternehmenslinien, die regelmäßige Information der Unternehmensleitung sowie einen guten Auftritt der Abteilung als sehr wichtig an. Weitere je 30 Prozent der teilnehmenden Personaler bewerten diese Aspekte als wichtig.

Der jährliche Bildungsbericht wird von je einem Drittel der Unternehmen als sehr wichtig oder als wichtig eingestuft. Das verbleibende dritte Drittel bewertet den Bildungsbericht größtenteils als eher wichtig. Nur 9 Prozent sehen für diesen Aspekt eine geringe Relevanz.

Abbildung 21: Relevanzzuweisung im Bereich Interne Kommunikation

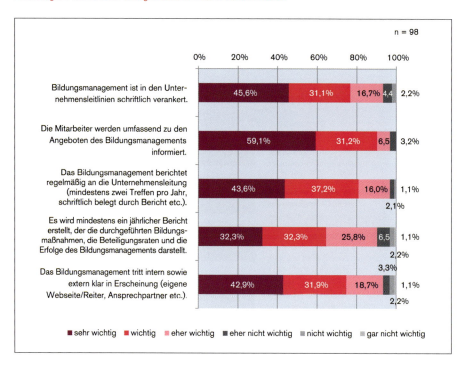

Rückblick auf den Deutschen Bildungspreis 2015

In 2015 und 2016 hatte ein etwa gleich großer Anteil der Teilnehmer das Bildungsmanagement nun in den Unternehmensleitlinien verankert. Die umfassende Information der Mitarbeiter war 2016 von mehr Unternehmen als vollständig umgesetzt gemeldet, 76,3 Prozent. 2015 gaben 66 Prozent die vollständige Umsetzung an.

Auch beim Bericht an die Unternehmensleitung konnten Zugewinne verzeichnet werden. Lag der Wert 2015 noch bei 57 Prozent, konnten 2016 65 Prozent der Firmen vermelden, dass sie regelmäßig an das Top-Management berichten.

Leichte Rückgänge sind beim Außenauftritt und dem Bildungsbericht erkennbar. So wurde der Aspekt „Das Bildungsmanagement tritt intern sowie extern klar in Erscheinung" 2015 von 67 % der Befragten als vollständig umgesetzt bewertet, 2016 waren es nur 58,9 Prozent.

Der Bildungsbericht wurde 2015 von 65,1 Prozent der Unternehmen bereits eingesetzt, im Vergleich zu 51,6 Prozent in diesem Jahr.

Das Handlungsfeld Kommunikation wurde insgesamt als wichtiger bewertet als in den Vorjahren. So vergaben 2015 nur 22,6 Prozent der Unternehmen in ihrer Einschätzung zum Bildungsbericht den Wert „sehr wichtig", weitere 39,3 Prozent hielten den Bericht für „wichtig". In diesem Jahr lag der Anteil der Unternehmen, die den Bericht als hochrelevant einschätzen, bereits bei 32,3 Prozent.

Bei drei Fragen des Handlungsfeldes Kommunikation lassen sich zudem schöne Trends in der Wahrnehmung der Wichtigkeit feststellen. Während 2014 nur 25,3 Prozent der Befragten die Verankerung des Bildungsmanagements in den Leitlinien als sehr wichtig einschätzten, waren es 2015 39,2 Prozent und in diesem Jahr 45,6 Prozent. Gleiches gilt für den Bericht an die Unternehmensleitung. Waren es 2014 noch 27,6 Prozent der Teilnehmer, die die Note 1 vergaben, waren es 2015 nun 40,5 Prozent, 2016 vergaben schon 43,6 die höchste Bewertung. Bei der Information der Mitarbeiter sehen in diesem Jahr 59,1 Prozent der teilnehmenden Personaler die höchste Wichtigkeit. 47,1 Prozent hielten 2015 den Aspekt für sehr wichtig, gegenüber 41,4 Prozent aus 2014.

Zusammenfassung
Insgesamt ist das Handlungsfeld sicher eines derjenigen, die bereits gut umgesetzt werden. Die vergleichsweise hohen Werte für „nicht umgesetzt" deuten jedoch darauf hin, dass ein Teil der Unternehmen noch keine internen Kommunikationsaktivitäten entfaltet. Hier ist vereinzelt sicher noch großes Optimierungspotenzial möglich.

In Gesprächen mit Personalern wird häufig diskutiert, ob klassische Weiterbildungskataloge noch zeitgemäß sind. Es gibt Firmen, die ihre Weiterbildung ausschließlich nach dem gemeldeten Bedarf planen und danach jeweils Anbieter und Maßnahmen suchen. Abgesehen davon, dass ein solches Vorgehen sehr aufwändig und ab einer bestimmten Unternehmensgröße wohl nicht mehr realisierbar ist, werden dabei auch die Freiwilligkeit und Eigeninitiative des Mitarbeiters wenig genutzt. Immer wieder kann erlebt werden, dass Maßnahmen, die sich ein Mitarbeiter selbst aussucht, engagierter wahrgenommen und im Nachgang besser umgesetzt werden. Zudem kann ein gewisses Angebot auch als Impuls oder Gedankenanstoß fungieren und einem interessierten Mitarbeiter Optionen aufzeigen, auf die er vielleicht selbst nicht gekommen wäre. Gleiches gilt auch für Führungskräfte, die sich teilweise schwer damit tun, ihren Mitarbeitern eine passende Weiterbildung zu empfehlen.

Sicher sind gedruckte Kataloge heute nur noch wenig attraktiv. Ein gut ausgebauter Intra- oder Internet-Auftritt ist aktueller und kann jederzeit angepasst werden.

1.7 Mitarbeiterrekrutierung

Im Handlungsfeld Mitarbeiterrekrutierung wurden drei Kriterien zu Strategie und praktischer Umsetzung abgefragt. Diese lassen sich folgenden Themenbereichen zuordnen:

» Strategische Ausrichtung: Im Recruiting sollte ebenfalls planvoll und mit Weitblick vorgegangen werden. Mit Blick auf die Veränderungen im Arbeitsmarkt können sich Unternehmen nicht mehr vor der Aufgabenstellung, sich als attraktive Arbeitgeber zu zeigen, verstecken. Employer Branding ist dazu ein guter Weg, besonders wenn es systematisch von der Employer Value Proposition bis ins Arbeitgebermarketing hinein umgesetzt wird. In der Umsetzung ist dann wichtig, passende Zielgruppen zu analysieren und in den dafür passenden Kanälen die für diese Zielgruppe relevanten Botschaften zu setzen.

» Internes Recruiting: Bei der Besetzung von Stellen sollte der Blick nicht nur nach außen auf den Bewerbermarkt gehen, sondern auch interne Kandidaten sollten einbezogen werden. Dies ist zum einen sinnvoll, um Entwicklungsmöglichkeiten für Talente und Engagierte zu eröffnen und sie langfristig so an das Unternehmen zu binden. Zum anderen verfolgen viele Unternehmen heute stärker den Weg, externe Bewerber nur noch in Einstiegspositionen zu rekrutieren, um sie dann im Sinne der Unternehmenskultur langfristig entwickeln zu können. Höhere Positionen werden dabei ausschließlich intern besetzt, um bereits auf eine größere Unternehmenskenntnis und gute Vernetzung zurückgreifen zu können.

Ergebnisse im Rahmen des Deutschen Bildungspreises

Umsetzung
Ein Großteil der teilnehmenden Unternehmen sucht zu allererst in den eigenen Reihen, um offene Stellen neu zu besetzen. So prüfen 82,3 Prozent der im Deutschen Bildungspreis 2016 befragten Firmen, ob bestehende Mitarbeiter für offene Stellen qualifiziert werden können.

Bei der externen Suche verfügen 74,5 Prozent der Befragten über zielgruppenspezifische Strategien. 19,4 Prozent setzen den Aspekt zumindest in Teilen um.

Knapp 58 Prozent arbeiten im Mitarbeiterrecruiting mit einem umfassenden Employer-Branding-Ansatz. Weitere 24,2 Prozent beschäftigen sich bereits mit diesem Konzept und setzen es in Teilen um.

Abbildung 22: Umsetzungsgrad im Bereich Mitarbeiterrekrutierung

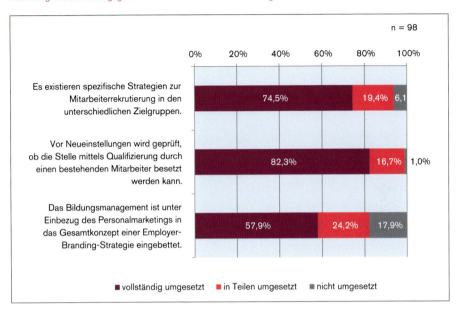

Relevanz

Große Wichtigkeit ordneten die Unternehmen der zielgruppenorientierten Strategie im Recruiting zu. 56,8 Prozent hielten ein solches Vorgehen für sehr wichtig, weitere 30 Prozent für wichtig.

Als besonders relevant wurde auch die interne Prüfung der vorhandenen Mitarbeiter eingestuft. Für 88,2 Prozent der Befragten ist es sehr wichtig oder wichtig, zu prüfen, ob freie Stellen durch interne Qualifizierung besetzt werden können.

Das Employer Branding erhält nicht ganz so hohe Werte. 38,7 Prozent schreiben einer solchen Arbeitgebermarke höchste Relevanz zu.

Abbildung 23: Relevanzzuweisung im Bereich Mitarbeiterrekrutierung

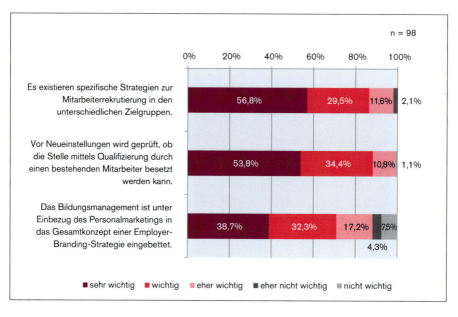

Rückblick auf den Deutschen Bildungspreis 2015

Sehr gut wurde im Deutschen Bildungspreis bereits der Aspekt der internen Stellenbesetzung umgesetzt. Lag der Umsetzungswert 2015 mit 71,8 Prozent bereits sehr hoch, stieg dieser 2016 nochmals an auf 82,3 Prozent.

Bei den Fragen zur Zielgruppenstrategie gaben die Befragten 2015 etwa zur Hälfte an, dass sie die Kriterien bereits vollständig umsetzen. Die Bewerbergruppe 2016 bearbeitete diesen Aspekt wesentlich intensiver. 74,5 Prozent meldeten die vollständige Umsetzung.

Auch beim Employer Branding kann ein leicht höherer Umsetzungswert verzeichnet werden. Allerding blieb der Anteil der Unternehmen, die sich noch nicht mit Employer Branding beschäftigen, konstant. In beiden Jahren lag er bei etwas über 17 Prozent.

Wie im Vorjahr vergaben die Unternehmen auch 2016 wieder hohe Relevanzen für das Recruiting. Im Vorjahr schätzten ca. 70 Prozent der Befragten die drei Kriterien jeweils als wichtig oder sehr wichtig ein. Die Bewerbergruppe des Deutschen Bildungspreises 2016 lag bei den Fragestellungen zur Zielgruppenorientierung und zur internen Qualifikation sogar bei deutlich über 80 Prozent.

Zusammenfasssung

Wenn die Weiterbildung und Qualifizierung des bestehenden Personals nicht ausreicht, müssen Unternehmen Mitarbeiter vom Arbeitsmarkt rekrutieren. Darin sind sie geübt, auch wenn die Rahmenbedingungen tendenziell schwieriger werden. Heute müssen oft größere Anstrengungen unternommen und länger gesucht werden als noch vor zehn Jahren. Stärkere Spezialisierung sowohl bei Stellen als auch bei den Qualifikationen der Bewerber, sinkende Bewerberzahlen und größere Wahlmöglichkeiten für die Interessenten verlangen oft langfristig angelegte Suchprozesse.

Daher überrascht es nicht, dass die Unternehmen bereits in weiten Teilen professionelles Recruiting betreiben. Teilweise steht der Schritt hin zum umfassenden Arbeitgebermarketing noch aus, aber nur 18 Prozent der Befragten gaben an, dass Employer Branding für sie noch kein Thema ist. Der Rest beschäftigt sich in der Regel schon sehr intensiv mit ihrem Auftritt als Arbeitgeber und der Gewinnung neuer Fachkräfte.

Fazit

Die aggregierten Studiendaten lassen sich wie folgt in ein Ampelsystem überführen, das den jeweiligen Optimierungsbedarf farblich darstellt:

unter 55,8 Prozent = **rot** (überdurchschnittlicher Optimierungsbedarf)
bis 75,0 Prozent = **gelb** (durchschnittlicher Optimierungsbedarf)
über 75,0 Prozent = **grün** (unterdurchschnittlicher Optimierungsbedarf)

Die prozentuale Aufteilung entspricht der Aufteilung aus dem Deutschen Bildungspreis 2013, um eine leichtere Gegenüberstellung zu ermöglichen.

Tabelle 27: Übersicht im Bereich Strategie

Kriterium	Relevanz	Umsetzung in %	Bewertung
Strategie und Bedarf	**1,80**	**74,54**	
Die Bildungsziele werden aus der Unternehmensstrategie und den Unternehmenszielen abgeleitet und zielgruppengerecht operationalisiert.	1,56	80,53	grün
Die Bildungsbedarfe im Unternehmen werden anhand eines definierten Prozesses einmal im Jahr festgestellt/geprüft.	1,46	89,29	grün
Für jede Stelle/Funktion gibt es ein Stellen- oder Anforderungsprofil.	1,73	84,69	grün
Gesetzliche Vorgaben zur Aus- und Weiterbildung werden im Bildungsmanagement erfasst und nachgehalten.	1,89	85,20	grün
Den Stellenprofilen ist ein Kompetenzkatalog hinterlegt.	1,97	67,01	gelb
Kenntnisse und Fähigkeiten der Mitarbeiter sind in individuellen Kompetenzprofilen hinterlegt, unabhängig vom Stellenprofil.	2,05	56,38	gelb
In regelmäßigen Abständen werden Stellenprofile und Mitarbeiterkompetenzen zur Ermittlung des Bildungsbedarfs abgeglichen.	1,77	73,20	gelb
Schlüsselpositionen im Unternehmen werden identifiziert und sind benannt.	1,65	81,96	grün
Für als besonders wichtig eingestufte Stellen existiert eine schriftlich fixierte Nachfolgeplanung.	2,14	52,63	rot
Bildungsplanung	**1,98**	**80,98**	
Die betriebliche Bildung ist fester Bestandteil der jährlichen Unternehmensplanung.	1,46	91,75	grün
Für alle Mitarbeitergruppen werden Bildungsmaßnahmen geplant.	1,54	91,33	grün
Es werden alle Methoden/Formen von Bildungsmaßnahmen analysiert, und es wird geprüft, mit welchen Lernformen die Bildungsziele erreicht werden können.	2,12	77,08	grün

Kriterium	Relevanz	Umsetzung in %	Bewertung
Es werden regelmäßige Altersstrukturanalysen durchgeführt (mindestens alle 5 Jahre).	2,50	70,53	🟨
Es existieren Bildungskonzepte, die verschiedene Medien und Lernformen integrieren (z. B. vorbereitendes eLearning – Schulungen – Umsetzungscoaching).	2,31	74,19	🟨
Kernbereich Praxistransfersicherung	**1,89**	**69,06**	
Die Führungskraft definiert die Ziele der Bildungsmaßnahme für den Mitarbeiter und begründet die Maßnahme.	1,60	88,27	🟩
Vor einer Bildungsmaßnahme führen Mitarbeiter und Führungskraft ein Gespräch über Ziele und Erwartungen.	1,74	76,80	🟩
Mitarbeiter und Führungskraft führen nach der Bildungsmaßnahme ein Gespräch zum Praxistransfer des Erlernten.	1,66	69,07	🟨
Vor einer Bildungsmaßnahme wird ein Transferplan zur Anwendung des Gelernten im Berufsalltag aufgestellt.	2,38	43,30	🟥
Inhalte und Erkenntnisse aus Bildungsmaßnahmen werden anderen Mitarbeitern durch geeignete Maßnahmen vermittelt (Teamtreffen, Inhouse Academy etc.)	2,07	67,86	🟨
Kernbereich Bildungscontrolling	**2,20**	**62,79**	
Es wird ein festes Jahresbudget für Weiterbildung bestimmt (jährliche Neubestimmung).	1,81	82,45	🟩
Alle Bildungsmaßnahmen werden gemessen/evaluiert hinsichtlich Budget/Kosten-Nutzen.	1,87	69,47	🟨
Alle Bildungsmaßnahmen werden gemessen/evaluiert hinsichtlich Zufriedenheit der Teilnehmer.	1,55	92,86	🟩
Kennzahlen im Bildungsmanagement sind definiert und werden jährlich erhoben (z. B. Teilnehmerzahlen, Weiterbildungstage, Zufriedenheitsindices)	2,16	66,49	🟨
Das Bildungsmanagement prüft systematisch die Erreichung der strategischen Bildungsziele des Unternehmens (mit Balanced Scorecard, Six Sigma etc.).	2,52	44,51	🟥
Es existieren schriftlich nachweisbare Ansätze zur Ermittlung eines Return-on-Education (ROE).	3,31	20,97	🟥
Mitarbeitergespräche	**1,22**	**94,46**	
Mitarbeitergespräche werden mindestens einmal im Jahr verbindlich durchgeführt (schriftlich fixierte Verpflichtung).	1,15	95,31	🟩
Bildung ist ein verbindlicher Bestandteil des Mitarbeitergesprächs (schriftlich fixiert z. B. in Gesprächsleitfaden).	1,21	95,36	🟩
Im Mitarbeitergespräch werden Zielvereinbarungen zur Mitarbeiterentwicklung und Weiterbildung geschlossen (schriftlich fixierter Maßnahmenplan).	1,29	92,71	🟩
Interne Kommunikation	**1,86**	**75,48**	
Bildungsmanagement ist in den Unternehmensleitlinien schriftlich verankert.	1,87	76,60	🟩

Kriterium	Relevanz	Umsetzung in %	Bewertung
Die Mitarbeiter werden umfassend zu den Angeboten des Bildungsmanagements informiert.	1,54	84,54	🟢
Das Bildungsmanagement berichtet regelmäßig an die Unternehmensleitung (mindestens 2 Treffen pro Jahr, schriftlich belegt durch Bericht etc.).	1,80	77,32	🟢
Es wird mindestens ein jährlicher Bericht erstellt, der die durchgeführten Bildungsmaßnahmen, die Beteiligungsraten und die Erfolge des Bildungsmanagements darstellt.	2,17	64,21	🟡
Das Bildungsmanagement tritt intern sowie extern klar in Erscheinung (eigene Webseite/Reiter, Ansprechpartner etc.).	1,93	74,74	🟢
Mitarbeiterrekrutierung	**1,76**	**81,60**	
Es existieren spezifische Strategien zur Mitarbeiterrekrutierung in den unterschiedlichen Zielgruppen.	1,59	84,18	🟢
Vor Neueinstellungen wird geprüft, ob die Stelle mittels Qualifizierung durch einen bestehenden Mitarbeiter besetzt werden kann.	1,60	90,63	🟢
Das Bildungsmanagement ist unter Einbezug des Personalmarketings in das Gesamtkonzept einer Employer-Branding-Strategie eingebettet.	2,30	70,00	🟡

In der Säule Strategie sind viele Fragestellungen und Aspekte in der Umsetzung schon dem grünen Bereich mit hohen Umsetzungswerten zuzuordnen. Nur wenige Bereiche fallen mit geringer Umsetzung in die rote Kategorie, darunter aber sehr wichtige Themen wie die Nachfolgeplanung, die Prüfung der Bildungsziele sowie die Erstellung eines Return-on-Education.

2. Struktur

Managementsummary zu den Ergebnissen im Bereich Struktur

Inhaltlicher Schwerpunkt dieses Bereichs:
Professionelles Bildungsmanagement benötigt einen passenden organisatorischen Rahmen. Das betrifft zum einen die Ausstattung, Befugnisse und Positionierung der Abteilung, aber auch die IT-Infrastruktur, auf die in der Durchführung aller Tätigkeiten zurückgegriffen werden kann.

Die Integration des Bildungsmanagements in die Führungskultur sowie entwicklungsorientierte Maßnahmen für die Mitarbeiter rahmen die operativen Bildungsaktivitäten ein.

Das setzen die Unternehmen bereits gut um:
Gute Umsetzungsraten erzielte das Handlungsfeld Führungskräfte, bei dem eine Sichtweise der Führungskraft als „erster Personalentwickler" erkennbar ist. Die konsequente Unterstützung der Führungskräfte bei dieser wichtigen Aufgabe in festen Schulungsprogrammen mit Bildungsmanagementfokus steht jedoch noch aus.

Entwicklungsangebote für die Mitarbeiter bestehen immerhin in gut der Hälfte der Unternehmen. Ein weiteres Drittel beschäftigt sich bereits mit diesen Fragestellungen von Karrieremodellen und Potenzialanalyse und setzt schon teilweise um.

Hier besteht noch Handlungsbedarf:
Bildungsmanagement und Personalentwicklung arbeiten häufig unter mangelhaften organisationalen Rahmenbedingungen. Klare Stellenprofile, eine sichtbare Position im Organigramm und sauberes Qualitätsmanagement fehlen oft noch.

Die IT-Infrastruktur ist auch im Deutschen Bildungspreis 2016 wieder das größte Sorgenkind. Die Nutzung von IT im Bildungs- und Talentmanagement hinkt weit hinter den technischen Möglichkeiten her. Allerdings weisen die Umsetzungszahlen im Vergleich zu den Vorjahren einen deutlichen Trend nach oben auf.

Aufruf:
» Der Schuster muss nicht selbst die schlechtesten Schuhe tragen: Klare Aufgabenprofile und hohe Positionierung für die Personalentwicklung!
» Fokus auf die Strategie: Größtmögliche Automatisierung der Bildungsmanagementprozesse via IT schafft Zeit und Raum für die wichtigen strategischen Aufgaben.
» Gewusst wie: Führungskräfte benötigen regelmäßige Unterstützung und Anleitung, um ihre Mitarbeiter voranbringen zu können. Bloße Appelle verpuffen schon nach kurzer Zeit.

2.1 Kernbereich Organisation

Im Handlungsfeld Organisation wurden fünf Kriterien zu Budget, Evaluation und Zielcontrolling abgefragt. Diese lassen sich folgenden Themenbereichen zuordnen:

» Stellenbeschreibung: Auch für die Mitarbeiter in Personalentwicklung und Bildungsmanagement sollten klare Stellen- und Anforderungsprofile existieren, die die Aufgaben und die dafür benötigten Kompetenzen beschreiben.

» Darstellung im Organigramm: Die Weiterbildung und Personalentwicklung sollte als eigener Punkt im Organigramm dargestellt sein, um diese Aufgaben klar zu verorten und prominent darzustellen.

» Steuerungskreis: Eine Diskussion des Status quo, Planung und Erfolgsbewertung erfolgen idealerweise in einem Gremium mit Vertretern der wichtigsten Funktionen in der betrieblichen Weiterbildung, zum Beispiel Personal, Controlling, Fachbereiche und Betriebsrat.

» Qualitätsmanagement: Die Weiterbildung sollte qualitätsgesichert sein, entweder mit einem eigenen QM-System oder eingebunden in das QM des Gesamtunternehmens. Dazu gehört auch, dass Klarheit über bestehende Prozesse und Schnittstellen herrscht, diese dargestellt und beschrieben sind.

Ergebnisse im Rahmen des Deutschen Bildungspreises

Umsetzung
Schon sehr gut umgesetzt wird die Darstellung des Bildungsmanagements oder der Personalentwicklung im Organigramm. 65,6 Prozent der Unternehmen weisen den Bereich schon klar aus.

Ebenfalls sehr gut ist das Qualitätsmanagement. 66,3 Prozent der Befragten gaben an, im Bildungsmanagement bereits mit klaren Qualitätsvorgaben zu arbeiten. 56,3 Prozent der Teilnehmer haben dazu auch schon ihre Bildungsprozesse dargestellt und verschriftlicht. Weitere 30,2 Prozent arbeiten zumindest schon daran und setzen teilweise um.

Beim Stellenprofil für die Bildungsmanager und bei der Einrichtung eines Steuerungskreises sind die Unternehmen noch nicht so stark in der Umsetzung. Nur 44,6 Prozent der teilnehmenden Unternehmen gaben an, diese Aspekte schon voll umzusetzen.

Auffällig ist, dass in allen Aspekten dieses Handlungsfelds große Anteile der befragten Unternehmen noch gar nicht in der Umsetzung sind. So haben 30 Prozent der Befragten keine Stellenprofile im Bildungsmanagement, 34 Prozent arbeiten nicht mit einem Steuerungskreis. 20 Prozent stellen die Personalentwicklung nicht im Organigramm dar.

Abbildung 24: Umsetzungsgrad im Bereich Organisation

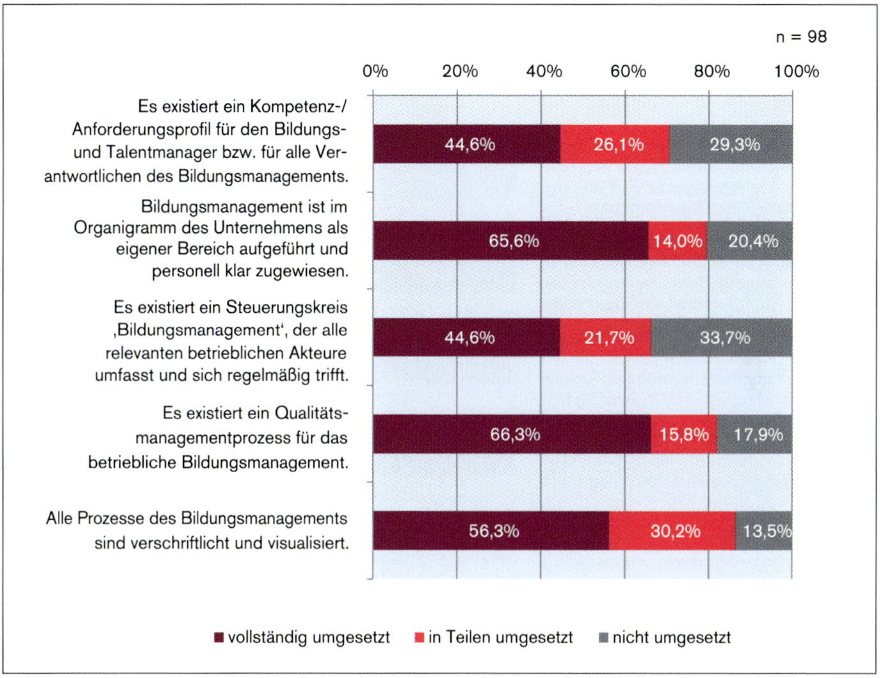

	vollständig umgesetzt	in Teilen umgesetzt	nicht umgesetzt
Es existiert ein Kompetenz-/Anforderungsprofil für den Bildungs- und Talentmanager bzw. für alle Verantwortlichen des Bildungsmanagements.	44,6%	26,1%	29,3%
Bildungsmanagement ist im Organigramm des Unternehmens als eigener Bereich aufgeführt und personell klar zugewiesen.	65,6%	14,0%	20,4%
Es existiert ein Steuerungskreis ‚Bildungsmanagement', der alle relevanten betrieblichen Akteure umfasst und sich regelmäßig trifft.	44,6%	21,7%	33,7%
Es existiert ein Qualitätsmanagementprozess für das betriebliche Bildungsmanagement.	66,3%	15,8%	17,9%
Alle Prozesse des Bildungsmanagements sind verschriftlicht und visualisiert.	56,3%	30,2%	13,5%

n = 98

Relevanz

Im Vergleich zu anderen Handlungsfeldern erhielt die organisationale Rahmung der Weiterbildung nur mittlere bis geringe Relevanz.

So halten es nur knapp ein Viertel der Unternehmen für sehr wichtig, dass in Weiterbildung und Personalentwicklung klare Stellenprofile vorhanden sind. Qualitätsmanagement ist immerhin für 35 Prozent der Teilnehmer sehr wichtig, das Identifizieren und Darstellen aller Prozesse jedoch nur noch für 30 Prozent.

Die deutliche Ausweisung des Bereichs Bildung im Organigramm ist 35,6 Prozent der Personaler sehr wichtig.

Einen Steuerungskreis halten nur 26,7 Prozent der Teilnehmer für hochrelevant. Immerhin weitere 27,8 Prozent sehen ihn zumindest als wichtig an. Für immerhin 26,7 Prozent der Bewerber besitzt dieses Instrument jedoch nur geringe bis keine Bedeutung.

Abbildung 25: Relevanzzuweisung im Bereich Organisation

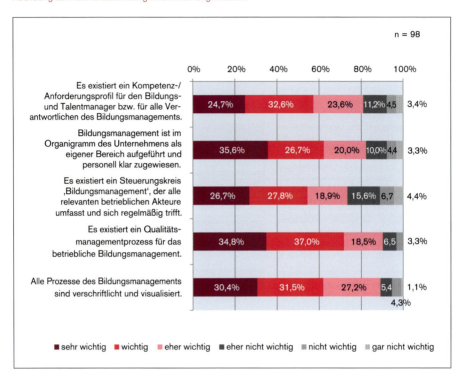

Rückblick auf den Deutschen Bildungspreis 2015

Als sehr positiv ist zu bewerten, dass 2016 66,3 Prozent der Befragten einen Qualitätsmanagementprozess für das betriebliche Bildungsmanagement implementiert haben. Dies setzt einen schönen Trend fort von 57 Prozent im Vorjahr und 42,5 Prozent 2014.

Eine schöne Entwicklung ist ebenfalls bei der Verankerung im Organigramm zu verzeichnen. 2016 war das Bildungsmanagement bei 65,6 Prozent der Bewerber im Organigramm aufgeführt, 2015 setzten dies nur 54,4 Prozent der Unternehmen um.

2015 arbeiteten nur 40 Prozent der Befragten mit klaren Stellenprofilen für die in diesem Bereich eingesetzten Mitarbeiter. Ebenfalls 40 Prozent der Teilnehmer hatten einen Steuerungskreis für die Weiterbildung installiert. In beiden Bereichen konnten 2016 kaum höhere Umsetzungszahlen erreicht werden.

Interessant ist, dass in beiden Jahren zu jedem Kriterium bis zu 30 Prozent der Befragten angaben, dass sie es bis dato überhaupt nicht umsetzen. Das weist darauf hin, dass es bei der Professionalisierung der organisationalen Rahmenbedingungen noch große Unterschiede gibt.

Die fünf Items des Handlungsfelds Organisation konnten leichte Zugewinne bei den insgesamt geringen Relevanzwerten verzeichnen. Die Darstellung im Organigramm, den Steuerungskreis und das Qualitätsmanagement bewerteten 2015 jeweils nur zwischen 25 und 30 Prozent der Teilnehmer als sehr wichtig. 2016 schätzen die Unternehmen diese Items etwas höher ein.

Deutlicher ist die Entwicklung bei den Fragen zum Anforderungsprofil und zum Managementhandbuch. 2015 werteten nur jeweils ca. 15 Prozent der Teilnehmer diese als sehr wichtig. In diesem Jahr war der Anteil um 10 bzw. 15 Prozentpunkte höher.

Zusammenfassung
Weiterbildung und Personalentwicklung als Qualitätsbereiche im Unternehmen zu begreifen ist eine wichtige Mission des Deutschen Bildungspreises. Die dort zugrundeliegenden Prozesse und Aufgaben sind komplex mit vielen Schnittstellen und Stakeholdern. Sie erfüllen unternehmerisch hoch relevante Aufgaben – auch wenn das vom Management allzu oft nicht gesehen wird – und sind damit Grundlage für die erfolgreiche Leistungserstellung der Firma. Daher ist es erfreulich, dass anscheinend immer mehr Bewerber des Bildungspreises das Qualitätsmanagement auf die Personalentwicklung ausweiten. Eine sorgfältige Aufnahme und kontinuierliche Optimierung aller Prozesse steht bei der Hälfte der Befragten noch aus, aber die positive Gesamtentwicklung lässt hoffen, dass es da voran geht.

Besorgniserregend sind die durchschnittlich 23 Prozent an Unternehmen, die die Fragestellungen der Organisation noch gar nicht umsetzen. Die Aspekte sind teils Must-Haves, wie das Stellenprofil für die HR-Mitarbeiter oder sauberes Qualitätsmanagement. Teilweise sind die Punkte recht leicht umzusetzen, wie die Integration des Bereichs ins Organigramm oder das Darstellen der Prozesse. Hier bleibt offen, warum die Unternehmen nicht aktiv werden. Vielleicht ist die Stellung und Bedeutung der Personalentwicklung in diesen Firmen nur gering, und sie finden wenig Management Attention. Denkbar wäre auch, dass es sich bei diesen 23 Prozent vor allem um kleinere Unternehmen handelt. Dort wird das Bildungsmanagement oft von einer einzelnen Person übernommen, der es dann schwer fällt, in Bezug auf Arbeitsbelastung und Differenzierbarkeit diese organisationalen Grundlagen sauber zu gestalten.

2.2 Kernbereich IT-Infrastruktur

Im Handlungsfeld IT-Infrastruktur wurden fünf Kriterien zu Prozessunterstützung und Tools abgefragt. Diese lassen sich folgenden Themenbereichen zuordnen:

» Automatisierung: IT kann die Kernprozesse des Bildungsmanagements im Ablauf aktiv unterstützen. Das gilt vor allem für das gesamte Seminarmanagement von Planung, Terminfindung und Teilnehmermanagement bis zur Seminar- und Trainerbewertung. Aber auch die Bildungsbedarfe können IT-gestützt an das Bildungsmanagement weitergegeben werden. Automatisierte Abgleiche von Mitarbeiterkompetenzen und freien Stellen erleichtern die interne Neubesetzung von Stellen.

» Kompetenzmanagement: Stellenanforderungen und die individuellen Kompetenzen der Mitarbeiter in ihren jeweiligen Ausprägungen lassen sich über geeignete Software sehr gut erfassen. In der Regel werden dadurch auch Abweichungen leicht sichtbar. Eine solche Darstellung erleichtert den Dialog im Mitarbeitergespräch und erleichtert die Talenteinstufung. Schön ist es, wenn Mitarbeiter und Führungskraft auf dieses Tool Zugriff haben und Änderungen vornehmen können. Auch weitere Fremdeinschätzungen, zum Beispiel durch Kollegen oder Kunden, ist möglich.

» Karriere und Entwicklung: Software kann die gesamte Bildungshistorie eines Mitarbeiters darstellen. Neue Einträge aus aktuellen Schulungen, eLearnings oder Mentoring-Programmen sollten automatisch erfolgen. Wichtig ist zudem, dass auch Einträge von Hand hinzugefügt werden können, zum Beispiel Qualifikationen des Mitarbeiters vor Eintritt in das Unternehmen oder Schulungen, die der Mitarbeiter in seiner Freizeit absolviert hat. Aber auch die künftige Entwicklung sollte im Fokus stehen. Ausgehend von der derzeitigen Stelle sollte eine klare Karriereentwicklung aufgezeigt werden.

» Schulung: Die beste IT nützt nur wenig, wenn die Mitarbeiter sie nicht sachgerecht einsetzen können. Deshalb müssen besonders die im Personalbereich beschäftigten Mitarbeiter regelmäßig Anwendertrainings besuchen. Nur dann können sie die Möglichkeiten der verschiedenen Programme voll ausnutzen.

Ergebnisse im Rahmen des Deutschen Bildungspreises

Umsetzung
Traditionell verzeichnet das Handlungsfeld IT-Infrastruktur nur geringe bis mittlere Umsetzungswerte.

Relativ gut genutzt wird IT im Bildungsmanagement bereits in der Seminarabwicklung. Immerhin 56 Prozent der Befragten arbeiteten dazu mit einer entsprechenden Software. Weitere 18,3 Prozent tun dies schon teilweise oder beschäftigen sich mit der Einführung.

Ebenfalls häufig wird die Bildungshistorie der Mitarbeiter via IT erfasst, 64,1 Prozent der Teilnehmer melden dies als vollständig umgesetzt.

Auch die Schulung der HR-Mitarbeiter zur Nutzung der IT-Landschaft wird von 59 Prozent der Befragten schon gut vorgenommen. Immerhin 14,4 Prozent beschäftigen sich schon teilweise damit.

Weniger stark umgesetzt ist Kompetenzmanagement via IT. Nur je 38,6 Prozent der Personaler nutzen IT, um stellenbezogene oder allgemeine Kompetenzen der Mitarbeiter zu erfassen. Ein weiteres Viertel der Befragten tut es teilweise. Hier ist zu vermerken, dass diese geringen Umsetzungswerte auch damit zusammenhängen, dass viele Unternehmen überhaupt kein Kompetenzmanagement betreiben.

Im Bereich IT-Infrastruktur gibt es immer noch große Anteile von Unternehmen, die die Aspekte überhaupt nicht umsetzen. Jeweils zwischen etwa 23 Prozent bis zu 36 Prozent der befragten Unternehmen besitzen keine passende IT, um diese nötigen Aufgaben vorzunehmen.

Abbildung 26: Umsetzungsgrad im Bereich IT-Infrastruktur

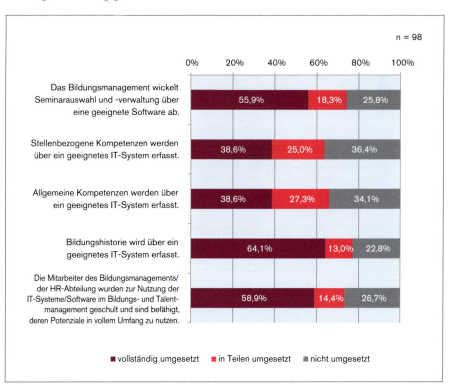

Relevanz

Die Fragen zur Seminarabwicklung und zur Verwaltung der Kompetenzen werden von jeweils knapp 60 Prozent der Teilnehmer als wichtig oder sehr wichtig eingestuft.

Die Erfassung der Bildungshistorie und die Schulung der HR-Mitarbeiter sind sogar für knapp 70 Prozent der Befragten von hoher oder sehr hoher Relevanz.

Dennoch gibt es im Fragenfeld IT immer auch einen hohen Anteil an Unternehmen, die den einzelnen Aspekten nur geringe Bedeutung zumessen. So halten 24,2 Prozent der Befragten die Seminarabwicklung via IT-Tool für unwichtig, für 20,3 Prozent ist das Kompetenzmanagement mit Softwareunterstützung nicht von Bedeutung, und 22,2 Prozent der Teilnehmer finden die Schulung der HR-Abteilung für bedeutungslos.

Abbildung 27: Relevanzzuweisung im Bereich IT-Infrastruktur

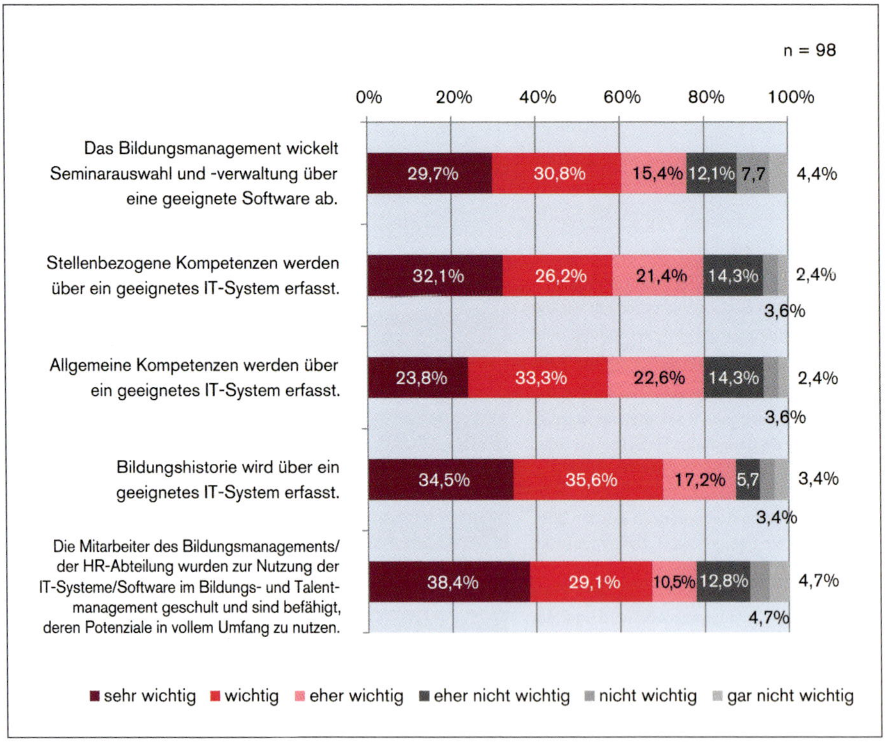

n = 98

	sehr wichtig	wichtig	eher wichtig	eher nicht wichtig	nicht wichtig	gar nicht wichtig
Das Bildungsmanagement wickelt Seminarauswahl und -verwaltung über eine geeignete Software ab.	29,7%	30,8%	15,4%	12,1%	7,7	4,4%
Stellenbezogene Kompetenzen werden über ein geeignetes IT-System erfasst.	32,1%	26,2%	21,4%	14,3%	2,4%	3,6%
Allgemeine Kompetenzen werden über ein geeignetes IT-System erfasst.	23,8%	33,3%	22,6%	14,3%	2,4%	3,6%
Bildungshistorie wird über ein geeignetes IT-System erfasst.	34,5%	35,6%	17,2%	5,7	3,4%	3,4%
Die Mitarbeiter des Bildungsmanagements/ der HR-Abteilung wurden zur Nutzung der IT-Systeme/Software im Bildungs- und Talentmanagement geschult und sind befähigt, deren Potenziale in vollem Umfang zu nutzen.	38,4%	29,1%	10,5%	12,8%	4,7%	4,7%

Rückblick auf den Deutschen Bildungspreis 2015

Die Umsetzungswerte in der IT liegen 2016 etwas höher als in den Vorjahren. Diese Entwicklung ist sehr zu begrüßen. So kann das Handlungsfeld eine Gesamtumsetzung von 61,05 Prozent verzeichnen, während es im Vorjahr noch bei 45,46 Prozent lag.

So gaben 2015 43,7 Prozent der Befragten an, dass sie bereits das Seminarmanagement über eine Software abwickelten. 2016 stieg dieser Wert um 12 Prozentpunkte.

Knapp 48 Prozent der teilnehmenden Unternehmen nutzten 2015 IT auch, um die Bildungshistorie der Mitarbeiter zu erfassen. Auch hier kann eine große Steigerung auf 64 Prozent beobachtet werden. Auch die Schulung der im Personalbereich tätigen Mitarbeiter für die optimale Nutzung der Programme liegt mit dem aktuellen Wert von 59 Prozent deutlich über den 48 Prozent von 2015.

Auch die deutlich niedrigeren Umsetzungsraten der zwei Kriterien des Kompetenzmanagements liegen mit je 38,6 Prozent deutlich über den Vorjahreswerten. So wurden stellenbezogene Kompetenzen 2015 nur von 29,1 Prozent, allgemeine Kompetenzen nur von 25,2 Prozent der Teilnehmer erfasst.

Der gesamte IT-Infrastruktur-Bereich erhält sehr geringe Relevanzbewertungen. So kommt der Bereich nur auf eine Durchschnittsnote von 2,37 und erhält damit die geringste Einstufung aller Handlungsfelder. Diese liegt jedoch deutlich über dem Durchschnitt 3,03 vom Vorjahr.

2016 schätzten etwas mehr der Befragten die IT als wichtig oder sehr wichtig ein, zum Beispiel stieg dieser Anteil in den Fragen zum IT-gestützten Seminarmanagement, zur Erfassung der Bildungshistorie oder zur Schulung der HR-Mitarbeiter von etwas über 50 Prozent 2015 auf nun 60 Prozent.

Bei allen Aspekten ist jedoch der Anteil der Befragten, die die Kriterien als „eher nicht wichtig" bis „gar nicht wichtig" einordnen, auf sehr hohem Niveau in etwa konstant geblieben.

Zusammenfassung
IT ist sicher noch immer das Sorgenkind unter den Handlungsfeldern im Deutschen Bildungspreis. Aber die positive Gesamtentwicklung lässt hoffen, dass die Professionalisierung der Infrastruktur weiter voranschreitet. Betrachtet man den großen wirtschaftlichen Trend der Digitalisierung, ist dies auch dringend nötig. Während an vielen Stellen ganze Geschäftsfelder transformiert und vollständig via Internet abgewickelt werden, Big Data die Kundenkommunikation grundlegend verändert und die private Nutzung von Internet und Technik die Erwartungshaltung, digitale Erfahrung und Kompetenz der Mitarbeiter völlig verändert hat, verschläft die HR diese Entwicklungen oft noch.

Dabei bedingen sich viele Aspekte des Qualitätsmodells, was den prozessualen Charakter des Konzepts zeigt. Wer zum Beispiel seine Prozesse sauber erfasst und visualisiert hat, stellt schnell fest, an welchen Stellen eine Digitalisierung sinnvoll und machbar ist. Wer sorgfältiges Controlling betreibt, sucht von selbst nach Möglichkeiten, die Bildungsaktivitäten und ihre Auswirkungen ohne großen Aufwand zu tracken. Und wer sich um intensive Kommunikation aller Bildungsaktivitäten und damit um die Wahrnehmung hoher Relevanz des Themas bemüht, wird sich leichter tun, IT-Kosten freigegeben zu bekommen.

Die Vorteile stärkerer IT-Nutzung liegen auf der Hand und werden von den meisten Personaler auch nicht bestritten: weniger Aufwand, bessere Verknüpfungsmöglichkeiten, Nachvollziehbarkeit, Auswertungsmöglichkeiten, stärkere Beteiligung von Führungskräften und Mitarbeitern im Bildungsmanagementprozess.

Zurückgeschreckt wird am ehesten noch vor den Kosten, die sich jedoch durch die Reduktion des händischen Aufwands meist gut amortisieren lassen, sowie vor dem Aufwand der Einführung. Dazu sei gesagt, dass der Markt voll ist von Anbietern exzellenter Bildungsmanagement-Software. Diese verfügen über jahrelange Erfahrung mit den Aufgaben und Prozessen in der Personalentwicklung und haben schon unzählige Firmen auf dem Weg begleitet. Es liegt zwar oft nahe, die Besonderheit und Unverwechselbarkeit der eigenen Personalabteilung anzunehmen. Deshalb werden gern individuelle Softwarelösungen aufwändig programmiert und langwierig eingeführt. Sinnvoller ist jedoch oft, sich an den vorgegebenen Prozessen in etablierten Programmen zu orientieren. Die Anbieten haben in der Regel mit vielen Kunden die besten Abläufe zusammengetragen und bis zur Perfektion vernetzt. Fertige Systeme lassen sich zudem schneller einführen, und der Anbieter kann mit Standardschulungen unkompliziert bei der Einarbeitung unterstützen. Regelmäßige Updates garantieren, dass das System immer auf dem neuesten Stand ist.

In den Feedbackgesprächen mit Bewerbern wurde deutlich, dass die Formulicrung der fünf Aspekte eine spezielle Bildungsmanagement-Software impliziert. Gerade kleinere Unternehmen haben dies nicht. Sie arbeiten meist mit Excel. Dies ist jedoch mit Blick auf Unternehmensgröße und Aufwand absolut bedarfsgerecht. Deshalb werden die Aspekte des Handlungsfelds IT-Infrastruktur im DBP 2017 ergänzt. In einem Hinweis wird vermerkt, dass Excel ein sinnvolles Tool ist, wenn es größenadäquat eingesetzt wird.

Wird dieser Hinweis entsprechend wahrgenommen, ist anzunehmen, dass im kommenden Jahr deutlich höhere Umsetzungswerte im Feld IT erzielt werden.

2.3 Führungskräfte

Im Handlungsfeld Führungskräfte wurden fünf Kriterien zu Führungsverständnis und Trainingsmaßnahmen abgefragt. Diese lassen sich folgenden Themenbereichen zuordnen:

» Führungsverständnis: Jedes Unternehmen sollte in schriftlich niedergelegten Führungsleitlinien definieren, was von den Führungskräften erwartet wird, wie sie sich verhalten sollten, was Aufgaben und Prioritäten sind. In diesen Leitlinien sollte die Förderung und Entwicklung der Mitarbeiter einen prominenten Platz einnehmen.

Beides sollte ausdrücklich erwähnt werden und sich nicht hinter anderen oder allgemeinen Anforderungen verstecken.

» Ausbildung: Es ist wichtig, dass Führungskräfte ein klar definiertes Entwicklungsprogramm durchlaufen, welches ihnen die Grundlagen des Führens vermittelt und sie bis zum Status einer erfahrenen Führungskraft langfristig begleitet. Ein solches Programm sollte für alle Führungskräfte verpflichtend sein, auch für Neueinsteiger, die bereits Führungserfahrung mitbringen. Denn in einem solchen Programm geht es vor allem darum, WIE Führung in diesem Unternehmen verstanden und gelebt wird. Es ist wichtig, dass die Führungskräfte selbst regelmäßig an Maßnahmen teilnehmen. So bleiben sie selbst mit dem Anstoßen und Durchführen von Lernprozessen vertraut und dienen den Mitarbeitern als authentisches Vorbild.

» Unterstützung: Die Führungskräfte sollten nicht nur zu Führungstechniken geschult werden, sondern auch explizit zu Fragestellungen aus Personalentwicklung und Weiterbildung. Das individuelle Vereinbaren von Bildungszielen, die Unterstützung beim Lerntransfer und die Umsetzung neuer Ideen im Team sind elementare Aufgaben der Führungskraft, gehören jedoch nur selten zum Schulungskanon.

Ergebnisse im Rahmen des Deutschen Bildungspreises

Umsetzung

Die Steuerung und Betreuung der Lernprozesse der Mitarbeiter wird insgesamt klar als Führungsaufgabe gesehen. In 87,6 Prozent der Teilnehmerunternehmen des DBP 2016 ist Bildungsmanagement ein fester Bestandteil der Führungsaufgaben.

Die Führungskräfte gehen dabei selbst mit gutem Beispiel voran: 82,5 Prozent der Unternehmen geben an, dass die Führungskräfte selbst regelmäßig Fortbildungen besuchen. Der Anteil der Unternehmen, die vermerkt haben, dass dies nicht zutrifft, ist mit 3,1 Prozent sehr gering.

In ein Führungskräfteentwicklungsprogramm eingebettet sind diese Bildungsaktivitäten jedoch nur in 55,3 Prozent der Unternehmen, bei 24,5 Prozent ist dies zumindest teilweise der Fall. Immerhin 20 Prozent der Firmen haben kein festes Schulungsprogramm für ihre Führungskräfte oder dieses ist nicht schriftlich festgehalten, sondern hat eher informellen Charakter.

Je ein Drittel der Befragten schult die Führungskräfte explizit zum Bildungs- und Talentmanagement, tut dies teilweise, und ein Drittel schult die Führungskräfte nicht.

Abbildung 28: Umsetzungsgrad im Bereich Führungskräfte

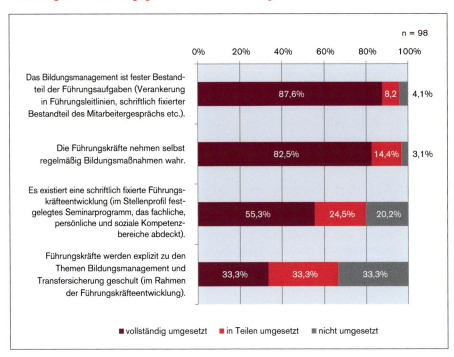

Relevanz

Die Relevanzbewertungen ergeben ein vertrautes Bild: Die Fragen im Handlungsfeld Führung werden als hochrelevant eingestuft. Große Wichtigkeit ordneten 72,3 Prozent der Unternehmen der Verankerung des Bildungsmanagements als Führungsaufgabe zu.

Sehr wichtig war für drei Viertel der Teilnehmer auch die regelmäßige Schulung der Führungskräfte. Allerdings hielt nur knapp die Hälfte der Befragten ein festes Entwicklungsprogramm für sehr wichtig. Immerhin weitere 31,5 Prozent bewerten ein Programm als wichtig.

Mittlere Relevanzbewertungen erhielt der Aspekt der expliziten Schulung der Führungskräfte zur Personalentwicklung und zum Bildungsmanagement. Nur 34,4 Prozent war dies sehr wichtig, weitere 34,4 Prozent vergeben für solche speziellen Schulungen immerhin noch das Prädikat wichtig.

| Deutscher Bildungspreis 2016 Qualitätsbereiche und Ergebnisse   KAPITEL 1

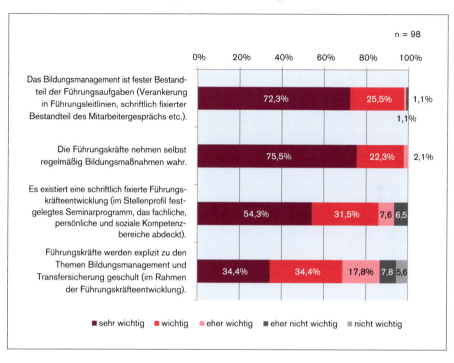

Abbildung 29: Relevanzzuweisung im Bereich Führungskräfte

Rückblick auf den Deutschen Bildungspreis 2015

Insgesamt wird das Handlungsfeld Führung stärker umgesetzt als von der Teilnehmergruppe 2015. So gaben 77,7 Prozent der Teilnehmer am Deutschen Bildungspreis 2015 an, dass in ihrem Unternehmen Bildungsmanagement ein fester Bestandteil der Führungsaufgaben ist. Der Wert 2016 liegt zehn Prozentpunkte darüber.

74,8 Prozent bestätigten 2015, dass die Führungskräfte selbst auch regelmäßig an Weiterbildungsmaßnahmen teilnehmen. 2016 tun dies 82,5 Prozent der Befragten. Eine schriftlich fixierte Führungskräfteentwicklung gibt es heute bei 55,3 Prozent der Teilnehmer, im Vorjahr war das nur in der Hälfte der befragten Unternehmen der Fall. Die Werte der Schulung im Bildungsmanagement und zum Praxistransfer blieben auf Vorjahresniveau.

Die Kriterien im Bereich Führung werden 2016 als hochrelevant eingestuft. Dies setzt den Trend aus dem Vorjahr deutlich fort. So bewerteten in beiden Jahren über 90 Prozent der Befragten Bildungsmanagement als Führungsaufgabe und die regelmäßige Teilnahme an Bildungsmaßnahmen als wichtig oder sehr wichtig. Jeweils fast 60 Prozent der Befragten entschieden sich dabei 2015 für die Relevanz „sehr wichtig". 2016 lag dieser Wert sogar bei deutlich über 70 Prozent.

46,1 Prozent der Teilnehmer 2015 bewerteten die schriftlich fixierte Führungskräfteentwicklung als sehr wichtig. 2016 stieg dieser Anteil auf 54,6 Prozent.

Bildungs- bzw. Transferschulungen wurden in beiden Jahren nicht ganz so hoch eingestuft. Dort entschieden sich 2015 27,4 Prozent der Befragten für die Einschätzung „sehr wichtig", 2016 waren es 34,4 Prozent.

Zusammenfassung

Egal welchen Vortrag man hört, egal auf welcher Messe oder auf welchem Kongress man ist – eine Botschaft wird überall gebetsmühlenartig wiederholt: Die Führungskräfte sind in der Personalentwicklung die entscheidenden Player. Ohne sie läuft nichts. Sie sind DER Kontakt zum Mitarbeiter und bestimmen über ihre Betreuung und Vorbildwirkung, wie sich die Mitarbeiter verhalten und entwickeln. Daher ist es super, dass ein so hoher Anteil der Befragten das Bildungsmanagement ganz klar als Führungsaufgabe ansieht. Wichtig ist dabei, dass es nicht beim bloßen Lippenbekenntnis bleibt, sondern dass die Manager aktiv gefordert, aber auch gefördert werden, diese Rolle zu übernehmen.

Positiv ist dabei, dass im überwiegenden Teil der Unternehmen die Führungskräfte selbst auch regelmäßig Weiterbildungen machen. Eigene Lernprozesse helfen mit Sicherheit dabei, die Herausforderungen der Mitarbeiter beim Lernen und Anwenden zu verstehen.

In der Systematisierung der Ausbildung der Führungskräfte ist jedoch noch Verbesserungspotenzial. Ein klares Führungskräfteprogramm, welches neue Manager und erfahrene Leitungsfunktionen einbezieht und bedient, sollte in jedem Unternehmen ein fester Standard sein. Wer die Konzeption eines unternehmensspezifischen Programms scheut, kann das unaufwändig mit einem externen Dienstleister umsetzen.

Wie auch immer ein solches Führungsprogramm aussieht – es sollte nicht nur Führungsstile, Rhetorik und das Führen von Mitarbeitergesprächen vermitteln. Wie kann ich meinem Mitarbeiter den Transfer des Gelernten an den Arbeitsplatz erleichtern? Was benötigt er, wenn er mitten im Lernprozess steckt? Wie formuliere ich, welche Verhaltensänderung ich erwarte? Welche realistischen Ziele kann ich für die Entwicklung meines Teams setzen? Letztlich gehören vor allem auch die Führungsphilosophie und die Werte des Unternehmens unbedingt in die Führungskräfteausbildung. Nur wenn die Weiterentwicklung der Mitarbeiter zentraler Wert für die Erfolgsmessung der Führungskräfte wird, nur wenn die Unternehmensleitung mit gutem Beispiel vorangeht und das Gesagte selbst täglich vorlebt, kann sich eine echte Lernkultur im Unternehmen entwickeln.

2.4 Mitarbeiter

Im Handlungsfeld Mitarbeiter wurden zwei Kriterien abgefragt. Diese lassen sich folgenden Themenbereichen zuordnen:

» Karrierepfade: Mitarbeiter möchten sich weiterentwickeln. Diese Aussage trifft sicher auf den Großteil der Mitarbeiterschaft zu. In den Unternehmen steht jedoch häufig nur eine Aufstiegsmöglichkeit zur Verfügung – die klassische Führungslaufbahn. Diese können und wollen aber nicht alle Mitarbeiter einschlagen. Darum sollte ein Unternehmen auch andere Wege aufzeigen, wie geistige, persönliche und Karriereentwicklung gelingen kann. Bestes Beispiel ist die Fachkarriere, bei der ein Mitarbeiter sich inhaltlich immer tiefer mit seinem Fachgebiet beschäftigt und so bis zum Experten oder internen Berater aufrücken kann. Ein weiterer Weg ist die Projektlaufbahn, bei der sich Mitarbeiter in internen oder in Kundenprojekten vom einfachen Teammitglied bis zum Leiter von Großprojekten entwickeln können. Aber auch in anderen Bereichen wie Vertrieb oder Service sind solche Entwicklungslinien denkbar.

» Potenzialbestimmung: Ein großes Thema für die meisten Personaler ist die Frage, wie Talente und Potenzialkandidaten überhaupt entdeckt werden können. Die gezeigte Performance spielt häufig eine große Rolle, ebenso wie die Einschätzung des Vorgesetzten. Teilweise werden auch über Fragebögen, Assessment Center oder Entwicklungsprojekte Potenzialaussagen getroffen. Welchen Weg ein Unternehmen auch wählt – wichtig ist in jedem Fall, dass es sich mit dieser wichtigen Frage beschäftigt und die Leistungsträger identifiziert.

Ergebnisse im Rahmen des Deutschen Bildungspreises

Umsetzung
Sowohl Karrieremodelle als auch Potenzialanalysen werden von den befragten Unternehmen sehr unterschiedlich umgesetzt. 53 Prozent der Befragten gaben für beide Aspekte die vollständige Umsetzung an. Etwa weitere 30 Prozent bieten dies zumindest teilweise an.

Immerhin jedoch 14,4 Prozent bzw. 18,8 Prozent der Teilnehmer des Deutschen Bildungspreises 2016 beschäftigen sich noch nicht mit diesen Aspekten.

Abbildung 30: Umsetzungsgrad im Bereich Mitarbeiter

n = 98

	vollständig umgesetzt	in Teilen umgesetzt	nicht umgesetzt
Es existieren Karrieremodelle für die Mitarbeiter.	53,6%	32,0%	14,4%
Leistungsträger werden einer systematischen Potenzialanalyse unterzogen.	53,1%	28,1%	18,8%

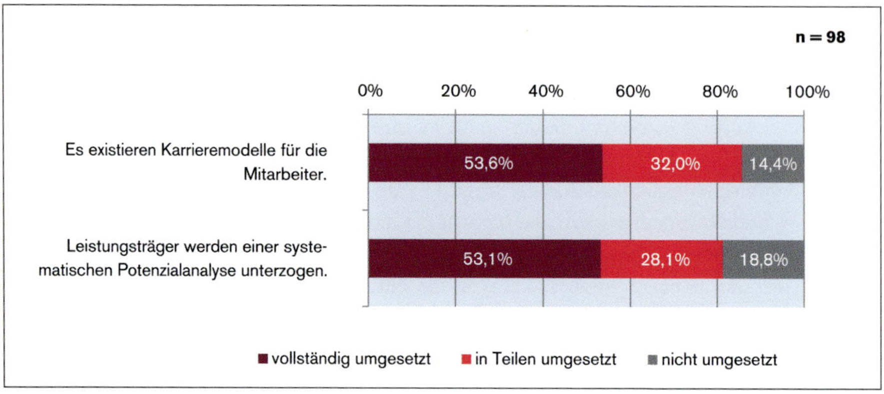

Relevanz

Die Relevanzbewertungen für die beiden Fragestellungen fallen sehr ähnlich aus. So bewerten 39,4 Prozent der Befragten Karrieremodelle als sehr wichtig und 36,2 Prozent die Potenzialanalyse als hochrelevant. Je ca. 40 Prozent sehen die beiden Aspekte als wichtig an, und je etwa 22 Prozent vergeben dafür geringe Relevanzbewertungen.

Abbildung 31: Relevanzzuweisung im Bereich Mitarbeiter

n = 98

	sehr wichtig	wichtig	eher wichtig	eher nicht wichtig	nicht wichtig	gar nicht wichtig
Es existieren Karrieremodelle für die Mitarbeiter.	39,4%	38,3%	13,8%	7,4%		1,1%
Leistungsträger werden einer systematischen Potenzialanalyse unterzogen.	36,2%	41,5%	14,9%	4,3%	2,1%	1,1%

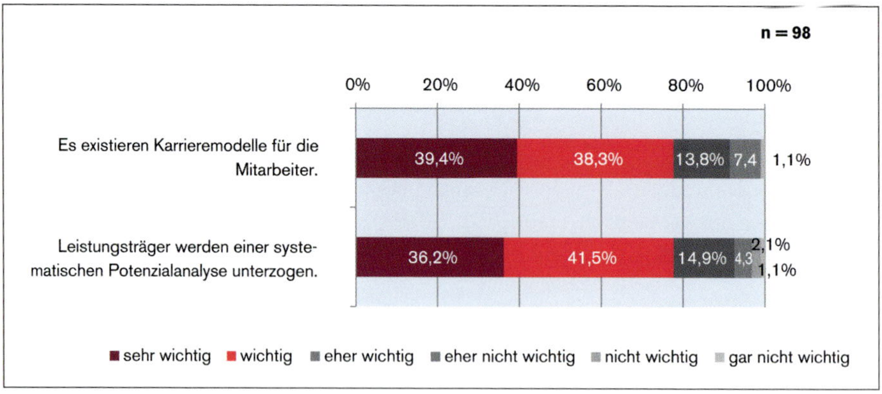

Rückblick auf den Deutschen Bildungspreis 2015

Die Umsetzung bei den beiden Kriterien Karrieremodelle und Potenzialanalyse liegen deutlich über den Werten der Teilnehmergruppe aus dem Vorjahr. Nachdem die Teilnehmer des Deutschen Bildungspreises 2015 und vorher bereits 2014 zu beiden Fragen je knapp 40 Prozent Umsetzung angaben, liegt dieser Wert 2016 bei 53 Prozent.

Der Anteil der Unternehmen, die dort noch nicht aktiv sind, ging von den damals je 25 Prozent entsprechend auch deutlich zurück.

Einschränkend muss an dieser Stelle gesagt werden, dass die Formulierung der beiden Kriterien zwischenzeitlich angepasst wurde. 2015 war in beiden Kriterien jeweils von „allen Mitarbeitern" die Rede. Teilnehmer, die sehr genau geantwortet haben, könnten daran gescheitert sein, da in den wenigsten Unternehmen tatsächlich ALLE Mitarbeiter durch solche Methoden erfasst werden. 2016 wurden die Aspekte entsprechend umformuliert, was die höheren Umsetzungswerte erklären könnte.

Bei den Relevanzbewertungen werden beide Kriterien über die Jahre als immer wichtiger eingestuft. Bewerteten 2014 noch 18,4 Prozent der Befragten Karrieremodelle für die Mitarbeiter als hochrelevant, konnten sich unter den Teilnehmern des Deutschen Bildungspreises 2015 23,5 Prozent zu dieser Einschätzung entschließen, 2016 sogar 39,4 Prozent.

Die Potenzialanalyse weist ebenfalls deutliche Steigerungen auf. Für 36,2 Prozent der Teilnehmer des DBP 2016 war die Potenzialanalyse sehr wichtig. 29,6 Prozent der im DBP 2015 Befragten vergaben damals die höchste Relevanz. 2014 waren es nur 17,2 Prozent.

Zusammenfassung
Über die Hälfte der Befragten bietet den Mitarbeitern durch attraktive Entwicklungspfade bereits vielfältige Wachstumsmöglichkeiten und unterstützt mit Potenzialanalysen bei der Erkennung der individuellen Talente. Das ist per se ein sehr schönes Ergebnis. Zudem hat sich dieses Feld mit Blick auf das Vorjahr deutlich entwickelt. Mit einem hoffnungsvollen Blick gehen wir davon aus, dass dies nicht nur an der Umformulierung der Fragestellung liegt.

Fazit

Die aggregierten Studiendaten lassen sich wie folgt in ein Ampelsystem überführen, das den jeweiligen Optimierungsbedarf farblich darstellt:

unter 55,8 Prozent = **rot** (überdurchschnittlicher Optimierungsbedarf)
bis 75,0 Prozent = **gelb** (durchschnittlicher Optimierungsbedarf)
über 75,0 Prozent = **grün** (unterdurchschnittlicher Optimierungsbedarf)

Die prozentuale Aufteilung entspricht der Aufteilung aus dem Deutschen Bildungspreis 2013, um eine leichtere Gegenüberstellung zu ermöglichen.

Tabelle 28: Übersicht im Bereich Struktur

Kriterium	Relevanz	Umsetzung in %	Bewertung
Kernbereich Organisation	**2,34**	**66,24**	
Es existiert ein Kompetenz-/Anforderungsprofil für den Bildungs- und Talentmanager bzw. für alle Verantwortlichen des Bildungsmanagements.	2,48	57,61	gelb
Bildungsmanagement ist im Organigramm des Unternehmens als eigener Bereich aufgeführt und personell klar zugewiesen.	2,31	72,58	gelb
Es existiert ein Steuerungskreis „Bildungsmanagement", der alle relevanten betrieblichen Akteure umfasst und sich regelmäßig trifft.	2,61	55,43	rot
Es existiert ein Qualitätsmanagementprozess für das betriebliche Bildungsmanagement.	2,07	74,21	gelb
Alle Prozesse des Bildungsmanagements sind verschriftlicht und visualisiert.	2,25	71,35	gelb
Kernbereich IT-Infrastruktur	**2,37**	**61,05**	
Das Bildungsmanagement wickelt Seminarauswahl und -verwaltung über eine geeignete Software ab.	2,51	65,05	gelb
Stellenbezogene Kompetenzen werden über ein geeignetes IT-System erfasst.	2,38	51,14	rot
Allgemeine Kompetenzen werden über ein geeignetes IT-System erfasst.	2,48	52,27	rot
Bildungshistorie wird über ein geeignetes IT-System erfasst.	2,18	70,65	gelb
Die Mitarbeiter des Bildungsmanagements/der HR-Abteilung wurden zur Nutzung der IT-Systeme/Software im Bildungs- und Talentmanagement geschult und sind befähigt, deren Potenziale in vollem Umfang zu nutzen.	2,30	66,11	gelb

Kriterium	Relevanz	Umsetzung in %	Bewertung
Führungskräfte	**1,60**	**74,75**	
Das Bildungsmanagement ist ein fester Bestandteil der Führungsaufgaben (Verankerung in Führungsleitlinien, schriftlich fixierter Bestandteil des Mitarbeitergesprächs etc.).	1,31	91,75	🟢
Die Führungskräfte nehmen selbst regelmäßig Bildungsmaßnahmen wahr.	1,27	89,69	🟢
Es existiert eine schriftlich fixierte Führungskräfteentwicklung (im Stellenprofil festgelegtes Seminarprogramm, das fachliche, persönliche und soziale Kompetenzbereiche abdeckt).	1,66	67,55	🟡
Führungskräfte werden explizit zu den Themen Bildungsmanagement und Transfersicherung geschult (im Rahmen der Führungskräfteentwicklung).	2,16	50,00	🔴
Mitarbeiter	**1,96**	**68,39**	
Es existieren Karrieremodelle für alle Mitarbeiter.	1,94	69,59	🟡
Leistungsträger werden einer systematischen Potenzialanalyse unterzogen.	1,98	67,19	🟡

In der Säule Struktur konnten nur bei zwei Aspekten hohe Umsetzungswerte im grünen Bereich erlangt werden. Vier Felder sind rot: Steuerungskreis, IT-Erfassung von Kompetenzen sowie die PE-Schulung der Führungskräfte.

3. Leistungen

Managementsummary zu den Ergebnissen im Bereich Leistungen

Inhaltlicher Schwerpunkt dieses Bereichs:
Zahlreiche verschiedene Lernformate wurden bei den Unternehmen hinsichtlich Nutzung und Umsetzung abgefragt. Dazu kommt die Perspektive der Trainer, die entweder intern oder extern gesucht, in jedem Fall aber sorgfältig ausgewählt und ausgebildet werden müssen. Das Unternehmen sollte zudem ein passendes Beratungsangebot zu den verschiedenen Bildungsmöglichkeiten für alle Mitarbeiter bereitstellen.

Das setzen die Unternehmen bereits gut um:
Die Unternehmen bieten ihren Mitarbeitern bereits vielfältige Lernformate an. Besonders Präsenzformen wie Seminare und Kongresse, aber auch Programme für Berufseinsteiger wie Praktika, Trainee-Programme oder Abschlussarbeiten werden von vielen Unternehmen genutzt und angeboten.

Als besonders gut zu bewerten ist auch die Beratung der Mitarbeiter. In diesem Bereich konnten 2016 deutlich höhere Umsetzungswerte als im Vorjahr erzielt werden.

Hier besteht noch Handlungsbedarf:
Analog 2015 soll hier die Auswahl der Trainer und Bildungsdienstleister genannt werden. Diese erfolgt nur selten nach objektiven, festgelegten Kriterien. Besonders die didaktischen und pädagogischen Fähigkeiten der Dozenten werden eher vernachlässigt. Die Passung zum Unternehmen wird auf ein diffuses Bauchgefühl reduziert. Hier sollten klare Entscheidungsprozesse implementiert werden. Zudem fehlt in vielen Firmen eine regelmäßige Trainerfortbildung..

Aufruf:
» Bauchgefühl bei der Trainerauswahl immer mit objektiven Kriterien hinterlegen!
» Train the trainer! Da führt kein Weg dran vorbei. Die Trainer bestimmen die Qualität einer Weiterbildung maßgeblich.
» Die Mischung macht's! Verschiedene Formate und Lernformen garantieren, dass jeder Lerntyp in jeder Lernsituation immer das Passende findet. Idealerweise schnell, unkompliziert und on demand in seinem Arbeitsprozess.

3.1 Beratung

Im Handlungsfeld Beratung wurden fünf Kriterien zum Beratungsangebot und den Beratungsinhalten abgefragt. Diese lassen sich folgenden Themenbereichen zuordnen:

» Unabhängigkeit der Beratung: Natürlich ist die Führungskraft der erste Personalentwickler und natürlich ist sie der erste und häufig auch wichtigste Ansprechpartner für Personalentwicklungsfragen. Es gibt jedoch auch Fragestellungen, die der Mitarbeiter lieber mit einer unabhängigen Person besprechen würde. Zum Beispiel wenn es um seine Schwächen geht, um Karrieremöglichkeiten außerhalb seiner Abteilung oder um fehlende Transferunterstützung durch die Führungskraft selbst. Dann ist eine unabhängige Beratungsstelle sehr sinnvoll.

» Inhaltliche Breite: Diese Beratungsstelle sollte dem Mitarbeiter nicht nur das Bildungsangebot erläutern, sondern individuell die Bedürfnisse des Mitarbeiters erfassen. So könnte es darum gehen, die passende Lernform zu finden, Tipps für den optimalen Transfer an den Arbeitsplatz zu geben oder die mögliche Karriereentwicklung innerhalb des Unternehmens aufzuzeigen.

Ergebnisse im Rahmen des Deutschen Bildungspreises

Umsetzung

Schon sehr gut umgesetzt ist das Handlungsfeld Beratung. Alle Aspekte verzeichnen Umsetzungswerte über 50 Prozent. 75 Prozent der Teilnehmer 2016 beraten ihre Mitarbeiter umfassend zu den Inhalten.

Viele Unternehmen unterstützen ihre Mitarbeiter bei der Auswahl der passenden Lernform: 63,5 Prozent. Weitere 27,1 Prozent gaben die teilweise Umsetzung an. In 55,2 Prozent der Firmen beraten die zudem auch zu ihrer Karriereentwicklung.

Bei 68,4 Prozent der Firmen ist diese Beratung zudem unabhängig von der Führungskraft und wird zum Beispiel durch das Bildungsmanagement oder eine interne oder externe Bildungsberatung durchgeführt. Mittlere Umsetzungswerte liegen vor im Bereich der Lerntransferberatung. 50 Prozent der Befragten setzen dies bereits vollständig um. 37,5 Prozent setzen den Aspekt zumindest in Teilen um.

Auffällig ist, dass in allen Fragen dieses Bereiches etwa zehn Prozent der Befragten angaben, dass sie den jeweiligen Aspekt noch gar nicht umsetzen. Da diese Fragepunkte thematisch eng zusammenhängen – es sind jeweils Ausprägungen der Beratungsleistung –, kann davon ausgegangen werden, dass diese zehn Prozent überhaupt keine Beratung zum Thema Weiterbildung anbieten.

Abbildung 32: Umsetzungsgrad im Bereich Beratung

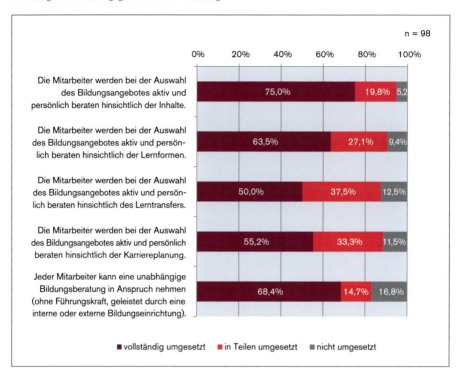

Relevanz

Die unabhängige Bildungsberatung zu verschiedenen inhaltlichen Schwerpunkten ist für die Unternehmen insgesamt von großer Bedeutung. So bewerteten die Teilnehmer alle Fragen in diesem Block sehr hoch. Je zwischen 70 und 80 Prozent der Unternehmen schätzten die Fragestellungen als wichtig oder sehr wichtig ein..

| Deutscher Bildungspreis 2016 Qualitätsbereiche und Ergebnisse **KAPITEL 1**

Abbildung 33: Relevanzzuweisung im Bereich Beratung

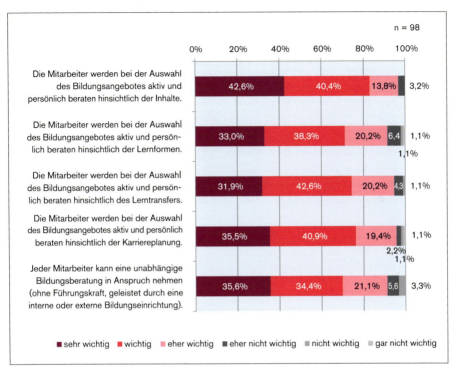

Rückblick auf den Deutschen Bildungspreis 2015

Die Umsetzungsraten im Handlungsfeld Beratung sind deutlich besser als 2015. Im Vorjahr berieten 64,1 Prozent der Unternehmen, die am Deutschen Bildungspreis 2015 teilgenommen haben, die Mitarbeiter persönlich zu den Inhalten. 2016 liegt dieser Wert deutlich höher bei 75 Prozent.

Auch die Umsetzungswerte der anderen Beratungsinhalte erzielen deutlich höhere Ergebnisse. So beraten 2016 mehr Unternehmen zu den verschiedenen Lernformen (63,5 Prozent zu 54,5 Prozent 2015), zu den Karrieremöglichkeiten (55,2 Prozent zu 42,7 Prozent im Vorjahr) und 50 Prozent zu Fragestellungen des Lerntransfers (2015 waren es nur 37,9 Prozent). Die Umsetzungswerte zur unabhängigen Beratungsmöglichkeit sind konstant geblieben.

Die Relevanzbewertungen liegen für dieses Handlungsfeld deutlich über den Vorjahreswerten. So schätzen 2015 insgesamt nur durchschnittlich 18 Prozent der Befragten diese Kriterien als hochrelevant ein. Aber weitere 33 Prozent vergaben die Bewertung „wichtig". In diesem Jahr gaben durchschnittlich 35,7 Prozent der Befragten die höchste Relevanzstufe an, und weitere knapp 40 Prozent zeigten die Einschätzung „wichtig".

Zusammenfassung
Bei diesem Handlungsfeld ist vor allem die generell sehr positive Entwicklung im Vergleich zum Vorjahr bemerkenswert. In allen Beratungsfeldern agieren die Bewerber 2016 wesentlich aktiver als die Teilnehmergruppe aus 2015. Dies ist in der Betreuung der Mitarbeiter durchaus angemessen, denn mit der Vielfalt der Lern- und Entwicklungsmöglichkeiten steigt auch der Kommunikations- und Reflexionsbedarf der Lernenden. Hier ist es sehr schön zu sehen, dass viele Unternehmen darauf reagieren und persönliche Gesprächsmöglichkeiten anbieten.

In einem Audit konnte ein Unternehmen besucht werden, dass Lern- und Karriereberatung als feste Leistung anbietet. Mehrere sehr gut ausgebildete Berater stehen dort den Mitarbeitern zur Verfügung. Pro Jahr werden so über 4.500 Beratungsgespräche geführt. Dies ist sicherlich ein Best-Practice-Beispiel, dass auch Mitarbeiter anderer Firmen gern annehmen würden.

3.2 Interne Trainer

Im Handlungsfeld interne Trainer wurden drei Kriterien abgefragt. Diese lassen sich folgenden Themenbereichen zuordnen:

» Prüfung und Standards: In jedem Unternehmen sollte es klare Prozesse geben für den Umgang mit internen Trainern. Das betrifft zum einen die Prüfung, ob eine Trainingsmaßnahme überhaupt intern abgewickelt werden kann und soll. Zum anderen geht es um die Eignung der Personen, die für eine Lehrtätigkeit vorgesehen sind. Bei diesen geht es nicht nur um das Fachwissen und die nötige Erfahrung im Unternehmen, sondern vor allem auch um pädagogische Fähigkeiten, didaktische Kenntnisse und die Motivation Wissen zu vermitteln.

» Ausbildung: Die Personen, die eine Lehrtätigkeit als Trainer, Referent oder Coach übernehmen sollen, müssen umfassend ausgebildet werden. Das betrifft vielleicht vertiefende Kenntnisse in ihrem Fachgebiet, zielt jedoch vor allem auf die Aufbereitung der Inhalte und die Vermittlung an die Teilnehmer. Ein umfassendes Schulungsprogramm mit Hospitation, Co-Trainer-Zeit und abschließender Zertifizierung kann die internen Trainer für ihre Aufgabe fit machen und erhöht zudem die Wertigkeit dieser oft zusätzlich übernommenen Funktion.

Ergebnisse im Rahmen des Deutschen Bildungspreises

Umsetzung

Knapp 74 Prozent der befragten Unternehmen prüfen bereits, ob Schulungsthemen auch durch interne Trainer abgedeckt werden können. Weitere 22 Prozent tun dies teilweise, vielleicht bei bestimmten Themen oder in bestimmten Zielgruppen.

Bei der Auswahl der möglichen internen Referenten gehen die Unternehmen jedoch wenig strukturiert vor. Nur 41,5 Prozent der Teilnehmer nutzen Standards bezüglich der fachlichen und pädagogischen Eignung der Kandidaten. Knapp 30 Prozent arbeiten zumindest teilweise damit. Aber weitere knapp 30 Prozent gaben im Fragebogen an, dass die Eignung der Trainer von ihnen nicht standardisiert geprüft wird.

Auch die Ausbildung der internen Trainer wird sehr unterschiedlich gehandhabt. 46,7 Prozent der Teilnehmerunternehmen verfügen über ein Train-the-Trainer-Programm. Aber 31,5 Prozent der Befragten gaben an, dass sie ihre internen Trainer nicht ausbilden.

Abbildung 34: Umsetzungsgrad im Bereich Interne Trainer

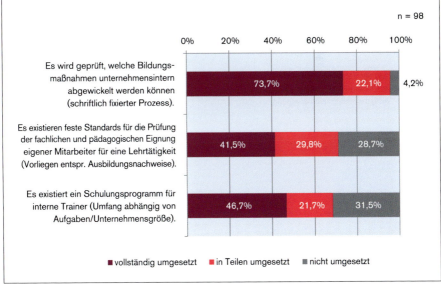

Relevanz

Als besonders relevant scheint für die Unternehmen die Prüfung der internen Umsetzbarkeit zu sein. 49,5 Prozent der Befragten vergeben dafür höchste Relevanz, weitere 30 Prozent halten es für sehr wichtig.

Mittlere Relevanzbewertungen erhielten die anderen beiden Aspekte. So bewerten nur 30 Prozent die Standards für eine interne Lehrtätigkeit als sehr wichtig, und 35 Prozent finden ein Train-the-Trainer-Programm hochrelevant. Beide Fragen werden allerdings auch von knapp 20 Prozent der Teilnehmer als wenig bis gar nicht wichtig gesehen.

Abbildung 35: Relevanzzuweisung im Bereich Interne Trainer

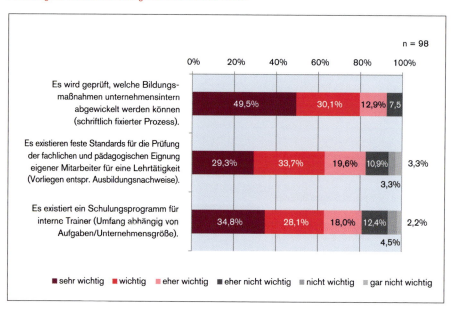

Rückblick auf den Deutschen Bildungspreis 2015

Im Vergleich zu der Bewerbergruppe 2015 prüften 2016 etwas weniger Unternehmen, ob eine Bildungsmaßnahme intern abgewickelt werden kann. 77,7 Prozent der teilnehmenden Unternehmen 2015 gaben die vollständige Umsetzung an. Das war ein sehr hoher Wert, der nun auf 73,7 Prozent leicht zurückgegangen ist

Die pädagogische Eignung prüften 2015 deutlich weniger Unternehmen, nur 29,1 Prozent der Teilnehmer. Hier konnte 2016 ein deutlich besserer Wert erzielt werden. Die Angaben zum Train-the-Trainer-Konzept sind im Vorjahresvergleich fast gleich geblieben (45,3 Prozent 2015).

Die unternehmensinterne Prüfung bewerteten deutlich mehr Befragte als hochrelevant. So war dieser Aspekt 2016 für 49,5 Prozent der Teilnehmer sehr wichtig. 41,2 Prozent der Befragten gaben diese Einschätzung 2015 ab, während 2014 nur 32,2 Prozent der Teilnehmer so abstimmten.

2016 sprachen sich 29,3 Prozent für die pädagogische Eignungsprüfung der Trainer als sehr wichtigen Faktor aus. 2015 waren es nur 16,7 Prozent.

Zusammenfassung
Die Möglichkeit, interne Trainer einzusetzen, scheint für viele Unternehmen sehr attraktiv zu sein. So wird rege geprüft, wo diese Option sinnvoll und möglich ist. Besonders Prozesswissen und Unternehmensspezifika eignen sich sehr gut für die interne Wissensvermittlung. Bei Patenten oder eigener Technologie gibt es die Inhalte schlicht nicht auf dem freien Weiterbildungsmarkt.

Dass die Auswahl der internen Trainer jedoch nicht trivial ist und diese Personen auch umfassend für diese Aufgabe geschult werden müssen, ist noch nicht verinnerlicht worden.

Besonders methodisch-didaktische Fähigkeiten werden meist wenig berücksichtigt. In den meisten Unternehmen zählt ausschließlich das Fachwissen der Personen. Dass das allein noch keinen guten Trainer macht, weiß jeder, der einmal einen Fachvortrag von einem Technik- oder IT-Spezialisten gehört hat.

Erfreulicherweise konnten in den Audits bereits mehrere Firmen sehr gute interne Trainerausbildungen vorweisen. Diese zeigten die hohe Wertigkeit der Trainerfunktion, indem sie die Aufgabe mit Bewerbungsprozess, Assessment Center und Probetraining einer neuen Stelle oder Funktion gleichsetzten. Verschiedene Module zur Selbstreflektion der Trainerpersönlichkeit über Rhetorik, Visualisierung und Methoden führten zu einem anerkannten Abschluss, der teilweise mit einer Prüfung erlangt wurde.

Wer diesen Aufwand scheut, kann seinen internen Trainern zumindest an einem Trainingstag pro Jahr neue Methoden vorstellen und das Präsentieren üben. In der Regel freuen sich die Trainer über eine solche Anerkennung und sind dankbar für die Hilfestellung.

3.3 Externe Dienstleister

Im Handlungsfeld der externen Dienstleister wurden vier Aspekte zu Auswahlkriterien und Steuerung abgefragt. Diese lassen sich folgenden Themenbereichen zuordnen:

» Vorbereitung: Bevor an externe Bildungsdienstleister herangetreten wird, sollte genau klar sein, welche Themen an welche Zielgruppen vermittelt werden sollen bzw. wie ein Anbieter dabei unterstützen soll. Rolle des Dienstleisters, Umfang der Leistung und Zeitplan sollten feststehen. Des Weiteren sollten die Anforderungen und Erwartungen an einen Bildungsdienstleister schriftlich fixiert sein und eine möglichst objektive Klärung ermöglichen.

» Auswahlkriterien: Besonders bei größeren Aufträgen ist ein persönliches Kennenlernen sinnvoll.

» Regelmäßige Evaluation: Trainer und Bildungsdienstleister sollten regelmäßig geprüft werden. Die Bewertungen der Schulungsteilnehmer geben erste Informationen, die im Bildungsmanagement um wesentliche weitere Punkte zur Zusammenarbeit ergänzt werden sollten, zum Beispiel Termintreue, Sorgfalt, Innovationskraft oder Flexibilität bei der Anpassung an Unternehmensspezifika. Diese Prüfung sollte jährlich ablaufen und kann als Lieferantenaudit durchgeführt werden.

Ergebnisse im Rahmen des Deutschen Bildungspreises

Umsetzung
In knapp 63 Prozent der Bewerber des Deutschen Bildungspreises 2016 werden Inhalte und Volumen der benötigten Schulungsbausteine von Bildungsmanagement und Fachabteilung konkretisiert. Jedoch nur 33,7 Prozent der Befragten nutzen bei der dann folgenden Auswahl passender Bildungsanbieter klare, schriftlich formulierte Kriterien. 26,3 Prozent setzen dies zumindest teilweise um. 40 Prozent der Teilnehmer arbeiten jedoch nicht mit klaren Anforderungen.

42,1 Prozent der Unternehmen nutzen persönliche Erfahrungen mit dem Seminarangebot des Dienstleisters, zum Beispiel Probeseminare. 36,8 Prozent nutzen diese Möglichkeit zumindest teilweise.

Allerdings gaben die Teilnehmer in der Befragung an, dass sie die Anbieter im Nachgang sorgfältig evaluieren. 67 Prozent zeigten hier die vollständige Umsetzung an, etwa 20 Prozent zumindest die teilweise. Das überrascht, wenn man bedenkt, dass die Auswahl anhand der Befragung als wenig systematisch bewertet werden muss.

Abbildung 36: Umsetzungsgrad im Bereich Externe Dienstleister

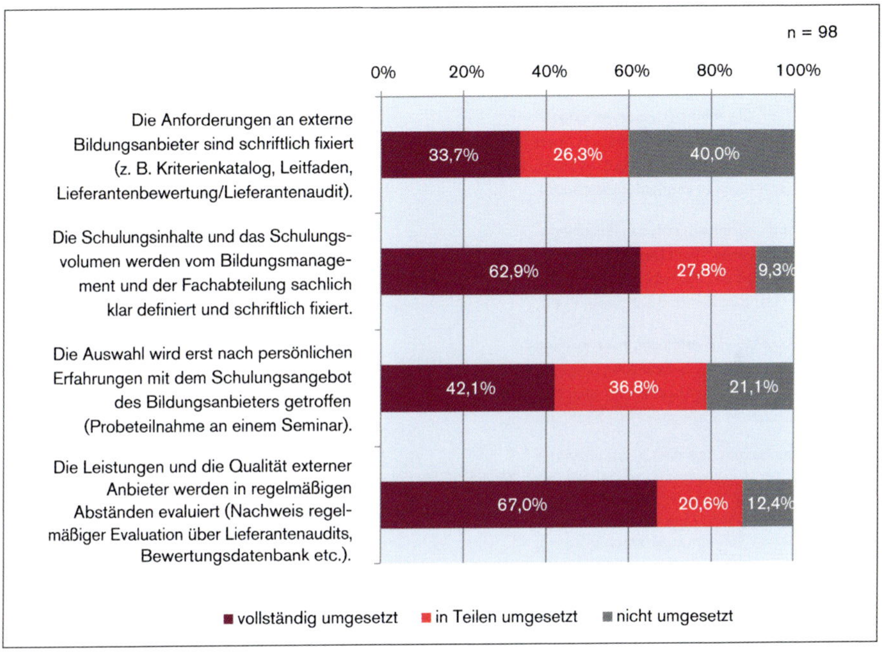

n = 98

Aussage	vollständig umgesetzt	in Teilen umgesetzt	nicht umgesetzt
Die Anforderungen an externe Bildungsanbieter sind schriftlich fixiert (z. B. Kriterienkatalog, Leitfaden, Lieferantenbewertung/Lieferantenaudit).	33,7%	26,3%	40,0%
Die Schulungsinhalte und das Schulungsvolumen werden vom Bildungsmanagement und der Fachabteilung sachlich klar definiert und schriftlich fixiert.	62,9%	27,8%	9,3%
Die Auswahl wird erst nach persönlichen Erfahrungen mit dem Schulungsangebot des Bildungsanbieters getroffen (Probeteilnahme an einem Seminar).	42,1%	36,8%	21,1%
Die Leistungen und die Qualität externer Anbieter werden in regelmäßigen Abständen evaluiert (Nachweis regelmäßiger Evaluation über Lieferantenaudits, Bewertungsdatenbank etc.).	67,0%	20,6%	12,4%

Relevanz

Als besonders relevant erscheint 43,6 Prozent der Unternehmen die Definition der Schulungsinhalte. 48,9 Prozent halten auch die regelmäßige Überprüfung der externen Bildungsdienstleister für sehr wichtig.

Nur 28,3 Prozent der Befragten halten ein Probeseminar für sehr wichtig, immerhin sprechen sich noch weitere 28,3 Prozent für die Bewertung „wichtig" aus. Bei der Erstellung konkreter Anforderungen sind sogar nur 23,1 Prozent von der Wichtigkeit dieses Aspekts überzeugt. Für weitere 23 Prozent sind objektive Anforderungen zweitrangig und unwichtig.

Abbildung 37: Relevanzzuweisung im Bereich Externe Dienstleister

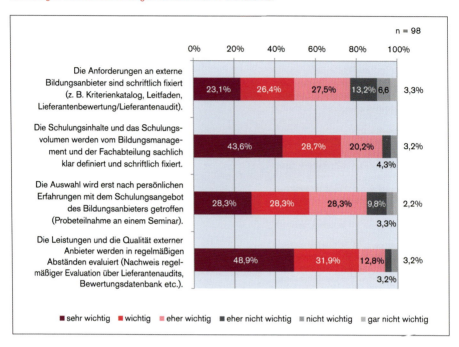

Rückblick auf den Deutschen Bildungspreis 2015

Die Definition der Schulungsinhalte und -volumen blieb im Vergleich zum Vorjahr auf gleichem Niveau (2014 waren es 62,1 Prozent). Der Wert liegt damit immer noch etwas niedriger als 2014. Damals setzten 67,8 Prozent dieses Kriterium voll um.

Bei der regelmäßigen Überprüfung der Anbieter (58,1 Prozent 2014) konnte eine deutliche Steigerung um fast neun Prozentpunkte beobachtet werden. Damit setzt sich ein positiver Trend weiter fort, denn 2014 gab erst knapp die Hälfte (49,4 Prozent) der Unternehmen an, dieses Kriterium umzusetzen.

Die Relevanzzuweisungen haben sich teilweise gesteigert im Vergleich zum Vorjahr und liegen nun überwiegend im mittleren Bereich.

Die größte Veränderung ist bei der Evaluation der Lieferanten festzustellen. Während 2014 nur 27,6 Prozent der Teilnehmer dafür höchste Priorität vergaben, entschieden sich im DBP 2015 41,7 Prozent und im DBP 2016 48,9 Prozent für die Bewertung „sehr wichtig". Etwa 30 Prozent bewerteten 2015 jeweils die Aspekte Definition des Schulungsumfangs als sehr wichtig. 2016 waren dies 43,6 Prozent.

2015 hielten nur 14,7 Prozent der Teilnehmer die schriftliche Formulierung von Anforderungen für sehr wichtig. 2016 stieg dieser Wert auf 23,1 Prozent.

Etwas mehr Teilnehmer bewerteten das persönliche Kennenlernen des Anbieters als sehr wichtig: Im DBP 20116 waren es 28,3 Prozent, im DBP 2015 19,6 Prozent im Vergleich zu 14,9 Prozent aus 2014. .

Zusammenfassung
Die sorgfältige Steuerung externer Bildungsdienstleister ist für die Unternehmen noch nicht im Fokus. Dabei können durch gutes Lieferantenmanagement große Einsparungen bei steigender Qualität erzielt werden. Die Anbieter und Trainer erkennen deutlich, dass die gelieferte Trainingsqualität von hoher Relevanz ist und sorgfältig geprüft wird. Damit steigt die Verbindlichkeit, Besprochenes auch abzuliefern und jede Maßnahme engagiert zu schulen. Passende Verträge garantieren, dass Schulungsmaterialien im Unternehmen aktiv genutzt und rechtssicher verbreitet werden dürfen. So wird die Abhängigkeit von einzelnen Anbietern reduziert.

Das Bildungsmanagement sollte eine klare Erwartung hinsichtlich didaktischem Aufbau, Methodenvielfalt und Praxisnähe formulieren. Dazu gehört zum Beispiel auch, dass standardmäßig Transfertools verlangt und eine Umsetzungsbegleitung angefragt werden sollten.

Grundlage dafür sind klare Auswahlkriterien. Diese können jedoch nur in den wenigsten Firmen vorgelegt werden. Auch ein systematischer Auswahlprozess mit klaren Überprüfungsschritten ist selten vorhanden. Auf Anfrage können die meisten Personaler problemlos verbalisieren, worauf sie bei Trainern achten und was ihnen wichtig ist. Leicht könnten diese Aspekte in einem einfachen Word-File hinterlegt werden. „Bauchgefühl" und „Passung zum Unternehmen" lassen sich dabei durch ein Punktesystem zu „Auftreten", „Häufigkeit des Augenkontakts beim Training", „Körpersprache", „Erfahrungen in der Branche" oder „Umgang mit Widerspruch" operationalisieren. Werden alle Anbieter mindestens im Zwei-Augen-Prinzip begutachtet, ergibt sich so ein differenziertes Bild und eine gute Entscheidungsgrundlage. Ideal ist es dabei, wenn in der Auswahl nicht nur die Personalabteilung, sondern auch Vertreter der Zielgruppe bzw. aus deren Abteilung involviert sind.

Die Überprüfung der Bildungsanbieter erschöpft sich in der Regel in der Zufriedenheitsbefragung bei den Teilnehmern. Regelmäßige Supervisionen, Feedbackgespräche oder der Besuch im Trainingsinstitut und das Kennenlernen der dortigen internen Qualitätsprozesse können dabei leicht bewerkstelligt werden. Auch Qualitätszertifikate und Ausbildungsnachweise werden leider zu selten berücksichtigt und nachgefragt. Dabei sind sie ein guter Anhaltspunkt für die Güte der Dienstleistung und ein Nachweis dafür, dass sich Trainer oder Unternehmen mit ihrer Qualität beschäftigen.

Andere Dienstleister in den Unternehmen wie Grafiker oder Werbetexter unterliegen häufig einem strengen Lieferantenmanagement durch den Einkauf. Es bleibt zu wünschen, dass diese Herangehensweise künftig auch vom Bildungsmanagement übernommen wird.

3.4 Kernbereich Bildungsmaßnahmen

Im Handlungsfeld Bildungsmaßnahmen wurden zwölf Lernformate abgefragt. Zudem wurden die Unternehmen gefragt, ob sie die Maßnahmen auf verschiedenen Kenntnisstufen anbieten, zum Beispiel für Einsteiger und Fortgeschrittene.

Ergebnisse im Rahmen des Deutschen Bildungspreises

Umsetzung
Die Teilnehmer am Deutschen Bildungspreis bieten ihren Mitarbeitern insgesamt sehr viele verschiedene Bildungsformen an.

Besonders gute Umsetzungswerte erzielen Lernformen des Präsenzlernens. 93,8 Prozent der Unternehmen bieten Seminare an, 86,2 Prozent schicken ihre Mitarbeiter auf Konferenzen oder Kongresse. Auch interne Workshops werden häufig durchgeführt, knapp 75 Prozent der Befragten arbeiten mit dieser Methode.

Viele Unternehmen bieten verschiedene Lernszenarien für Berufseinsteiger. So beschäftigen 86,5 Prozent der Firmen Praktikanten, 74 Prozent arbeiten mit Universitäten zusammen und betreuen zum Beispiel Abschlussarbeiten für Bachelor und Master. Ein berufsbegleitendes Studium ist in knapp 73 Prozent der Bewerberunternehmen möglich. 72,4 Prozent der teilnehmenden Firmen fördern Einsteiger in entwicklungsorientierten Programmen, zum Beispiel als Trainees.

Im Bereich technikgestützter Lernmethoden sind die Umsetzungswerte nicht ganz so hoch. 67,3 Prozent der Befragten bieten eLearning an, 18,4 Prozent zumindest teilweise. Für 14,3 Prozent ist eLearning keine relevante Weiterbildungsform. Ähnlich ist es bei Wissensdatenbanken oder Unternehmens-Wikis. 57,1 Prozent haben so etwas bereits eingeführt, 30,6 Prozent teilweise. Diese sind vielleicht gerade bei der Implementierung oder prüfen den Einsatz.

Mittlere Umsetzungswerte liegen vor im Bereich Mentoring und Coaching. 60,4 Prozent bzw. 66,7 Prozent der befragten Firmen haben dazu Konzepte implementiert.

Job-Rotation wird weniger stark umgesetzt. 41,1 Prozent nutzen dieses abwechslungsreiche Lern- und Entwicklungsschema, 32,6 Prozent zumindest teilweise. Aber für immerhin 26,3 Prozent der Teilnehmer ist Job Rotation uninteressant.

| Deutscher Bildungspreis 2016 Qualitätsbereiche und Ergebnisse **KAPITEL 1**

Abbildung 38: Umsetzungsgrad im Bereich Bildungsmaßnahmen

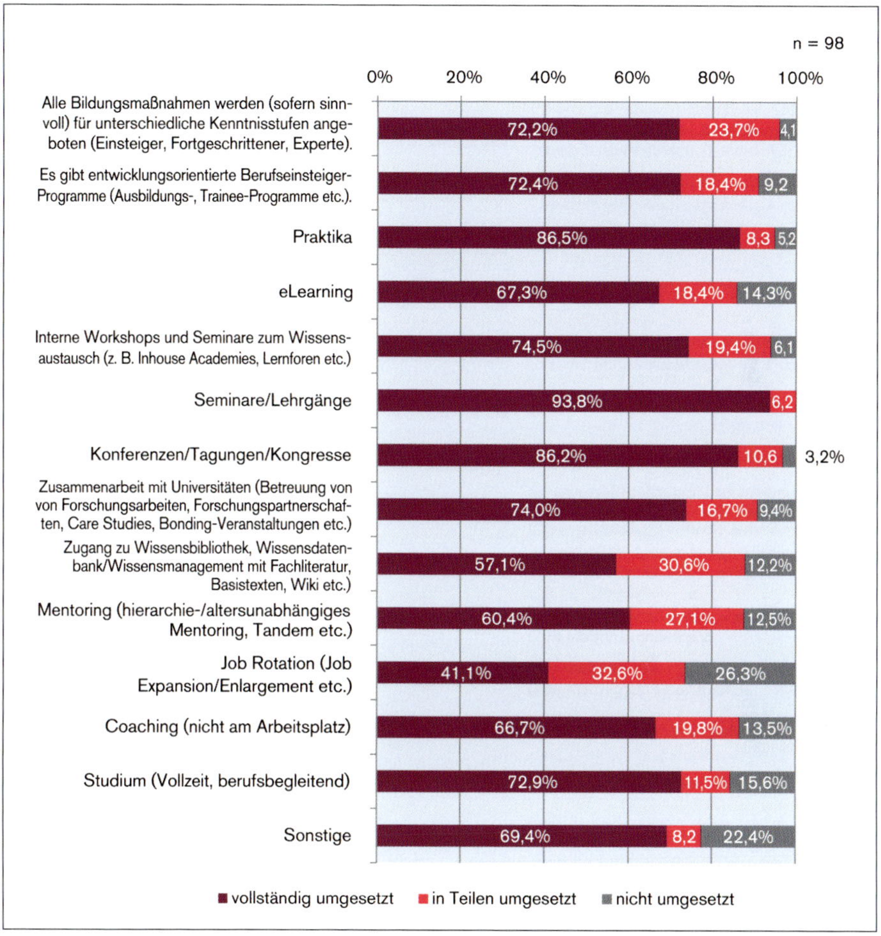

n = 98

Maßnahme	vollständig umgesetzt	in Teilen umgesetzt	nicht umgesetzt
Alle Bildungsmaßnahmen werden (sofern sinnvoll) für unterschiedliche Kenntnisstufen angeboten (Einsteiger, Fortgeschrittener, Experte).	72,2%	23,7%	4,1
Es gibt entwicklungsorientierte Berufseinsteiger-Programme (Ausbildungs-, Trainee-Programme etc.).	72,4%	18,4%	9,2
Praktika	86,5%	8,3	5,2
eLearning	67,3%	18,4%	14,3%
Interne Workshops und Seminare zum Wissensaustausch (z. B. Inhouse Academies, Lernforen etc.)	74,5%	19,4%	6,1
Seminare/Lehrgänge	93,8%		6,2
Konferenzen/Tagungen/Kongresse	86,2%	10,6	3,2%
Zusammenarbeit mit Universitäten (Betreuung von Forschungsarbeiten, Forschungspartnerschaften, Care Studies, Bonding-Veranstaltungen etc.)	74,0%	16,7%	9,4%
Zugang zu Wissensbibliothek, Wissensdatenbank/Wissensmanagement mit Fachliteratur, Basistexten, Wiki etc.)	57,1%	30,6%	12,2%
Mentoring (hierarchie-/altersunabhängiges Mentoring, Tandem etc.)	60,4%	27,1%	12,5%
Job Rotation (Job Expansion/Enlargement etc.)	41,1%	32,6%	26,3%
Coaching (nicht am Arbeitsplatz)	66,7%	19,8%	13,5%
Studium (Vollzeit, berufsbegleitend)	72,9%	11,5%	15,6%
Sonstige	69,4%	8,2	22,4%

Relevanz

Größte Wichtigkeit ordneten die Unternehmen den klassischen Seminaren und Lehrgängen zu. 58,5 Prozent der Teilnehmer vergaben das Prädikat „sehr wichtig".

Der Großteil der weiteren abgefragten Lernformate wurde von 40 bis 50 Prozent der Befragten als sehr wichtig eingestuft. Bei Coaching und Studium wurde diese Bewertung von etwa einem Drittel der Unternehmen abgegeben. Job Rotation, Job Expansion und Job Enlargement hielten 27,2 Prozent der Teilnehmer für sehr wichtig.

Abbildung 39: Relevanzzuweisung im Bereich Bildungsmaßnahmen

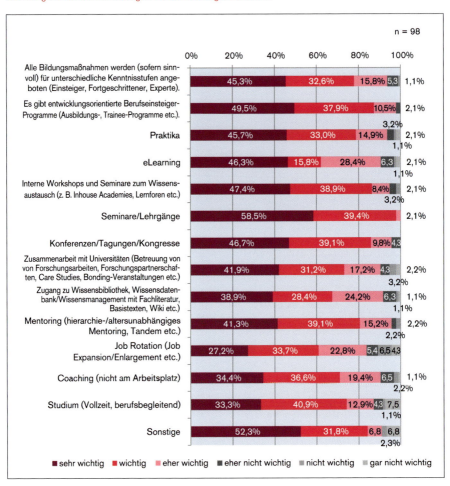

Rückblick auf den Deutschen Bildungspreis 2015

Die einzelnen Bildungsmaßnahmen verzeichneten auch im Vorjahr hohe bis höchste Umsetzungsraten. Spitzenreiter waren auch 2015 die Seminare. 91,3 Prozent der im Deutschen Bildungspreis 2015 befragten Unternehmen boten Seminare und Lehrgänge an. Dieser Wert ist 2016 noch leicht gestiegen.

Eine große Veränderung ist bei stark technisch geprägten Lernformen zu verzeichnen. 2014 nutzten nur 44,7 Prozent der Teilnehmer eLearning-Angebote, während 2016 67,3 Prozent die Nutzung bestätigten. Dies ist ein schöner Trend, lässt er doch auf Vielfalt und didaktisch spannende Konzepte hoffen.

Eine leichte Steigerung ist auch bei den Praktikanten zu erkennen, 2015 beschäftigen 79,6 Prozent Praktikanten, heute sind es 86,5 Prozent. Diese Steigerung bewegt sich jedoch insgesamt auf einem sehr hohen Niveau. Gleiches gilt für den Besuch von Kongressen oder Tagungen (77,7 Prozent in 2015 zu 86,2 Prozent 2016). 2015 boten zudem nur 60,2 Prozent der Firmen entwicklungsorientierte Berufseinsteiger-Programme an. 2016 hat sich dieser Wert deutlich auf 72,4 Prozent erhöht.

Leichte Rückgänge verzeichnen die internen Workshops (78,6 Prozent 2015 zu aktuell 74,5 Prozent). Teilweise konnten deutlich höhere Relevanzbewertungen festgestellt werden.

So war es 2015 für 34,5 Prozent der Befragten sehr wichtig, die Bildungsangebote auf verschiedenen Kenntnisstufen aufzuschlüsseln. 2016 war dies für 45,3 Prozent der Befragten hochrelevant.

Der Spitzenreiter in der Relevanzzuweisung, die Seminare und Lehrgänge, konnte 2016 mit 58,5 Prozent nochmals zulegen von den 52,9 Prozent, die 2015 die höchste Relevanz vergaben.

Auch Konferenzen und Tagungen wurden 2016 von 46,7 Prozent mit „sehr wichtig" eingestuft, 2015 taten dies 32,4 Prozent der Teilnehmer. Mentoring (41,3 Prozent Bewertungen höchster Relevanz im Vergleich zu 33,3 Prozent 2015) und das Studium (33,3 Prozent „sehr wichtig" zu 20,2 2015) konnten ebenfalls deutliche Steigerungen verzeichnen.

Das größte Wachstum ist jedoch im eLearning zu sehen. Im Vorjahr sahen nur 19,6 Prozent der Teilnehmer eLearning als sehr wichtige Lernform an. 2016 waren es 46,3 Prozent und damit 26,7 Prozentpunkte mehr. Das entspricht einer Steigerung von 136 Prozent.

Zusammenfassung

Die teilnehmenden Unternehmen nutzen bereits viele verschiedene Lernformate. In den Audits wurde deutlich, dass in einem Unternehmen oft zahlreiche Bildungsformen parallel angeboten werden. Je nach Thema, Zielsetzung und persönlichen Vorlieben können die Mitarbeiter dann das eine oder andere Format nutzen. Diese Entwicklung ist in jedem Fall zu begrüßen, trägt sie doch dem übergeordneten Trend zur Individualisierung in der Weiterbildung Rechnung.

Will ein Unternehmen diesen Weg konsequent gehen, sollte es darauf achten, diese Formatvielfalt dann auch für den Großteil der angebotenen Themen durchzuhalten. In jedem Fall lohnt es sich auch, die passenden Lernformen im Vorfeld bei der Zielgruppe zu erfragen.

Zudem sollte berücksichtigt werden, dass die Mitarbeiter für den Umgang mit der Formatvielfalt Unterstützung benötigen. Gute, ausführliche Beratung und die Möglichkeit, Lernvorlieben z. B. in einem Test selbst zu erforschen, helfen dem Mitarbeiter, sich mit seinem Lernverhalten auseinanderzusetzen.

Nicht vergessen werden darf die Frage nach der Wertigkeit der einzelnen Angebote. Es ist eine Frage der Lernkultur im Unternehmen, ob die Teilnahme an einem eLearning oder das selbstgesteuerte Lernen mit einem PDF-Dokument genauso anerkannt werden wie die Teilnahme an einem Präsenzseminar.

In der Zukunft bleibt zudem zu prüfen, wie mit frei verfügbaren Inhalten umgegangen werden soll. Im Internet sind zu fast jedem Thema unzählige Videos, Dokumente, Webinare und Diskussionen frei zugänglich. Jedes Unternehmen muss künftig festlegen, ob diese Medien für die Weiterbildung genutzt werden dürfen und sollen, ob sie als Lerneinheiten anerkannt werden. Dabei bleibt zu entscheiden, ob das Bildungsmanagement in einem Selektionsschritt Angebote vorsortieren und hinsichtlich ihrer Qualität prüfen soll.

Fazit

Die aggregierten Studiendaten lassen sich wie folgt in ein Ampelsystem überführen, das den jeweiligen Optimierungsbedarf farblich darstellt:

unter 55,8 Prozent = **rot** (überdurchschnittlicher Optimierungsbedarf)
bis 75,0 Prozent = **gelb** (durchschnittlicher Optimierungsbedarf)
über 75,0 Prozent = **grün** (unterdurchschnittlicher Optimierungsbedarf)

Die prozentuale Aufteilung entspricht der Aufteilung aus dem Deutschen Bildungspreis 2013, um eine leichtere Gegenüberstellung zu ermöglichen.

Tabelle 29: Übersicht im Bereich Leistungen

Kriterium	Relevanz	Umsetzung in %	Bewertung
Bildungsberatung	**1,97**	**75,68**	
Die Mitarbeiter werden bei der Auswahl des Bildungsangebots aktiv und persönlich beraten hinsichtlich der Inhalte.	1,78	84,90	grün
Die Mitarbeiter werden bei der Auswahl des Bildungsangebots aktiv und persönlich beraten hinsichtlich der Lernformen.	2,07	77,08	grün
Die Mitarbeiter werden bei der Auswahl des Bildungsangebots aktiv und persönlich beraten hinsichtlich des Lerntransfers.	2,00	68,75	gelb
Die Mitarbeiter werden bei der Auswahl des Bildungsangebots aktiv und persönlich beraten hinsichtlich der Karriereplanung.	1,96	71,88	grün
Jeder Mitarbeiter kann eine unabhängige Bildungsberatung in Anspruch nehmen.	2,07	75,79	grün
Interne Trainer	**2,15**	**66,24**	
Es wird geprüft, welche Bildungsmaßnahmen unternehmensintern abgewickelt werden können.	1,78	84,74	grün
Es existieren feste Standards für die Prüfung der fachlichen und pädagogischen Eignung eigener Mitarbeiter für eine Lehrtätigkeit.	2,35	56,38	gelb
Es existiert ein Schulungsprogramm für interne Trainer.	2,30	57,61	gelb
Externe Bildungsdienstleister	**2,19**	**65,37**	
Die Anforderungen an externe Bildungsanbieter sind schriftlich fixiert (zum Beispiel Kriterienkatalog, Leitfaden, Lieferantenbewertung/Lieferantenaudit).	2,64	46,84	rot
Die Schulungsinhalte und das Schulungsvolumen werden vom Bildungsmanagement und der Fachabteilung sachlich klar definiert und schriftlich fixiert.	1,95	76,80	grün
Die Auswahl wird erst nach persönlichen Erfahrungen mit dem Schulungsangebot des Bildungsanbieters getroffen (Probeteilnahme an einem Seminar).	2,38	60,53	gelb
Die Leistungen und die Qualität externer Anbieter werden in regelmäßigen Abständen evaluiert (Nachweis regelmäßiger Evaluation über Lieferantenaudits, Bewertungsdatenbank etc.).	1,80	77,32	grün
Kernbereich Maßnahmen	**1,92**	**80,01**	
Alle Bildungsmaßnahmen werden (sofern sinnvoll) für unterschiedliche Kenntnisstufen angeboten (Einsteiger, Fortgeschrittener, Experte).	1,84	84,02	grün

Kriterium	Relevanz	Umsetzung in %	Bewertung
Es gibt entwicklungsorientierte Berufseinsteiger-Programme (Ausbildungs-, Trainee-Programme etc.).	1,65	81,63	🟩
Praktika	1,87	90,63	🟩
eLearning	2,06	76,53	🟩
Interne Workshops und Seminare zum Wissensaustausch (zum Beispiel Inhouse Academies, Lernforen etc.)	1,74	84,18	🟩
Seminare/Lehrgänge	1,44	96,91	🟩
Konferenzen/Tagungen/Kongresse	1,72	91,49	🟩
Zusammenarbeit mit Universitäten (Betreuung von Forschungsarbeiten, Forschungspartnerschaften, Case Studies, Bonding-Veranstaltungen etc.)	2,02	82,29	🟩
Zugang zu Wissensbibliothek/Wissensdatenbank/Wissensmanagementsystem mit Fachliteratur, Basistexten, Wiki etc.	2,05	72,45	🟨
Mentoring (hierarchie-/altersunabhängiges Mentoring, Tandems etc.)	1,85	73,96	🟨
Job Rotation (Job Expansion/Enlargement etc.)	2,43	57,37	🟨
Coaching (nicht am Arbeitsplatz)	2,09	76,56	🟩
Studium (Vollzeit, berufsbegleitend)	2,22	78,65	🟩
Sonstige	1,89	73,47	🟨

Nur eine Fragestellung wurde aufgrund der geringen Umsetzungswerte in der Säule Leistungen mit rot markiert. Viele andere Aspekte konnten hingegen als grün ausgewiesen werden, da die Unternehmen dort bereits schon sehr aktiv in der Umsetzung sind. Besonders die verschiedenen Bildungsmaßnahmen und -formate werden in der Regel schon von den meisten Unternehmen angeboten.

KAPITEL 1

KAPITEL 2

FACHBEITRÄGE

Eine Bestellmöglichkeit für das Jahrbuch 2016 „Bildungs- & Talentmanagement" finden Sie unter dem folgenden Link:

https://www.tuev-sued.de/akademie-de/buch-service/fachbuecher-bildungsmanagement

Erich R. Unkrig
Leader Excellence Programmes &
Transformation Processes
Areva GmbH

Organisationale Resilienz als unternehmerisches Bildungsziel

Seit einigen Jahren findet der Begriff Resilienz (Harramach/Prazak 2014:43 f) nicht nur im Kontext von Einzelpersonen (intrapersonelle Resilienz), sondern auch bei Teams (interpersonelle Resilienz) und Unternehmen (intraorganisationale Resilienz) Verwendung; eine Ausweitung auf ganze Branchen (interorganisationale Resilienz) erscheint als wahrscheinlich. Dabei werden die beiden Optionen organisationaler Resilienz vor allem im Kontext von Notfall- und/oder Krisenmanagement diskutiert. Im Zuge markt- und technikbedingter Transformation will AREVA die Resilienz des Systems und der Beteiligten stärken. Ein Maßnahmenset des People Development setzt dazu die nötigen Impulse.

Resilient ist ein System dann, wenn es seine Funktionen auch bei äußerem und/oder innerem Wandel aufrecht erhält bzw. diese im Not- und/oder Krisenfall auf ein erträgliches Maß einschränkt. Wieland und Wallenburg (2013) bezeichnen organisationale Resilienz als die „systemische Widerstandsfähigkeit gegenüber Störungen und Veränderungen", die sich in Robustheit und Agilität zeigen kann.

Angesichts der zunehmenden Veränderungen im unternehmerischen Kontext (wie im Energiesektor, der Automobilbranche und den ihnen nachgelagerten Zulieferern) gewinnt Resilienz als konzeptioneller Rahmen jetzt auch aus einer unternehmerischen Perspektive an Aufmerksamkeit. Beispielsweise publizierte das britische Standardisierungsinstitut BSI im November 2014 die Leitlinie „BS 65000:2014 Guidance on organizational resilience". Und das Bundesamt für Sicherheit in der Informationstechnik (BSI) schreibt in „UP Kritis – Öffentlich-Private Partnerschaft zum Schutz Kritischer Infrastrukturen" (2013): „Der UP KRITIS hat das zentrale Ziel, die Resilienz der kritischen Infrastrukturen, und dabei insbesondere der kritischen Informationsinfrastrukturen, zu erhöhen bzw. auf hohem Niveau zu stabilisieren." Hinter diesem Interesse steht insbesondere die Frage:

Wie werden wir im Unternehmen mit dem gesellschaftlichen und technologischen Wandel (beispielsweise die Herausforderung „Industrie 4.0", BMBF 2015) und den damit einher gehenden Ressourcenengpässen oder Umstrukturierungen (mehr Effizienz, Produktivität, Effektivität etc.) fertig?

| Fachbeitrag Arewa GmbH.   KAPITEL 2

Die Erwartung an resiliente Organisationen ist, dass es ihnen in und nach einer grundlegenden Veränderung oder nach einer Krise rascher als anderen gelingen wird, in eine produktive (= stabile) Situation (zurück) zu finden.

1. Eigenschaften resilienter Organisationen

Wenn in der Folge von organisationaler Resilienz geschrieben wird, dann geschieht dies zum Zwecke der leichteren Lesbarkeit und meint die an anderer Stelle angesprochene intraorganisationale Begriffsdimension.

Eigenschaften organisationaler Resilienz sind derzeit noch nicht so konkret beschrieben, wie es in der personellen Resilienz der Fall ist. So schreibt Scharnhorst (2014) resilienten Organisationen zu, dass diese

» Mitarbeiter, Teams und Führungskräfte haben, die fähig sind, die Realität zu akzeptieren und anzupacken. Und dass das Überleben der Organisation präventiv (bevor es kritisch wird) trainiert wird.
» als Organisation fähig sind, Bedeutung im Leben zu finden, insbesondere, weil ihr Wertesystem Halt in schwierigen Situationen gibt.
» fähig sind, zu improvisieren und alle Ressourcen zur Problembewältigung einzusetzen.

Leodolter (2015) sieht organisationale Resilienz in drei Fähigkeiten:

» Fähigkeit zur Vorbeugung, die sich in einem vorsorglichen Aufbau von Widerstandsfähigkeit gegenüber negativen externen Einwirkungen zeigt.
» Fähigkeit zur Adaption, mit der eine kurzfristige Rückkehr zur definierten Ausgangsstellung erreicht wird.
» Fähigkeit zur Innovation, durch die es gelingt, entstehende Vorteile aus den sich verändernden Umweltbedingungen ökonomisch zu nutzen.

Hollnagel (siehe dazu Bargstedt u. a. 2015:143) wiederum nennt vier Eigenschaften eines resilienten Systems:

» Antizipieren von Störungen
» Monitoring der Systeme
» Angemessen auf Störungen reagieren und
» daraus lernen.

Wie in den meisten unternehmerischen Kontexten und unter Interpretation der durchaus Gemeinsamkeiten zeigenden Beschreibungen von Eigenschaften liegt nahe, dass Führungskräfte auch bei der Stärkung der Resilienz in Teams und Organisationen eine Schlüsselrolle haben. So kann insbesondere ein „Führen mit ECHO" (Empathy, Clarity, Honesty, Orientation) bei Individuen, Teams und Organisationen das Bewältigen von schwierigen Zeiten signifikant unterstützen. „Führen mit ECHO" ist ein 90-Minuten-FührungsKolleg der AREVA GmbH, in dem disziplinare Führungskräfte über die zentralen Aspekte ihrer Führungsrolle im sogenannten VUCA-Unternehmenskontext (volatile, uncertain, complex, ambiguous) diskutieren und reflektieren.

Abbildung 40: ECHO (Quelle: Unkrig, Areva)

| Fachbeitrag Arewa GmbH. KAPITEL 2

„Führen mit ECHO" zielt darauf ab, nicht nur die organisatorische Seite der kritischen Situation anzupacken, sondern vor allem darauf einzugehen, was diese „Krise" bei den Betroffenen oder idealerweise „Beteiligten" auslösen kann oder auslöst. So wirkt beispielsweise die Fähigkeit der Führungskräfte, selbst eine angemessen emotionale wie auch empathische Reaktion auf und in Krisen zu zeigen (ohne die eigene Handlungsfähigkeit zu verlieren!) positiv auf andere Beteiligte, vor allem ihre Mitarbeiter. Als „Modell" wirkt ECHO sich unmittelbar auf die Fähigkeit einer Organisation aus, eine hohe Leistungsfähigkeit auch in schwierigen Zeiten und/oder Kontexten beizubehalten. Führungskräfte, die sich erkennbar um ihre Mitarbeiter kümmern, erzeugen zudem eine stärkere Mitarbeiterverbundenheit und damit eine höhere Mitarbeiterbindung.

Ein weiterer Aspekt ist die Gestaltung von Prozessen, Verantwortungsbereichen, Informations- und Kommunikationswegen. Je nach Grad der Professionalität kann stärkere oder schwächere Resilienz der Organisation entstehen. So können beispielsweise zielführende Leit- und Richtlinien, die zu nachlässig und ohne Konsequenz gehandhabt werden, Risiken erhöhen und die Glaubwürdigkeit wie auch Selbstdisziplin schwächen.

Eine im besten Sinne des Wortes verstandene professionelle Gestaltung der organisationalen Struktur folgt der Maxime: Verantwortungsvoll denkende und handelnde Mitarbeiter brauchen einen situativ anzuwendenden Orientierungsrahmen und das (Selbst-)Vertrauen, richtig zu handeln.

Organisationale Resilienz zeigt sich daran, wie der Einzelne bei seiner Aufgabe mit den äußeren Vorgaben (Zielen, Anforderungen, Leitlinien und Vorschriften), aber auch Arbeitsbedingungen etc. und mit sich selbst umgeht, d. h. im sozialen Kontext Wirkung für die Organisation entfaltet (Studie der Bertelsmann Stiftung: Mourlane u. a. 2013)

2. Areva – auf dem Weg zu einer organisationalen Resilienz!?

Wie kann eine Organisation danach streben bzw. sich aktiv darum bemühen, die skizzierten Ausprägungen und Facetten von Resilienz in der unternehmerischen Praxis zum Leben zu erwecken? Wie kann sie durch Entwicklung, Förderung und/oder Stärkung resilienten Denkens und Handelns einen wirtschaftlichen (Mehr-)Wert schaffen? Und wie gelingt es, einerseits das ggf. fehlende Bewusstsein vor allem im Top-Management zu entwickeln sowie andererseits einem auf recht hohem Niveau liegenden oder gar zunehmenden Stress, der sich insbesondere in der Zunahme psychischer Erkrankungen wie Burn out etc. zeigt, in einer Leistungsgesellschaft entgegen zu wirken?

Die folgende Skizze aus der Areva zeigt auf, wie ein Unternehmen aus eigener Kraft und durch die Aktivierung der Führungsmannschaft selbst in einem laufenden und 2015/2016 ergebnisoffenen Turn-around-Prozess Führungskräften das Heft des Handelns für die psychische Widerstandsfähigkeit der Menschen als auch für die Fähigkeit der Organisation, externe Störungen zu verkraften, in die Hand gibt.

2.1 Die Initiative der Areva GmbH im Überblick

Die Einzigartigkeit der Initiative liegt – neben einer in der unternehmerischen Realität derzeit eher selten zu beobachtenden Adaption und Integration des Resilienzkonzepts – vor allem in der aktiven Rolle, die alle Führungskräfte in dieser Initiative einnehmen und leben (müssen). Diese treten zusätzlich zu ihren „alltäglichen" Führungsaufgaben als Promotoren, Mentoren sowie vor allem als cross-funktionale und unit-übergreifende Trainer vor allem in hierarchiefreien Lernaktivitäten, den sogenannten Kollegium- und FührungsKolleg-Veranstaltungen, auf. Ein weiteres „Plus" mag sein, dass in dieser Initiative externe Ressourcen nur eine untergeordnete Rolle spielen – alle Curricula, (Lern-)Medien, Fallstudien etc. wurden von den Führungskräften (unter Anleitung und Begleitung durch die HR-Funktion People Development) selbst er- und ausgearbeitet.

Einen Über- und Einblick in die Handlungsfelder der Führungsinitiative und der in ihr agierenden Führungskräfte vermittelt die folgende Grafik:

Abbildung 41: ECHO (Quelle: Unkrig, Areva)

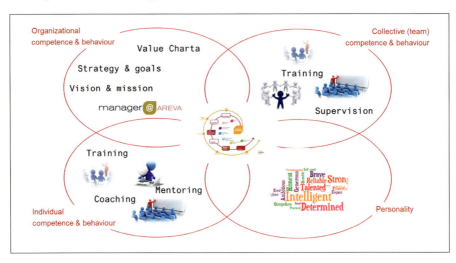

2.2 Auslöser, Vision und Ziele der Führungsinitiative

2.2.1 Der unternehmerische Kontext

Die gravierenden Marktveränderungen im energietechnischen (Groß-)Anlagenbau und ein damit verbundener Rückgang von Aufträgen (Workload) sowie die bereits angesprochene Übernahme durch einen oder mehrere neue Shareholder beschreiben den unternehmerischen Rahmen, dem sich die Areva GmbH stellen muss. Je stärker sich diese (Rahmen-)Bedingungen weiterentwickeln und in ihrer Wirkung konkretisieren, umso mehr müssen sich auch Areva und ihre Mitarbeiter, die Führungskräfte und das Management an das „Neue" anpassen und situativ verändern, um in den Märkten der Zukunft erfolgreich zu sein.

| Fachbeitrag Arewa GmbH. **KAPITEL 2**

2.2.2 Der (unternehmens-)kulturelle Kontext

Mit „Verkündung" bzw. Beginn der Transformation ist sowohl dem Management wie auch den HR-Profis klar, dass die von den Mitarbeitern geteilten Werte, Normen und Überzeugungen (= Unternehmenskultur) ein potenzielles Risiko für den Erfolg darstellen (können). Ein Risiko könnte es vor allem deshalb bedeuten, weil Areva die (unternehmens-)kulturelle Prägungen einer Verfahrenskultur (Deal/Kennedy 2000) wie auch einer Projekt-Kultur, deren Sichtbarkeit bzw. Tendenz abhängig vom jeweiligen Geschäftsfeld ist, repräsentiert. Die Risikobewertung beruht insbesondere auf der Dimension „langsames Feedback", welche in so grundlegenden Veränderungen wie derzeit in der Areva nicht förderlich ist.

Abbildung 42: Vier Unternehmenskulturen (nach Deal/Kennedy 2000)

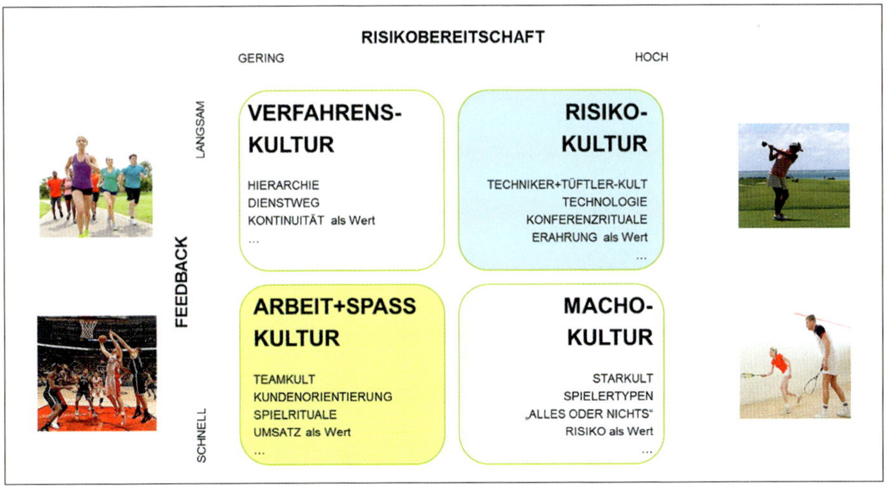

RISIKOBEREITSCHAFT

	GERING	HOCH
LANGSAM	**VERFAHRENS-KULTUR** HIERARCHIE DIENSTWEG KONTINUITÄT als Wert ...	**RISIKO-KULTUR** TECHNIKER+TÜFTLER-KULT TECHNOLOGIE KONFERENZRITUALE ERAHRUNG als Wert ...
SCHNELL	**ARBEIT+SPASS KULTUR** TEAMKULT KUNDENORIENTIERUNG SPIELRITUALE UMSATZ als Wert ...	**MACHO-KULTUR** STARKULT SPIELERTYPEN „ALLES ODER NICHTS" RISIKO als Wert ...

(FEEDBACK)

2.2.3 Der Management-Kontext

Frei nach einem Zitat von Georg Christoph Lichtenberg: „Es ist nicht gesagt, dass es besser wird, wenn es anders wird. Wenn es aber besser werden soll, dann muss es auch anders werden." So einfach diese „Logik des Wandels" klingt, umso schwieriger ist die Umsetzung in der (Areva-)Realität. Die internen Stakeholder – vor allem die Führungskräfte – erkennen in der Transformation zunehmend, dass notwendige Veränderungen nicht nur in bestehende Prozesse und Vorgänge eingreifen, sondern selbige auch in Frage stellen. Für die „Betroffenen" bedeutet es unter anderem, dass gewohnte und teilweise auch „liebgewonnene" Verhaltensmuster zugunsten neuer aufgegeben oder zumindest angepasst werden müssen.

Entsprechend gilt es, altbewährte Komfortzonen zu verlassen und neue Felder zu betreten. Daraus entstehen Ängste, Widerstände und Konflikte (d. h. vor allem Emotionen), die eine Neuausrichtung und damit den Erfolg behindern und gar zum Scheitern bringen können. Management und Führungskräfte in der Areva erfahren den Transformationsprozess oft „schmerzhaft", und ein solcher „Schmerz" ist für viele aufgrund ihrer beruflichen Historie ungewohnt. Diese Erfahrung kennzeichnet viele Veränderungsprozesse. Die zentralen Management-Aufgaben im Transformationsprozess der Areva sind deshalb vor allem (die folgende Aufzählung ist nach Dringlichkeit und/oder Wichtigkeit geordnet):

» Orientierung vermitteln,
» für eine zügige Umsetzung der für den Wandel notwendigen Ziele sorgen,
» die Mitarbeiter informiert, aktiv und handlungsfähig halten und
» so individuelle, kollektive und damit letztendlich organisationale Resilienz zu fördern.

Die Führungsinitiative stellt zur Unterstützung dieser herausfordernden Aufgaben sowie als Korsett des Lern- und Veränderungsprozesses zielgruppenspezifisches Lernen sowie hierarchiefreie Lern-/Dialogplattformen als den angemessenen Rahmen wie auch kulturverändernde Impulse sicher. Hierarchiefreie Lern- und Dialogplattformen sind in der Areva GmbH vor allem die seit 2012 etablierten 60-Minuten-Kollegium-Veranstaltungen für alle Mitarbeiterinnen und Mitarbeiter. Diese werden in der Transformation seit Ende 2014 ergänzt durch 90-Minuten-FührungsKolleg-Veranstaltungen für disziplinare Führungskräfte.

Die folgende Skizze zeigt die adressierten Schlüsselthemen und Indikatoren als den ganzheitlichen Rahmen der Führungsinitiative:

Abbildung 43: Key resources and indicators (Quelle: Auszug aus dem im Dezember 2015 abgeschlossenen PSR Psychosocial Risk-Audit der Areva GmbH)

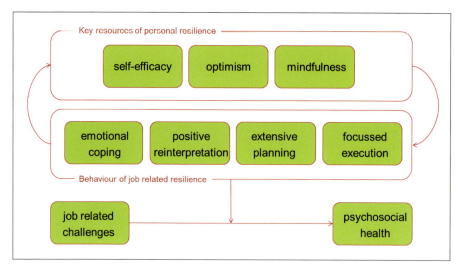

2.3 Die konkreten Maßnahmen im Überblick

Im Kontext der Einnahme einer „neuen" Struktur des HR-Bereichs (intern als HR 2.0 „post HR Business Partner" bezeichnet) im Januar 2015 wurde den disziplinaren Führungskräften die umfassende Verantwortung nicht nur übertragen, sondern durch das Kompetenzmodell (Sommer 2016) manager@areva (Implementierung ab 01.04.2014) im oben gezeigten Rahmen aktiv eingefordert. Maßnahmen waren dabei beispielsweise folgende:

Titel	Dauer	Inhalte
Führungskolleg Führen mit ECHO	90 Min.	Was unsere Mitarbeiter von uns (mindestens) erwarten! – Empathie (Ich verstehe Dich in Deiner Situation! & Ich akzeptiere Dich als Mensch!) – Clarity (Ich gebe Dir klare Aufträge und ein erreichbares Ziel! & Ich erkläre Dir den Sinn und den Zweck meiner Anweisung!) – Orientation (Ich nenne Dir Deine Verantwortung und deren Grenzen! & Ich will Dir ein positives Rollenmodell sein!)
Führungskolleg Strategien in Aktionen umsetzen (Kompetenzmodell manager@areva, Kompetenz 1)	90. Min.	Kerninhalte der Kompetenz und die Erwartungen an die Führungskraft Bearbeitung von drei für diese Kompetenz relevanten Fallstudien Lessons to be learned (aus den Fallstudien) für die eigene Führungsarbeit
Kollegium Auftritt und Wirkung	60 Min.	Wir wirken vom ersten Moment an, ob wir es wollen oder nicht! Wirkung durch Selbstbewusstsein, Ausstrahlung und Charisma Analyse von Wirkung anhand von fünf 2-Minuten-Videosequenzen
Kollegium Strategien in Aktionen umsetzen (Kompetenzmodell manager@areva, Kompetenz 1)	60 Min.	Kerninhalte der Kompetenz und die Erwartungen an jede/n MitarbeiterIn Bearbeitung von zwei für diese Kompetenz relevanten Fallstudien Lessons to be learned (aus den Fallstudien) für die eigene Arbeit

In diesen vier Maßnahmen wird jeweils ein sofort umsetzbarer Lern-Aspekt je TeilnehmerIn kommuniziert, damit die Umsetzung im Führungsalltag sofort starten kann.

Außerdem bietet Areva
» Seminare für Führungskräfte (Themen wie z. B. *Teams erfolgreich machen, Leading Change oder Mit Charisma wirkungsvoll begeistern)*
» und für Mitarbeiter ohne Führungsverantwortung (Themen wie z. B. *Konfliktmanagement, Auftritt und Wirkung: Das Unternehmen als Bühne oder Fit4Change).*

Darüber hinaus wurden die Programme General Management Programm, General Expert Programm und das dreimodulige Programm für neue Führungskräfte durch Inhalte zum Thema Resilienz wie auch Work-Private-Balance angereichert. Angebote wie brown bag-Meetings, Auf ein Wort (mit der GF), World Café-Veranstaltungen oder Gesprächsrunden mit dem Senior Management runden die Aktivitäten ab.

2.4 Die Wirkung auf Führungskräfte, Mitarbeiter sowie die unternehmerische Performance

Die Areva GmbH strebt danach, komplexe, ressourcenintensive und für die Zukunft des Unternehmens bedeutenden Projekte, Prozesse und Programme wie das hier dargestellte durch einen Mix an relevanten Früh- und Spätindikatoren mit Blick auf den damit verbundenen Erfolg zu bewerten und daraus „lessons to be learned" zu generieren.

2.4.1 Beispiele für Indikatoren

In verschiedenen Aspekten der Personalarbeit können Indikatoren analysiert werden, die auf die Führungskultur verweisen. Zum Beispiel werden im Exit-Interview (strukturiertes Gespräch mit Personen, die eigeninitiativ Areva verlassen) definierte Fragen bilateral diskutiert und anonym dokumentiert. Der folgende Auszug aus einer Management-Summary (Anzahl Exit-Interviews = 200) zeigt beispielhaft Grafiken, die u. a. für „lessons to be learned" herangezogen werden:

Abbildung 44: Hier können Handlungsschwerpunkte und bei der Betrachtung über einen längeren Zeitraum auch Trends und Verschiebungen beobachtet werden.

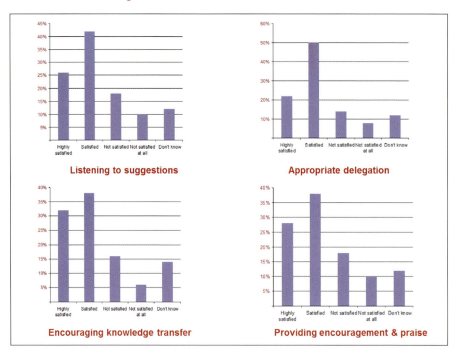

| Fachbeitrag Arewa GmbH. **KAPITEL 2**

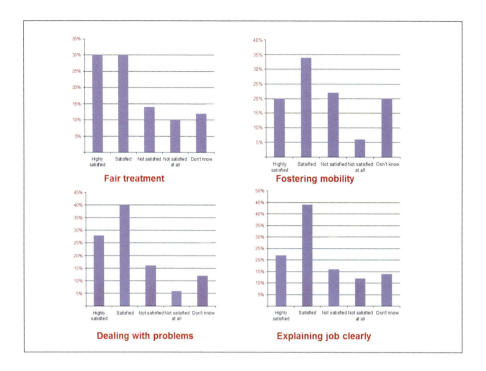

2.4.2 Bewertung von durchgeführten Maßnahmen der Initiative

Führungskräfte wie auch Personalentwickler sind permanent mit der Herausforderung konfrontiert, den Nutzen von Investitionen (Zeit, Cash-out etc.) und den damit verbundenen Beitrag zur Erreichung der Unternehmensziele zu begründen. Mit dem ROCD (Return on Competence Development) kann Areva den Nutzen und den Wertbeitrag nicht nur strukturiert messen, sondern auch transparent und nachvollziehbar darstellen.

2.4.3 Ergebnisse der Mitarbeiterbefragung VOE Voice of Employees

VOE als die zweijährige Mitarbeiterbefragung in der Areva geschieht aus einer strategischen Logik heraus und ist ein Baustein in einem schlüssigen Gesamtsystem. Dementsprechend bestehen Querverbindungen wie beispielsweise zu der hier gezeigten Initiative. Die dabei entstehenden KPI lassen es zu, gerade auf die Wirksamkeit von Führung und auf Führung abzielende Interventionen Rückschlüsse zu ziehen. Hier ist insbesondere folgende „lessons to be learned"-Aussage aus der und für die Führungsinitiative hervorzuheben: Ein von gegenseitiger Wertschätzung geprägtes Performancemanagement in Verbindung mit Empathie, Klarheit und Orientierung in der Führung ist der zentrale Treiber der Veränderung in der Areva.

Die folgende Grafik unterstreicht dieses Statement:

Abbildung 45: Ergebnisse der Mitarbeiterbefragung
(Quelle: Auszug aus den VOE-Lessons to be Learned-Sessions, Areva 2014)

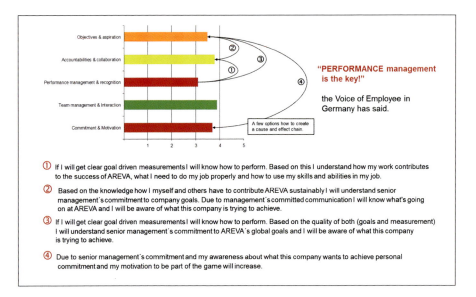

3. Ausblick

Die Vision einer resilienten Organisation mit den skizzierten vier Facetten (intra- und interpersonell, intra- und interorganisational) kann und wird wie die der lernenden Organisation (Senge 1990) ein bedeutender Faktor im Wettbewerb sein. Dabei sind heute noch viele Fragen offen, wie beispielsweise die, was genau die Resilienz einer Person ausmacht. Oder ob es „nur" um die Bewältigung von Krisen und das Zurückfinden in die Ausgangslage vor der Krise geht? Oder ob es um das Wachsen in und an Krisen und das daraus Erwachsen neuer Fähigkeiten handelt? Soll die Frage auf die Bewältigung akuter Krisen beschränkt sein? Oder langfristig betrachtet: Werden unter Einbezug von Personen, Teams und Unternehmen über die Zeit hinweg mit Widrigkeiten und Herausforderungen unterschiedlichster Art und Ausprägung umgehen? Meint dann Resilienz eher den Umgang mit einer Krise (was eher Krisenmanagement bedeuten würde)? Oder sollten Prävention und Vorbereitung auf Krisen(szenarien) Kernaspekt von Resilienz sein oder werden?

Wie es die Professorin Jutta Heller auf ihrer Homepage (www.juttaheller.de/resilienz/resilienz-unternehmen) postuliert: Steigern wir die Resilienz bei unseren Mitarbeiterinnen und Mitarbeitern, in den Teams und der Organisation, um uns als Unternehmen auch in belastenden und unvorhersehbaren Situationen funktions- und leistungsfähig zu halten. Und dies nach dem Motto „Gemeinsam stark ans Ziel kommen!".

| Fachbeitrag Arewa GmbH.   KAPITEL 2

Weiterführende Literatur

Zur intrapersonellen Resilienz siehe u. a. Heller, J. (2013): Resilienz: 7 Schlüssel für mehr innere Stärke. München: GU Verlag

Zur interpersonellen Resilienz siehe u. a. Mistele, P.; Geithner, S. (2014): Kollektive Achtsamkeit: Erfolgsfaktor in Hochleistungsteams. In: Mehlich, P. et al. (Hrsg.): Praxis der Wirtschaftspsychologie III. Münster: MV Wissenschaft, S. 197 ff

Zur intraorganisationalen Resilienz siehe u. a. Hollnagel, E.; Woods, D. (Hrsg.) (2006): Resilience Engineering Vol. 1. Boca Raton: CRC Press

Zur Vertiefung der Leadership-Herausforderungen mit ECHO u. a.: Bilgin, M.; Danis, H.; Demir, E.; Can, U. (Hrsg.) (2016): Business Challenges in the Changing Economic Landscape – Vol. 2, Berlin: Springer Verlag S. 10 ff.

Zum Kompetenzmodell in der Areva siehe vertiefend Sommer, S., Die Vermessung der Kompetenzen, in: Human Resource Manager April/Mai 2016

Zum Bildungscontrolling bei Areva: Interview „Gelungenes Bildungscontrolling hat Wirksamkeit im Fokus", unter http://www.checkpoint-elearning.de/article/12871.html

Der Autor

Erich R. Unkrig ist ein interdisziplinär versierter Manager mit ausgewiesenen Schwerpunkten in strategischen wie Führungs- und Personalthemen. Seine berufliche Historie ist u. a. durch in ihrer Branche führende Unternehmen wie Buderus, Faurecia, Granini, Lafarge und RWE gekennzeichnet. Seit 2008 hat er insbesondere die Personal-, Organisations- und Führungskräfteentwicklung der Areva GmbH und ihrer Tochtergesellschaften gesteuert und gestaltet. Im Juli 2016 übernahm er die Leitung der Areva Exzellenz-Programme sowie die Executive-Beratungsfunktion für die Business- und HR-Transformationsprozesse.

Das Unternehmen

AREVA repräsentiert als Technologiekonzern die gesamte energietechnische Wertschöpfungskette der Kerntechnik, vom Bergbau über die Errichtung von kerntechnischen (Groß-)Anlagen bis hin zum Rückbau von Kernkraftwerken. Das Unternehmen mit der Zentrale in Paris gehört seit 2016 zum weltweit zweitgrößten Elektrizitätsversorger Électricité de France SA (EDF).

In Deutschland vereint die AREVA GmbH zahlreiche kerntechnische Schlüsselkompetenzen. Dazu zählen die Elektro- und Sicherheitsleittechnik, die Nachrüstung und Modernisierung von Kernkraftwerken, die Entwicklung und Fertigung von Brennelementen, einzigartige Versuchsanlagen und die nukleare Forschung sowie der Rückbau von Kernkraftwerken. Dieses ingenieurtechnische Know-how wird international geschätzt. Daher findet Kerntechnik aus Deutschland Anwendung in Projekten auf der ganzen Welt. Von Deutschland aus warten hochqualifizierte Mitarbeiterinnen und Mitarbeiter Kernkraftwerke im In- und Ausland zuverlässig oder modernisieren sie umfassend; sie leisten damit einen wichtigen Beitrag, um die Anlagen langfristig sicher und fit zu halten.

| Fachbeitrag Arewa GmbH. **KAPITEL 2**

FÜHRUNG

Steffen Straub
Teamleiter Bilfinger Academy
Bilfinger SE

Julia Willer
Referentin Leadership Forum
Bilfinger SE

Our people make it work

„Das Leadership Performance Program ist kein gewöhnliches Führungskräftetraining. Die intensiven praktischen Übungen mit den anderen Teilnehmern haben mich an meine Grenzen gebracht – eine Erfahrung, die mir gezeigt hat, mich selbst und meine Rolle als Führungskraft noch bewusster wahrzunehmen. In meinem jetzigen Führungsalltag profitiere ich ungemein von allem Erlernten." Teilnehmerzitat des Jahrgangs 2015.

1. Leadership Performance Program – ein erfahrungsorientiertes Führungskräftetraining

Als Dienstleistungsunternehmen kommt es Bilfinger besonders auf die (Dienstleistungs-) Kompetenzen seiner Mitarbeiter an – „Our people make it work". Maßgeschneiderte Programme der Bilfinger Academy fördern und fordern die eigenen Führungskräfte, um die Qualität der Führung und ein gemeinsames Führungsverständnis zu entwickeln.

Führungsverantwortung zu übernehmen, stellt viele Menschen anfangs vor große Herausforderungen. Mit dem Leadership Performance Program bereitet Bilfinger seine Mitarbeiter nicht nur aktiv auf die Übernahme von Schlüsselpositionen im Management vor, sondern reagiert auch auf die Marktbedingungen in der täglichen Auseinandersetzung mit den Wettbewerbern um spezialisierte Fach- und Führungskräfte. Neben den internen HR-Herausforderungen der Nachfolgeplanung und Weiterentwicklung der Leistungsträger kommt den Führungsprogrammen zunehmend Bedeutung in der Mitarbeiterbindung zu. Vor allem die Zielgruppe des Leadership Performance Programs zählt zur begehrtesten Zielgruppe auf dem Arbeitsmarkt. Durch das 15-monatige Programm bekommen alle Teilnehmer einen Anreiz, sich bei Bilfinger gemeinsam zu entwickeln und in „ihrem" Unternehmen eine eigene langfristige Perspektive zu sehen.

Das Leadership Performance Program wird durch weitere Entwicklungsprogramme ergänzt, die auf den nachfolgenden Karrierestufen angeboten und durchgeführt werden.

| Führung Bilfinger Academy   KAPITEL 2

2. We make leadership work

Das Leadership Performance Program (LPP) ist ein internationales Programm für Führungskräfte zur Begleitung und Entwicklung der Potenzialträger und Talente auf dem Weg in die nächsten Führungsrollen. Die Nominierung zur Teilnahme erfolgt im Rahmen einer Performance- und Potenzialbewertung durch den Vorgesetzten und die Personalleitung. Das Programm besteht aus drei mehrtägigen Modulen, die in einem Zeitraum von ca. 15 Monaten durchgeführt werden. Jedes Modul wurde spezifisch für Bilfinger zusammen mit dem externen Trainingspartner Impact International entwickelt. Der Fokus liegt auf nachhaltigem Lernen, welches durch die Trainingsmethoden unterstützt wird. Simulationen von alltäglichen Arbeitssituationen und der dauernde Vorstoß aus der Komfortzone hinaus stärken die Selbstreflektion und die situative Aufmerksamkeit des Führungshandelns der Teilnehmer.

Abbildung 46: Warum es so wichtig ist, die Komfortzone auch einmal zu verlassen (Quelle: Bilfinger Academy)

Ausreichende Reflexionsmöglichkeiten stellen sicher, dass sie auch in zukünftigen Herausforderungen ihr Führungshandeln aktiv einsetzen werden. Programmsprache ist Englisch und dient parallel als intensives Sprachtraining für die Teilnehmer.

Das angewandte Impact-Lernmodell berücksichtigt vier sich wiederholende und ergänzende Bereiche:

Abbildung 47: Das Impact-Lernmodell (Quelle: Bilfinger Academy)

Im **Modul I** „Lead yourself" steht der Ausbau der eigenen Führungskompetenzen, der eigenen Führungsrolle und -identität im Mittelpunkt. Insbesondere auf die Selbstwahrnehmung und Reflexion des eigenen Führungsstils wird in diesem Modul geachtet. Dies hilft den Teilnehmern, sich über ihre eigenen Stärken und Entwicklungsfelder bewusst zu werden. Eine 24 Stunden dauernde Simulation ist der zentrale Baustein des ersten Moduls. Es wird ein Tag im Arbeitsleben von Bilfinger-Führungskräften simuliert, die Themen des persönlichen Führungsstils in einem interaktiven, dynamischen und experimentellem Setting fördert und erlebbar macht. Die Teilnehmer agieren dabei wechselnd in Teams oder als eigenständige Führungskräfte. Das Gesamtszenario ist fiktiv, wurde aber sehr realistisch und Bilfinger-spezifisch zusammengestellt. Im Rahmen dieser 24 Stunden sind sowohl Mitglieder des Top Managements, Schauspieler und Journalisten involviert, die alle gemeinsam an der möglichst realen Durchführung und dem speziellen Reiz des Prozesses mitwirken. Zum Ende dieses Bausteins wird ausgiebig Wert auf das persönliche Feedback und die nächsten Schritte in der Transfersicherung gelegt.

Das **Modul II** „Leading Teams" findet in kleineren Gruppen jeweils in der Nähe einer operativen Einheiten von Bilfinger statt. Die Führungsfähigkeiten werden weiterentwickelt und die Team-Performance ausgebaut. Die Teilnehmer werden darin geschult, Teams zu führen und diese zu stärken. In der Theorie wird gelernt, welche Aspekte wichtig für eine effektive Teamperformance sind, bevor diese durch spannende Aktivitäten praktisch nachempfunden werden.

Im **Modul III** „Leading Performance" wird die Fähigkeit, souverän erfolgskritische Situationen zu bewältigen und trotz stressiger Situationen ein höchstes Maß an Qualität zu gewährleisten, durch eine erlebnisorientierte Weise trainiert. Des Weiteren sollen sich die Teilnehmer über ihren Lernfortschritt bewusst werden und diesen in den Kontext zu ihrer eigenen Arbeit und jeweiligen Einheit setzen, um einen konkreten Handlungsplan für ihre Einheiten zu entwerfen. Wie auch in den vorhergegangenen Modulen sollen Lernprojekte helfen, Führungsstile kritisch zu hinterfragen und Führungsstärke aktiv zu trainieren, um sich so auf die Rolle als „Leader" vorzubereiten.

Zwischen den jeweiligen Modulen gibt es zusätzliche Trainingseinheiten in Form von eLearnings, die von den Teilnehmern zur Vor- und Nachbereitung bearbeitet werden. Dies sichert einen dauerhaften sowie effektiven Lernprozess. Zudem ermöglichen die regelmäßigen Feedbackrunden nach jeder Durchführung die kontinuierliche Verbesserung der Modulinhalte und erfüllen damit den hohen Qualitätsanspruch der Bilfinger Academy. Interessanterweise belegt die Studie „Global Leadership Forecast" der Managementberatung DDI (2011), dass die erfolgreichsten Führungskräfteprogramme eine um 32 % Prozent höhere Anzahl an Methoden beinhalten.

Abbildung 48: Ablauf des Leadership Performance Programms (Quelle: Bilfinger Academy)

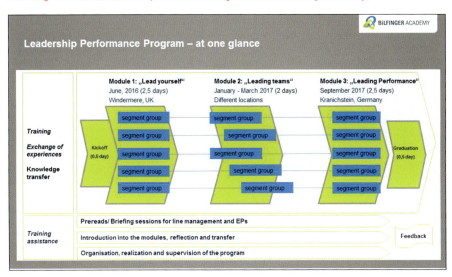

3. Ziele – Entwicklung und Bindung von Leistungsträgern

Primäres Ziel ist die nachhaltige Entwicklung und Qualifizierung der Teilnehmer zu international erfolgreichen Bilfinger Führungskräften. Das Programm soll ein gemeinsames Führungsauftreten im Konzern stärken und aus jungen Führungskräften Führungspersönlichkeiten entwickeln. Gerade dies ist wichtig, um Teams mit einem sicheren Auftreten zu begegnen und zu hervorragenden Leistungen bewegen zu können. Durch eine internationale Vernetzung der Kollegen untereinander werden nicht nur belastbare Beziehungen geschaffen und die Beziehung zwischen den Segmenten gestärkt, sondern auch die Loyalität zu Bilfinger. Durch seine erlebnisorientierte Methodik schafft es das

Leadership Performance Program, eine praxisorientierte Qualifizierung für den eigenen Führungsalltag darzustellen. Bilfinger ist es wichtig, seinen Mitarbeitern Wertschätzung entgegenzubringen und auf die Entwicklung der eigenen Talente zu setzen und damit entsprechende Talentpools im Unternehmen aufzubauen.

„Der Rahmen des LPP hat den Austausch mit anderen Führungskräften des Bilfinger Konzerns einmalig gemacht. Ich habe viele interessante Kontakte knüpfen können, die die konzerninterne Zusammenarbeit und übergreifende Projekte mit anderen Bilfinger Einheiten intensivieren wird." Teilnehmerzitat des Jahrgangs 2014

| Führung Bilfinger Academy **KAPITEL 2**

Die Autoren

Steffen Straub, Teamleiter Bilfinger Academy, seit 2014 für die Führungskräfteprogramme bei Bilfinger verantwortlich.

„Nichts ist so schnell vergessen wie das Alltägliche und Normale. Grundlage für unsere erfolgreiche Arbeit ist Erfahrungslernen statt bloße Wissensvermittlung. Unsere Methode ist die konzeptionelle Verbindung von konventionellen Seminaren und Trainings mit handlungs- und erlebnisorientierten Lerneinheiten."

Julia Willer, die bereits in ihrer Abschlussarbeit eine Basisqualifizierung für Bilfinger Führungskräfte konzipierte, ist aktuell als Junior Referentin im Leadership Forum mitverantwortlich für das Leadership Performance Program. Aus der Überzeugung heraus, dass gut ausgebildete Mitarbeiter & Führungskräfte das Fundament des Unternehmens darstellen und somit einen maßgeblichen Beitrag für die Erfolgsgeschichte leisten, steht für sie die Nachhaltigkeit des Trainingserfolg an erster Stelle. „Mein Credo ist es, Trainings so zu hinterfragen, dass für die Teilnehmer der größtmögliche Wertbeitrag geschaffen wird."

Das Unternehmen

Bilfinger ist ein international führender Industriedienstleister. Das Unternehmen bietet seinen Kunden aus der Prozessindustrie maßgeschneiderte Engineering- und Serviceleistungen. Bilfinger steigert die Effizienz der Anlagen, erhöht deren Verfügbarkeit und senkt die Wartungs- und Betriebskosten. Das Portfolio deckt die gesamte Wertschöpfungskette ab: Von Consulting, Engineering, Fertigung und Montage bis hin zu umfassenden Instandhaltungskonzepten und deren Umsetzung inklusive Generalinspektionen. Bilfinger steht für höchste Sicherheit und Qualität und erfüllt damit anspruchsvollste Anforderungen seiner Kunden, die in den Bereichen Petrochemie, Chemie, Pharma, Energie sowie Öl und Gas tätig sind. Mit gut 40.000 Mitarbeitern erbringt das Unternehmen eine jährliche Leistung von rund 5 Mrd. Euro.

Susann Bock
Business Trainerin
RICOH DEUTSCHLAND GmbH

Nicole Bergmann
Referentin für Personalentwicklung
RICOH DEUTSCHLAND GmbH

Blended learning in der Führungskräfteentwicklung

Mitarbeiterführung ist ein sehr wichtiger Erfolgsfaktor eines Unternehmens. Gute Führungskräfte dienen als Vorbild, treiben Veränderungen voran, vermitteln die Unternehmensvision an ihre Mitarbeiter und schaffen ein motivierendes Umfeld. Damit sich Führungskräfte bei Ricoh von Beginn an ihrer neuen Rolle bewusst werden, wurde ein Training entwickelt, das für alle neuen Führungskräfte verbindlich ist.

1. Ausgangssituation und Zielsetzung

Ricoh beschäftigt in Deutschland circa 3.000 Mitarbeiter an mehr als zehn Standorten. Die interne Academy befindet sich an den Standorten Hannover und Stuttgart. Pro Quartal werden bis zu zehn Führungspositionen neu besetzt.

Diese neuen Führungskräfte benötigen Unterstützung bei dem Aufbau gewünschter Führungskompetenzen und dem Umgang mit internen Führungstools. Wir trainieren neue Führungskräfte möglichst frühzeitig in ihrer Laufbahn, damit das erlangte Wissen schnell in den Arbeitsalltag integriert und von Beginn an eine hohe Führungsqualität sichergestellt wird. Es ist einerseits notwendig, frühzeitig Kompetenzen zu vermitteln, andererseits möchten wir den Führungskräften ausreichend Zeit zur Teamentwicklung vor Ort geben. Des Weiteren können mit einem blended learning-Konzept Reisekosten und -zeiten reduziert werden.

2. Der Kurs „Die ersten 100 Tage als Führungskraft"

Das virtuelle Führungskräftetraining basiert auf einem hunderttägigen Online-Kurs, ergänzt durch Web-Konferenzen und einer Face-to-Face-Auftakt- sowie Abschlussveranstaltung. Die zu entwickelnden Führungskompetenzen orientieren sich dabei an den Unternehmenswerten:

| Führung RICOH DEUTSCHLAND GmbH   KAPITEL 2

» Wille zum Erfolg
» Innovationsfähigkeit
» Teamarbeit
» Kundenorientierung
» Ethik und Integrität

Als Grundlage für den Trainingsansatz nutzt Ricoh das 70:20:10-Modell von Charles Jennings (http://charles-jennings.blogspot.ca/), um die Teilnehmer möglichst arbeitsplatznah und praxisorientiert zu entwickeln. Das entspricht den Lernbedürfnissen von Führungskräften. Neben dem formalen Theorie-Input ist der Austausch zwischen den Teilnehmern besonders wichtig. Es werden unterschiedliche Führungsthemen während des Kurses auf der Lernplattform diskutiert und gemeinschaftlich von den Kursteilnehmern entwickelt.

Das methodische Konzept dieses Kurses basiert auf dem Virtual Action Learning (VAL)-Konzept von Jos J. M. Baeten (2011). Der Austausch zwischen den Teilnehmern und ein eigenverantwortlicher Lernprozess sind das Kernstück von VAL. Als Lernplattform für diesen Kurs nutzt das Unternehmen „moodle" (www.moodle.org), eine Open Source-Plattform, die die Academy eigenständig verwaltet und auf der Kurse und Kursinhalte selbst erstellt werden. Die Plattform ist im Ricoh-Netzwerk verfügbar, sodass das Lernen jederzeit und überall möglich ist.

Der Kurs startet mit einer eintägigen Auftaktveranstaltung. Es ist wichtig, dass sich die Teilnehmer persönlich kennenlernen, um für das spätere virtuelle Lernen genügend Vertrauen in der Lerngruppe aufzubauen. Der Tag startet mit ersten Gruppenaufgaben zu Führungsthemen. Außerdem wird der Umgang mit der Lernplattform von den Teilnehmern intensiv eingeübt, damit diese optimal bedient werden kann.

Zurück an ihren Arbeitsplätzen können die Teilnehmer sofort mit dem virtuellen Lernen beginnen. Das bedeutet konkret, dass sie Lösungen (Lernprodukte) zu Lernaufgaben erarbeiten und auf die Lernplattform hochladen. Die auf der Plattform gestellten Lernaufgaben dienen zum einen der Entwicklung der gewünschten Kompetenzen, zum anderen der Vorbereitung auf Führungsaufgaben in der Praxis.

Bei den Lernaufgaben bearbeiten die Teilnehmer u. a. folgende Fragestellungen:

» Wie würden Sie ein Konfliktgespräch führen?
» Befragen Sie Ihre Mitarbeiter zu ihren Erwartungen an Sie als Führungskraft – wie gehen Sie damit um?
» Was sind Ihre persönlichen Führungsgrundsätze?

Abbildung 49: Beispiel einer Lernaufgabe

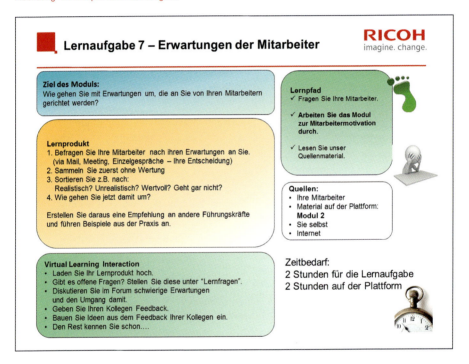

Die Teilnehmer sind nun gefordert, qualifiziertes Feedback zu den Lernprodukten ihrer Kollegen zu geben. Dieses Feedback soll möglichst zu einer Verbesserung der Lösung führen. Das Hochladen einer neuen Version des Lernprodukts ist möglich. So entsteht der sogenannte „Lernzyklus". Durch das kontinuierliche Feedback innerhalb der Lerngruppe werden die einzelnen Lernprodukte gemeinschaftlich verbessert und die Lerninhalte vertieft. Die Teilnehmer erleben sich zudem auch in der Rolle eines kollegialen Beraters, was den vertrauensvollen Austausch auf Peer-to-Peer-Ebene in der Zukunft erleichtern soll.

Abbildung 50: Lernzyklus

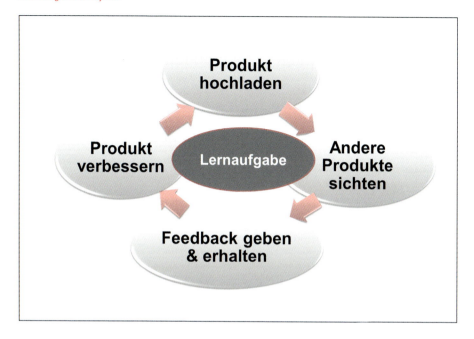

Zwölf Lernaufgaben werden auf der Plattform nacheinander in vier Modulen freigeschaltet und bauen aufeinander auf. Während des Kurses wird die Plattform von den Trainern moderiert, sodass die Teilnehmer ständig begleitet werden und bestmöglich motiviert sind. Das Training ist für jeweils acht bis zwölf Personen ausgelegt und wird alle vier Monate angeboten. Eine persönliche Lerndauer von fünf Stunden pro Woche wird empfohlen.

Am Ende des Trainings haben die Teilnehmer im besten Fall alle Führungskompetenzen durch kontinuierliches Arbeiten auf der Plattform nachgewiesen. Dazu ist es möglich, die Leistungen der Teilnehmer im Kurs mit Hilfe von Reports auszuwerten.

Als Kompetenznachweise zählen:

» Beiträge in den Foren
» Hochgeladene Lernaufgaben
» Qualifiziertes Feedback

Zum Ende des Kurses werden die Teilnehmer zu einer Abschlussveranstaltung eingeladen. Dabei können eventuelle Lücken bei der Kompetenzentwicklung geschlossen werden. Dazu werden den Teilnehmern in unterschiedlichen Gruppenkonstellationen Aufgaben zu entsprechenden Themen gestellt.

Nach dem Abschlusstag finden Einzelgespräche zwischen den Trainern und den Teilnehmern statt, bei denen gemeinsam über den Erfolg des Kurses reflektiert wird. Im Gespräch werden ggf. weitere Entwicklungsmaßnahmen bzw. das Nacharbeiten fehlender Kompetenznachweise vereinbart.

3. Inhalt und Aufbau des Kurses

Der Kurs besteht aus vier Modulen mit jeweils drei Lernaufgaben, die nacheinander freigeschaltet werden:

» **Modul 1: Vorbereitung auf die Führungstätigkeit**
  Auseinandersetzung mit der neuen Rolle
» **Modul 2: Grundsätze der Führung**
  Führungsstile und Ricoh-Führungsverständnis
» **Modul 3: Führen von Mitarbeitern**
  Umgang mit und Leistungsbeurteilung von Mitarbeitern
» **Modul 4: Führungstools**
  Motivation, Mitarbeiterentwicklung, strategische Ausrichtung des eigenen Bereichs

Zu jedem Modul findet eine Web-Konferenz statt, bei der sich die Teilnehmer thematisch austauschen und über ihren Lernstatus berichten. Auf der Plattform sind zu den verschiedenen Modulen „Wissensspeicher" mit Lerninhalten in Form von Texten, Audio- und Videodateien hinterlegt. Die Teilnehmer werden dazu angeregt, weitere Quellen im Internet oder in Fachbüchern zu recherchieren.

Abbildung 51: Screenshot des Kurses

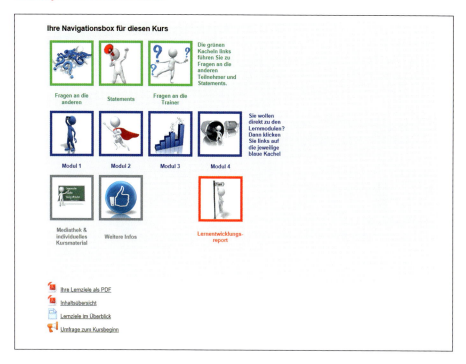

4. Ergebnisse

Das Feedback der Teilnehmer und der jeweiligen Vorgesetzten ist gänzlich positiv. Die Teilnehmer schätzen den kontinuierlichen Austausch mit anderen, die freie Zeiteinteilung zum Lernen und die Integration der Aufgaben in den Führungsalltag. Die Vorgesetzten berichten über eine positive Entwicklung im Führungsverhalten ihrer Mitarbeiter. Es bilden sich zudem abteilungsübergreifende Netzwerke aus den Kursteilnehmern, die über den Kurs hinaus bestehen bleiben, was zur Verbesserung der Kommunikation innerhalb des Unternehmens führt.

Ricoh evaluiert den Erfolg dieses Kurses mit einem 180°-Führungskräfte-Feedback. Zur Evaluierung werden die Ergebnisse der Kursteilnehmer mit einer Referenzgruppe vor Start des Programms verglichen. Zusätzlich wird die Fluktuation in den Teams betrachtet. Weitere Evaluationen sind in Planung.

Dieses eLearning-Konzept ist übertragbar auf diverse Trainingsmaßnahmen. Voraussetzung dafür sind eine Aufbereitung der Kursinhalte für das Selbststudium und die Bereitschaft zum virtuellen, kollaborativen Arbeiten auf einer Lernplattform.

5. Erfahrungen

Das virtuelle Lernen erlaubt den Teilnehmern eine hohe Flexibilität und eine eigenverantwortliche Zeiteinteilung. Da die persönliche Weiterbildung im Alltagsgeschäft häufig eine niedrige Priorität hat, kommt es bei einigen Teilnehmern zu Problemen mit ihrem Zeitmanagement. Wir empfehlen deshalb im Vorfeld des Kurses die Teilnahme am Kurs „Selbst- und Zeitmanagement".

Jeder Teilnehmer schließt zudem mit seiner Führungskraft eine Lernzielvereinbarung ab, in der Ziele und benötigte Ressourcen definiert werden. Auf diese Weise wird auch der Vorgesetzte über den Aufwand des Kurses informiert. Idealerweise unterstützen die Vorgesetzten die Teilnehmer bei deren Zeitmanagement, indem sie Zeitkontingente zum Lernen zur Verfügung stellen.

Zusätzlich werden in der Auftaktveranstaltung Lerntandems gebildet, das heißt, die Teilnehmer finden sich in Paaren zusammen, um sich gegenseitig an die Aufgaben im Kurs zu erinnern.

Durch regelmäßige Web-Konferenzen können aktuelle Herausforderungen besprochen und Hilfestellungen bei Lernaufgaben angeboten werden.

Im Laufe des Kurses stellt sich vereinzelt heraus, dass Teilnehmer besser für eine Projekt- oder Fachlaufbahn geeignet wären. Aus diesem Grund hat jede neue Führungskraft im Rahmen einer einjährigen Probezeit die Möglichkeit, wieder aus der Führungsrolle auszusteigen. In dieser vertraglich geregelten Probezeit muss zum einen dieser Kurs abgeschlossen werden, zum anderen ist es erforderlich, dass eine Empfehlung des eigenen Vorgesetzten und der Personalentwicklung für die weitere Führungslaufbahn vorliegt.

Für einen persönlichen Erfahrungsaustausch stehen die Autorinnen zur Verfügung.

Die Autorinnen

Susann Bock ist Trainerin für Führung und Vertrieb bei der RICOH DEUTSCHLAND GmbH. Sie entwickelt die Trainings für ihre Zielgruppen in der Regel selbst und verwendet dabei verstärkt blended learning-Ansätze. Die dafür notwendigen eLearning-Module und Online-Kurse werden ebenfalls von ihr erstellt. Susann Bock verfügt über diverse Zertifizierungen und Abschlüsse, wie z. B. „Geprüfter Business-Trainer BDVT" oder „MCCC – Moodle Certified Course Creator".

Nicole Bergmann ist Referentin für Personalentwicklung bei der RICOH DEUTSCHLAND GmbH. Ihre Schwerpunkte liegen in der Führungskräfteentwicklung, dem Onboarding und dem Lernen mit neuen Medien. Sie hat einen Masterabschluss in Human Resource Management von der Griffith University in Brisbane.

Das Unternehmen

RICOH ist ein globales Technologieunternehmen, das seit mehr als 80 Jahren die Arbeitsweisen der Menschen verändert und verbessert. Unter dem Slogan imagine.change. unterstützt Ricoh Unternehmen und Menschen mit Dienstleistungen und Technologien, die zur Innovation anregen, Nachhaltigkeit fördern und das Wachstum beschleunigen. Hierzu zählen Lösungen für das Dokumentenmanagement, IT-Services, Produktionsdruck, Digitalkameras und Industrielösungen. Die Ricoh Group hat ihren Hauptsitz in Tokio und ist in mehr als 190 Ländern aktiv.

Brigitte Schedler
Trainerin und Coach
Materne Training

Führung heißt Beziehungen gestalten

Ein Beziehungsratgeber

Wie führe ich eine gute Beziehung? Mit dieser Frage beschäftigen sich jedes Jahr wieder unzählige Lebenshilfeliteraten.

Was macht Führung erfolgreich? Auch hier findet sich jede Menge Lesestoff, die Bücherregale biegen sich unter dem Gewicht der Antworten.

Eines wird deutlich: Die Überschneidungen beider Bereiche werden immer größer. In Führungsbüchern halten Begriffe Einzug wie „Vertrauen" und „Emotionen" – bisher hauptsächlich in der Abteilung Lebens- und Beziehungsberatung zu finden. Die zugrundeliegende Erkenntnis: Da, wo zwei Menschen aufeinander treffen, entsteht etwas Drittes, die Beziehung. Und die will gepflegt und entwickelt werden, egal ob im Privat- oder Berufsleben.

Im Unternehmensalltag zeigt sich die Relevanz dieser Tatsache (noch) selten. Die Führungskraft erscheint allzu oft als Archetyp in unterschiedlichen Formen: Da gibt es den „Meister", er führt durch seine Expertise. Außerdem einen „Helden", dessen mutige Taten seine Rolle ausmachen. Wir finden einen „General", mächtiger als andere und daher befehlsbefugt. Oder einen „Vater" (oder eine „Mutter"), der bzw. die durch emotionale Bindung leitet.

Ist der ideale Chef wirklich diese besondere Persönlichkeit, ausgestattet mit angeborenen Qualitäten und Charaktereigenschaften, die ihn auf natürliche Weise zur Führung befähigen? Unterscheiden sich Führende somit von anderen Menschen und formen Geschichte und Gesellschaft, ohne Einfluss von Seiten der Geführten? Oder geht es vielmehr um beide Beteiligten und deren Interaktion? Wie geht Beziehungsgestaltung in der Führung?

Zwei Basisfaktoren lassen sich für jegliche Art der Beziehung identifizieren: Präsenz und Vertrauen.

MATERNE TRAINING

1. Präsenz – die Basis des (Beziehungs-)Erfolgs

Präsenz (nicht nur in der Führung) zeichnet sich durch Wachsamkeit und Aufmerksamkeit in jedem Moment aus. Das gilt für das Innen – die eigene körperliche Verfassung, die Gefühle und Gedanken, das eigene Verhalten, wie für das Außen – die Umgebung, die Menschen im Umfeld, die Interaktionen.

Durch Wahrnehmung all dessen erreichen wir flexibles Agieren: Präsente Führungskräfte handeln in jeder Situation angemessen und zielgerichtet. Und: Erfolgreiche Führung beginnt mit Selbstführung, basierend auf der souveränen Persönlichkeit. Ein Schritt zur Souveränität besteht in der Wahrnehmung dessen, was ist: Präsenz.

So werden innere Freiheit, Vertrauen, Reflexion, Entscheidung, Verantwortungsübernahme, Wirksamkeit und Wandel möglich.

2. Mehr als die Summe seiner Teile: Das Ganze und unser Blick darauf

Führung als „unsichtbares Phänomen zwischen sichtbaren Menschen" entsteht im Kontext der Personen und ihrer Beziehungen, der zu lösenden Aufgaben, der Organisation und deren Umwelt. All diese Faktoren sind ständiger Veränderung unterworfen, Vorhersagen werden unmöglich. Mit der Komplexität steigt auch die Herausforderung für die Führungskraft. Die Perspektive eines einzelnen oder die Betrachtung nur weniger Aspekte wird hier der Situation nicht gerecht. Umso wichtiger ist der Blick auf das große Ganze, das System. Und das System wird erst recht mehr als die berühmte Summe seiner Teile, wenn hier noch die Beziehungen hinzugerechnet werden.

Und jetzt wird es spannend: Diese Beziehungen und Wechselwirkungen, z. B. zwischen Chef und Mitarbeiter, entstehen durch die subjektive Wahrnehmung der Beteiligten und sind beeinflusst von all unseren Erfahrungen, Erwartungen, Einstellungen. Wir nehmen also das wahr, was zu unseren Gedanken passt, konstruieren unsere eigene Wirklichkeit und glauben doch, dass unsere Wahrnehmung objektiv real ist. Meist folgt auf alles, was wir erleben, unwillkürlich eine Emotion, die Situation erzeugt ein Gefühl ... glauben wir zumindest. Aber dem ist nicht so! Nicht die Situation erzeugt unser Gefühl, sondern wie wir darüber denken, wie wir sie bewerten. Das geschieht bewusst oder unbewusst. Das Außen ist also nicht länger Urheber unserer Gefühle, wir selbst tragen die Verantwortung – und darin liegt die große Chance: Wir können eine hinderliche Denkstrategie in vorteilhaftere Gedanken und – daraus resultierend – stimmiges Handeln und Erleben verwandeln.

Die Überprüfung der eigenen Wahrnehmung lohnt sich: Wo beeinflussen Vorannahmen, entstanden aus Erfahrungen, die wertfreie Betrachtung der Situation und der Menschen, allen voran der Mitarbeiter? Unsere persönliche Wahrnehmung prägt jeden Tag die Beziehung zu unserer Umwelt, das Führungsverhalten, den Erfolg – und beeinflusst auch das Verhalten der Mitarbeiter. In klare Worte gepackt: Chefs, die ihre Mitarbeiter für Versager halten, kommunizieren entsprechend. Dann werden die Mitarbeiter tatsächlich zu Versagern, obwohl sie von vornherein gar keine wären – und werden immer schlechter. Das Phänomen kennen Sie vielleicht bereits unter der Bezeichnung „Self fulfilling Prophecy".

Diese Dynamik hilft niemandem, noch dazu wird das Potenzial der Mitarbeiter nicht genutzt. Wertschätzende Kommunikation und wertschätzendes Denken helfen aber nicht nur, Erwartungen und Ziele besser zu verbalisieren, sondern unterstützen auch auf lange Sicht den Aufbau des zweiten wesentlichen Führungsfaktors: Vertrauen.

Doch wie steht es darum in deutschen Unternehmen?

3. Entweder führen oder vertrauen?

„Vertrauen ist gut, Kontrolle ist besser." Altbekannt und oft zitiert, ist dieses Motto die Basis für die immerwährende Beobachtung der Mitarbeiter. Der Fortschritt will überprüft sein, das weitere Vorgehen abgestimmt, die Ergebnisse dokumentiert, gerne mit immensem bürokratischem Aufwand. All dies verhindert Kreativität und Innovation. Bürokratie ist oft ein Zeichen von Misstrauen. Und Bürokratie kostet. Zeit und Geld. Kontrolle wird angesichts immer komplexer werdender Aufgaben und Umgebungen aber zunehmend schwieriger – uns bleibt somit gar nichts anderes übrig als zu vertrauen.

Doch: Vertrauen muss erst aufgebaut werden, und das geschieht weder einfach so noch von einem auf den anderen Moment. Insbesondere wenn Zweifel daran bestehen, ob das Gegenüber mit seinen Fähigkeiten vertrauenswürdig ist: Springen Sie ins kalte Wasser! Vertrauen Sie!

Und wie beginnen? Verwundbarkeit startet Vertrauen. Die Grundlage von intensiver Beobachtung der Mitarbeiter durch die Führungskraft ist oft weniger das bestmögliche Ergebnis, sondern die Angst vor dem, was passieren könnte. Die potenzielle Gefahr von Misserfolgen, Fehlern, vielleicht auch die Befürchtung, dass der Mitarbeiter seinen Job besser macht als der Vorgesetzte und so auf die Überholspur ausschert. Diese Gedanken und Befürchtungen loszulassen, das meint Verwundbarkeit – wie viel Beobachtung braucht ein Mitarbeiter wirklich?

Jeder Chef kann den Prozess der Vertrauensbildung anstoßen durch weniger Kontrolle, im Vertrauen darauf, dass der Mitarbeiter kommt, wenn er sich abstimmen möchte. Und im Vertrauen auf den Qualitätsanspruch der Mitarbeiter an sich selbst und die eigene Arbeit. Dass dies so eintritt, erfordert mit Sicherheit ein wenig Vorarbeit: Wir dürfen uns verabschieden vom bisher gewohnten und lange gepflegten passiven Rollenverständnis des Mitarbeiters zugunsten von mehr Selbstverantwortung und Aktivität. Dazu ist im Grunde jeder Mensch fähig. Vertrauensbildung bedeutet also auch, die Ressourcen eines jeden in den Fokus zu rücken, somit Selbstvertrauen und Souveränität zu stärken. Delegieren wichtiger Aufgaben, ohne dem Mitarbeiter ständig über die Schulter zu schauen – für manchen eine Mutprobe –, hat große vertrauensbildende Kraft. Die Möglichkeiten sind vielfältig!

4. Zu einer Beziehung gehören bekanntlich zwei

So wie in jeder Beziehung beide Beteiligten gestalten und Verantwortung tragen, ist dies auch bei Vorgesetztem und Mitarbeiter der Fall. Seminare zur Beziehungsarbeit gibt es unzählbar viele, ebenso viele oder sogar mehr in Sachen Führung – doch findet sich noch kaum ein „Geführt werden"-Training auf dem Markt. Es braucht Bewusstsein und Reflexionsfähigkeit auf beiden Seiten. Einer allein kann nicht lösen, was an Konflikten zwischen zwei Menschen entsteht.

Das heißt, es braucht Dialog. Menschen sind unterschiedlich und haben ganz individuelle Bedürfnisse, auch in Sachen Führung. Da tut ein Austausch not über die Fragen: Was brauche ich als Chef von Dir als Mitarbeiter, um gut führen zu können? Und umgekehrt: Was brauchst Du von mir, um Dich gut führen zu lassen? Die Führungskraft darf also den Mitarbeiter mit in die Beziehungsverantwortung nehmen und gleichzeitig seine Eigenverantwortung ansprechen!

5. Machtspiele – Abhängigkeit vs. Selbstverantwortung

Führung ist nicht automatisch im Besitz der Macht, ebenso wenig kann sie von oben verliehen werden. Macht ist ein Merkmal der Beziehung. Die Führungskraft erhält Macht vom Mitarbeiter. Daraus resultiert oft eine abwartende Opferhaltung und Unzufriedenheit – Selbstentmachtung – wenn wir zu viel Verantwortung auf eine Person übertragen.

Es bedarf der Eigenverantwortung jedes einzelnen, getreu dem Motto: „Keiner hat Macht über mich, außer ich gebe sie ihm!" Ein Wechsel von Fremd- zu Selbstbestimmung. Und es braucht eine klare Rollendefinition und beiderseitiges Einverständnis. Aus der Autonomie der beteiligten Personen entsteht eine gesunde (Führungs-)Beziehung. Daneben steht zweifellos der Bereich der objektiven Verteilung der „Macht" im Sinne der Entscheidungsgewalt, in Form von Hierarchien in Unternehmen. Je klarer hier kommuniziert wird, umso stimmiger kann diese Machtverteilung gelebt werden, umso angenehmer und effizienter verläuft die Zusammenarbeit.

6. Vom Problem zur Lösung – das Potenzial in jedem von uns

Jeder Mensch ist ein Experte in eigener Sache, lösungskompetent und ausgestattet mit wertvollen Ressourcen und Fähigkeiten. Entscheidend ist die Perspektive: Sehen wir vor allem Schwierigkeiten und Probleme oder Herausforderungen und Lösungsansätze? Unser Blick darf sich vor allem auf das Gelingen fokussieren anstatt auf die möglichen Schwierigkeiten. Es gibt keine schlechten Mitarbeiter, nur falsch eingesetzte. Der Fokus liegt auf der Stärkung der Stärken und weniger auf der Ausmerzung der Schwächen. Wir nehmen ständig Einfluss aufeinander, Kooperation findet fortwährend statt. Zusammenarbeit fällt uns leichter in einem wertschätzenden Umfeld, das Stärken und Fähigkeiten unterstützt.

Zur gelingenden Führungsbeziehung braucht es also Führungskräfte, die in Anerkennung ihrer eigenen Persönlichkeit im Dialog stehen mit den Persönlichkeiten in ihrer Umwelt, die sich selbst als Teil des Ganzen verstehen, die Führung als ein Geschehen begreifen, das von allen gehalten und getragen wird, die in beiden Rollen zu Hause sind: führen und sich führen lassen, die beziehungsfähig sind. Präsenz in jedem Augenblick, Wachsamkeit im Innen und Außen machen Vertrauen, Reflexion, Entscheidung, Verantwortungsübernahme, Wirksamkeit und Wandel möglich – die Evolution der Führung.

| Führung Materne Training KAPITEL 2

Die Autorin

„Wir können nicht kommunizieren." (Paul Watzlawick)

Brigitte Schedler begann ihr Berufsleben in der Apotheke – nach ihrem Pharmaziestudium war sie in verschiedenen Unternehmen auch in Führungspositionen tätig. Dabei begeisterte sie vor allem die Begegnung mit Menschen, und ihr wurde die zentrale Rolle der Kommunikation bewusst: im Umgang mit Kunden, Kollegen, Vorgesetzten. Den Herausforderungen in diesem Bereich zu begegnen und die darin enthaltenen Chancen zu nutzen – dem hat sie sich seither verschrieben. Meilensteine auf ihrem Weg stellten ihre Ausbildung zur Trainerin bei Materne Training sowie die anschließende Coachausbildung dar, ebenso eine gruppendynamische Fortbildung zum Leiten und Beraten von Gruppen und vertiefte Kenntnisse im Bereich Zeit- und Selbstkompetenz. Ihre stetige persönliche Weiterentwicklung trieb sie durch Aufenthalte im Ausland und verschiedene Weiterbildungen voran.

Wissen weitergeben, Wahrnehmung schärfen, Präsenz stärken, Motivation erzeugen – diese Ziele setzt sie in ihrer Tätigkeit als Trainerin und Coach erfolgreich um, im Einzelkontext und auch in der Begleitung von Teams. Ihre exzellenten Sprachkenntnisse in Englisch und Spanisch eröffnen internationale Einsatzmöglichkeiten. Bei Materne Training ist sie auch für den spanischsprachigen Raum tätig – immer im Sinne einer gelingenden Kommunikation.

Das Unternehmen

Materne Training, 2003 von Andreas Materne in München gegründet, gestaltet nachhaltigen Wandel im Unternehmen und beim Einzelnen. Dafür entwickelte Andreas Materne das spezielle Präsenztraining. Die Stärkung der Präsenz der Teilnehmer, vorgeschaltete Analysen, die erlebnisorientierte Methodik und Transfermaßnahmen führen zu nachhaltigen Veränderungen. Das Leistungsangebot des Unternehmens umfasst Trainings und Coachings in den Bereichen Führung, Vertrieb, Change Management und weitere Softskill-Themen. Neben diesen firmeninternen Trainings und Coachings bietet Materne Training mehrere Trainer- und Coachausbildungen jährlich an.

Für Materne Training arbeiten 16 Trainer und Coaches, die seit vielen Jahren erfolgreich im Markt tätig sind. Zum Kundenstamm von Materne Training gehören renommierte Groß- und Mittelstandsunternehmen aus unterschiedlichen Branchen.

Annette Arand
Diplom-Betriebswirtin, Führungskräfte-Coach
VR Bank Südpalz

Qualitätszirkel Führung:
„Kulturell wirksam – aber auch ganz praktisch"

Es ist eine alte und doch immer brandaktuelle Wahrheit: Führungskräfte sind die ersten Personalentwickler und maßgeblich dafür verantwortlich, dass das Unternehmen seine Ziele erreichen kann, Herausforderungen bewältigt und erfolgreich ist. Viele Unternehmen haben das seit vielen Jahren verinnerlicht und schulen die Leitungsebenen regelmäßig in diese Richtung. Die Nachhaltigkeit dieser Aktivitäten ist jedoch häufig nicht gegeben. Die VR Bank Südpalz hat deshalb einen regelmäßigen Qualitätszirkel eingerichtet, der die Reflexion der Führungsrolle ebenso ermöglicht wie aktives Arbeiten an praktischen Fragestellungen des Führungsalltages.

1. Die Personalarbeit der VR Bank Südpfalz

Die besondere Qualität der VR Bank Südpfalz ist die Summe des überdurchschnittlichen persönlichen Engagements, des fachlichen Könnens und der beruflichen Begeisterung der Menschen, die dort arbeiten. „Wir verstehen uns als Dienstleister, der stets mit Ihnen mitdenkt. Qualität bei allem was wir tun, ist unsere Philosophie." Dieser Leitsatz aus dem Kundengeschäft ist auch Auftrag der Personalentwicklung. Das Bestreben der Personalentwicklung ist es, den Mitarbeitern immer „nützlich" zu sein und Themen zu bieten, die die Mitarbeiter in ihren jeweiligen individuellen Situationen weiterbringen.

Schon im Jahr 2008 hat die Bank das PE-Konzept „Du bist Zukunft – lebensphasenorientierte Personalarbeit" auf den Weg gebracht. Für die einzelnen Phasen vom Berufsein- bis zum Berufsaustritt wurde dabei ein umfangreicher Maßnahmenplan definiert. Zur Sicherung der Nachhaltigkeit bei der Umsetzung hat sich die Bank für die Zertifizierung einzelner Instrumente entschieden. Diese Prozesse leisten einen wertvollen Beitrag zur Qualitätssicherung und zu einem kontinuierlichen Lernprozess. Eines dieser Instrumente ist der von der VR Bank Südpfalz eigens konzipierte „Qualitätszirkel Führung", auf den im Folgenden näher eingegangen wird.

2. Die Idee

In den letzten Jahren hat sich die VR Bank Südpfalz im Zusammenhang mit der gesamten strategischen Ausrichtung intensiv mit den Erfolgsfaktoren des „intellektuellen Kapitals" der Bank beschäftigt. Die Teilnahme beim „Deutschen Bildungspreis" und bei „Great Place to work" sind nur zwei Beispiele hierfür. Als lernendes Unternehmen hat die Bank die daraus gewonnenen Erkenntnisse konsequent für die weitere Unternehmensentwicklung und -strukturierung genutzt.

Die VR Bank Südpfalz weiß: die erfolgreiche Umsetzung von allem hängt hauptsächlich vom Faktor Führung ab. Die verbleibende Herausforderung war nun: wie kann das Unternehmen die Führungskräfte in der nachhaltigen Umsetzung all dieser Erkenntnisse begleiten und wie wird die systematische Weiterentwicklung der Kultur und Führungskultur sichergestellt?

Demzufolge war das Ziel, insbesondere im Bereich der Führung, ein Gesamtkonzept zu erstellen, welches systematisch und nachhaltig die Führungskultur prägt und weiterentwickelt. Hier sollten regelmäßig Bedarfsmeldung und -planung, Maßnahmenkonzeption, Feedback, Erfahrungsaustausch, kollegiale Fallberatung, Praxistransfer und Workshops zusammenkommen, also „kulturell wirksam – aber auch ganz praktisch".

Abbildung 52: „Die Schatzkiste"

3. Die Studienlage

Gerade das Lernen von Kollegen und der Austausch über die tägliche Führungspraxis sind der wichtigste Faktor in der Weiterentwicklung von Führungskräften. Glaubt man den Erkenntnissen des sogenannten 70:20:10-Modells, so basieren maximal 10 % des Lernens auf klassischen Weiterbildungsmaßnahmen – wohingegen 70 % des Lernens aus praktischen Erfahrungen und Herausforderungen im Arbeitsalltag kommen und 20 % aus dem Austausch mit Kollegen und Vorgesetzten.

Neu ist die Idee einer solchen Aufteilung nicht. Das 70:20:10-Bildungsmodell ist gerade volljährig geworden: Es basiert auf Studien vom US-amerikanischen Center for Creative Leadership, einem weltweit agierenden Anbieter von Fortbildungen für Führungskräfte. Das 70:20:10-Modell findet Anwendung in vielen Unternehmen, wenn es um Personalentwicklungsmaßnahmen geht. Es gibt eine Richtschnur vor, wie Lernformen miteinander kombiniert werden können, sodass ein maximaler Lernerfolg bei der Weiterbildung von Mitarbeitern erzielt wird. Ein wichtiger Faktor ist aber nicht nur die Variation der Lernformen, sondern auch die Zeit. Um aus Erfahrungen zu lernen, diese zu reflektieren, sich auszuprobieren und darüber auszutauschen, brauchen Mitarbeiter eine Weile. Diese Austauschplattform und die Zeit dazu bietet die VR Bank Südpfalz ihren Führungskräften regelmäßig im Qualitätszirkel Führung.

4. Das Konzept

Mitte 2014 wurde eine Stelle in der Bank geschaffen, die sich exklusiv um das Thema Führung und die Führungskräfte im Haus kümmert. Die Aufgaben dieses Führungskräftecoachs reichen von Einzelcoachings über Teamentwicklungen bis hin zur Konzeption und Durchführung von Trainings und Workshops für die gesamte Führungsmannschaft.

Das Hauptformat hierzu ist der „Qualitätszirkel Führung". Dem Wesen eines Qualitätszirkels nach trifft sich die komplette Führungsebene (sowohl zweite als auch dritte) regelmäßig einmal im Quartal, um moderiert und in einen Rahmen gepackt Fragen der täglichen Führungsarbeit zu diskutieren und weiterzuentwickeln. Jedes Mal bildet ein anderes Führungsthema den „Anfangsimpuls", auf den die Diskussion danach aufbaut.

Diese Halbtagesveranstaltungen sind immer ein Mix aus Fachinput, Methodenkompetenzen und Austausch unter den Kollegen. Der Qualitätszirkel Führung dient der Reflexion der aktuellen Führungskultur in der VR Bank Südpfalz als Ganzes und auch des Selbstbildes der einzelnen Führungskraft. Durch das regelmäßige Hinterfragen der gelebten Führungspraxis ebenso wie durch den Input aktueller Entwicklungen zu diesem Thema entwickelt sich die Führungskultur ständig weiter. So wurden z. B. im Qualitätszirkel Führung die Führungsstandards allgemeinverbindlich neu geordnet und so z. B. dem Thema „Fairness" mehr Transparenz gegeben. Ebenso verbindet der Qualitätszirkel durch die Durchführung auf allen Führungsebenen (und sogar der Einbindung des Vorstands bei Bedarf) alle Führungskräfte dieser Bank und gibt ihnen eine „gemeinsame Sprache".

Durch die Konzeption und Durchführung der Qualitätszirkel vom eigenen Führungskräftecoach der Bank ist größtmögliche Flexibilität gegeben. Dadurch besteht die Möglichkeit, jederzeit die eigentlichen Themen konkret zu ergänzen und ein Sondermodul aufzusetzen. So wurde z. B. beim Thema „Konflikte" in einem Sondermodul „Kritikgespräche" verbindlich festgelegt, wie die Führungskräfte der VR Bank Südpfalz in Zukunft mit dem Thema umgehen werden oder auch innerhalb des Qualitätszirkels ein neuer Feedbackbogen für die „Training on the Job"-Gespräche" entwickelt.

Abbildung 53: Ein Schiff mit Namen „VR Bank Südpfalz"

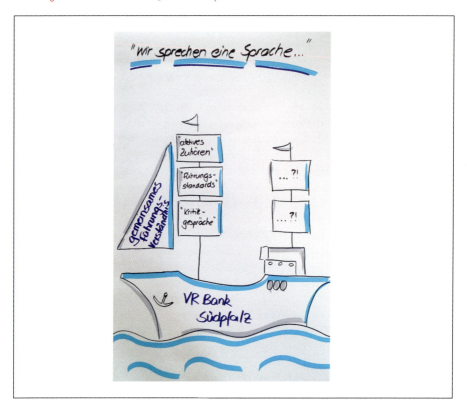

5. Die Wirkung

Der „Qualitätszirkel Führung" ist eine gelungene Mischung aus abstrakter Reflexion zur Bedeutung und Ausgestaltung der Führungsrolle und ganz praktischen Anwendungs- und Transferthemen im Führungsalltag der VR Bank Südpfalz. Die Qualitätszirkel sind immer „voll besetzt" – „man" geht hin, weil es jeden Einzelnen weiter bringt. „Man" geht auch hin, weil es die ganze Gruppe als Team weiter bringt. Besonders stolz ist die VR Bank auch darauf, dass der Betriebsrat den Qualitätszirkel voll unterstützt und einzigartig findet und es immer wieder Rückmeldungen aus Mitarbeitergesprächen gibt, in denen Mitarbeiter die Wirksamkeit des Qualitätszirkels spüren (z. B. Lob von Vorgesetzten, von denen man das nicht gewohnt war – oder auch deutliche Worte von Vorgesetzten, von denen man wiederum das nicht gewohnt war). Der Qualitätszirkel ist unmittelbar wirksam, da er sich mit den alltäglichen Führungssituationen direkt am Mitarbeiter beschäftigt. Besonders wertvoll ist darüber hinaus das ständig wachsende Vertrauen und Verständnis innerhalb der Führungsmannschaft, das durch den regelmäßigen Austausch untereinander stark gefördert wird.

6. Fazit

Besonders ist an dem Ansatz, dass das Thema „Führung" nachhaltig und systematisch im Alltag integriert wird – keine Einzelveranstaltung, sondern ein auf Dauer angelegtes Konzept. Ebenso ist es dem Wesen eines Qualitätszirkels gemäß jederzeit möglich, Schwachstellen und Abweichungen im System schnell zu identifizieren und für weitere Verbesserungen in der Führungskultur des Hauses nutzbar zu machen. Der „Qualitätszirkel Führung" ist eine ausgewogene Mischung aus abstrakter Reflexion zur Bedeutung und Ausgestaltung der Führungsrolle und ganz praktischen Anwendungs- und Transferthemen im Führungsalltag der Bank.

Und zu guter Letzt ein Zitat von Leo Tolstoi, das den „Qualitätszirkel Führung" in Perfektion beschreibt: „Es sind immer die einfachsten Ideen, die außergewöhnliche Erfolge haben."

Die Autorin

Annette Arand, Diplom-Betriebswirtin, ist seit 2014 bei der VR Bank Südpfalz als Führungskräfte-Coach tätig. Die Ausgestaltung dieser Stelle in der VR Bank Südpfalz im Sinne von Gestaltung, Konzeption, Coaching und Beratung rund um das Thema Führung ist in der Genossenschaftswelt einzigartig und hat Vorbildcharakter für viele andere Unternehmen.

Das Unternehmen

Die VR Bank Südpfalz ist eine selbstständige, regional tätige Genossenschaftsbank mit über 150-jähriger Geschichte. Eine enge regionale Verbundenheit und ein klares Bekenntnis zu Qualität und Kundennähe bestimmen die Geschäftspolitik: „in der Region – für die Region".

Die VR Bank Südpfalz mit Sitz in Landau gehört zu den größten Genossenschaftsbanken in Rheinland-Pfalz. Für diese Bank ist aber nicht Größe das Wichtigste, sondern permanente Kundenorientierung in Verbindung mit guten Service und kompetenter Beratung. Die VR Bank Südpfalz ist eine innovative und leistungsfähige Genossenschaftsbank mit Tradition.

Knapp 50.000 Kunden sind Bankteilhaber und machen damit im Wortsinne die VR Bank Südpfalz zu „ihrer Bank".

| Führung VR Bank Südpfalz   **KAPITEL 2**

Wolfgang Rathert
Chief Engagement Officer
CN St. Gallen Academy AG

Return on Fun –
Warum Führung Spaß machen muss

Macht Ihr Job Sie glücklich? Dann sind Sie Teil der gerade einmal 15 % derjenigen Arbeitnehmer in Deutschland, die ihrer Tätigkeit engagiert nachgehen (Gallup 2013).

Oder halten Sie die Frage für deplatziert? Dann gehören Sie offensichtlich nicht zur Generation Y, die mit Forderungen nach Sinn und Spaß bei der Arbeit und nach Inspiration und Selbstentfaltung im Job die Manager der Babyboomer-Generation irritiert.

Diese wachsende Gruppe will keine Work-Life-Balance, in der das ‚Life' wieder reparieren muss, was im ‚Work' beschädigt wurde. Und – einmal Hand aufs Herz – sie hat Recht: Sowohl die Unzufriedenheit der Generation Why als auch die Irritation der etablierten Arbeitswelt sind Signale dafür, dass mit unseren Organisationen etwas Grundsätzliches im Argen liegt.

Reality is broken

Mit dem Titel ihres Bestsellers „Reality is broken" brachte die Gamedesignerin Jane McGonigal 2011 dieses Lebensgefühl der jungen Generation auf den Punkt: Was ist von einer Arbeitswelt zu halten, der man nur mit einer Augen-zu-und-durch-Mentalität begegnen kann?

Konfrontiert man Führungskräfte und Manager mit dieser Frage, so ist die Antwort meistens eine Kapitulationserklärung: „Wäre ja schön, aber so läuft es im Business nun mal nicht." Dabei wäre eine Reaktion im Stile eines „Recht habt ihr – wie können wir das Business also so gestalten, dass diesen Bedürfnissen Rechnung getragen wird?" angesagt, denn angesichts der Entwicklung des sozialen und wirtschaftlichen Umfelds ist ein solches (Um-)Denken auch im Interesse der Unternehmen selbst dringend nötig.

Traditionelles Führungsverständnis als Falle

Universitäten, MBA-Programme und Führungsausbildungen vermitteln heute die Führungs- und Managementtechniken, mit denen Unternehmen die Herausforderungen der industriellen Revolution erfolgreich gemeistert haben. Diese Methoden wurden Anfang des zwanzigsten Jahrhunderts entwickelt, um immer größere und kompliziertere Aufgaben wie die industrielle Massenproduktion nach einem bewährten Schema zu lösen:

» Zuerst analysieren Experten die Aufgaben und Probleme,
» dann entwickeln sie Lösungen und Maßnahmen,
» die anschließend umgesetzt und implementiert werden.
» Ein laufendes Controlling informiert über Abweichungen vom Plan, so dass die Führung korrigierend eingreifen kann.

Selbst Großprojekte wie der Bau eines Kernkraftwerks oder der Betrieb ganzer Fabriken lassen sich noch heute auf diese Weise in klar beschreibbare, unabhängige Arbeitspakete aufteilen und durch eine geeignete Organisation in Arbeitsteilung zuverlässig und effizient abarbeiten.

Die Organisationsform dieses Erfolgsmodells ist die Hierarchie, sein Führungsprinzip heißt „teile und kontrolliere". Mit ihm können auch sehr komplizierte Systeme in überschaubare Häppchen zerlegt und erfolgreich gemanagt werden. Das klappt(e) so gut, dass Unternehmen auch komplexe Aufgaben wie Changeprozesse, Innovationsprojekte oder die Digitalisierung von Geschäftsmodellen nach diesem Muster angehen. Mit fatalen Folgen.

Komplexität als Herausforderung

Systeme und Aufgaben werden komplex, wenn Elemente mit einer hohen Eigendynamik vernetzt sind. Und Komplexität bringt eine Reihe von Eigenschaften mit sich, welche die Wirksamkeit etablierter Managementtechniken aushebeln:

» **Schwache Kausalität:** Dieses Phänomen, auch als „Schmetterlingseffekt" bekannt, beschreibt, dass sich kleine Ursachen aufschaukeln können und dann unerwartet große Auswirkungen haben. Umgekehrt gilt, dass selbst massive Eingriffe vom System einfach absorbiert werden und wirkungslos verpuffen können.

» **Pfadabhängigkeit:** Während komplizierte Systeme mit einer Analyse des aktuellen Zustands vollständig beschrieben werden können, spielt für das Verhalten komplexer Systeme auch die Geschichte des Systems eine Rolle. Beispielsweise führen Reorganisationen oft zu einem „Lerneffekt" der Betroffenen und so zu einer Immunisierung gegenüber Change-Initiativen.

» **Emergenz:** Komplexe Systeme weisen Eigenschaften auf, die nicht auf die Eigenschaften ihrer Elemente zurückgeführt werden können. Das Ganze ist sprichwörtlich mehr als die Summe seiner Teile. Entsprechend liefern Analysen der Bestandteile keine brauchbaren Entscheidungsgrundlagen für Maßnahmen und Eingriffe.

Abbildung 56: komplex oder kompliziert? (Quelle: Höfinger 2014)

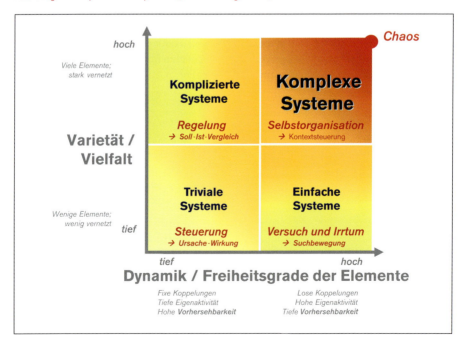

Komplexe Aufgaben können also nicht in Teile zerlegt werden (Emergenz). Weder die Ausgangssituation noch das Ziel sind vollständig und eindeutig beschreibbar (schwache Kausalität). Und die Eigendynamik der Akteure sorgt dafür, dass die Erfahrungen von gestern vielleicht heute nur noch Makulatur sind (Pfadabhängigkeit).

Was geschieht nun, wenn Führungskräfte unter diesen Bedingungen an dem traditionellen Führungsparadigma „teile und kontrolliere" festhalten? Dann führt der krampfhafte Versuch, die ohnehin nicht vorhandene Kontrolle über das Geschehen zu behalten, zu den vertrauten Symptomen wie überbordende Bürokratie, Dominanz politischer Interessen, scheinheiligem Management (A sagen und B tun) und pausenlosen Restrukturierungen mit entsprechenden Unsicherheiten und Effizienzeinbußen. Die Liste ließe sich fortsetzen. Führung produziert hier neben Stress für alle Beteiligten vor allem Misserfolge und die klischeehafte Machtkultur, gegen die sich eine Generation Y zu Recht zur Wehr setzt.

Weiterbildung ist keine Lösung

Ein gut gemeinter Reflex vieler Unternehmen – und die Forderung von Universitäten und Expertengremien (so zum Beispiel das Fazit des 4. Qualitätsdialogs des VDI mit dem Stifterverband für die Deutsche Wissenschaft und der Hochschulrektorenkonferenz) – ist der Ruf nach Qualifizierung der Mitarbeitenden. So sollen Leistungsträger für die „immer komplexer werdenden Anforderungen" aufgerüstet werden.

Aber die Konsequenzen falsch gewählter Führungsstrategien lassen sich nicht auf dem Rücken einiger High Performer austragen. Wer lediglich in die Skills der Opfer falscher Führungs- und Entscheidungsstrukturen investiert, löst nicht das eigentliche Problem. Im Gegenteil – durch die permanente Überforderung und Frustration der Akteure entstehen neue.

Die heute vorherrschenden Managementtechniken von Projektmanagement bis MBO wurden erfunden, um die Eigendynamik menschlichen Verhaltens auf ein Minimum zu reduzieren, damit Mitarbeiter zuverlässig mit administrativen und technischen Abläufen kompatibel werden. Was in einer Welt komplizierter Aufgaben hervorragend funktionierte, das zeigt in einer komplexen Welt Risiken und Nebenwirkungen, die Unternehmen, Belegschaft und Führungskräfte an den Rand der Belastbarkeit bringen. Und nicht selten auch darüber hinaus.

Es wird also höchste Zeit für ein neues Führungsparadigma. Hier sind seine Eckpfeiler:

Prozesse: agil ist das neue stabil

Den IT-Abteilungen blies der Wind der Komplexität schon immer stärker ins Gesicht als anderen Bereichen. Wenn Produktentwicklungen, Fusionen oder Marketingkampagnen nicht den gewünschten Erfolg bringen, können die Verantwortlichen den Schwarzen Peter oft leicht dem Markt, der Konkurrenz, den Kunden oder anderen externen Einflussfaktoren zuschieben. Wenn hingegen eine IT-Lösung nicht funktioniert, dann ist eindeutig, wessen Schuld das ist.

Unter diesem Druck wurden für IT-Projekte in den letzten Jahren Konzepte wie SCRUM und weitere sogenannte agile Methoden entwickelt, welche die Anforderungen komplexer Aufgaben an Organisationen ernst nehmen. Sie verlagern den Schwerpunkt weg von einer ohnehin unmöglichen Planung hin zu Kommunikations- und Lernprozessen: Viele Iterationen anstelle eines großen Wurfs. Prototyping und schnelles Feedback vom Kunden statt langes Optimieren von Pflichtenheften.

Inzwischen dominieren agile Methoden in der IT (Komus 2014) und weisen beachtliche Erfolge aus (Cohn 2012). Initiativen wie die Beyond Budgeting-Bewegung (http://bbrt.org) oder „Management 3.0" des Holländers Jürgen Appelo (https://management30.com) versuchen, diese Ansätze ins Management zu tragen. Doch bislang ist der Schritt aus dem Fachbereich hinüber ins Business nicht gelungen. Zu sehr ist ‚agil' mit dem Stallgeruch der IT behaftet. Und zu groß ist die Angst der Manager, die Scheinsicherheit ihrer Pläne einem – wenn auch überlegenen – Prozess zu opfern

Strukturen: vernetze und ermächtige

Noch größer sind die Vorbehalte, wenn es um die Ablösung der Hierarchie durch Strukturen der Selbstorganisation geht. Zu sehr rüttelt diese Veränderung an dem tief verwurzelten Selbstverständnis der Führungskräfte als Macher und „Chef-Ausführer" (Chief Executive) ihrer Pläne und Strategien. Nun sollen sie die Fäden aus der Hand geben und Kompetenzen, Entscheidungen und schlussendlich Macht an die Peripherie der Organisation abgeben? Das widerspricht der Identität macht- und statusbewusster Manager.

Dabei wird übersehen, dass die Kontrolle, die hier abgegeben wird, ohnehin Illusion ist. Für eine wirksame Steuerung müssen Unternehmen Strukturen schaffen und Räume bereitstellen, in denen Experten, Beteiligte und Betroffene sich vernetzen und selbstgesteuert ihre Arbeit machen können. Nicht Kontrolle und Einmischung, sondern Moderation und Gestaltung von Rahmenbedingungen führt ans Ziel. Das Ergebnis wären bessere Resultate und weniger Reibung. Das Know-how aller relevanten Personen würde genutzt, und das Management wäre nicht mehr der Entscheidungs-Engpass. Weniger Komplexitäts-Stress bei allen Beteiligten wäre garantiert.

Führung: Performance by Design

Der entscheidende Schlüssel für das erfolgreiche Managen von Komplexität in Unternehmen sind aber die Mitarbeiter. Denn Selbstorganisation und agile Prozesse funktionieren nur, wenn sie das (verteilte) Wissen der Organisation aktivieren und alle betroffenen und beteiligten Personen in die Steuerung involvieren, statt sie als Erfüllungsgehilfen übergeordneter Planer und Entscheider zu verstehen.

Die Kernaufgabe der Führung ändert sich entsprechend, weg von der direkten Einflussnahme im Stile einer (Fern-)Steuerung der Mitarbeiter durch extrinsische Motivation mit Carrot-and-Stick-Incentives und Vorschriften zur Compliance. Die scheinbar paradoxe Anforderung der „Steuerung der Selbstorganisation" wird durch die Verlagerung des Fokus hin auf die Gestaltung des Arbeitskontextes gelöst. Wer selbstverantwortlich handelnde Mitarbeiter will, der muss deren intrinsische Motivationsfaktoren mobilisieren.

Abbildung 57: Führung als Kontextsteuerung (Quelle: Rathert 2015)

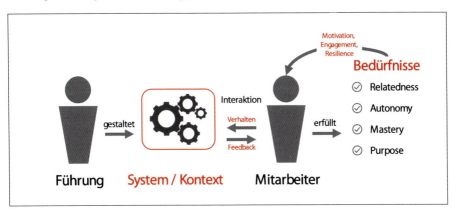

Damit dies gelingt, muss sich vor allem das Selbstverständnis der Führungskräfte wandeln. Der ‚Chief Executive Officer' in jedem Manager muss sich zum ‚Chief Engagement Officer' weiterentwickeln. Aus den Machern, die heldenhaft die Verantwortung für das Unternehmen auf ihren Schultern tragen, müssen Moderatoren und Kontext-Designer werden, die es der Organisation ermöglichen, ihr Potenzial selbst zu verwirklichen. Dass und wie ein solches „Performance by Design" möglich ist, zeigen aktuelle Entwicklungen und Ansätze wie Gamification, Holacracy oder Teal Organizations.

Wenn Sie sich hier an die Forderungen der Generation Y erinnert fühlen, dann liegen Sie richtig. Deren Wünsche an die Arbeitswelt beschreiben den Zustand, den wir – gerade in einer Leistungsgesellschaft wie der unseren – eigentlich alle verdient haben. Die Vision einer ‚reparierten' Welt, in der Arbeit Spaß macht und Sinn gibt, zeichnet außerdem das Bild einer zukunftsfähigen Organisation, in der Leistung und Erfolg von allen Mitarbeitern getragen werden – und somit von der einzigen nachhaltigen Quelle an Innovation und Excellence, die Unternehmen zur Verfügung steht.

Der Autor

Wolfgang Rathert ist Unternehmer, Management Game Designer und Dozent für Führung und Management, unter anderem an der Universität St. Gallen (HSG), der Universität Luzern und der Zürcher Hochschule für Angewandte Wissenschaften (ZHAW). Als Berater arbeitet er und als Keynote Speaker inspiriert er zum Thema „Performance by Design". Er leitet als Chief Engagement Officer die CN St. Gallen Academy AG.

Die CN St. Gallen Academy

Das Bewältigen von Komplexität ist heute die zentrale unternehmerische Aufgabe. Sie stellt Führung und Management vor Herausforderungen, die mit den klassischen Tools und Methoden nicht länger gelöst werden können.

Die Competence Network St. Gallen Gruppe unterstützt Unternehmer und Führungskräfte mit einem Leistungsspektrum von Corporate Coaching und Executive Development über Executive Search bis zur Begleitung und Finanzierung von Innovationsprojekten.

Die CN St. Gallen Academy ist in diesem Verbund Ihr Ansprechpartner für Herausforderungen in den Bereichen Organisationsdesign, Teamperformance und Verhaltensänderung. Ob als Partner für das Outsourcing der Personal- und Organisationsentwicklung, als Experte und Begleiter bei Change- und Kulturentwicklungs-Projekten bis zur Konzeption und Durchführung von Programmen zur Qualifizierung und Performance Improvement lohnt es sich, mit den Experten der CN St. Gallen Academy zu sprechen.

Anne Dreyer

Best Practice im Bildungs- und Talentmanagement

© Christiani
ISBN 978-3-95863-075-8

Bedarfsanalyse, Controlling, Transfermanagement – wenn betriebliche Bildung als Managementsystem erkannt und umgesetzt werden soll, stehen Personalentwickler mitunter vor großen Herausforderungen.

In 15 wichtigen Handlungsfeldern des Bildungs- und Talentmanagements zeigen Praxisexperten aus 24 namhaften Unternehmen, wie Weiterbildung systematisch und strukturiert geplant und gesteuert werden kann. Im Fokus stehen dabei konkrete und praxisnahe Umsetzungsbeispiele, die anderen Unternehmen bewusst als Denkanstoß und Motivation dienen sollen.

Die Einordnung der Aktivitäten in das Qualitätsmodell des Deutschen Bildungspreises hilft, den Zusammenhang der einzelnen Themen zu erfassen und Bezüge zu den Aktivitäten im eigenen Unternehmen herzustellen.

BILDUNG STRATEGISCH PLANEN UND UMSETZEN

Dr. Susanne Buld
Leiterin Betriebliche Sozial- und Konfilktbaratung
Universitätsklinikum Würzburg

Generationenkongress am Universitätsklinikum Würzburg: Miteinander – füreinander

In jedem Unternehmen arbeiten MitarbeiterInnen unterschiedlichsten Alters zusammen. Insgesamt werden die Belegschaften älter, das Renteneintrittsalter steigt. Gleichzeitig ändern sich Erwartungen und Anforderungen der jungen, nachrückenden Generation. Für die Personalabteilung ist es oft nicht einfach, die zahlreichen Herausforderungen, die damit einhergehen, und die unterschiedlichen Vorstellungen unter einen Hut zu bringen. Das Universitätsklinikum Würzburg hat deshalb Vertreter unterschiedlicher Altersgruppen an einen Tisch geholt und gemeinsam praxistaugliche Maßnahmen und Projekte entwickelt.

1. Projektidee und Motivation

Im Jahr 2013 hat sich der Arbeitskreis „Betriebliches Gesundheitsmanagement" am Universitätsklinikum Würzburg mit der demografischen Entwicklung seiner MitarbeiterInnen auseinandergesetzt. Die Arbeitsgruppe hat sich intensiv mit der Frage nach dem altersgerechten Arbeitsplatz und gesundheitsförderlichen Rahmenbedingungen beschäftigt. Es zeigte sich, dass eine generelle Einordnung altersgerechter Arbeitsbedingungen nicht möglich ist. Vielmehr wird ein Arbeitsumfeld benötigt, in dem Wünsche des Arbeitgebers und des Arbeitsnehmers gut aufeinander abgestimmt sind. So können vom Berufseinstieg möglichst bis zum Rentenalter Motivation und Zufriedenheit bewahrt werden.

In der Vertiefung dieses Themas wurde schließlich die Idee des Generationenkongresses konkret. Schnell war klar, wie mit dem Thema Demografie in der Maßnahmenfindung umgegangen werden muss: Die MitarbeiterInnen des Universitätsklinikums Würzburg selbst sollen zu den wichtigen Fragen des demografischen Wandels am Arbeitsplatz Gehör finden. Was brauchen die verschiedenen Generationen, um gut miteinander und für die Patienten arbeiten zu können? Geht es hier wirklich um die Einsortierung von

Universitätsklinikum Würzburg

Menschen in eine bestimmte Altersdekade oder braucht man nicht vielmehr die Auseinandersetzung von Motivation, Möglichkeiten und Reibungspunkten in verschiedenen Berufsphasen? Was bedeutet das Miteinander der Generationen für den interprofessionellen Austausch?

Dazu wurde ein eigener Steuerkreis zur konzeptuellen Gestaltung des Generationenkongresses gebildet. Federführend ist hier der Vorstand des Klinikums mit dem ärztlichen Direktor Prof. Dr. Reiners und dem Pflegedirektor Herr Leimberger als Entscheidungsträger und Mentoren vertreten. Die inhaltliche Ausgestaltung und fachliche Leitung des Generationenkongresses unterliegt der Stabsstelle Betriebliche Sozial- und Konfliktberatung bei Dr. Buld. Darüber hinaus konnten mit Prof. Wintergerst von der FH Würzburg, Lehrstuhl für soziale Arbeit in der alternden Gesellschaft, und der AOK Bayern, Bereich Gesundheitsförderung, Herrn Weißmann, kompetente Partner gefunden werden, die gleichermaßen die wissenschaftliche Qualitätssicherung sowie Praxisbezug und Vergleich mit anderen Unternehmen gewährleisten. So wurde nach intensiven konzeptuellen Überlegungen zum demografischen Wandel und seiner Bedeutung für das Universitätsklinikum Würzburg ein fundiertes Konzept für die Durchführung des Generationenkongresses vorgelegt.

2. Planung und Umsetzung

Das Projekt besteht aus

» einer Vorbereitungsphase im Steuerkreis bzw. Fachteam zur theoretisch fundierten Konzeption (Start Januar 2015),
» zwei Workshoptagen am 8./9. Oktober 2015 zur Erarbeitung konkreter Ansätze zum Thema Demografie unter der Teilnahme von 50 MitarbeiterInnen des Universitätsklinikums Würzburg,
» einem Kongresstag am 6. November 2015 als Forum zur Vorstellung der erarbeiteten Ideen im Dialog, offen für alle MitarbeiterInnen des Universitätsklinikums Würzburg, und

» der Nachbereitung im Sinne einer Bewertungsphase im Arbeitskreis „Betriebliches Gesundheitsmanagement" sowie der Umsetzung einzelner Projektideen (voraussichtlicher Abschluss: Dezember 2016).

Die Kooperation mit der FH Würzburg führte weiterhin zur Beteiligung der Studenten des Vertiefungsfachs „Soziale Arbeit in der alternden Gesellschaft" in der fachlichen Vorbereitung. Hier konnte eine fruchtbare Symbiose geschaffen werden. Die Studenten unterstützen bei den Vorbereitungen und haben im Gegenzug die Möglichkeit, Einblicke in die Arbeit der betrieblichen Gesundheitsförderung eines großen Universitätsklinikums zu gewinnen.

3. Ziele und Innovationscharakter

Die Ziele des Projekts sind vielfältig. Zunächst soll Demografiearbeit als lebensphasen- bzw. berufsphasenorientierte Personalentwicklung verstanden und für das Universitätsklinikum Würzburg umgesetzt werden. Das Miteinander – Füreinander der Generationen soll gestärkt werden. Der Erfahrungshintergrund langjähriger MitarbeiterInnen soll mit den Vorstellungen, Ängsten und Wünschen von Berufseinsteigern zum demografischen Wandel gemeinsam gehört werden. Es soll ein interprofessioneller Austausch auch über Hierarchiegrenzen hinweg stattfinden. Die Mitarbeiter werden bei der Gestaltung direkt beteiligt (Partizipation und Dialog).

Dabei sind bereits Vorbereitung des Kongresses, die Workshoptage und der Kongresstag jeweils eigene verhaltenspräventive Maßnahmen. Sie fördern die Kommunikation im Team und somit indirekt ein positives Arbeitsklima, da gegenseitiges Verständnis für die Themen in verschiedenen Berufsphasen geschaffen wird. Das Kompetenz- bzw. Ressourcenmodell des Älterwerdens wird in allen Phasen des Projekts gelebt, indem durchweg generationsübergreifende Teams gebildet wurden. Bereits in der Vorbereitungsphase findet eine Zusammenarbeit verschiedener Generationen statt. Vom studentischen Schwerpunkt über die Leistungsträger des Berufslebens mittleren Alters hin zum ärztlichen Direktor, der kurz vor seinem Eintritt in den Ruhestand steht und dem Kongress als Mentor zur Verfügung steht, sind alle Dekaden des Berufslebens vertreten.

Die von den MitarbeiterInnen in den Workshops entwickelten Projektideen zur Demografiearbeit werden gleichermaßen verhaltens- und verhältnispräventive Maßnahmen enthalten, die es für den Arbeitsplatz Universitätsklinikum Würzburg im Sinne der Nachhaltigkeit umzusetzen gilt.

Das wichtigste Ziel des Projekts ist jedoch, die MitarbeiterInnen des Universitätsklinikums Würzburg zusammenzubringen, an der gemeinsamen Arbeit Spaß zu haben und somit ganz explizit aufzuzeigen, dass sich der Austausch über die Generationen hinweg lohnt.

4. Ergebnisse

An den Workshoptagen beschäftigten sich die Mitarbeiter zunächst nach Altersgruppen getrennt mit ihrer eigenen Biografie. Dabei wurde als Basis erarbeitet, warum der medizinische Beruf gewählt wurde, was Lernen bedeutet und welche Werte in der Ausbildung vermittelt wurden (vgl. Abbildung 58). Anschließend ging es darum, welche arbeitsplatzbezogenen Wünsche für ein gesundes Älterwerden an das Universitätsklinikum gestellt werden.

Abbildung 58: Ergebnisse der Biografiearbeit

Fazit Biografiearbeit

Ausbildung in...	Nullerjahre	Neunziger	Achtziger	Siebziger
Berufsbild gewählt, weil...	Interesse an Menschen	Helfen	Helfen	Helfen
Ausbildung/ Lernen war...	Gruppenarbeit, eigenverantwortliches Lernen	Spaß	Gehorsam, Fachwissen	In die Lehre gehen
Werte, die uns wichtig sind...	Interesse an Menschen	Leistung	Toleranz, Gleichberechtigung	Schaffen
Gute Organisationskultur ist...	Hilfsbereitschaft, Work-Life-Balance	Mitbestimmung auf Augenhöhe	Gemeinschaft, Personalentwicklung	Regelmäßigkeit, Wirtschaftlichkeit

Generationenkongress 2015: Miteinander – Füreinander
Dr. Susanne Suid
Universitätsklinikum Würzburg

Dabei ergaben sich zwei zentrale Ergebnisse. Die Themen, die sich die Mitarbeiter für ein gesundes Älterwerden am UKW wünschen, unterscheiden sich zwischen den Generationen kaum. Ziele, Art der Kommunikation, Blickwinkel und Herangehensweise an die Themen unterscheiden sich hingegen sehr. Darüber hinaus wurde deutlich, dass Alter nur ein Aspekt ist, der den Erfahrungshintergrund und Umgang miteinander beeinflusst. Besonders prägend für Wünsche an den Arbeitgeber ist jedoch die berufliche Phase, in der man sich befindet (zum Beispiel Berufseinsteiger/später Berufseinsteiger, Laufbahnorientierung/Karriere, Zusatzqualifikation/noch was drauf setzen, Familie steht im Vordergrund/Existenzsicherung und andere).

Auf der Basis des erarbeiteten Materials wurden schließlich vier Projektgruppen gebildet, in denen die Ideen zur Verbesserung des Miteinanders bearbeitet werden:

» Lebenslanges Lernen: Wie können die MitarbeiterInnen miteinander, füreinander und vor allem übereinander lernen? Die Konzepte zur Wissenserhaltung und -vermittlung werden überdacht. Angesprochen sind alle Organisationseinheiten der Personalentwicklung und Fort- und Weiterbildung, aber selbstverständlich auch die Führungskräfte. Neben pädagogischen Konzepten werden hier auch Einarbeitungssysteme überdacht und positive Erfahrungen mit Mentorensystemen aus dem ärztlichen Bereich auf andere Berufsgruppen übertragen.

» Arbeitszeitgestaltung: Wie können Arbeitszeiten im Schichtbetrieb familienfreundlich gestaltet werden? Können neue Konzepte eingeführt werden? In einem Pilotprojekt werden im Pflegebereich sogenannte Zwischenschichten eingeführt und auf ihre Machbarkeit geprüft.

» Angebote für ältere Mitarbeiter: Gemeinsam mit der AOK wird ein spezielles Programm für ältere Mitarbeiter gestaltet. Hier werden auch Themen eingebracht wie Arbeit in der Pflege und zu pflegende Angehörige in der eigenen Familie, Vorbereitung auf die Rente, rückenschonendes Arbeiten, Umgang mit neuen Technologien.

» Generationenaustausch im Arbeitsalltag: Hier wird der Austausch zwischen den Generationen arrangiert. Das Zusammentreffen von Jung und Älter wurde in den Workshoptagen als sehr positiv und lehrreich empfunden. Zu speziellen Fachthemen wird in der Zukunft die Methode des Generationenkongresses immer wieder aufgegriffen, um wichtige Themen des Klinikums generationenübergreifend zu diskutieren. So können die Ressourcen der Mitarbeiter aller Arbeitsgruppen kreativ genutzt werden.

| Bildung strategisch planen und umsetzen Universitätsklinikum Würzburg **KAPITEL 2**

5. Evaluation

Das Arbeitsformat „Generationenkongress" wurde von den Teilnehmern durchweg positiv bewertet. Besonders herausgehoben wurde die Möglichkeit, gehört zu werden sowie aktiv mitgestalten zu können. 31 Teilnehmer der Workshoptage haben einen Evaluationsbogen zur Veranstaltung ausgefüllt. Die Teilnehmer waren insgesamt sehr zufrieden mit der Veranstaltung. Auch die inhaltlichen Schwerpunkte kamen in der Mehrzahl gut an. Es gab jedoch inhaltliche Verbesserungsvorschläge für eine Fortführung der Veranstaltung: Es sollte mehr auf den Konflikt der Generationen im Arbeitsalltag eingegangen und berufsspezifische Themen sollten stärker berücksichtigt werden.

Abbildung 59: Ergebnisse der Evaluation der Workshoptage.

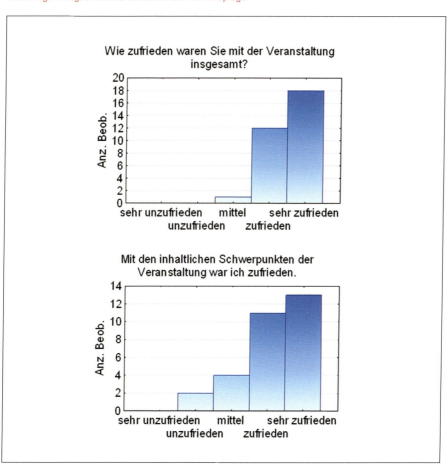

6. Ausblick

Aufgrund der durchweg positiven Rückmeldung im eigenen Haus, aber auch der positiven Rezensionen in der Presse hat sich der Vorstand des Klinikums dazu entschlossen, das Projekt des Generationenkongresses langfristig fortzuführen. Aktuell wird in den entsprechenden Projektgruppen bereits daran gearbeitet. Nach einem längeren Zeitraum soll aber auch der „Generationenkongress" als kreative Kommunikationsform zur Bearbeitung von strategischen Themen des Universitätsklinikums regelmäßig wieder aufgegriffen werden.

Die Autorin

Susanne Buld ist promovierte Diplom-Psychologin. Sie spezialisierte sich auf den Bereich der Arbeitswissenschaften. Am Universitätsklinikum Würzburg baute sie die Stabsstelle Betriebliche Sozial- und Konfliktberatung auf, die sie seit 3 Jahren leitet.

Das Klinikum

Mit ca. 6.600 Mitarbeiterinnen und Mitarbeitern gehört das Universitätsklinikum Würzburg zu den größten Arbeitgebern der Region. Neben dem universitären Ausbildungsauftrag sind dem Klinikum sechs Berufsfachschulen angeschlossen, was im Arbeitsalltag viele junge MitarbeiterInnen mit sich bringt. Demgegenüber kann das Klinikum gerade in der Pflege eine außerordentliche Unternehmenstreue verzeichnen.

Viele MitarbeiterInnen begleiten das Klinikum ein Berufsleben lang. So finden wir vom Berufsanfänger zum langjährigen Mitarbeiter eine große demografische Bandbreite bei einem Durchschnittsalter von ca. 40 Jahren. Dabei spielt die Gesundheitsförderung der MitarbeiterInnen eine wichtige Rolle und spiegelt sich in Form von Institutionen, Beratungsstellen und Personalentwicklung im Klinikum vielfältig wider. Allen voran der Arbeitskreis „Betriebliches Gesundheitsmanagement", von dem regelmäßig Projekte zu aktuellen Themen der Gesundheitsförderung veranlasst und durchgeführt werden.

Andreas Kleinknecht
Projektmanager
Compass Gruppe

Wissen steigert Kundenzufriedenheit und Umsatz

Qualifizierung im Output-Management

Wartungsgeschäft im Dokumenten- und Output-Management hat ausgedient. Wer als IT-Systemhaus überleben will, muss seinen Kunden neue Dienstleistungen im Bereich „Document Process Outsourcing"(DPO) anbieten. Das setzt eine nachhaltige Qualifizierung der Mitarbeiter voraus.

Es ist kein gutes Bild, das aktuelle Studien von der IT in deutschen Unternehmen zeichnen: Danach verstehen mehr als die Hälfte der Chief Executive Officers (CEO) nicht wirklich, was ihre Chief Information Officers (CIO) tun. Rund zwei Drittel des Managements sehen die EDV nur als Kostenfaktor. Fakt ist, dass in vielen Unternehmen die CIOs losgelöst vom operativen Geschäft agieren und die Bedürfnisse der Fachabteilungen nicht richtig wahrnehmen. Immer noch werden die meisten IT-Ressourcen in den Unternehmen für die Aufrechterhaltung des Betriebs aufgewendet. Dringend benötigte Modernisierungsprojekte bleiben auf der Strecke oder werden viel zu spät umgesetzt. Kein Wunder, dass das Ansehen der IT-Abteilungen darunter leidet. Sie geraten zunehmend unter Druck, mehr zur Wertschöpfung im Unternehmen beizutragen und besser auf die Ansprüche der Mitarbeiter einzugehen. Erwartet wird von der IT, dass sie stärker als bisher bei der Entwicklung neuer Geschäftsmodelle unterstützt.

Doch nicht nur sie: Auch IT-Dienstleister stehen unter Zugzwang. Sie müssen ihren Kunden Produkte und Services liefern, die einen erkennbaren Nutzen für die Erschließung neuer Marktpotenziale bieten; was letztlich auch im ureigensten Interesse der Systemhäuser sein dürfte. Denn in Zeiten von sinkenden Margen bei Hard-/Software und abnehmenden Druckvolumina lässt sich mit dem klassischen Verkaufs-, Druck- und Wartungsgeschäft langfristig kein Staat mehr machen. Über kurz oder lang müssen sich auch die IT-Systemhäuser umorientieren.

1. IT als Innovations- und Wachstumstreiber

Ein möglicher Ansatzpunkt ist die Übernahme aller dokumentenbezogenen Prozesse des Kunden im Rahmen eines „Document Process Outsourcing" (DPO). Das schließt Abläufe ein, die weit über den bloßen Betrieb einer Druckerinfrastruktur hinausgehen. Letztlich geht es aber auch um die Weiterentwicklung der bestehenden Abläufe und das Aufzeigen von Innovationspotenzial, um daraus neuen Umsatz zu generieren – zum einen für den Endkunden, zum anderen für die Dienstleister selbst. Doch dazu müssen diese die Strukturen ihrer Klienten erst einmal kennen und analysieren, um daraus auch neue Geschäftsfelder entwickeln zu können. Das setzt fundiertes Know-how voraus, das nicht so ohne Weiteres zu haben ist. Fachkräfte sind rar, zumal es hier nicht nur um technisch-funktionales Wissen, sondern um das Denken in Geschäfts- und IT-Prozessen geht.

Wer als DPO-Anbieter bestehen will, braucht ein tiefgreifendes Verständnis zu den Abläufen im Vertrieb, im Consulting sowie in der Produktion seiner Kunden. Denn in den dortigen Fachabteilungen und Führungsgremien spielt die technische Ausgestaltung nur eine sekundäre Rolle. Vielmehr geht es darum, Prozesse effizient zu gestalten und daraus letztlich Wettbewerbsvorteile zu erzielen. Kurz: Ohne eine nachhaltige Aus- und Weiterbildung der Mitarbeiter ist diese Aufgabe wohl kaum zu bewältigen.

2. Qualifizierung lässt Umsatz und Ansehen steigen

Grund genug, für den Unternehmensverbund Compass Gruppe eine großangelegte Qualifizierungsoffensive zu starten, die in der Branche ihresgleichen sucht. Ziel der Kampagne ist es, die 39 Verbundunternehmen zur erfolgreichen Umsetzung von DPO zu befähigen und dadurch neue Aufträge zu generieren.

3. DPO-Qualifizierung

Das Konzept „DPO-Qualifizierung" ist das Ergebnis eines langjährigen Entwicklungsprozesses, in dem die Verbundunternehmen gemeinsam ein zukunftsträchtiges DPO-Geschäftsmodell erarbeitet haben. Es wurden Handlungsfelder und die daraus resultierenden Mitarbeiterrollen definiert sowie die dafür notwendigen Kenntnisse. Dabei hat man bewusst grundlegende Fähigkeiten fokussiert und produktbezogene Schulungen ausgeklammert (diese werden von den Unternehmen selbst direkt beim Hersteller gebucht und absolviert). Alle Trainingsmodule sind zielgruppenorientiert und basieren auf verbindlichen Regelwerken. Die Unternehmen der Compass Gruppe besitzen auf ihrer Zertifizierungsebene ein vergleichbares Niveau und bedienen sich derselben Methoden. Dadurch sind die qualifizierten Mitarbeiter der verschiedenen Unternehmen in der Lage, auf demselben Level miteinander zu kommunizieren – was sie letztlich auch dazu befähigt, deutschlandweit gemeinsame Projekte durchzuführen.

Entwickelt wurde das Konzept gemeinsam mit Industriepartnern, externen Trainings- und Zertifizierungsunternehmen sowie unabhängigen Beratern. Es basiert auf Mitarbeiterprofilen (Rollen), wie sie typischerweise bei einem DPO-Anbieter zum Tragen kommen (u. a. Consulting Professional, Support Specialist, Technician Specialist, MiF-Management Professional). Insgesamt können im Rahmen der DPO-Qualifizierung für 15 Rollen 37 unterschiedliche Zertifikate erworben werden. In jeder Rolle muss der Mitarbeiter in einer bestimmten Anzahl an Trainingskursen ein Set an Kompetenzen erwerben, um letztlich als Consultant, Spezialist oder Professional zertifiziert zu werden.

Für die Unternehmen selbst bietet das Programm den Status „DPO-Partner", „DPO-Spezialist" oder „DPO Professional" – je nachdem, welche Anzahl an Personenzertifikaten in den vorgegebenen Rollen erreicht und ob formale Kriterien erfüllt sind. Bereits erworbene Kenntnisse und Fähigkeiten werden anerkannt, sofern sie dem Qualitätsstandard des jeweiligen Zertifikats entsprechen.

Innerhalb von drei Jahren seit dem Start der Initiative wurden rund 130 Personen- und 24 Unternehmenszertifikate vergeben. Dazu hat der Verbund mehr als 140 Trainingseinheiten durchgeführt und in rund 1.700 Mann-Tage investiert (alle Angaben: Stand Juli 2015).

Abbildung 59: Das Rollensystem der DPO-Qualifizierung

		Unternehmenszertifizierung		
	Ziel Bereich	Compass DPO Partner	Compass DPO Specialist	Compass DPO Professional
Personenzertifizierung	Vertrieb (Option)	Compass DPO Sales	Compass DPO Sales Specialist	Compass DPO Sales Professional
	Consulting	1 Compass DPO Consultant (pro 5 Vertriebsmitarbeiter)	1 Compass DPO Consulting Specialist (pro 5 Vertriebsmitarbeiter)	1 Compass DPO Consultant Professional (pro 5 Vertriebsmitarbeiter)
	Support	2 Compass DPO Supporter	2 Compass DPO Support Specialists	2 Compass DPO Support Professionals
	Technik (Option)	Compass DPO Technician	Compass DPO Technician Specialist	Compass DPO Technician Professional
	MiF-Management	1 Compass DPO FleetManager	1 Compass DPO MiF-Management Specialist	1 Compass DPO MiF-Management Professional

© Compass Gruppe: Abbildung des Rollensystems der DPO-Qualifizierung

4. Erfolgreich für Mitarbeiter und Kunden

Seit drei Jahren läuft das Schulungsprogramm bereits. Sehr erfolgreich, wie die Praxis zeigt. Zertifizierte Unternehmen berichten von nachhaltigem Umsatzwachstum, das sie dank der DPO-Qualifizierung erzielen konnten. Manche Firmen sagen auch, dass es weniger Eskalation in den Projekten gebe, nachdem man das Schulungsprogramm durchlaufen habe. Dank dessen habe man neue Kundensegmente erschließen können. Zudem könnten die Berater Gespräche auf Augenhöhe mit ihren Kunden führen.

Dass man die Sprache seiner Kunden spricht, ist entscheidend für dessen Vertrauen, bringt es Dirk Henniges, Geschäftsführer der Compass Gruppe, auf den Punkt. „Eine hohe Kundenzufriedenheit sichert den steigenden Umsatz der Unternehmen. Und diese resultiert aus einer besseren Beratung durch die Mitarbeiter vor Ort, die dank eines fundierten Know-how heute in der Lage sind, auch komplexe, fachspezifische Abläufe der Klienten durch maßgeschneiderte Lösungen zu unterstützen", erläutert Dirk Henniges. Für den Geschäftsführer ist die Qualifizierung das entscheidende Kriterium, um im hart umkämpften Markt zu bestehen. Eine höhere Servicequalität schlage sich letztlich in neuen Projekten für die Dienstleister nieder. Die Compass Gruppe unterstützt damit den Erfolg ihrer angeschlossenen Häuser.

Doch nicht nur das: Auch die Mitarbeiter profitieren von der hochwertigen Ausbildung, die sie für die Übernahme anspruchsvoller Aufgaben befähigt. Die sich daraus ergebenden attraktiven Karrieremöglichkeiten dürften mit Sicherheit den Unternehmen einen wichtigen Impuls für die Gewinnung dringend benötigter Fachkräfte geben.

Beim Endkunden wiederum steigt durch die höhere Zufriedenheit das Ansehen der IT-Abteilung innerhalb des eigenen Unternehmens: Durch das Know-how, das sie vom externen Dienstleister bei der Projektumsetzung bekommen, erzielen sie einen Wissensvorsprung, mit dem sie souveräner gegenüber Management und Fachbereichen agieren können. Heute kommen die Endanwender nicht mehr aus dem „Tal der Ahnungslosen" und verfügen oft selbst über profundes IT-Wissen. Eine breit angelegte Qualifizierungsoffensive wie oben beschrieben setzt daher auch aus diesem Blickwinkel an der richtigen Stelle an.

Der Autor

Andreas Kleinknecht, Projektmanager bei der Compass Gruppe, begleitet die Unternehmen bei ihrem Wandel zum „Document Process Outsourcing"-Anbieter. „Der Markt bleibt nicht stehen. Wir werden weiter in die wichtige Qualifikation der Mitarbeiter investieren."

Das Unternehmen

Die Compass Gruppe ist ein Zusammenschluss von rund 40 mittelständischen, eigenständigen IT-Dienstleistern und Druckspezialisten (Managed Print Services) an mehr als 70 Standorten in Deutschland. Sie zählen in ihren Regionen zu den jeweiligen Marktführern. Der 1988 gegründete Verbund bietet seinen Mitgliedern die Möglichkeit, in den Bereichen Einkauf, Marketing, Logistik und Service miteinander zu kooperieren. Dadurch profitieren die Unternehmen nicht nur von günstigen Einkaufspreisen, sondern auch von gemeinsam entwickelten Lösungen. Ein Schwerpunkt der Compass Gruppe liegt im regelmäßigen Wissensaustausch sowie in der Qualifizierung ihrer Mitglieder, damit diese auf Marktveränderungen (abnehmende Margen bei Hard- und Software, geringere Akzeptanz von klassischen Serviceverträgen, sinkende Druckvolumina etc.) besser reagieren können. Im Jahr 2014 betrug der Außenumsatz der operativen Unternehmen knapp 659 Millionen Euro, und das Einkaufsvolumen betrug 2015 etwa 188 Millionen Euro.

Wilhelm Stock
Diplom-Ingenieur
RWE Power AG

Lernkultur im Wandel

Virtual classroom, Lernvideos, Lernplattformen: Heute stehen den Unternehmen unzählige Formate zur Verfügung, um Lernen und Austausch digital zu ermöglichen. Der Schritt vom vertrauten Präsenzseminar hin zum Blended- oder Online-Learning-Konzept fällt vielen jedoch noch schwer. Die RWE Power AG setzt konsequent auf didaktische Ansätze, die die vorhandenen technischen und methodischen Möglichkeiten für den Lerner bedarfsgerecht verbinden. Das Ziel ist dabei klar: Lernerorientierte Wissensvermittlung mit hohem Umsetzungserfolg im Arbeitsalltag.

1. Ausgangssituation der RWE Power AG

Im Jahr 2000 fusionierte die Kraftwerkssparte der RWE AG und die Rheinbraun AG zur RWE Power AG. Unternehmensübergreifende Weiterbildungsinhalte wie z. B. Softskills, Führungskräfteprogramme, externe Weiterbildungen oder Standard-IT-Schulungen wie Office werden inzwischen konzernweit durchgeführt, in der RWE Power wurde die Teilnahme an Soft-Skills-Trainings stark reglementiert.

Die unternehmensspezifische Weiterbildung für die Tagebau- und Kraftwerkstechnik verblieb als Technische Weiterbildung (TWB) bei der RWE Power AG.

Mit acht Mitarbeitern werden dort pro Jahr ca. 10.000 Buchungen bei gut 25.000 Trainingstagen für 350 verschiedene Trainingsinhalte abgewickelt. Zwei Mitarbeiter sind in der Administration und Organisation tätig, fünf Fachreferenten für die fachlich-didaktischen Inhalte zuständig, ein Leiter vervollständigt das Team. Die Fachreferenten haben in der Regel eine Techniker- oder Ingenieurausbildung in ihren jeweiligen Fachbereich.

Ziel der betrieblichen Weiterbildung wurde sukzessive die Neuausrichtung der Weiterbildung:

| Bildung strategisch planen und umsetzen RWE Power AG **KAPITEL 2**

» **Weg vom „Lernen auf Vorrat"** hin zu kontinuierlichem, lebenslangem Lernen zum Erhalt der langfristigen Beschäftigungsfähigkeit („employability")

» **Kompetenzorientierung:** Wie kann die Verhaltensänderung des Teilnehmers nach Abschluss der Bildungsmaßnahme sichergestellt werden? Aktuell bedeutet dies, dass der "Kunde" aus dem Unternehmen Teil des Lerntransfers als Mitgestalter und Umsetzungsverantwortlicher wird.

» **Erwerb von Soft Skills:** Die zunehmende Dynamisierung der Organisationen, Delegation von Aufgaben und Verantwortung erfordert weitere Kompetenzen neben der rein fachlichen Kompetenz, zum Beispiel Problemlösung, Flexibilität, Selbstständigkeit, Teamfähigkeit, Selbstorganisation und Kommunikationsfähigkeit.

» **Der Weiterbildungsbereich** als Unternehmen im Unternehmen: Mit der Einführung von blended learning und dem verstärkten Einsatz von online learning konnten gemeinsam mit dem Kunden ohne Qualitätsverlust Präsenzzeiten reduziert und Einsparpotenziale entsprechend bewertet und controlled werden. Für den Return on Invest einer Weiterbildungsmaßnahme wird hierbei nur der Gewinn an Produktivzeit für den Betrieb gegenüber einem Präsenztraining herangezogen. Im Buchungsprozess externer Bildungsmaßnahmen prüft die TWB auf mögliche Bündelungseffekte, Internalisierungsmöglichkeiten und alternative interne Angebote. Um eine möglichst hohe Auslastung von Trainings zu erzielen, werden die Trainings der RWE Power AG auch auf dem externen Markt angeboten, ein Teil wird ebenfalls durch die TÜV Rheinland Akademie GmbH; die auch Preffered Supplier für technische Trainings ist; vermarktet.

» **Übergang zum Wissensmanagement.** Sowohl die Altersstruktur der RWE Power AG (ab 2018 gehen ca. 5 % der Mitarbeiter pro Jahr in die Altersrente) als auch die Verdichtung von Aufgaben im Zuge von Rationalisierungen erfordern eine Integration der Wissensarbeit in die Unternehmenskultur, was aber bisher nur vereinzelt und wenig nachhaltig erfolgte. Neben Methoden zur Erfassung und zum Transfer impliziten Wissens zur berufsbegleitenden Wissensarbeit werden hier durch die TWB die bereits für Weiterbildungsaktivitäten verwendeten Systeme wie ein CMS, ein Mediawiki oder ein Portfoliomanagementsystem eingesetzt.

2. Neue Konzepte und Lerninfrastruktur

Seit 2010 werden im Bereich der TWB der RWE Power AG Lernszenarien als blended learning umgesetzt. Die aktuellen Möglichkeiten zeigt die Abbildung 60. Welche Elemente hier zum Einsatz kommen, wird gemeinsam zwischen Kunden und dem Fachreferenten als Lernbegleiter festgelegt. Im Fokus des konkret ausgeführten didaktischen Konzepts steht die Frage: „Wie erreichen wir eine nachhaltige Wissensvermittlung und wie stellen wir fest, dass sich dann das Verhalten des Teilnehmers am Arbeitsplatz nachhaltig geändert hat?"

Abbildung 60: Didaktisches Konzept – Global Blended Learning (Quelle: RWE Power AG)

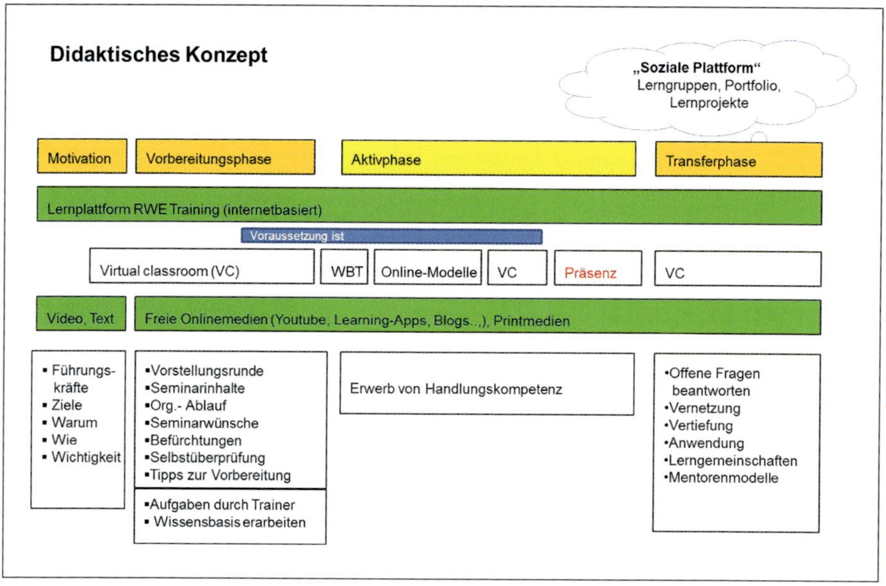

Die sehr heterogen erscheinende Landschaft der eingesetzten Tools ist hierbei über die Jahre gewachsen. Beginnend mit moodle als Lernplattform wurden sukzessive weitere Tools bei Bedarf eingeführt und der Einsatz evaluiert.

Anders als bei einer geschlossenen Learning-Suite eines einzigen Anbieters mit fixen Möglichkeiten wurden diese Tools im Bedarfsfall beschafft, getestet und im Erfolgsfall eingeführt. Entsprechend intensiv war auch der Know-how-Aufbau im Team der TWB.

Abbildung 61: Eingesetzte Tools in der TWB (Quelle: RWE Power AG)

Auf Konzernebene steht eine solche Lösung bisher nicht zur Verfügung, hier wird im Zuge der Einführung von Success Factors Learning von SAP über die weitere Systemgestaltung voraussichtlich 2017 entschieden.

3. Die Rolle der Prozessbeteiligten

Von den gut 350 verschiedenen Trainings der TWB wurden bisher ca. 30 Trainings auf blended learning umgestellt.

Anders als im Präsenztraining, wo der Lerner vordergründig nur Konsument von Wissen war, erfordert das Global Blended Learning der TWB von RWE Power neue Rollen.

Medienkompetenz, soziale Interaktionen über Foren oder den Virtual Classroom (VC), eigenverantwortliches Planen und Durchführen von Lernaktivitäten und der Einstieg in die Wissensarbeit sind keine Selbstverständlichkeiten. Hier wird über die derzeit intensive Einbeziehung der Führungskräfte, ein Angebot zu einem „Medienkompetenztag" als Präsenztraining für die Lernenden und Mentorenmodelle die Rolle der Lerner gestärkt.

Global Blended Learning beinhaltet aber auch die Rolle eines Mentors für den Lernenden, wobei hier der Mentor der Fachkollege ist, der sowohl in das online learning einführt als auch der fachliche Begleiter der Aktivitäten des Lerners ist und für soziale Vernetzung nach Ende der Lernaktivitäten steht.

Führungskräfte müssen lernen, dass die Lernaktivitäten am Arbeitsplatz sowohl zeitliche als auch räumliche Planung erfordern und in die Verantwortung des Lerners übergehen; hier ist Vorbildfunktion gefordert. Insbesondere im Lerntransfer, der durch die TWB in Abstimmung mit den Betrieben geplant wird, liegt die Verantwortung beim Lerner, ermöglichen muss die Führungskraft durch gezielte Aufgabenstellungen und Einplanung des Transfers. Dies kann z. B. die Beseitigung von Störungen an einem virtuellen Simulator sein oder die Einplanung eines Projekts für den Mitarbeiter zum Kompetenzerwerb.

Die Rolle der Trainer, die zu einem großen Teil aus Mitarbeitern der RWE (Experten aus den Betrieben) besteht, erfordert entsprechende Medienkompetenz für den Umgang mit Lernplattform, VC-Moderation oder WBT-Tools.

Für externe Trainer ergeben sich neue Anforderungen. Eine moderne Kursbetreuung online mit 2 Stunden pro Woche passt nicht so recht in das klassische Geschäftsmodell Präsenztag als Vertragsbasis. Hier muss aber auch die Entwicklung der nächsten Jahre abgewartet werden.

Letztendlich müssen aber auch die Unternehmensleitung und die Mitbestimmung für das neue Lernen gewonnen werden. Nur wenn neben der Akzeptanz auch die proaktive Förderung von neuem Lernen und damit auch einer neuen Unternehmenskultur erfolgt, kann dieser Prozess auf lange Sicht erfolgreich werden.

4. Die neuen Rollen des Weiterbildungsbereiches

Standen früher die Beschaffung und Organisation von Weiterbildung als Event im Vordergrund, erfordert Neues Lernen ein anderes Selbstverständnis.

Neue Methoden und didaktische Konzepte müssen nicht nur verstanden, sondern auch angewendet und permanent evaluiert werden. Statt nur Beschaffer wird der Weiterbilder nun Treiber und Entwickler, in der Dynamik von Web 4.0 gibt es keine Beständigkeit mehr.

Wer seine Kunden gut und gewinnbringend beraten will, muss Expertise vorweisen, muss neue Qualifikationen erworben und ausgebaut haben.

Abbildung 62: Die neuen Rollen des Weiterbildungsbereiches (Quelle: RWE Power AG)

Die neuen Rollen des Weiterbildungsbereiches

Methodiker, Didaktiker
- Kompetenzmanager
- Didaktische Konzepte
- Soziale Konzepte
- Umsetzungsbegleiter
- Weiterentwickler
- Kulturtreiber

Experten
- Eigene Qualifizierung
- Contenterstellung
- „Train the Trainer 4.0"
- Medienkompetenz

Infrastruktur betreiben
- Social Learning
- LMS, CMS, VC, Wiki
- Zugang?
- Contenterstellung

Unternehmer
- Potentiale aufzeigen
- Businesscases
- Personalressourcen
- Marketing

Neben den entsprechenden Kompetenzen in der Anwendung neuen Lernens muss ebenso eine entsprechende Lerninfrastruktur vorgehalten werden. Diese Infrastruktur ist bei RWE Power vollständig internetbasiert, um Restriktionen durch corporate networks oder Zugangsbeschränkungen externer User zu vermeiden. Gleichwohl muss die Einhaltung der Konzernstandards, von Datenschutz und IT-Policies bei der Nutzung verschiedener Dienstanbieter und im Betrieb eigener Infrastruktur gewährleistet sein. Netzbetrieb, Systemadministration und der Systemausbau gehören ebenfalls zum neuen Aufgabenspektrum der TWB. Die IT ist hier Partner für Beschaffung und ggf. Betrieb.

Bedingt durch die seit Jahren schwierige Marktsituation in der Stromerzeugung muss jede Investition strengen Anforderungen an die Wirtschaftlichkeit genügen. Mit der Selbstverständnis der TWB als Unternehmen im Unternehmen muss der Weiterbildungsbereich die Potenziale aufzeigen, die seine bessere Position gegenüber dem Wettbewerb auf dem Markt oder gegenüber einer Ausgründung untermauern. Qualitätsaspekte alleine sind hier aus Sicht des Ergebnisbeitrags schwierig zu bewerten.

Bei RWE Power ist der Bewertungsmaßstab die Reduzierung von Präsenzzeiten zu Gunsten produktiver Zeiten der Mitarbeiter am Arbeitsplatz. Jedes der bisher auf blended learning umgestellten Trainings konnte diese Anforderung mit Amortisationsdauern von weniger als einem Jahr erfüllen. Das Verständnis für die Bedürfnisse und Prozesse des Kunden durch den Kollegen der Weiterbildung erleichtert diese Passung.

Damit müssen aber auch die für das neue Lernen erforderlichen Personalressourcen der TWB argumentiert und deren Wirtschaftlichkeit nachgewiesen werden. „Make or buy" für Trainings wird meistens mit „Make" beantwortet, da die Systeme, Kompetenzen und Strategien zur Umsetzung mit eigenen Kräften in der TWB vorhanden sind.

Last but not least – ein gutes Marketing der Aktivitäten ist ebenso erforderlich. Dies kann aber erst erfolgen, wenn Konzepte, Systeme und Kompetenzen zur Erfüllung der Marktanforderungen aus dem Unternehmen belastbar vorhanden sind. Hier steht die TWB der RWE Power zurzeit, mittelfristig sind weitere 65 Trainings zur Umsetzung auf Global Blended Learning in Planung.

Im Zuge von Wissensmanagement und Wissenstransfer steigen die Anforderungen aus den Betrieben, auch hier ist die TWB in der Rolle als Mentor, Ermöglicher und Begleiter in den eigenverantwortlichen Einstieg der Betriebe in die neue Wissenskultur.

Die Welt bleibt spannend …

Der Autor

Dipl.-Ing. Wilhelm Stock absolvierte ab 1975 eine Ausbildung zum Energieanlagenelektroniker und schloss 1987 ein Studium der Automatisierungstechnik an der FH Köln an. Von 1991 bis 1995 arbeitete er als Projektingenieur bei der Förderanlagen Rheinbraun AG. 1995 bis 2010 war er Bereichsleiter/Betriebsingenieur der Rheinbraun AG/RWE Power AG, und seit 2010 ist er der Leiter der Technischen Weiterbildung der RWE Power AG.

Das Unternehmen

RWE Power als integraler Teil des RWE-Konzerns ist eines der führenden Unternehmen der Energiegewinnung und -erzeugung in Deutschland. Als führender deutscher Stromerzeuger setzt RWE Power auf einen breiten Energiemix und kann dabei zu wesentlichen Teilen auf eine eigene Rohstoffbasis zurückgreifen. Der breite Energiemix versetzt das Unternehmen in die Lage, flexibel und erfolgreich zu agieren und die Ziele Klimaschutz, Versorgungssicherheit und Wirtschaftlichkeit im verschärften Konkurrenzumfeld nachhaltig zu managen. RWE Power verfolgt dabei das Ziel, die Wettbewerbsposition im deutschen Strommarkt durch den Erhalt und die Erneuerung der Erzeugungskapazitäten zu sichern.

Die Erhöhung der Flexibilität im Kraftwerkspark und in den Tagebauen ist eine der wichtigsten Herausforderungen. Die zunehmende Strompreisvolatilität erfordert den Ausbau eines marktorientierten Kraftwerkseinsatzes sowie die Erhöhung der Flexibilitätsparameter der Kraftwerke.

Bei den Bestandsanlagen gewährleistet RWE Power einen bestmöglichen Betrieb, indem insbesondere die Verfügbarkeiten marktorientiert erhöht und das Kostenmanagement auch mit Blick auf Substanzerhalt und Brennstoffkosten optimiert wird. Die Prozesseffizienz in der Instandhaltung und in übergreifenden Funktionen wie auch die Arbeitssicherheit werden laufend verbessert.

Mittelfristig steht die Weiterentwicklung des Kraftwerksparks insbesondere durch die Optimierung von Bestandsanlagen und selektive Neubauten im Fokus. Dazu zählen eine Verlängerung der wirtschaftlichen Lebensdauer der Bestandanlagen durch Ertüchtigungsmaßnahmen und Wirkungsgraderhöhungen ebenso wie eine selektive Kraftwerkserneuerung.

RECRUITING UND KOMMUNIKATION

Regina Koller
Geschäftsführerin
IKW team GmbH

Old School und New Media:
Das richtige Medium für Bildungsprojekte

Das Handbuch hat ausgedient – es lebe die App! Neue Medien werden in vielen Bereichen zum Standard, denn leistungsfähige IT-Systeme erlauben aufwendige mediale Umsetzungen. Unter neuen Medien versteht man im 21. Jahrhundert vor allem digitale Medien wie Videos, Apps, Wikis, Blogs etc. Dadurch werden auch Bildungsmaterialien bunter, lebendiger und interaktiver. Webinare geben Unternehmen ein modernes und innovatives Image, das Lernvideo verspricht Anwendern einfacheres und unterhaltsameres Lernen, und der Abteilungsblog stellt sicher, dass kein Kommunikationstrend verpasst wird. Aber werden unsere Bildungsmedien durch den Einsatz digitaler Techniken auch besser? Haben „alte" Medien ausgedient? Und welches Medium ist nun tatsächlich das richtige für den Bildungsbedarf meiner Mitarbeiter? Das wirft zunächst die Frage auf:

1. Was macht gute Bildungsmedien aus?

Lernen ist ein aktiver, selbstgesteuerter, konstruktiver, sozialer und emotionaler Prozess (Reinmann-Rothmeier/Mandl 2006, zit. nach Kerres 2013: 145). Die Aufgabe der Didaktik ist es dementsprechend:

» den Lernenden zu aktivieren,
» Lernangebote zur Auswahl zu stellen,
» an das Vorwissen des Lernenden anzuknüpfen, um neues Wissen zu konstruieren,
» Interaktion mit anderen zu ermöglichen sowie
» emotionale und motivationale Aspekte zu berücksichtigen.

Bildungsmedien haben vor allem Einfluss auf die Aktivierung der Lernenden. Mit Aktivierung ist gemeint, den Lernenden dazu anzuregen oder anzuleiten, sich aktiv mit Inhalten auseinanderzusetzen. Aktivierung ist dabei aber nicht an ein bestimmtes Medium gebunden, sondern entsteht vielmehr aus der didaktischen Aufbereitung von Inhalten. Das

heißt konkret: Es ist nicht entscheidend, ob ein Lernvideo oder ein Handbuch eingesetzt wird, solange es dazu führt, dass sich der Lernende aktiv mit den Inhalten auseinandersetzt und in diesem Kontext das eigene Handeln reflektiert.

Bei der Auswahl des passenden Bildungsmediums stehen deshalb nicht Optik, Modernität oder technische Möglichkeiten im Vordergrund. Vielmehr müssen zunächst Faktoren wie Zielgruppe, Ziele und situative Bedingung des Lernenden berücksichtigt werden. Die passende Lösung können dann „alte" wie „neue" Medien, analoge wie digitale Materialien, unidirektionale wie interaktive Angebote sein. Für uns ist dabei am wichtigsten, dass technisch anspruchsvolle Lösungen dann – und nur dann – eingesetzt werden, wenn sie den Lernprozess unterstützen, die Aktivierung fördern und die Menschen miteinander ins Gespräch bringen. „Klickibunti" mag zwar nach dem Werbewirksamkeitsprinzip Attention erzeugen, aber Attention ist nicht gleichbedeutend mit Aktivierung und trägt deshalb nicht per se dazu bei, Bildungsziele zu erreichen. Im Gegenteil: Wird ein Medium eher als unterhaltsam und der Inhalt als leicht eingeschätzt, ist der Lerneffekt niedriger, weil die mentale Anstrengung reduziert wird (vgl. Clark 2001, zit. nach Kerres 2013: 163).

2. Warum Bildungsmarketing zu besseren Bildungsmedien führt

Da der Lernerfolg vor allem mit der didaktischen Methode und nicht mit der eingesetzten Technologie zusammenhängt, kann die passende Lösung für den Bildungsbedarf auch ein analoges oder „altmodisches" Medium sein. Aber eigentlich möchte der Firmenchef innovative Bildungsangebote, die Anwender wünschen sich Spaß und Unterhaltung, und die Recruiting-Abteilung braucht ein modernes Bildungswesen als Aushängeschild für eine attraktive Arbeitgebermarke? Dagegen spricht nichts. Denn ein wichtiger Bestandteil des Bildungswesens ist das Bildungsmarketing mit dem Ziel, Aufmerksamkeit zu erzeugen und allgemeinere Informationen und Highlights zu kommunizieren. Um dem Wunsch nach moderner Optik und technischer Innovation gerecht zu werden, bieten sich hier aufwendige technologische Lösungen geradezu an. Und gleichzeitig entsteht so der nötige Freiraum, um Bildungsmedien rein nach didaktischen Gesichtspunkten zu entwickeln – unabhängig vom Diktat des Trends und für einen höheren Lernerfolg.

Deshalb verwenden wir in unseren Projekten je nach Einsatzzweck eine breite Palette an unterschiedlichen Bildungsmedien und Marketingmaterialien. Zum Glück ist die Auswahl des richtigen Mediums dabei nicht zwingend eine Entweder-oder-Entscheidung. Oft bieten sich Lösungen an, die die Vorteile der analogen und digitalen Welt vereinen, indem zum Beispiel Print-Medien digital aufbereitet werden. So lassen sich interaktive PDFs einfach ins Intranet einbinden. Formularfelder ermöglichen Aktivierung und Individualisierung. Verlinkungen aus dem PDF heraus auf Intranet- oder Internetseiten, LMS-Systeme oder E-Mail-Programme schaffen die nötige Vernetzung.

Die Möglichkeit für den Lernenden, zwischen Print- und Online-Medien auszuwählen, ist auch unter dem Aspekt der situativen Lernpräferenzen und der sich verändernden Lerngewohnheiten ein Mehrwert. Bei der Entwicklung der Medien lassen sich mit dem passenden Prozess und den richtigen Tools Synergien nutzen und die Investition in die Entwicklung eines Print-Mediums zahlt sich durch eine schnelle und unkomplizierte Online-Nutzung doppelt aus. Denn nicht zuletzt ist in den meisten Unternehmen die Entscheidung für ein Medium auch eine Frage des Kosten- und Zeitrahmens.

3. Aus der Praxis: Allianz Versicherungs-AG

Das optimale Zusammenspiel von Bildungsmarketing-Materialien und Bildungsmedien zeigt das Beispiel der Allianz Versicherungs-AG im Fachbereich Schaden. Angela Michel leitet hier das Referat Qualifizierung. Sie ist Bildungsfrau durch und durch und kennt die Allianz seit über 30 Jahren – aus ihrer Arbeit im Schaden-Innendienst, der Organisationsentwicklung und der Aus- und Weiterbildung. Bei der Planung und Durchführung von Weiterbildungsmaßnahmen für die operativ tätigen Schaden-Mitarbeiter setzt sie auf kontinuierliche persönliche Kommunikation, bezieht Führungskräfte und Mitarbeiter fortlaufend in die Bildungsplanung ein und fordert die Übernahme von Führungsverantwortung auch in der Weiterbildung der Mitarbeiter.

Nach Restrukturierungen im Bereich Schaden ab 2006 stieg der Bedarf an Weiterbildung extrem an. „Wir wussten nicht, wo das Fach-Know-how des einzelnen Mitarbeiters aufhört und wo die Unsicherheit anfängt", erinnert sich Angela Michel. Deshalb sind bis heute ein strategisches Bildungskonzept, ein überzeugendes Bildungsmarketing, eine effiziente Bildungsplanung und aktivierende Bildungsmedien entscheidend für die kontinuierliche Selbstreflexion und damit den Lernerfolg der Schaden-Mitarbeiter.

Wir haben Frau Michel bei der Erstellung der Bildungs- und Marketingmedien unterstützt und zunächst in einer Kommunikationsmatrix (vgl. Abbildung 63) die Anforderungen an die verschiedenen Medien definiert. So kann klar zwischen Aktivierung (Bildungsziel) und Attention (Marketingziel) getrennt werden und das passende Medium anhand sachlicher Kriterien ausgewählt werden. Abbildung 64 zeigt eine Übersicht über eine Auswahl an Bildungsmaßnahmen und die dazugehörigen Medien.

Abbildung 63: Kommunikationsmatrix zur Bildungsbedarfsanalyse (BBA)

Inhalte	Ziele	Attention	Aktivierung	Zielgruppe	Digital	Analog	einmalig	feste Intervalle	Medium
Ziele der fachlichen Weiterbildung, Vorteile, Zeitplan, Prozess	Informieren, überzeugen, motivieren	✔		GL	✔	✔	✔		Info-Flyer BBA für GL
Verantwortung für das eigene Lernen, Zeitplan, Prozess	Informieren, überzeugen, motivieren	✔		MA	✔	✔	✔		Info-Flyer BBA für MA
Schulungsmodule, Selbsteinschätzung, Basis für Gespräch	Überblick, persönlichen Wissensstand reflektieren, Bedarf definieren		✔	MA	✔			✔	Wissenskataloge für MA
Schulungsmodule, Fremdeinschätzung, Basis für Gespräch	Überblick, Mitarbeiter vormerken		✔	GL	✔	✔		✔	Wissenskataloge für GL
Notwendigkeit einer zeitnahen Kompetenzentwicklung, geforderter Wissensstand	Neues und wichtiges Element bewerben, überzeugen, zur Reflexion motivieren	✔		GL			✔	✔	Einleger „Analyse Wissensstand"

GL = Gruppenleiter, MA = Mitarbeiter

Abbildung 64: Bildungsmaßnahmen und unterstützende Medien in der Allianz Versicherungs-AG, Fachbereich Schaden

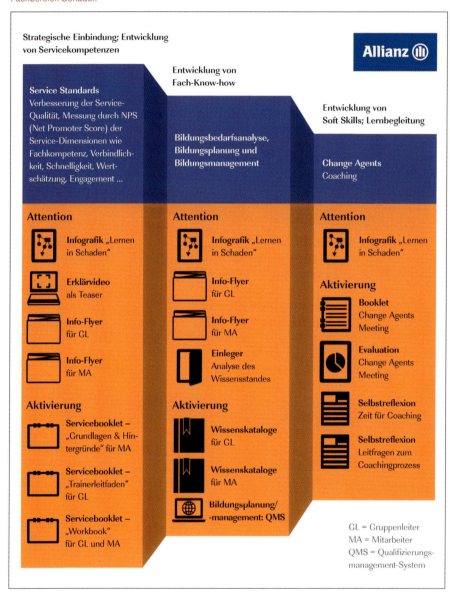

Beispiel: Infografik „Lernen in Schaden"
Die Weiterbildungslandschaft im Bereich Schaden haben wir als optisch aufwendige und ansprechende Infografik dargestellt, die von den spezifischen Aufgaben über die veschiedenen Lernprozesse zum Nutzen für Mitarbeiter, Gruppenleiter und Unternehmen führt. Die Infografik bildet den Einstieg in die Weiterbildung im Bereich Schaden und verfolgt zwei Ziele: Der erste Blick auf die umfangreiche Infografik erzeugt Aufmerksamkeit und soll den Mitarbeitern die Breite und Tiefe der Angebote bewusst machen, wohingegen das für eine Infografik typische „Entdecken" der einzelnen Details zur Auseinandersetzung mit den Inhalten einlädt.

Beispiel: Service-Standards
Den Rahmen aller Bildungsmaßnahmen für die Mitarbeiter im Bereich Schaden bilden die Service-Standards. Ihre strategische Einbindung in die Ziele der Allianz und die Möglichkeit zur direkten Einflussnahme jedes Schaden-Mitarbeiters auf die Kundenzufriedenheit haben eine Leuchtturmwirkung, die durch ein auffälliges, technologisch anspruchsvolles und unterhaltsames Medium unterstrichen wurde: Ein Erklärvideo stellt Ursache, Wirkung und Einflussmöglichkeiten branchenübergreifend für alle Mitarbeiter dar.

Einen anderen Fokus haben die Servicebooklets, die vor allem zur Auseinandersetzung mit den Inhalten anleiten. Bei diesen „Booklets" handelt es sich nicht um gedruckte Bücher, sondern um zwei gut strukturierte und didaktisch aufbereitete Power-Point-Dateien (für Mitarbeiter und für Gruppenleiter). Dieses Format wurde gewählt, weil die verschiedenen Gruppen die Booklets mit eigenen Inhalten ergänzen und fortlaufend aktualisieren sollen. So wird die Aktivierung der Mitarbeiter und Gruppenleiter gesteigert und das „Not-invented-here"-Syndrom vermieden. Das Booklet für die Gruppenleiter enthält zusätzlich Handlungsanweisungen zur individuellen Auseinandersetzung mit der eigenen Führungsverantwortung als Lernbegleiter der Mitarbeiter. Ergänzt werden die beiden Service-Booklets durch ein Workbook – wahlweise als Print-Version oder als ausfüllbares PDF – zur Reflexion des eigenen Verhaltens und Definition von Schwerpunkten auf Abteilungs-, Gruppen- und persönlicher Ebene.

Beispiel: Bildungsbedarfsanalyse und Wissenskataloge
Während die Service-Standards-Bildungsmedien vermitteln, wie Service bei der Allianz aussieht, hat die Bildungsbedarfsanalyse die Erhebung des Bedarfs an Fach-Know-how zum Ziel. Hierbei handelt es sich nicht um eine einmalige Analyse, sondern um einen kontinuierlichen Prozess, der jährlich wiederholt wird und nahtlos in die Planung und Durchführung der nötigen Maßnahmen übergeht. Deshalb findet die Bildungsbedarfsanalyse auch nicht in Form eines anonymen Fragebogens statt, sondern setzt zum einen auf die angeleitete Auseinandersetzung mit dem eigenen Entwicklungsbedarf mit Hilfe eines individualisierbaren Wissenskataloges und zum anderen auf das persönliche Gespräch zwischen Mitarbeiter und Gruppenleiter. Die in diesem Bildungsgespräch festgelegten Weiterbildungsmaßnahmen werden für die Bildungsplanung mit Hilfe eines Online-Tools (Qualifizierungsmanagement-System) administriert und dokumentiert. Wenn Bedarf an zusätzlichen Maßnahmen besteht, werden diese mit Frau Michel besprochen und ggf. pilotiert.

Da die Auseinandersetzung mit dem individuellen Lernbedarf und das eigentliche Gespräch sowohl Engagement als auch Zeit erfordern, haben wir vorab Marketing-Flyer für Mitarbeiter und Gruppenleiter entwickelt mit dem Ziel der Information und Motivation. Im Fokus stehen hier vor allem der Nutzen für alle Beteiligten und die transparente Darstellung des Prozesses.

Die eigentliche inhaltliche Arbeit findet mit Hilfe von branchenspezifischen Wissenskatalogen statt, die die gesamte Palette an Bildungsangeboten enthalten. Mitarbeiter und Gruppenleiter arbeiten jeweils in ihrer Version des Wissenskataloges und halten durch Vormerk-Buttons und Kommentarfelder Wünsche und Bedarfe fest. Je nach persönlicher Präferenz können die Wissenskataloge in der Print-Version oder online genutzt werden.Die Online-Variante bietet automatisch generierte Seiten, die alle persönlichen Vormerkungen und Kommentare enthalten und als Übersicht im Bildungsgespräch genutzt werden. Ein wichtiger Bestandteil der Wissenskataloge ist die Analyse des persönlichen Wissensstandes in Abhängigkeit von der Branchenzugehörigkeit. Um die Analyse in den Fokus zu rücken, haben wir das Element in den gedruckten Wissenskatalogen über einen Einleger mit halbseitiger Cover-Überdeckung beworben.

Beispiel: Change Agents
Change Agents werden im Bereich Schaden als Coaches eingesetzt, um Soft-Skills-Lernprozesse zu initiieren und zu begleiten. Da die Akzeptanz der Change Agents von Anfang an sehr groß war und die Information zu Zielen und Ablauf vor allem in Schulungen und in persönlichen Gesprächen stattfand, haben wir hier konsequenterweise auf werbliche Medien verzichtet. Der Fokus liegt auf Arbeitsmaterialien, die zur persönlichen Reflexion anleiten und den Austausch über die Betriebsgebiete hinaus fördern. Das Veranstaltungsbooklet zum Change Agents Meeting enthält Erfahrungsberichte und Reflexionsfragen zu den eigenen Erwartungen, den Impulsen aus anderen Betriebsgebieten sowie zur Unterstützung des Change Prozesses bzw. zur Weiterentwicklung der eigenen Coaching-Kompetenz. Ein wichtiger Bestandteil der Change-Agents-Ausbildung ist die Lernbegleitung. In regelmäßigen Abständen erhalten die Change Agents Arbeitsmaterialien – wahlweise Print oder online – zur Selbstreflexion und persönlichen Schwerpunktsetzung sowie zur Lernerfolgskontrolle.

| Recruiting und Kommunikation IKW team GmbH **KAPITEL 2**

Abbildung 65: Ausgewählte Bildungs- und Bildungsmarketingmedien

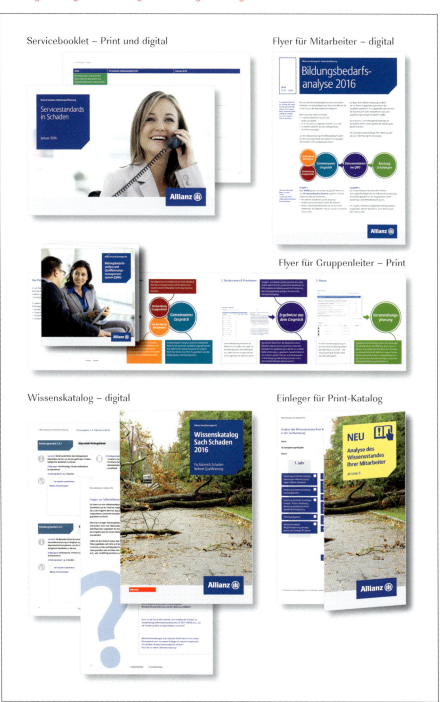

4. Fazit

Bei der Entwicklung von Bildungsmedien und Bildungsmarketing-Materialien ist die Auswahl an altbekannten und technologisch innovativen Medien groß. Für den Lernerfolg ist aber nicht das Medium, sondern das didaktische Konzept ausschlaggebend.

Neue Medien sind durch ihre moderne Optik und Interaktivität attraktiv, unterstützen aber nicht per se den Lernprozess. Deshalb müssen zunächst die Rahmenbedingungen wie Inhalte, Ziele, Zielgruppe etc. definiert werden. Erst dann wird das passende Medium bestimmt. Digitale Bildungsmedien kommen dann zu Einsatz, wenn sie den Lernprozess fördern oder einen anderen Mehrwert bieten. Andernfalls sind analoge Medien die passende Alternative.

Dabei sollte klar zwischen Bildungsmedien (Ziel: Aktivierung) und Bildungsmarketing (Ziel: Attention) unterschieden werden. Um im Bildungsmarketing Aufmerksamkeit zu generieren, sind digitale Medien oft von Vorteil und ermöglichen es zudem, dem generellen Wunsch nach innovativen Medien, moderner Optik und zukunftsweisender Technologie gerecht zu werden.

Weiterführende Literatur

Ebner, E.; Schön, S. (Hrsg.) (2013): Lehrbuch für Lernen und Lehren mit Technologien. Online: http://l3t.eu.

Reinmann, G. (2015): Studientext Didaktisches Design. Hamburg: Universität Hamburg.

Rey, G. D. (2009): E-Learning. Theorien, Gestaltungsempfehlungen und Forschung. Bern: Verlag Hans Huber, Hogrefe AG. www.elearning-psychologie.de

Die Autorin

Regina Koller ist seit 2000 Geschäftsführerin der IKW team GmbH. Als Diplomingenieurin (FH) – Schwerpunkt Produktmanagement – und zertifizierte Erwachsenenbildnerin (Pädagogische Hochschule Weingarten) ist ihr die situationsangemessene Kombination von Aufmachung und Inhalt seit jeher wichtig. Deshalb gibt es für sie auch keine reinen Gestaltungs- oder Bildungsprojekte. Nach ihrer Überzeugung ist immer eine professionelle Mischung aus beidem nötig, um ein optimales Ergebnis zu erzielen.

Das Unternehmen

Die Wurzeln der IKW team GmbH reichen zurück ins Jahr 1990 und basieren auf dem Ziel, Inhalt und Form in hoher Qualität zu kombinieren. Im Zusammenspiel der Kernbereiche Kommunikation/Marketing, Medien/Gestaltung und Bildung/Entwicklung entstehen so Kommunikations- und Bildungskonzepte sowie Marketing- und Bildungsmedien, die inhaltlich durchdacht und optisch überzeugend sind. Der ganzheitlichen Unternehmensphilosophie folgend, verfügen alle Mitarbeiter über kommunikative, gestalterische und didaktische Kompetenzen und betrachten jedes einzelne Projekt aus unterschiedlichen Blickwinkeln.

Peter Martin Thomas
Leiter SINUS:akademie

Christine Uhlmann
Stellvertretende Leiterin SINUS:akademie

Auszubildende sind die Mitarbeiter von morgen

Unternehmen sehen sich mit einer Generation von Auszubildenden konfrontiert, die sich vor allem durch eine zunehmende Vielfalt innerhalb der Lebensphase Jugend beschreiben lässt. Für ein erfolgreiches Ausbildungsmarketing und einen gewinnbringenden Ausbildungsverlauf bedarf es einer Strukturierung dieser Vielfalt. Notwendig hierfür sind Modelle, die es ermöglichen, die passende Zielgruppe junger Menschen für ein ausgewähltes Berufsbild zu gewinnen und diese entsprechend ihrer Vorstellungen und Erwartungen durch die Ausbildung zu begleiten (Thomas 2014: 89f.).

Ausgehend vom Lebensweltmodell des SINUS-Instituts beschreibt dieser Beitrag, wie sich diese verschiedenen Zielgruppen der „Generation Vielfalt" für das Ausbildungsmarketing identifizieren und beschreiben lassen.

1. Lebenswelten von Jugendlichen

Für Jugendliche hat das SINUS-Institut 2008, 2012 und 2016 Studien zu den Lebenswelten von Jugendlichen veröffentlicht, durch die es gelingt, neben demografischen Daten auch die oben beschriebene soziokulturelle Vielfalt der Jugendlichen abzubilden.

Ausgehend von den typischen Vorstellungen, was wertvoll und erstrebenswert im Leben ist, wurden Jugendliche zusammengefasst, die sich in ihren Werten, ihrer grundsätzlichen Lebenseinstellung und Lebensweise sowie in ihrer sozialen Lage ähnlich sind (Calmbach u. a. 2012, 2016).

Die nebenstehende Grafik positioniert diese Lebenswelten in einem an das bekannte SINUS-Milieumodell angelehnten zweidimensionalen Achsensystem, in dem die vertikale Achse den Bildungsgrad und die horizontale Achse die normative Grundorientierung abbildet. Je höher eine Lebenswelt in dieser Grafik angesiedelt ist, desto gehobener ist die Bildung; je weiter rechts sie positioniert ist, desto moderner im soziokulturellen Sinn ist die Grundorientierung.

| Recruiting und Kommunikation SINUS:akademie   **KAPITEL 2**

sinus:akademie®

Folgende sieben Lebenswelten werden identifiziert:

Abbildung 66: Sinus-Lebensweltenmodell u18

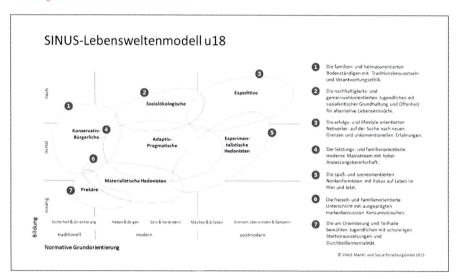

1. Konservativ-Bürgerliche Jugendliche versuchen möglichst schnell ihren Platz in der Erwachsenenwelt zu finden und planen für sich eine „Normalbiografie". Feste Tagesabläufe, bekannte Strukturen und Routinen geben ihnen Sicherheit. Wichtig für die berufliche Orientierung sind die Eltern und weitere erwachsene Personen im sozialen Nahumfeld. Während ihrer Ausbildung legen sie großen Wert auf feste Ansprechpartner und Rückmeldungen zur eigenen Arbeit. Da die Konservativ-Bürgerlichen am stärksten heimatverbunden sind, ist für sie Wohnortnähe ein wichtiges Kriterium: *„Ich würde gern zur Polizei gehen. Ich denke mal, ich werde hier in der Nähe wohnen, also nicht so weit weg"*. (weiblich, 15 Jahre)

2. **Sozialökologische Jugendliche** distanzieren sich von materialistischen Werten und äußern sich häufig sozial- und systemkritisch. Sie setzen sich für Nachhaltigkeit, Gerechtigkeit und Umweltschutz ein und engagieren sich darüber hinaus häufig sowohl politisch als auch sozial. Der spätere Beruf muss in erster Linie den eigenen Fähigkeiten und Neigungen entsprechen und Möglichkeiten zur Selbstentfaltung bieten: *„Und dass ich halt auch etwas mache, das Spaß macht, auch im Beruflichen und nicht nur, keine Ahnung, wo man gut verdient oder was alle machen, oder wo man denkt, das passt, was halt wirklich gut für einen ist. Dass ich halt glücklich bin mit meinem Leben."* (weiblich, 16 Jahre) Daneben ist auch die Vereinbarkeit von Beruf und Privatleben ein wichtiges Kriterium der Berufswahl.

3. **Expeditive** möchten in ihrem Leben nicht an-, sondern weiterkommen. Sie sind sehr mobil und darauf bedacht, den eigenen Erfahrungshorizont kontinuierlich zu erweitern. Sich selbst beschreiben sie als die urbane und kosmopolitische Elite und gehen ihre weitere Lebens- und Karriereplanung außerordentlich selbstbewusst an: *„Ich glaube, dass ich so ganz unbeschwert weiter sein werde und auch so durchs Leben gehen werde, weil ich glaube, dass das auch eine gute Einstellung ist. Aber dass ich auch mal so eine gewisse Machtposition, was meinen Job angeht, haben möchte. Aber dass ich auf jeden Fall wahrscheinlich immer ganz gestresst sein werde, weil ich immer ganz viele Sachen zu tun habe und mich das ein bisschen vielleicht auch überfordern wird, aber ich das trotzdem irgendwie schaffen werde."* (weiblich, 16 Jahre)

4. **Adaptiv-Pragmatische** bezeichnen Anpassungs- und Kompromissbereitschaft sowie Realismus und Zielstrebigkeit als ihre Stärken: *„Ich finde, man sollte zuerst etwas erreichen. Und danach kann man sich vergnügen. Aber dann auch nicht extrem vergnügen."* (männlich, 16 Jahre) Ihr Platz ist in der Mitte der Gesellschaft. Für die Zukunft wünscht man sich in jedem Fall eine romantische Beziehung, ein schönes Zuhause und eigene Kinder – aber erst wenn mit einem sicheren Arbeitsplatz und einem ausreichenden Einkommen die notwendigen finanziellen Voraussetzungen dafür geschaffen sind. Ein hohes Einkommen und Karrierechancen sind neben der Familienfreundlichkeit in dieser Lebenswelt besonders wichtig.

5. **Experimentalistische Hedonisten** wollen das Leben in vollen Zügen genießen und sich den Ernst des Lebens möglichst lange vom Hals halten. Man lebt vor allem im Hier und Jetzt und mag es gar nicht, wenn das Leben nur aus Vorschriften besteht. Grenzen sind dazu da, überschritten zu werden und Regeln, um sie zu brechen: *„Also ein bisschen revolutionär, dass man halt ein bisschen wirklich aus der Reihe tanzt und nicht das macht, was man so vorgeschrieben bekommt. [...] dass man halt ein freieres Leben hat, auch dass man nicht so sehr von der Gesellschaft beeinflusst wird, finde ich ganz interessant."* (männlich, 17 Jahre) Viel wichtiger als Karriere ist die Möglichkeit zur Selbstentfaltung, beruflich wie privat. Vielen graust es regelrecht vor Routinen und erwartetem Leistungsdruck der Arbeitswelt. Experimentalistische Hedonisten planen nicht gerne, aus diesem Grund machen sich viele wenig Gedanken um die Zukunft oder um konkrete Berufsperspektiven.

6. Materialistische Hedonisten sind sehr konsum- und markenorientiert und immer auf der Suche nach Luxusgütern und Schnäppchen. Sie möchten ein „gechilltes Leben" führen, äußern aber Sorge, wegen ihrer Bildungsabschlüsse keinen Ausbildungsplatz zu bekommen: „*Ich habe Angst, dass dieser Kfz-Mechatroniker nicht klappt oder ich meinen Abschluss nicht schaffe.*" (männlich, 15 Jahre) Unsicherheit entsteht auch dann, wenn mit der Ausbildung neue und fremde Herausforderungen verbunden sind, denen man sich nicht sicher gewachsen fühlt. Um ihre ausgeprägten Konsumwünschen befriedigen zu können, spielt das Einkommen bei der Berufswahl eine wichtige Rolle, aber auch das mit dem Beruf verbundene Ansehen.

7. Prekäre Jugendliche haben von allen die schwersten Startvoraussetzungen. Sie sind sich dessen bewusst und bemüht, ihre Situation zu verbessern und „hier raus zu kommen". Ein hohes Einkommen ist aus diesem Grund für sie besonders wichtig und erstrebenswert. Oftmals fällt es ihnen aufgrund mangelnden Selbstvertrauens schwer, Angebote zur beruflichen Orientierung – wie beispielsweise Praktika – wahrzunehmen. Stattdessen zeigen sie sich sehr empfänglich für die mediale Präsentation beruflicher Vorbilder: „*Also, wenn es klappt, dann bin ich mit 25 Fußballprofi.*" (männlich, 16 Jahre)

2. Ausbildungsmarketing in der Unübersichtlichkeit

Sowohl Industrie-, Handels-, Handwerks-, Branchen- und Berufsverbände sowie einzelne Schulen und Betriebe nutzen die Erkenntnisse der SINUS-Jugendforschung, um ihre Maßnahmen gezielt auf Jugendliche aus verschiedenen Lebenswelten auszurichten. Zum einen lassen sich aus den Ergebnissen wichtige Unterschiede aufzeigen, wenn man beispielsweise um das Informationsverhalten der Jugendlichen hinterfragt.

Abbildung 67: Hilfreiche Informationsquellen für die berufliche Orientierung

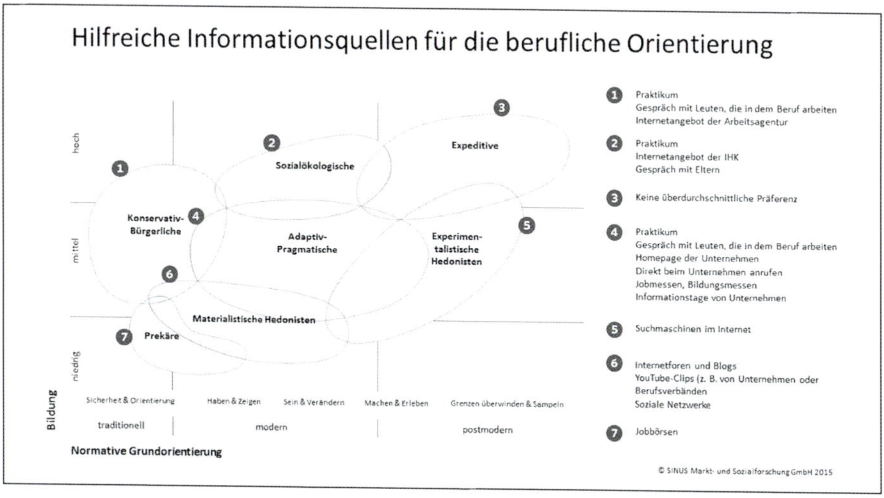

Unter Zuhilfenahme des SINUS-Zielgruppenmodells ist es zum anderen aber auch möglich, gezielt junge Menschen für einen Ausbildungsplatz in einem konkreten Betrieb zu gewinnen. Ziel muss es dabei sein, eine möglichste große Passung zwischen dem Betrieb und den Bewerberinnen und Bewerbern herzustellen (Thomas 2014: 87)

Das nachfolgende Kommunikationsbeispiel für die Lebenswelt der Experimentalistischen Hedonisten veranschaulicht dies sehr schön:

Abbildung 68: Kommunikationsbeispiel für die Experimentalistischen Hedonisten
(Quelle: Imagekampagne 2014 Deutscher Handwerkskammertag (DHKT) e. V/Scholz&Friends)

Die Kampagne greift milieutypische Ankerwerte der expertimentalistischen Hedonisten auf wie Unabhängigkeit, Abenteuer, Kreativität und Kunst, Abwechslung, Spaß, Selbstverwirklichung, Coolness, Extase. Die Arbeit mit Stars verspricht Berühmtheit, auf Tour zu sein referenziert auf den Wert Mobilität. In der Kampagne nutzt zudem eine unkonventionelle, moderne Sprache („satter Sound"). Die Hauptdarstellerin mit dem milieutypischen Namen „Sissy" hat mit Berlin einen hippen „Place to be" als Wohnort, der als internationale Party-Hauptstadt für die Zielgruppe hochattraktiv ist.

Ist der passende Bewerber gefunden, liefert das Zielgruppenmodell auch bei der Anleitung und Begleitung während der Ausbildungszeit wichtige Impulse: Wer möchte an die Hand genommen werden und regelmäßige Rückmeldungen, wer sich sofort mit eigenen Ideen und Kreativität einbringen? Und wer verfolgt welche Lebens- und Karriereplanung? Auch für diese Aspekte kann die Vielfalt der Orientierungen und Wertvorstellungen in der Generation der Jugendlichen adäquat und übersichtlich strukturiert werden.

Die Autoren

Peter Martin Thomas, Jahrgang 1969, ist Diplompädagoge, systemischer Organisationsberater und Coach sowie Lehrbeauftragter an verschiedenen Hochschulen. Seit 2011 leitet er die SINUS:akademie. Peter Martin Thomas ist ein bundesweit gefragter Redner, Trainer und Autor zum Thema Jugend. Im Bereich Nachwuchsmarketing ist er für zahlreiche Unternehmen, Wirtschafts- und Handwerksverbände aktiv.

Christine Uhlmann, Jahrgang 1973, studierte Erziehungswissenschaft und katholische Theologie. Nach einem Masterabschluss in Bildungsmanagement ist sie seit 2008 Trainerin und Moderatorin in der Jugend- und Erwachsenenbildung und Dozentin an der Dualen Hochschule Baden Württemberg. 2014 hat sie die stellvertretende Leitung der SINUS:akademie übernommen. Mit ihren Schwerpunktthemen Jugend und Nachwuchsmarketing ist sie bundesweit als Referentin und Rednerin unterwegs.

Das Unternehmen

Die SINUS:akademie ist das Weiterbildungs- und Beratungsangebot des SINUS-Instituts. Mit rund 500 Veranstaltungen für mehr als 400 Organisationen und Unternehmen seit der Studie „Wie ticken Jugendliche 2012?" schöpfen ihre Referentinnen und Referenten aus einem breiten Erfahrungsschatz und fundiertem Detailwissen zu den Themen Jugend und Zielgruppen der Zukunft. Die SINUS:akademie bietet maßgeschneiderte Lösungen für Kunden, die die Erkenntnisse der SINUS Markt- und Sozialforschung für die Weiterentwicklung ihrer Organisation nutzen wollen. Dabei kooperiert die Akademie auch mit renommierten Wissenschaftlerinnen und Wissenschaftlern, Beratungs- und Weiterbildungsanbietern.

Das Angebot der SINUS:akademie richtet sich an Unternehmen, Verbände, soziale und kommunale Einrichtungen, politische Organisationen und an alle, die ihre Arbeit auf der Basis aktueller Markt- und Sozialforschung erfolgreich weiterentwickeln wollen.

Thomas Skowronek M.A.
Geschäftsführer
Regionales Bildungszentrum Eckert gemeinnützige GmbH
Fernlehrinstitut Dr. Robert Eckert GmbH

Studienabbrecher vs. Studienaussteiger: Problem oder Teil der Lösung?

Der Studienabbruch oder manchmal auch Studienausstieg genannt, um die eher negative Konnotation zu vermeiden, hat als bildungspolitisches Fachthema vergangener Jahre mittlerweile den Rang eines wichtigen, allgemeinpolitischen Themas erreicht. In der Bildungspolitik gibt es bislang kaum schlüssige Verfahren, die helfen, Abbrecher schnell wieder in Ausbildung zu bringen. Unternehmen und private Bildungsanbieter sind vielmehr selbst aufgefordert, tragfähige Lösungen zu entwickeln und umzusetzen. Der Beitrag beleuchtet Hintergründe und Konsequenzen der Thematik Studienabbruch und stellt eine praktikable Alternative vor, die den Weg in die Unternehmen ebnet.

Ob in der Presse, auf Kongressen oder in Fachpublikationen – die Thematik Studienabbruch wird aktuell verstärkt diskutiert. Die Gründe hierfür sind vielschichtig, die wichtigsten, die diese Entwicklung befördert haben, dürften sein:

» die Evaluation der Folgen des Bologna-Prozesses und die damit einhergehende Diskussion über die Wertigkeit der akademischen Ausbildung,
» schulpolitische Debatten (G 8, doppelter Abiturjahrgang etc.),
» Forderungen nach einem höheren Akademikeranteil in Deutschland (diverse OECD-Studien) und
» die zunehmende Fachkräfteproblematik, insbesonders im MINT-Sektor.

Gerade der letzte Aspekt ist aus Sicht der Unternehmen, die sich heute aktiv um Nachwuchs aus dem Arbeitsmarkt bemühen müssen, von besonderer Bedeutung.

Im Folgenden wollen wir das Phänomen Studienabbruch unter fünf Gesichtspunkten betrachten:

- » Was ist die genaue Definition und der Umfang des Studienabbruchs?
- » Was sagt uns dieses Phänomen über unser Bildungssystem?
- » Welche Bedeutung und Folgen sind für die Beteiligten erkennbar?
- » Welche wichtigen, vielleicht sogar innovativen Impulse kann uns dieses Thema geben?
- » Wie können solche Impulse aussehen: ein konkretes Praxisbeispiel.

1. Studienabbruch – Definition und Umfang

Die Diskussion über die Studienabbrecher war lange Zeit durch unklare Zahlen und Interpretationen gekennzeichnet (Bewertung von Wechslern etc.), deshalb zieht dieser Beitrag die Zahlen und Definitionen der aktuellen Studie des Deutschen Zentrums für Hochschul- und Wissenschaftsforschung (Mai 2014) heran:

Studienabbrecher sind demgemäß „… ehemalige Studierende …, die zwar durch Immatrikulation ein Erststudium an einer deutschen Hochschule aufgenommen haben, dann aber das Hochschulsystem ohne (erstes) Abschlussexamen verlassen".

Wegen der oben genannten Definition ist eine Beschränkung auf Bachelorstudiengänge sinnvoll. Neben der Gesamtquote betrachten wir im Folgenden nur den MINT-Sektor.

Dabei ergibt sich folgendes Bild:

Studienabbrecher	math./naturwiss. Fächer	Ingenieurwiss. Fächer	Gesamt
Universität	39 Prozent	36 Prozent	33 Prozent
Fachhochschule	34 Prozent	31 Prozent	24 Prozent

Zusammengefasst lässt sich sagen, dass im universitären Bereich ein Drittel, in dem der Fachhochschulen ein Viertel der Studierenden ihre Ausbildung abbricht. Dabei ist der Anteil der mathematischen, natur- und ingenieurwissenschaftlichen Fächer innerhalb der Hochschulformen jeweils der höchste, speziell bei den Fachhochschulen erhöht er sich auf ein Drittel.

2. Studienabbruch und die deutschen Bildungssysteme

Die Bildungssysteme in Gänze zu analysieren würde den vorgegebenen Rahmen sprengen. Deshalb hier nur einige grundlegende Gedanken, um im Folgenden darauf Bezug nehmen zu können:

» Das **hochschulische System** der Bundesrepublik Deutschland besteht im Wesentlichen aus Hoch- und Fachhochschulen. Andere Varianten, wie beispielsweise die Berufsakademien, gleichen sich diesen seit mehreren Jahren zunehmend an bzw. gehen in diesen (insbesonders in den Fachhochschulen) auf. Es ist geprägt durch klassisch Vollzeitstudierende und durch grundsätzlich öffentliche Finanzierung. Abweichungen davon existieren, etwa in Form von ersten Teilzeitangeboten und privaten Hochschulen, sind aber noch deutlich unterrepräsentiert. Lediglich das Duale Studium als Mischform zwischen akademischer und beruflicher Ausbildung gewinnt zunehmend an Bedeutung. Basis dieses Systems ist das Abitur/Fachabitur als schulische Studienzugangsberechtigung, wobei in den letzten Jahren zunehmend Wege für beruflich Qualifizierte hinzukamen: die Quote der Studienberechtigten in Deutschland liegt momentan bei etwa 57 %; die Zahl derer, die ein Studium aufnehmen, bei 50 %.

» Das **System der Höheren Berufsbildung** ist in der Bundesrepublik sehr ausgeprägt. Es wird dominiert durch fachschulische Abschlüsse (z. B. Staatlich geprüfte Techniker) und solche nach dem Berufsbildungsgesetz BBiG (Industriemeister, Fachwirte, Fachkaufleute usw.). Bei den fachschulischen Angeboten überwiegen zur Zeit noch die Vollzeitangebote, im Bereich des BBiG die in Teilzeit. Dieses System fußt überwiegend auf der Dualen Berufsausbildung und der nach dieser erworbenen Berufspraxis. Hier ist der Trend im Vergleich zum Studium gegenläufig; begannen in den siebziger Jahren noch ca. 70 % aller Jugendlichen eine betriebliche Ausbildung, so waren es im Jahr 2013 nur noch 31 %; Tendenz weiter abnehmend.

Abbrecher existieren in der öffentlichen Diskussion nur innerhalb des hochschulischen Systems. Zumindest werden nur diese als relevante Größe erfasst, analysiert und bewertet. Abbruchzahlen im Bereich der Höheren Berufsbildung sind kaum relevant.

» **Transparenz und Durchlässigkeit.** Für jedes gegliederte Bildungssystem stellt sich das Problem der Durchlässigkeit, insbesondere wenn es sich dabei, wie in Deutschland, um eine historisch gewachsene Struktur mit relativ strikt voneinander abgegrenzten Subsystemen handelt. Durchlässigkeit als zentrales Gestaltungsprinzip für die funktional differenzierten Subsysteme der deutschen Bildungslandschaft ist eine wesentliche Zielorientierung, über die seit den 1970er Jahren ein breiter gesellschaftlicher Konsens besteht. In Bezug auf vertikale und horizontale Durchlässigkeit innerhalb der jeweiligen Segmente und speziell an den Schnittstellen zwischen den verschiedenen Bildungssektoren (Allgemeinbildung, Berufsbildung, Hochschulbildung) wurden weitreichende Verbesserungen realisiert.

Allerdings geschah dies vor allem unter dem – politisch/ideologischen – Blickwinkel von Chancengleichheit bzw. -gerechtigkeit und später in Reaktion auf die OECD-Forderung nach Erhöhung des Akademikeranteils in Deutschland. Es stand dabei sozusagen die „aufstiegsorientierte" Durchlässigkeitsverbesserung, also das „nach oben" auf der vertikalen Dimension deutlich im Vordergrund.

Gänzlich intransparent und unberücksichtigt blieben dabei aber zwei Aspekte: einmal die Frage, ob die alleinige Zuordnung eines „Oben" in das akademische System zutreffend ist, also ob ein Aufstieg nur in diesem oder durch den Wechsel in dieses stattfinden kann. Zum Zweiten wurde nicht hinterfragt, inwieweit eine so dramatische Steigerung des Akademikeranteils auch gleichzeitig mit einem Mehr an Nutzen und Kompetenzen in den Unternehmen einhergeht bzw. die sogenannte Employability verbessert.

Mittlerweile rächt sich die einseitig aufstiegsorientierte Gestaltung der Schnittstellen zwischen den Bildungsbereichen im Sinne einer lediglich unidirektionalen Durchlässigkeit. Versäumt wurde es, die Wechseldynamik zwischen Berufs- und Hochschulbildung bidirektional zu verstehen. In Richtung der akademischen Ebene wurde eine Vielzahl von Übergangsmechanismen etabliert, während der umgekehrte Weg von der Hochschule zur beruflichen Aus- und Weiterbildung bis vor kurzem kaum Berücksichtigung fand. Verstärkt durch die demografische Entwicklung und den zunehmenden Fachkräftemangel erweist sich das fast komplette Fehlen von Konzepten zur Integration von Studienabbrechern in den Berufsbildungssektor als gravierendes Defizit. Auch Unternehmen wissen meist nicht, wie sie mit Bewerbern, die ein Studium abgebrochen haben, umgehen sollen, welche Einsatz- oder Qualifizierungsmöglichkeiten für sie bestehen.

3. Bedeutung und Folgen für die Beteiligten

» **Volkswirtschaftliche Folgen:** Der Berufsbildungsbericht 2013 konstatierte für Deutschland ca. 350.000 Personen im Alter zwischen 20 und 34 Jahren mit Hochschulzugangsberechtigung, die als nicht formal qualifiziert bzw. ungelernt eingestuft wurden, der Großteil davon sind Studienabbrecher. Aus bildungsökonomischer Sicht stellt sich dies schlicht als Fehlinvestition öffentlicher Mittel dar.

» **Folgen für die Abbrecher:** Ohne abschließendes Examen sind die während der Studienzeit erworbenen Qualifikationen und Kompetenzen in keiner Weise zertifiziert, somit intransparent und auf dem Ausbildungs- und Arbeitsmarkt nur schwer verwertbar. Hinzu kommen ein Verlust an Lebenszeit und der negative Status als Studienabbrecher. Gerade letztere ist unzutreffend, weil sie zwingend von einer direkten Kausalität der Intelligenz, Motivation und Leistungsbereitschaft der betroffenen Person mit dem Abbruch ausgeht. Sie lässt dabei andere Gründe, die auch „unverschuldet" maßgeblich sein können, außer Acht: Dieses sind zum einen die mangelnde Transparenz über die Möglichkeiten zweier paralleler Systeme, zum anderen die oft fehlenden Orientierungshilfen vor einem Einstieg in das akademische System. Oder zugespitzt formuliert: dass 17-jährige G8-Absolventen, die ihre Berufsfindungsphase in Form eines Work-and-Travel-Aufenthalts in Australien oder Neuseeland absolvieren, in ihrer gewählten Erstausbildung später zunehmend scheitern, liegt auf der Hand.

» **Folgen für die Unternehmen:** Diese werden besonders nachhaltig, weil zweifach getroffen. Denn ihnen fehlen die Studienabbrecher sowohl für den benötigten akademischen Nachwuchs als auch zur Deckung des Bedarfs an Fachkräften mit Höherer Beruflicher Bildung.

4. Welche wichtigen, vielleicht sogar innovativen Impulse kann uns dieses Thema geben?

Die laufende bildungspolitische Diskussion hat in einem Punkt Recht: vor dem Hintergrund aller beobachteten und angenommenen Trends und Entwicklungen ist eine stetige Höherqualifizierung der deutschen Arbeitsbevölkerung unabdingbar. Diese wird aber nur durch ein **gleichberechtigtes Miteinander** und eine **kluge Mischung** beider etablierter und bewährter Bildungssysteme gelingen.

» **„Gleichwertig, aber andersartig".** So lautete die Kompromissformel, mit der der Streit um und nach der gemeinsamen Einstufung der Höheren Berufsbildung und der akademischen Bachelorabschlüsse in den deutschen und europäischen Qualifizierungsrahmen (DQR/EQF) beigelegt werden sollte. Wir sollten beginnen, dieses Motto ernst zu nehmen. Denn genauso wenig, wie ein Unternehmen, das einen praktisch versierten Teamplayer für eine direkte Vorgesetztenposition sucht, einen 21-jährigen Bachelorabsolventen einstellen wird, fällt dessen Wahl auf einen Techniker oder Meister, wenn es auf Methodenkompetenz oder höhere Ingenieurmathematik ankommt.

Gebraucht werden beide. Deutschland ist in der glücklichen Lage, seinen Bedarf an Fachkräften aus zwei Quellen speisen zu können: aus der akademischen Ausbildung **und** der Höheren Berufsbildung. Andere Staaten, denen hierfür nur das akademische System zur Verfügung steht, stehen nur im Akademikerranking der OECD an der Spitze, nicht aber bei den volkswirtschaftlichen Kerndaten.

» **Bidirektionale Durchlässigkeit.** Da die Durchlässigkeit in das akademische System schon weitestgehend gegeben ist, gilt es nun, die Durchlässigkeit von der Hochschul- zur Berufsbildung entscheidend zu verbessern. Akut muss dabei die Eingliederung von Studienabbrechern in die berufliche Aus- und Weiterbildung durch die Schaffung attraktiver Möglichkeiten und systematisierter Verfahren kanalisiert und erleichtert werden. Anzustreben wären im Speziellen Regelungen zur Anerkennung und Anrechnung der im Studium erworbenen Kenntnisse im Berufsbildungsbereich.

Dabei gilt es durchaus, auch gesetzliche Hemmnisse zu hinterfragen. Kontraproduktiv sind beispielsweise Bestimmungen wie der § 7 BBiG, der ausschließlich Anrechnungen zulässt, die auf Berufsschule oder betriebliche Ausbildung, nicht aber auf den Besuch einer Hochschule zurückzuführen sind.

» **Exkurs.** Als Hemmschuh für die gegenseitige Durchlässigkeit, aber auch weit darüber hinaus hat sich die **mangelnde Einheitlichkeit** des deutschen Bildungssystems erwiesen. Mag man im schulischen Bereich dem Föderalismus aus qualitativen Gründen noch den einen oder anderen Nachteil nachsehen, sind die Unterschiede zwischen akademischem System und Höherer Berufsbildung doch deutlich gravierender. Insbesondere in ersterem zeigt sich, dass sich – aller Bologna-Aktivitäten zum Trotz – häufig gleichlautende Abschlüsse unterschiedlicher Hochschulen sowohl in Inhalt wie in Niveau nicht vergleichen lassen. Hier ist die Höhere Berufsbildung schon bedeutend weiter; die fachschulischen Abschlüsse sind zumindest auf Länderebene identisch, die Abschlüsse nach BBiG werden in Inhalt und Prüfung bereits bundeseinheitlich gehandhabt. Hier wären – besonders vor dem Hintergrund der bidirektionalen Durchlässigkeit – weitere Fortschritte auf der Hochschulseite wünschenswert.

5. Wie können solche Impulse aussehen: ein konkretes Praxisbeispiel

» **Konkret** sind somit definierte Verfahren zu entwickeln, die eine inhaltliche Anrechnung erbrachter Studienleistungen im Beruflichen Bildungssystem und damit die Befreiung von bestimmten Prüfungen regeln. Fast noch wichtiger erscheint eine zeitliche Anrechnung der im Studium erworbenen Kompetenzen. Umfassend ließe sich dies nur über einen analog zum European Credit Transfer and Accumulation System (ECTS) konzipierten Ansatz realisieren, der dann nicht als „Übersetzungssystem" innerhalb des europäischen Hochschulraumes fungieren würde, sondern als Anerkennungs- und Anrechnungsreglement der Berufsbildung im Hinblick auf nachgewiesene Teillernerfolge von Studienabbrechern. Obgleich ein solches Abstimmungsprojekt im Gegensatz zum ECTS lediglich auf nationaler Ebene anzusiedeln wäre, ist realistischerweise nicht damit zu rechnen, dass der dafür erforderliche „große Wurf" in einem der Dringlichkeit der Problematik entsprechenden Zeitraum umgesetzt werden kann.

» **Spezielle Modelle benötigt:** Insofern ist es gegenwärtig den relevanten Akteuren (Hochschulen, Bildungsunternehmen, Betrieben, Verbänden etc.) überlassen, innovative Modelle zu entwickeln, die mittels einer intelligenten Kombination aus anrechenbaren Studienleistungen, beruflichen Aus- und auch Weiterbildungsinhalten sowie betrieblicher Praxiserfahrung innerhalb eines vertretbaren Zeit- und Ressourcenrahmens zu einem formal anerkannten und voll wettbewerbsfähigen Kompetenzprofil führen. Ein solches Karriere-Sprungbrett für Studienaussteiger bieten zum Beispiel die Eckert Schulen mit ihrem neu konzipierten FAST TRACK-PRAXISSTUDIUM.

6. FAST TRACK

In Zusammenarbeit mit dem Bayerischen Staatsministerium für Bildung und Kultus, Wissenschaft und Kunst, haben die Eckert Schulen ein Modell entwickelt, das besonders qualifizierte Studienaussteiger aus dem mathematischen, naturwissenschaftlichen und ingenieurwissenschaftlichen Bereich in nur zweieinhalb Jahren zu hochqualifizierten Fachkräften mit zwei staatlich anerkannten Abschlüssen führt: Zum Staatlich geprüften Industrietechnologen (m/w) und zum Staatlich geprüften Techniker (m/w) in verschiedenen Fachrichtungen (und somit nach EQF/DQR auf Stufe 6 – gleichgestellt mit beispielsweise dem Bachelor).

Abbildung 69: Zeitlicher Ablauf des Praxisstudiums

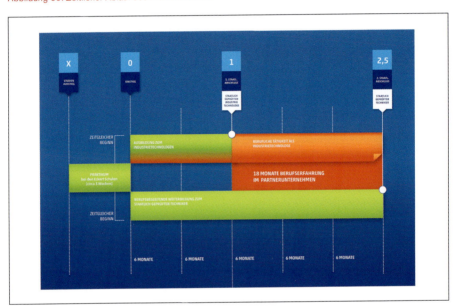

» **Kerndaten des Modells.** FAST TRACK adressiert sich an Studienaussteiger aus den MINT-Fächern, die bereits mindestens 30 einschlägige ECTS-Punkte vorweisen. Das Programm ist fordernd konzipiert und baut auf diesen Grundlagen auf. Es besteht aus einem Vollzeitteil im ersten Jahr, in dem der Ausbildungsabschluss zum Staatlich geprüften Industrietechnologen (m/w) erworben wird, und in einen zweiten Teil, in dem eineinhalb Jahre Berufstätigkeit als Industrietechnologe in ingenieursnaher, assistierender Tätigkeit folgen. Umrahmt werden die zweieinhalb Jahre von der berufsbegleitenden Vorbereitung auf den Abschluss zum Staatlich geprüften Techniker (m/w), geprüft nach bayerischer Fachschulordnung.

» **Fach- und Führungskräfte**, die eine besondere Bindung zum Unternehmen entwickelt haben, entscheiden langfristig den Erfolg. Die Unternehmen gewinnen in nur zweieinhalb Jahren Mitarbeiter, die eine technische Ausbildung und einen Abschluss der Höheren Berufsbildung vorweisen können. Die Absolventen wachsen organisch in die betrieblichen Abläufe hinein und können nach ihrer Prüfung zum Staatlich geprüften Techniker zeitnah Fach- und Führungsaufgaben im mittleren Management übernehmen.

» Das **Kompetenzprofil** des Praxisstudiums „FAST TRACK" zeigt im Vergleich zum reinen Studium deutlich, dass ein Studienaussteiger für geeignete Unternehmen eine passende und mindestens gleichwertige Alternative ist:

Studienabbrecher können mit diesem Modell in kurzer Zeit zwei vollwertige, in der Praxis sofort einsetzbaren Abschlüsse erwerben und haben sehr gute Chancen, entweder im Unternehmen übernommen zu werden oder auf dem Arbeitsmarkt Angebote wahrnehmen zu können. Die Studierenden erwerben praktisch ohne Zeitverlust einen gemäß DQR/EQF Stufe 6 gleichgestellten Abschluss.

Abbildung 70: Praxisstudium im Kompetenzcheck

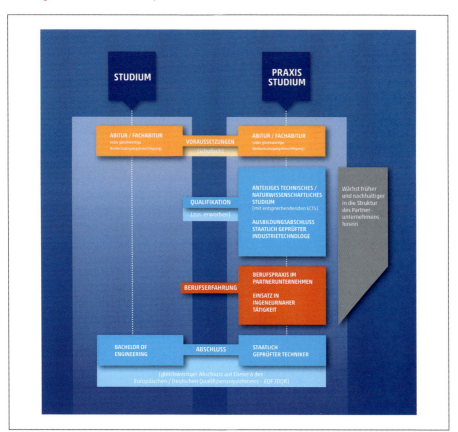

Unternehmen gelingt es über das Programm, Mitarbeiter mit Studienerfahrung im Rahmen der Personalentwicklung bei minimaler Einarbeitungszeit bis zum vollwertigen Abschluss zu bringen. Bewerber ohne Abschluss können in das Programm integriert und letztlich vollqualifiziert übernommen werden, da betriebliche Aufbau- und Ablauforganisation bereits bekannt sind.

Der Autor

Thomas Skowronek M.A.
Geschäftsführer
Regionales Bildungszentrum Eckert gemeinnützige GmbH
Fernlehrinstitut Dr. Robert Eckert GmbH

Das Unternehmen

Die Eckert Schulen, eines der führenden privaten Unternehmen für berufliche Bildung, Weiterbildung und Rehabilitation in Deutschland, sind seit 70 Jahren innovative Ideenschmiede für die Karrieren von morgen. Mit jährlich mehr als 7.000 Teilnehmern und zweistelligen Wachstumsraten ist Bayerns größter Weiterbildungsanbieter auf dem Weg zum führenden privaten Lerncampus in Deutschland. Beflügelt wird die Zukunftsexpansion von Bayerns „Praktiker-Universität" Nummer 1 durch inzwischen mehr als 40 regionale Bildungszentren in der gesamten Bundesrepublik. Sie ergänzen als „Satelliten" den Eckert-Campus am Stammsitz im ostbayerischen Regenstauf.

Mehr als 90.000 Menschen haben an den Eckert Schulen in den vergangenen Jahrzehnten durch Aus- und Weiterbildung den Grundstein für mehr beruflichen Erfolg gelegt. Schlüssel zum Erfolg ist dabei das einzigartige Bildungskonzept „Eckert 360 Grad", das die unterschiedlichen Lebenskonzepte mit den angestrebten Berufswünschen lückenlos und maßgeschneidert aufeinander abstimmt. Die flexible Kursgestaltung, die Präsenz- und Online-Angebote kombiniert, ein enger Bezug zur beruflichen Praxis und eine herausragende technische Expertise machen Erfolgsquoten von bis zu 100 Prozent möglich und öffnen Teilnehmern Türen zu neuen Jobchancen.

In Zeiten zunehmender Akademisierung vertrauen auch immer mehr Unternehmen direkt auf das Eckert-Know-how: Heute sind die Eckert Schulen mit ihren innovativen Angeboten und durch zahlreiche einzigartige Firmen-Kooperationen zunehmend gefragter Impuls- und Taktgeber im Kampf gegen den Fachkräftemangel der Zukunft – besonders in den technischen, kaufmännischen und medizinischen Berufen, wo die Versorgung mit Fachkräften eine besonders große Zukunftsherausforderung darstellt.

MITARBEITER MIT PASSENDEN MASSNAHMEN EFFEKTIV UNTERSTÜTZEN

Britta Scholten
Leiterin der Abteilung CARE Training & Service
Vistaprint

Das Einführungsseminar – reloaded

1. Die Herausforderung: Aus drei mach eine

2013 wurden drei Kundenservice-Standorte von Vistaprint in Berlin, Tunis und Montego Bay/Jamaika in der globalen CARE-Organisation zusammengefasst. CARE steht für Customer Advocacy, Relationship und Engagement. Der Kundenservice berät Kunden bei allgemeinen Fragen, unterstützt beim Erstellen von Designs und löst Probleme. Kundenzufriedenheit steht für Vistaprint klar im Mittelpunkt der unternehmerischen Tätigkeit. Umso wichtiger ist es für das Unternehmen, neue Mitarbeiter intensiv zu schulen. Das Einführungstraining soll ihnen Unternehmenskultur, Produkte und Prozesse nahebringen und sie schnell dazu befähigen, das Stück mehr an Engagement zu zeigen, das echte Kundenzufriedenheit hervorrufen kann.

Bis 2013 arbeiteten die lokalen Trainingsteams nur lose assoziiert miteinander. Allgemeine Produkttrainings wurden von einem zentralen Team erstellt, alle anderen Trainings lagen in der Verantwortung der lokalen Teams. In der neuen Organisation wurden alle Trainingsteams zu einem globalen Team zusammengefasst, das nach der Maßgabe „so global wie möglich, so lokal wie nötig" arbeitet.

Das Einführungsseminar war ein großes Projekt, das nicht nur unter dem Motto „Aus drei mach eins" stand, sondern auch neue strategische Herausforderungen berücksichtigen sollte. Stand Vistaprint früher vor allem für Visitenkarten, wächst die Produktpalette heutzutage immer mehr und das in einem sehr schnellen Tempo. Die Mitarbeiter des Druckdienstleisters benötigen heute kein Detailwissen mehr, sondern die Fähigkeit, den Kunden dabei zu beraten, wie er die einzelnen Produktkategorien (zum Beispiel Broschüren oder Schilder) designen und einsetzen kann, um möglichst viel aus einem begrenzten Marketingbudget zu machen.

1.1 Zielgruppe

Die Zielgruppe der *CARE specialists* ist sehr heterogen. In dem Training kommen Teilnehmer, die bereits Erfahrung im Kundenservice haben und solche, die gerade ihre Schule oder ein Studium abgeschlossen haben, zusammen. Die meisten der Einführungstrainings in Berlin werden zweisprachig (Englisch/Deutsch) durchgeführt. Das Durchschnittsalter der Mitarbeiter liegt in Berlin bei 31 Jahren, unter den neuen Mitarbeitern variiert es von ca. 20 bis ca. 50 Jahre.

1.2 Aus drei mach eins

Vier Aspekte standen bei der Überarbeitung im Vordergrund:

» Das global standardisierte Einführungstraining sollte dem Unternehmen helfen, die vorhandenen Ressourcen sinnvoller einzusetzen.
» Die Teilnehmer sollten sich Lernkompetenz und die Fähigkeit, in Produktkategorien beraten zu können, aneignen. Erklärungen und „show-me"-Vorträge sollten durch entdeckendes Lernen ersetzt werden.
» Lernen passiert am besten in der Praxis – daher sollte das Basistraining auf das absolute Minimum reduziert werden, um Raum für Learning-on-the-Job zu schaffen.
» Die Teilnehmer sollten von der ersten Minute den Fokus auf Kundenorientierung erleben.

Abbildung 71: Gründe für die Überarbeitung des Einführungstrainings. (Quelle: Vistaprint)

2. Die Arbeit im Konzeptionsprojekt

„Denkt innovativ!" war die Leitlinie für die Trainingsabteilung bei der Entwicklung des neuen Trainings. Das Team begann jede Sitzung mit Kreativübungen und legte bewusst den Schwerpunkt auf eine sehr intensive Analyse aus verschiedenen Blickwinkeln. Um zu verstehen, wer welche Anforderungen an das Training stellt, nutzte Vistaprint die „Persona"-Technik aus dem agilen Projektmanagement.

| Mitarbeiter mit passenden Maßnahmen effektiv unterstützen Vistaprint   KAPITEL 2

Abbildung 72: Beispiel der Personas. (Quelle: Vistaprint)

Zusätzlich wurden Fokusgruppen mit Führungskräften durchgeführt. Dabei stand die Frage im Mittelpunkt: „Wie sollen sich die neuen Mitarbeiter nach dem Training verhalten?", um den Fokus weg vom Produktwissen zu lenken. Das Team lernte aus dem Feedback früherer Teilnehmer und analysierte gemeinsam mit dem Team Service Quality typische Schwachstellen nach dem Training. Stellenbeschreibungen halfen dabei abzugrenzen, welche Themen in das Basistraining integriert werden sollten.

2.1 Testen und Lernen

Das neue Einführungsseminar war nicht nur ein verändertes Training, sondern führte eine veränderte Denkweise über Lernprozesse ein. Daher war es wichtig, zum einen die Erfahrung der verschiedenen Standorte zu berücksichtigen, zum anderen so schnell wie möglich zu testen, ob die neuen Ideen funktionieren und dann aus den ersten Feedbacks zu lernen. Das erste komplett überarbeitete Training wurde bereits nach drei Monaten mit einer kleinen Gruppe in Berlin durchgeführt, während in den anderen beiden Standorten nur das Modul „Ich als Kunde" eingesetzt wurde. Über mehrere Durchführungen hinweg ergänzte Vistaprint weitere Übungen und eLearning Module, verbesserte Übungsbeschreibungen und klärte technische Schwierigkeiten.

2.2 Learning Management System

Parallel zum Konzeptionsprojekt führte Vistaprint Moodle ein als „CARE Learning Zone". Die neuen Mitarbeiter arbeiten vom ersten Tag an selbstständig mit dem System und entwickeln so eine Selbstverständlichkeit im Umgang mit der CARE Learning Zone, die sie zu guten Botschaftern für das LMS macht.

3. Das Training

Zwei Fragen stellten sich früh als wegweisend heraus:
» Die meisten Vistaprint-Kunden können ohne Hilfe selbstständig Produkte auswählen, gestalten und bestellen. Warum sollte das Unternehmen diese Themen den neuen Mitarbeitern aufwändig erklären müssen?
» Produktinformationen sind in der Wissensdatenbank und auf der Webseite jederzeit umfassend verfügbar. Die Designprinzipien sind für alle Produkte ähnlich. Warum soll dieses Detailwissen über jedes einzelne Produkt in einem Training extra vermittelt werden?

Daraus ergab sich die Idee für das Herzstück des Trainings: Wir lassen die Teilnehmer in den ersten Tagen Vistaprint aus der Sicht des Kunden kennen lernen, ohne zusätzliches Wissen zur Verfügung zu stellen.

3.1 Aufbau des Trainings

Das Training ist in fünf Themenblöcke gegliedert. Am ersten Tag werden in dem Block „Cimpress, Vistaprint und ich" rechtlich notwendige Themen (zum Beispiel Personal- oder IT-Sicherheitsthemen) sowie grundlegende Informationen über das Unternehmen vermittelt. Die Inhalte sind erheblich reduziert worden, um bereits am ersten Tag mit dem Kernmodul „Ich als Kunde" beginnen zu können.

Abbildung 73: Aufbau des Trainings (Quelle: Vistaprint)

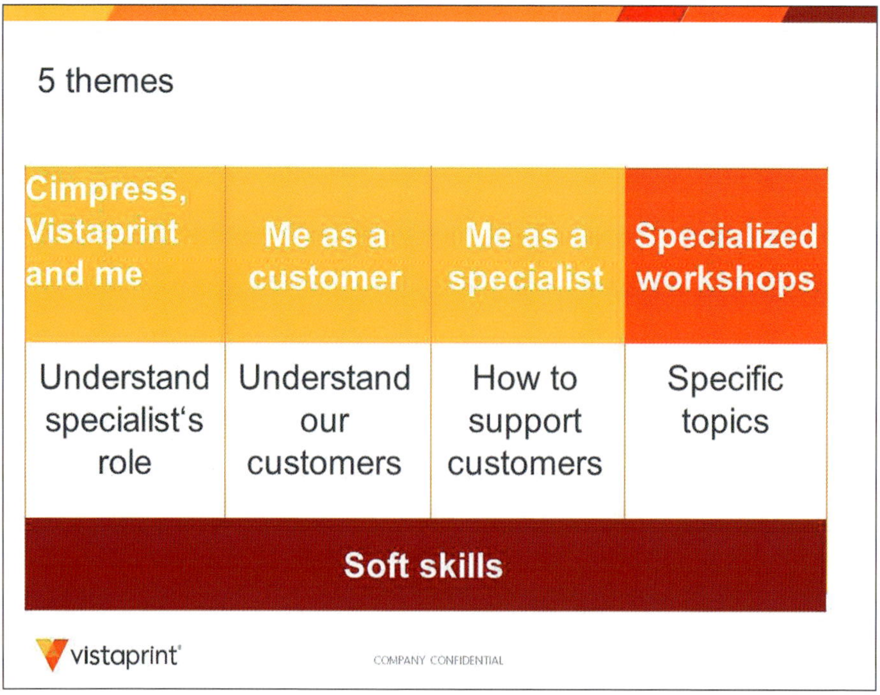

5 themes			
Cimpress, Vistaprint and me	Me as a customer	Me as a specialist	Specialized workshops
Understand specialist's role	Understand our customers	How to support customers	Specific topics
Soft skills			

Kundenfokus („Ich als Kunde") und Soft Skills: Die Teilnehmer erhalten einen Flyer (natürlich von Vistaprint gedruckt), der Informationen über „ihren" Kunden enthält. Der Flyer beschreibt das Geschäft des Kunden und was er sich für sein Marketing vorstellt. In der Rolle dieses Kunden gestalten die Teilnehmer auf der Vistaprint-Webseite ihre ersten eigenen Produkte. Auf einer Test-Webseite können sie einen Eindruck über den gesamten Prozess erhalten, inklusive Bestellung und Bezahlung. Ihre Erkenntnisse dokumentieren die Teilnehmer in einem Glossar und stellen sich gegenseitig ihre Ergebnisse vor. So erarbeitet sich die Gruppe ein Grundlagenwissen über alle Produkte, die Designmöglichkeiten sowie Bezahl- und Lieferoptionen.

Da für Vistaprint die Kundenzufriedenheit an erster Stelle steht, ist dieser Aspekt in allen Übungen eingebaut. Mit jedem Thema trainieren die Teilnehmer auch gleichzeitig das gewünschte Verhalten im Kundenkontakt. Darüber hinaus werden in einem zweitägigen Soft-Skills-Training die Grundlagen erarbeitet.

Fachwissen – Grundlagen („Ich als Specialist") und „90 days development plan": Selbstverständlich benötigt ein Servicemitarbeiter noch mehr Wissen, um die Kunden gut beraten zu können. Spezialwissen für die typischsten Kundensituationen wird im dritten Themenblock vermittelt. Mit Hilfe von Fallstudien, Praxisbeispielen und verschiedenen Aufgaben erarbeiten sich die Teilnehmer das Wissen zum größten Teil selbst. Mit diesem Wissen sind sie bereit für die ersten echten Kundenkontakte. Im On-the-job-Training bearbeiten die Teilnehmer zunächst E-Mail-Anfragen, später telefonische Kontakte. Sie werden dabei von erfahrenen Servicemitarbeitern betreut, den so genannten Trainingspartnern, die in einem zweitägigen Training auf ihre Aufgabe vorbereitet werden. In den nächsten Wochen werden im Rahmen des „90 days development plans" Themen der „specialized workshops" in lockerer Abfolge vertieft.

4. Ergebnisse und Herausforderungen

Zwei Zitate spiegeln den Erfolg des Projekts wider. Ein Teilnehmer, der bereits früher bei Vistaprint gearbeitet hatte, sagte: „Dieses Training hat viel mehr Spaß gemacht, wir haben uns unser Wissen selbst erarbeitet. Ich fühle mich richtig gut vorbereitet."

Ein Feedback erreichte die Trainingsabteilung indirekt: Ein Mitarbeiter beobachtete die neuen Kollegen, ihre Fähigkeit, einen guten Kundenkontakt aufzubauen und ihr Engagement, Wissenslücken selbstständig zu schließen. Sein Kommentar: „Da muss ich mich ja anstrengen, um mit den Neuen mitzuhalten." Generell spiegelt sich im bisherigen Feedback der Erfolg im Hinblick auf zwei Aspekte besonders wider: Die neuen Mitarbeiter sind selbstbewusster im Umgang mit den Systemen, aber auch mit ihren Wissenslücken und können sich selbstständig Wissen aneignen. Die Kundenorientierung ist wesentlich besser als zuvor. Viele der Teilnehmer erreichen bereits während des On-the-job-Trainings 100 % Kundenzufriedenheit.

4.1 Herausforderungen

Wie bei jedem großen Projekt hatte auch die Trainingsabteilung von Vistaprint einige Hürden zu bewältigen. Eine der größten war die Einstellung der Trainer. Selbst diejenigen, die die Grundideen im Projekt mitentwickelt hatten, standen kurze Zeit später im Trainingsraum und sagten: „Aber ich muss ihnen doch erklären, wie es geht." Noch schwieriger war die Umstellung für diejenigen, die nicht an der Erarbeitung des Konzepts beteiligt waren. Eine frühere Einbindung und mehr Training für die Trainer hätte es erleichtert, das gesamte Team schnell für das neue Konzept zu gewinnen.

Auch die Führungskräfte der neuen Mitarbeiter hätten intensiver informiert werden können. Viele von ihnen erwarten immer noch, dass der Nürnberger Trichter funktioniert und sehen in dem neuen Konzept keine Verbesserung. Vistaprint arbeitet zurzeit daran, den Führungskräften die Vorteile nahezubringen und sie gleichzeitig dabei zu unterstützen, ihre Rolle als Entwickler der Mitarbeiter besser auszufüllen.

Die Autorin

Britta Scholten arbeitet seit 2012 bei Vistaprint und leitet seit 2014 die globale Abteilung CARE Training & Design mit sechs Standorten. Die gelernte Bankkauffrau entdeckte ihre Leidenschaft für das Trainingsgeschäft während ihres Studiums (VWL und Wirtschaftspädagogik). Lange Zeit arbeitete sie als Verkaufs- und Kommunikationstrainerin bei der Berliner Volksbank und versuchte, mit immer wieder neuen kreativen Ideen ihre Trainings effektiv und spannend zu gestalten.

Das Unternehmen

Vistaprint ist ein globales e-commerce-Unternehmen, das mehr als 16 Millionen klein- und mittelständische Unternehmen darin unterstützt, sich mit Hilfe von gedruckten und digitalen Marketingmaterialien professionell zu vermarkten. Das Online-Design-Studio ermöglicht es den Kunden, ihre Produkte individuell und auf einfache Weise zu gestalten und an ihre Erwartungen anzupassen. Das Produktangebot umfasst unter anderem Visitenkarten, Marketing-Materialien, Schilder, Werbegeschenke, Kleidung, Webseiten, digitales Marketing und Karten für alle Anlässe. Mit Hilfe einer patentierten Drucktechnik bietet Vistaprint seinen Kunden konstant hohe Qualität zu günstigen Preisen. Über 25 lokale Webseiten werden verschiedene globale Märkte bedient. Gedruckt wird in modernen Produktionsstätten rund um den Globus, einschließlich Nordamerika, Westeuropa, Australien und Indien. Vistaprint ist eine Marke von Cimpress (Nasdaq: CMPR) und beschäftigt weltweit mehrere Tausend Mitarbeiter.

Kerstin Wolff
Leiterin Geschäftsbereich Bildung
Johannes-Diakonie Mosbach

Mein Weg in der Johannes-Diakonie – berufliche Perspektiven nutzen

Engagierte Mitarbeitende, die sich einbringen und lernen wollen, sind der Traum jedes Unternehmens. Oft gibt es diese Mitarbeiter bereits im Haus. Entscheidend ist jedoch, dass sie auch gehört und gesehen werden. Die Johannes-Diakonie Mosbach hat deshalb eine Möglichkeit eröffnet, die Eigeninitiative fördert und interessierten Mitarbeitern eine Plattform für ihre weitere Entwicklung gibt. Vorsichtig, niedrigschwellig und unaufdringlich.

April 2015: Frau Wolff, Leiterin des Geschäftsbereichs Bildung und Personalentwicklung der Johannes-Diakonie Mosbach, besucht einen jungen aufstrebenden Mitarbeitenden an seinem Arbeitsplatz. Demnächst wird Herr Mahler eine höhere Führungsposition einnehmen. Im Gespräch teilt er ihr seine Sorgen um den immer knapper werdenden Bestand an jungen Nachwuchskräften mit: „Frau Wolff, ich habe bereits viele engagierte, tolle, aufstrebende Mitarbeitende eingearbeitet. Spätestens nach einem Jahr fragen viele von ihnen nach einer beruflichen Perspektive im Unternehmen. Wir brauchen etwas ganz Niederschwelliges, das es den Engagierten leicht macht, ihr Interesse an weiteren Aufgaben zu zeigen."

Bislang war der Weg, den interessierte, entwicklungswillige Mitarbeitende in der Johannes-Diakonie Mosbach gehen mussten, weit und nicht immer einfach. Dabei ist es so wichtig, dass Mitarbeiter, die sich einbringen wollen, rechtzeitig gehört werden und die entsprechenden Möglichkeiten erhalten. Nur dann kann ein Unternehmen die Mitarbeitenden auf lange Sicht halten und an sich binden. So entstand die Idee zu dem Projekt „Mein Weg in der Johannes-Diakonie" das Mitarbeitende unterstützt, die über ihre berufliche Perspektive in der Johannes-Diakonie Mosbach nachdenken, die sich zum Beispiel für eine Leitungstätigkeit interessieren oder die sich mit anderen beruflich vernetzen wollen.

| Mitarbeiter mit passenden Maßnahmen effektiv unterstützen Johannes-Diakonie Mosbach **KAPITEL 2**

Abbildung 74: Den Weg engagierter Mitarbeitender attraktiv gestalten

Mit Hilfe eines Formulars sollten sich Interessierte mit ihren beruflichen Wünschen und Interessen schnell und unkompliziert per Intranet, Fax oder Brief bei der Personalentwicklung melden können. Der Weg sollte möglichst einfach und niederschwellig sein, so wie man einen Reparaturauftrag im Intranet stellen kann. Einfach ein Formular ausfüllen, absenden und warten, dass sich der andere bald meldet und kümmert. Nach wenigen Sitzungen, Telefonaten und E-Mails mit Herrn Mahler und Intranet-Experten war klar, wie das Formular aussehen und wie der Prozess ablaufen soll.

In dem Unternehmensmagazin „JDaktuell" und in internen Veranstaltungen wurde das Projekt „Mein Weg in der Johannes-Diakonie" vorgestellt und beworben.

Time to shine: Maßnahmen für engagierte Mitarbeitende

Seit September 2015 ist das Online-Formular im Intranet abrufbar. Es finden sich darauf unterschiedliche Angebote:

» **Kompassrunde zur Bestimmung der Richtung:** Fach- oder Führungslaufbahn? Mitarbeitende, die nach einer beruflichen Perspektive in der Johannes-Diakonie Mosbach suchen, erhalten an zwei Tagen die Gelegenheit, sich mit Kollegen über die Herausforderungen und Aufgabenstellungen des Unternehmens auszutauschen und sich mit ihnen zu vernetzen. An diesen Tagen werden sie insbesondere mit dem Thema „Führung" vertraut gemacht. In Gesprächs- und Diskussionsrunden, in denen unter anderem Situationen aus dem Alltag simuliert werden, erhalten die Teilnehmenden einen Eindruck davon, was es bedeutet, in „Führung zu gehen". Nach den zwei Tagen erhalten sie – auf freiwilliger Basis – ein Feedback von unabhängigen Personen, das ihnen bei der Orientierung helfen soll, ob eine Führungslaufbahn oder eher eine fachliche Expertise in Frage kommt. Sie erhalten wichtige Hinweise, an welchen Stellen ihre Kompetenzen weiterentwickelt werden können und wie sie dies am besten erreichen.

» **Führungskräfteentwicklung:** Dieses Angebot richtet sich an Mitarbeitende, die Interesse haben, Führungsverantwortung zu übernehmen. Das müssen sie dazu wissen: Sozial- und Kommunikationskompetenz hat in der Johannes-Diakonie Mosbach einen besonders hohen Stellenwert. Die Pflege und Kultivierung des im Hause praktizierten kooperativen Führungsstils und die zielorientierte Führungsweise soll sichergestellt sein. Deshalb gibt es folgenden Weg: Geeignete Führungskräfte werden entweder vom Vorgesetzten vorgeschlagen oder sie bewerben sich eigeninitiativ zur Aufnahme ins Programm. Eine Potenzialanalyse ermittelt zunächst ihre Stärken und ihren Entwicklungsbedarf. Dann wird über ihre Teilnahme an einem persönlichen Entwicklungsprogramm entschieden. Dieses besteht z. B. aus der Teilnahme an einer Führungskräfteschulung, der Zuweisung eines Mentoren (aus anderer Abteilung im Unternehmen), Coaching oder Teilnahme an speziellen Seminaren. Nach einem Jahr erfolgt das Review und ggf. eine erneute Potenzialanalyse.

» **Mentoring – ein Programm für Odysseus' Söhne und Töchter:** Mit dem Mentoring-Programm können Mitarbeitende ihren Erfahrungsschatz weitergeben. Sie können andere dabei unterstützen, ihren beruflichen Weg erfolgreich weiter zu verfolgen. Als Mentee profitieren sie von einem erfahrenen Mentor, der ihnen helfen kann, die Johannes-Diakonie in ihren Strukturen besser zu verstehen, der sie unterstützt, wenn es schwierig wird, der sie in ihrer Kompetenzentwicklung fördert. Mentor und Mentee treffen sich befristet für ein Jahr in regelmäßigen Abständen, z. B. alle 4 Wochen. Der telefonische Austausch ist bei zu weiten Entfernungen auch denkbar und kann gut funktionieren. Wichtig ist, dass sich der Mentee gut auf das Gespräch mit seinem Mentor vorbereitet. Beim Erstkontakt bespricht man die gegenseitigen

Erwartungen und klärt das Thema bzw. das besondere Anliegen, um das es dem Mentee während des Mentoring geht.

» **Kollegiale Beratung – eine Art „Selbsthilfegruppe für Führungskräfte":** Führungskräfte sehen sich täglich vor wechselnde Anforderungen gestellt. Dabei fehlt ihnen zunehmend der hilfreiche Erfahrungsaustausch mit Kolleginnen und Kollegen. Bei der kollegialen Beratung handelt es sich um eine effektive Beratungsform in Gruppen, bei der nach einem bestimmten Ablauf und einer vorgegebenen Struktur gemeinsam eigene Themen aus der Berufspraxis bearbeitet werden. Die Kollegiale Beratung findet in einer Gruppe von 6 bis 9 Mitgliedern statt, die in regelmäßigem Abstand zusammenkommen.

» **Debattier-Runde – Mitstreitende gesucht!** Gut reden und argumentieren können wird sowohl in der Ausbildung, im Studium oder im Berufsalltag immer wichtiger. Die klügsten Gedanken helfen nicht viel, wenn man sie nicht ausdrücken kann. Kaum jemand ist ohne Übung ein guter Redner. Eine Möglichkeit, sich auszuprobieren, ist unsere Debattier-Runde. Die Teilnehmenden gruppieren sich in Teams und eine Jury, wählen ein Thema, losen den Teams die zu vertretenden Positionen (Pro und Contra) zu und beginnen die Debatte in der Regel nach 15 Minuten Vorbereitungszeit. Die übliche Redezeit pro Redner beträgt sieben Minuten. Debattierende verbessern durch diese Beschäftigung ihre rhetorischen Fähigkeiten ebenso wie ihre Analyse- und Argumentationsfähigkeit.

» **Tafelrunde:** Dieses Format bietet Spezialisten aller Job-Level eine Plattform, um ihren Bereich, ihre Expertise und Erfahrungen zu präsentieren. Sie diskutieren gemeinsam mit Kollegen ihr Thema, erhalten wertvolle Anregungen aus anderen Bereichen und können sich und ihren Themenbereich bekannter machen. Teilnehmen können alle interessierten Mitarbeitenden. Diese profitieren ihrerseits davon, ihr Know-how zu vertiefen und sich über den eigenen Tellerrand hinaus zu vernetzen. Die Veranstaltung verläuft in drei Phasen à 30 Minuten von der Präsentation über das gemeinsame Mittagessen bis hin zur Diskussion.

» **Projektarbeit – da bin ich dabei!** Es tut sich was in der Johannes-Diakonie! Das Unternehmen macht sich zukunftstauglich und nimmt dazu unterschiedliche Projekte auf den Plan. Angefangen bei der Umsetzung von Maßnahmen aus dem strategischen Aktionsplan über die Verbesserung von internen Prozessabläufen und Aufbau von neuen Strukturen bis hin zu Personalthemen.

» **Hospitationen:** Für jeden Mitarbeitenden besteht die Möglichkeit der Hospitation, nicht nur in den Anfängen, sondern während seiner gesamten Betriebszugehörigkeit. Hospitation führt dazu, den Arbeitsalltag von anderen Kollegen kennenzulernen und auch die Aufgaben anderer schätzen zu lernen. Der Besuch in einem fremden Bereich der Johannes-Diakonie Mosbach bietet sich für Bereiche an, mit denen eine direkte Zusammenarbeit besteht: wo Mitarbeitende miteinander kooperieren, dieselben Menschen mit Behinderung betreut und gefördert werden oder wo eine Dienstleistung für einen anderen Bereich erbracht wird.

Die Hospitationsmöglichkeit gab es schon lange, wurde aber selten in Anspruch genommen. Alle anderen Angebote wurden dagegen ganz neu entwickelt und sind im Intranet näher beschrieben. Es werden in regelmäßigen Abständen immer wieder neue Angebote eingestellt.

Abbildung 75: Online-Formular der Johannes-Diakonie

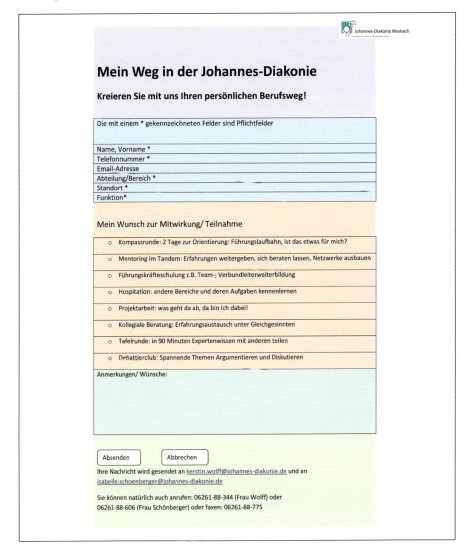

Für die Johannes-Diakonie Mosbach war es wichtig, den Mitarbeitenden möglichst konkrete Angebote zu machen und keinen virtuellen Talentpool zu eröffnen, der letztlich kaum genutzt wird. Die Mitarbeitenden sollten zeitnah konkrete Angebote wahrnehmen können und so schnell positive Effekte ihres Engagements spüren.

Das Unternehmen bekommt über diese vielfältigen Lern- und Austauschformate die Gelegenheit, die Mitarbeitenden in einem neuen Kontext zu erleben und ihnen neue Herausforderungen und Erfahrungen zu bieten.

Nachdem das Formular ausgefüllt und an die Personalentwicklung adressiert wird, erhält der Absender spätestens nach zwei Tagen eine Rückmeldung per Mail oder Telefon, eine kurzfristige Beratung und die Möglichkeit der Teilnahme an ausgewählten Maßnahmen der Personalentwicklung. Bei dem Wunsch zur Teilnahme am Führungskräfteentwicklungs-Programm wird die Rückkopplung an die/den Vorgesetzten hergestellt. Vorgesetzte haben ebenfalls die Möglichkeit, ihre Mitarbeitenden zu melden bzw. vorzuschlagen.

Erste Erfolge

Am Tag des Erscheinens im Intranet gingen innerhalb von zwei Stunden nahezu 25 Formulare ein, neben Meldungen zu den Angeboten waren sie teilweise kommentiert mit positivem Zuspruch, Lob und weiteren thematischen Anregungen.

Das Formular wurde bisher von annähernd 100 Mitarbeitenden aus allen Unternehmensbereichen genutzt. Das ist bei der Unternehmensgröße mit 2.700 Mitarbeitenden auf den ersten Blick vielleicht nicht viel, für die bisher eher zurückhaltenden Mitarbeitenden aber ein Quantensprung. Damit konnten viele Wünsche geäußert werden, die sonst unentdeckt geschlummert und vielleicht zur Unzufriedenheit geführt hätten. Mitarbeitende, die den aufwändigen Weg der früheren Personalentwicklung gescheut hatten, konnten nun leicht auf ihr Interesse aufmerksam machen und sich vorstellen.

Die meisten Teilnehmenden interessierten sich gleichzeitig für mehrere Angebote und konnten nach eingehenden Beratungsgesprächen in alle vermittelt werden. Das größte Interesse galt der Kompassrunde im Januar 2016, die seitdem wiederholt angeboten wird, und dem Mentoring-Programm, das ebenfalls an den Start gehen konnte. Es hat sich ein Pool junger und erfahrener Mitarbeitender gebildet, der zur Vernetzung und zum Erfahrungsaustausch genutzt wird. Das Unternehmen Johannes-Diakonie ist dadurch für viele transparenter und verstehbarer geworden. Es ist erfreulich zu beobachten, wie engagiert sich insbesondere langjährige Mitarbeitende gegenüber jungen und neuen Mitarbeitenden zeigen, wie sie ihre Hilfe bei der Orientierung im Berufsleben anbieten.

Mit dem Projekt „Mein Weg in der Johannes-Diakonie" lernt das Unternehmen talentierte Mitarbeitende kennen und kann ihnen eine gezielte individuelle Förderung anbieten. Es ist eine gute Ergänzung zu den jährlich stattfindenden Gesprächsrunden des Vorstands mit herausragenden Mitarbeitenden, die von den Vorgesetzten vorgeschlagen wurden.

Das Formular kann dagegen unabhängig von Vorgesetzten genutzt werden. Solch ein einfaches Verfahren, über einen simplen Klick im Intranet auf schnellem Weg beraten und gefördert zu werden, hat es bisher in der Johannes-Diakonie Mosbach nicht gegeben und wird von der Mitarbeiterschaft sehr begrüßt. Vorher mussten langwierige Verfahren absolviert werden, damit aufstrebende Mitarbeitende bei der Karriereplanung Berücksichtigung fanden.

Die Autorin

Kerstin Wolff leitet seit 2012 den Geschäftsbereich Bildung der Johannes-Diakonie Mosbach. Dazu zählen u. a. die Berufsfachschulen für Altenpflege und Heilerziehungspflege, die Koordination der Studierenden und ganz zentral der Bereich Personalentwicklung inklusive der Fort- und Weiterbildung. Die individuelle Entwicklung und Förderung der Mitarbeitenden und Auszubildenden ist ihr ein besonderes Anliegen. Dazu gehört neben der Führungskräfteentwicklung auch die Entwicklung von Experten. Ihrem Credo getreu heißt dies letztlich: „Die richtigen Mitarbeitenden am richtigen Arbeitsplatz – das auf einen einfachen und klaren Nenner gebrachte Ziel der Personalentwicklung in unserem Haus."

Das Unternehmen

Die Johannes-Diakonie Mosbach, Mitglied im Diakonischen Werk Baden, engagiert sich seit 130 Jahren mit knapp 2.700 Mitarbeitenden erfolgreich für Menschen mit Behinderungen. Sie hält ein umfassendes Angebot der Betreuung, Förderung, Assistenz, Pflege und Bildung vor. Die kontinuierliche Förderung und Weiterentwicklung der Mitarbeitenden ist für sie von großer Bedeutung. Deshalb hat die Abteilung Personalentwicklung ihren Bereich ausgebaut und bietet Mitarbeitenden ein nachgefragtes und breites Fort- und Weiterbildungsangebot.

Claudia Benfer
Berufsausbilderin
Loh Academy

Auf Erfahrung bauen

Lebenslänglich: Lernen hält fit

Ob Weiterbildung, Studium oder Fachabschluss – wer für den Arbeitsmarkt der Zukunft gut gerüstet sein will, sollte regelmäßig Fort- und Weiterbildungen besuchen. Das gilt im gewerblich-technischen Bereich besonders für Mitarbeiter ohne berufsspezifischen Ausbildungsabschluss. Die Loh Academy der Friedhelm Loh Group, Top Arbeitgeber aus Mittelhessen, hat dazu ein reiches Programm entwickelt, das diese Zielgruppen optimal einbindet.

Mehr als 14 Jahre arbeitet Oliver Becker schon als Anlagenführer im Stahl-Service-Center von Stahlo in Dillenburg. Mit gerade einmal 22 Jahren hatte er an der technisch hochentwickelten Spaltanlage seinen ersten Arbeitstag. „Von Anfang an hieß es für mich: Learning by doing. Welche Eigenschaften hat welches Stahlband? Worauf muss ich bei seiner Verarbeitung achten? Und wie bediene ich die Spaltanlage korrekt? All das haben mir die älteren und erfahrenen Kollegen mit ihrem reichen Erfahrungsschatz hier im Unternehmen beigebracht", erinnert sich Becker. Über eine solide theoretische Grundlage durch eine berufsspezifische Ausbildung verfügte er nicht. Doch das änderte sich 2015. Bis zum Jahresende büffelte der Familienvater trotz Schichtarbeit Technische Mathematik, Werkstoffkunde und Steuerungstechnik – und holte so an 35 Samstagen einen von der IHK Lahn-Dill anerkannten Berufsabschluss als „Maschinen- und Anlagenführer" nach.

Mit seinem Wunsch nach einem anerkannten Berufsabschluss ist Becker in der inhabergeführten Unternehmensgruppe nicht allein. Anfang Februar 2016 sind weitere 30 langjährige gewerbliche Mitarbeiter der Friedhelm Loh Group – zu der Stahlo gehört – in die lehrreiche Zeit der Nachqualifizierung gestartet. „Um sicherzustellen, dass unsere Teilnehmer den Belastungen und Anforderungen der Schulung gewachsen sind, haben wir vorab persönliche Informationsgespräche mit den Teilnehmern geführt und ihnen die wichtigsten Lernmethoden vermittelt", erläutert Claudia Benfer. Sie kümmert sich in der

Loh Academy um die Organisation der Ausbildung zum Maschinen- und Anlagenführer. „Weil die Inhalte zudem anhand eines Einstufungstests genau auf die Teilnehmer zugeschnitten wurden, ist die Lernmotivation in der Gruppe extrem hoch." Theoretischer Unterricht und Praxistage in der Ausbildungswerkstatt von Rittal – dem größten Einzelunternehmen in der Unternehmensgruppe – wechseln sich bis zum Jahresende 2016 regelmäßig ab. „Dadurch werden die Begriffe, Modelle und Berechnungen, die die Teilnehmer in der Theorie erlernen, mit Leben gefüllt", unterstreicht Benfer. „Eben ganz so wie bei einer klassischen dualen Ausbildung."

Abbildung 76: Oliver Becker arbeitete über ein Jahrzehnt lang ohne berufsspezifische Ausbildung bei Stahlo in Dillenburg an der Spaltanlage. Seit Ende 2015 ist er ausgebildeter Maschinen- und Anlagenführer.

Wichtiger Schritt in eine erfolgreiche berufliche Zukunft

Zwar fordert der Weg zum Facharbeiter viel Einsatz und Flexibilität von den Mitarbeitern, doch das Engagement lohnt sich. „Mit der Entscheidung für die Weiterbildung haben die Teilnehmer einen ersten wichtigen Schritt in ihre erfolgreiche berufliche Zukunft gemacht", ist sich Rittal-Ausbildungsleiter Matthias Hecker sicher. „Gerade mit Blick auf die Vernetzung und Digitalisierung von Arbeitsprozessen – Stichwort Industrie 4.0 – sind sie nun bestens für die Herausforderungen der Arbeitswelt von morgen gewappnet."

Abbildung 77: Auszubildende Tessa Zimmermann, Fertigungsgruppenleiter Julian Martin vom Rittal-Werk in Herborn (links) und Bereichsleiter Personal Marcus von Pock freuen sich, dass die Friedhelm Loh Group zum achten Mal in Folge als Top Arbeitgeber ausgezeichnet wurde.

Was Hecker damit meint: Neue Technologien und sich verändernde gesellschaftliche Bedürfnisse führen dazu, dass sich die Arbeitswelt stetig wandelt. Wer für die Zukunft gerüstet sein will, sollte deshalb regelmäßig Möglichkeiten zur Fort- und Weiterbildung wahrnehmen. Bei der Friedhelm Loh Group gibt es hierzu beste Voraussetzungen – denn mit der Loh Academy investiert die Unternehmensgruppe bereits seit mehr als zehn Jahren in die Förderung und Weiterbildung ihrer Mitarbeiter. „Wir bieten unseren Mitarbeitern die Möglichkeit, ihr fachliches und überfachliches Wissen zu erweitern ", erklärt Gero Düweke, Leiter Seminare in der Loh Academy. „Denn durch die Fachkenntnisse können sie anschließend auch Aufgaben und Verantwortlichkeiten übernehmen, die ihnen bislang verwehrt geblieben sind." Eine bundesweite Studie im Auftrag von

„Deutschland Test" und „Focus Money" bescheinigte der Unternehmensgruppe im April 2016, ein „Top Ausbildungsbetrieb" und damit einer der besten Ausbilder in Deutschland zu sein. Die Loh Academy verdeutlicht, wie wichtig die interne Förderung der Mitarbeiter ist. Mit ihrem Angebot unterstützt die Loh Academy die individuelle Fort- und Weiterbildung der eigenen Mitarbeiter. „Die Investition in die Weiterentwicklung unserer Mitarbeiter ist für uns selbstverständlich und gewinnbringend für beide Seiten."

Mitarbeiter und Unternehmensgruppe profitieren gleichermaßen

Davon profitieren nämlich nicht nur die Mitarbeiter, sondern auch die gesamte Unternehmensgruppe, die 2016 zum achten Mal in Folge als „Top Arbeitgeber" ausgezeichnet wurde. „Durch unser Weiterbildungsangebot stellen wir Erfahrungswissen auf ein starkes theoretisches Fundament", betont Marcus von Pock, Bereichsleiter Personal in der Friedhelm Loh Group. Er ist zugleich für die Loh Academy verantwortlich. „Dadurch steigern wir die Qualität unserer Produkte und wirken zugleich dem drohenden regionalen Fachkräftemangel entgegen." Die Facharbeiter haben seither ihr Können und Wissen im Betrieb bewiesen und können nun flexibler neue Aufgaben übernehmen. Für einige ist die Nachqualifizierung erst der Anfang – sie haben in der Folge ihrer Laufbahn Führungspositionen in ihren Bereichen übernommen. Kein Wunder also, dass immer neue Angebote zu den bereits bestehenden Fort- und Weiterbildungen hinzukommen. „Aktuell haben wir mehr als 130 Seminare und E-Learning-Angebote zu Themen wie Arbeitssicherheit, Wertschöpfung oder Mitarbeiterführung im Angebot", berichtet von Pock. „Das heißt: für jede Abteilung und jeden Fachbereich ist etwas dabei – unsere Mitarbeiter nehmen dieses Angebot sehr gerne wahr!"

Abbildung 78: Für ihre innovativen Konzepte zur Förderung des Nachwuchses erhielt die Friedhelm Loh Group im Frühjahr 2016 das Qualitätssiegel „Deutschlands beste Ausbildungsbetriebe".

Nachqualifizierung für Maschinen- und Anlagenführer

Unternehmen:	Friedhelm Loh Group
Zielgruppe:	Maschinen- und Anlagenführer ohne anerkannten Berufsabschluss
Inhalte:	Herstellung von Bauelementen und Baugruppen, Wartung von technischen Systemen und Maschinen und Anlagen
Abschluss:	Maschinen- und Anlagenführer
Dauer:	12 Monate, während der die Inhalte mit der täglichen Arbeit im Zwei- bzw. Dreischichtbetrieb verbunden werden

Entwicklung des Projekts

Juni 2013:	Konzeptentwicklung durch die Loh Academy und die Ausbildungswerkstatt von Rittal
Juli 2013:	Abstimmung der Fortbildung mit dem Prüfungsausschuss der IHK Lahn-Dill
August 2013:	Freigabe des Konzepts durch die Geschäftsführung der Friedhelm Loh Group
September 2013:	Vorstellung des Projekts an sechs Standorten
Oktober 2013:	Sammlung und Erstprüfung von Interessenten
November 2013:	Persönliche Informationsgespräche mit über 40 Interessenten
Dezember 2013:	Auswahl von 16 Teilnehmern
Januar 2014 bis November 2014:	Vorbereitungsphase für die theoretische Prüfung
Dezember 2014:	Theoretische Abschlussprüfung bei der IHK Lahn-Dill
Januar 2015:	Praktische Abschlussprüfung bei der IHK Lahn-Dill
März 2015:	Zeugnisübergabe, Start der zweiten Staffel (Zeugnisübergabe: April 2016)
Januar 2016:	Start der dritten und vierten Staffel

Die Autorin

Claudia Benfer kümmert sich in der Loh Academy unter anderem um die Berufsausbildung zum Maschinen- und Anlagenführer. Sie unterstützte das erfolgreiche Projekt von Anfang an und ist stolz darauf, dass bis zum Jahresende 2016 voraussichtlich 65 erfahrene Werksmitarbeiter über eine zusätzliche berufsspezifische Ausbildung verfügen werden.

Das Unternehmen

Die weltweit erfolgreiche Friedhelm Loh Group erfindet, entwickelt und produziert maßgeschneiderte Produkte und Systemlösungen für Industrie, Wirtschaft und Handel. Die Unternehmen der Friedhelm Loh Group gehören zu den Topadressen in ihren jeweiligen Branchen – als Erfinder und kompetente Produzenten. Sie reichen vom weltweit führenden Systemanbieter für Schaltschränke, Stromverteilung, Klimatisierung und IT-Infrastruktur (Rittal) über Europas Nummer 1 bei Softwarelösungen für den Maschinen- und Anlagenbau sowie die Industrie (Eplan, Cideon) bis hin zur durchgängigen Fertigungskompetenz mit den modernen Materialien Stahl, Aluminium und Kunststoff (Stahlo, LKH). 2016 wurde das Familienunternehmen zum achten Mal in Folge als „Top Arbeitgeber" ausgezeichnet. Zudem bescheinigte eine bundesweite Studie im Auftrag von „Deutschland Test" und „Focus Money" im April 2016 der Unternehmensgruppe, ein „Top Ausbildungsbetrieb" und damit einer der besten Ausbilder in Deutschland zu sein.

Joachim Bessell
Projektkoordinator und Produktmanager
Christiani Akademie

Arbeitsprozessintegrierte Kompetenzentwicklung in produzierenden Unternehmen

Zusammenfassung

Qualifizierte Arbeitskräfte in produzierenden Unternehmen müssen heute in der Lage sein, Arbeitsprozesse aktiv mitzugestalten, kontinuierlich neu zu gestalten und zu optimieren und Entwicklungen bewusst zu reflektieren. In einem vom Bundesministerium für Bildung und Forschung (BMBF) geförderten Verbundprojekt sollen daher Kompetenzen für die Produktionsorganisation und insbesondere für das Prozessmanagement auf der Facharbeiterebene gezielt gefördert werden.

Die Christiani Akademie hat als Verbundpartner innerhalb dieses Projekts eine Qualifizierungsmaßnahme entwickelt und durchgeführt, um die Teilnehmenden auf die Prüfung zum/zur Prozessmanager/-in vorzubereiten. Das handlungsorientierte Lernen im Prozess der Arbeit steht bei dieser Qualifizierung im Mittelpunkt der didaktischen Konzeption. Zum Einsatz kommen komplexe Situationsaufgaben sowie mobile Endgeräte und eine spezielle Anwendung (App) namens MOLA.

Das Projekt „PM Kompare – für das Prozessmanagement Kompetenzen arbeitsprozessintegriert entwickeln"

Aufgaben der Projektorganisation und des Prozessmanagements stellen eine entscheidende Grundlage für eine hohe Innovations- und Wettbewerbsfähigkeit von KMU des produzierenden Gewerbes dar. Um die erforderlichen Kompetenzen für die Gestaltung von Unternehmensprozessen gezielt entwickeln zu können, ist ein professionelles betriebliches Kompetenzmanagement notwendig. Für diese Tätigkeitsbereiche sollte die Kompetenzentwicklung in den Arbeitsprozessen integriert sein und durch geeignete Weiterbildungsmodule professionell unterstützt werden.

Ziele und Vorgaben

Ziel des Projekts ist es, das betriebliche Kompetenzmanagement in Zusammenarbeit von Weiterbildungsanbietern, Unternehmen des produzierenden Gewerbes und intermediären Organisationen zu verbessern. Dafür wird zunächst auf Mitarbeiter- wie auch auf Unternehmensebene der Kompetenzbestand beispielhafter Unternehmen qualitativ und quantitativ analysiert. Auf Grundlage der erstellten Kompetenzprofile werden für den aufgezeigten Kompetenzentwicklungsbedarf Lernangebote für das Prozessmanagement entwickelt und erprobt: Zum Einen arbeitsintegrierte Lernmöglichkeiten, zum anderen formalisierte Weiterbildungsangebote bei externen Weiterbildungsträgern. Für die Kompetenzentwicklung werden ebenfalls Möglichkeiten der Dokumentation, Anerkennung und Zertifizierung entwickelt und erprobt.

Innovation und Verwertung

Die arbeitsplatznahe Qualifizierung der Fachkräfte für das Prozessmanagement führt unmittelbar zur Optimierung der Unternehmensprozesse. Die Unternehmen werden „demografiefest". Die Beschäftigten können durch die Qualifizierung für körperlich weniger anstrengende Tätigkeiten in allen biografischen Lebensphasen bis zum Erreichen des Rentenalters ihre Erwerbsarbeit in hoher Qualität ausüben und ihre Beschäftigungsfähigkeit erhalten und erhöhen. Die Konzepte sind uneingeschränkt übertragbar auf produzierende Unternehmen aller Branchen, wodurch sich für die Weiterbildung neue Geschäftsfelder erschließen.

Handlungsorientiertes Lernen in Vorbereitung auf eine IHK-Prüfung

Innerhalb des Verbundprojekts PM Kompare hat die Christiani Akademie die Aufgabe, Fachkräfte aus produzierenden Unternehmen auf die IHK-Prüfung zum/zur geprüften Prozessmanager/-in vorzubereiten. Als traditioneller Fernlehranbieter im gewerblich-technischen Bereich liegt es nahe, eine Qualifizierung zu planen und durchzuführen, die möglichst wenig Präsenztage erfordert und somit Ausfallzeiten verringert.

Abbildung 79: Lernen im Prozess der Arbeit mit mobilen Endgeräten

Die Lehrgangsplanung orientiert sich an die im Rahmenplan vorgegebenen Bereiche des Prozessmanagements:

» Produkt- und Prozesskonzeption
» Prozessentwicklung
» Produktionsplanung und -steuerung
» Prozessimplementierung und Produktionsanlauf

Diese dienen auch als Lernmodule mit einer Dauer von je vier Monaten; Beginn und Ende eines Moduls werden von eintägigen Präsenzveranstaltungen eingerahmt. Die insgesamt fünf Präsenzveranstaltungen dienen dazu, vor allem solche Lerninhalte zu bearbeiten, die in Lerngruppen (face-to-face) durchgeführt werden können.

Die Teilnehmenden werden während der vier Module – in ihren Selbstlernphasen – von Lernbegleitern unterstützt, die sowohl zu eingereichten Aufgabenlösungen Feedback geben als auch bei inhaltlichen Fragen weiterhelfen. Alle vierzehn Tage finden abends einstündige Online-Sitzungen statt, die genutzt werden für den Austausch zwischen den Lernenden und zur Vertiefung von Lerninhalten.

Komplexe Situationsaufgaben

Das Qualifizierungsangebot orientiert sich an einer kompetenzorientierten Didaktik mit dem Leitgedanken der Förderung von reflexiver Handlungsfähigkeit. Das herkömmliche

"Lernen auf Vorrat" soll vermieden werden. Zentral für die Auseinandersetzung mit den Lerninhalten sind daher komplexe Situationsaufgaben. Diese werden vom Verbundpartner, Institut für Arbeitswissenschaft der RWTH Aachen, auf der Grundlage von echten Arbeitsprozessen in produzierenden Unternehmen erstellt. Pro Modul bearbeiten die Teilnehmenden zwei solcher Aufgaben, wobei ihnen die Aufgabenstellung in vier Komplexitätsgraden zur Verfügung gestellt werden.

Stufe 4 beinhaltet die Darstellung der Situation und eine sehr offene Aufgabenstellung mit geringem Bekanntheitsgrad der Mittel und offenen Zielkriterien. Stufe 1 hingegen enthält klare Regeln und Vorgaben, die auf schon bekannte Lösungswege angewandt werden. Der darin enthaltene strukturierte Leittext mit ausführlicher Hilfestellung orientiert sich an den sechs Phasen der vollständigen Handlung „Problem erschließen, Planen, Entscheiden, Ausführen, Kontrollieren, Bewerten" (siehe Abbildung 80). Die Teilnehmenden versuchen zuerst die Stufe 4 zu bearbeiten und können dann selbst entscheiden, ob sie sich eine stärker geleitete Aufgabenstellung durch die Lernbegleitung freischalten lassen.

Abbildung 80: Beispiel für Handlungsschritte und zugeordnetes Lernmaterial einer Situationsaufgabe (Quelle: Schick et al.2015: 51)

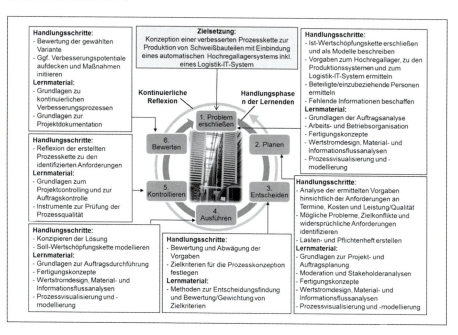

Die komplexen Situationsaufgaben bereiten auf das spätere Praxisprojekt vor, sind sozusagen „Trockenübungen", für systematisches und methodisches Handeln. Die Projektarbeit ist Teil der Prüfungsanforderungen und soll im eigenen Unternehmen bzw. Arbeitsumfeld durchgeführt werden. Die Anforderungen für ein solches Projekt sind komplex:

Neben dem Analysieren von Problemstellungen im Produktionsumfeld und dem Konzipieren von Lösungen müssen Projekte und Prozesse strukturiert, geplant und unter der Berücksichtigung von Ressourcen, dem Untersuchen und Planen von Varianten durchgeführt und evaluiert werden. Das Qualitätsmanagement, die Gefährdungsbeurteilung und der Einsatz von Controlling-Instrumenten sind dabei ebenso einzubeziehen wie die Dokumentation und Reflektion von Lösungen, Abläufen und technischen Prüfungen.

Portfoliokonzept zur Unterstützung der Projektarbeit

Zur Förderung einer reflexiven Handlungsfähigkeit wird während der Planung und Bearbeitung des Praxisprojekts mit Portfolios gearbeitet. Die Teilnehmenden sind aufgefordert, ihre Vorgehensweise im Projekt durch Notizen, Dokumente, Abbildungen und Skizzen zu dokumentieren. In einem vorstrukturierten Portfolio können sie diese ablegen und kommentieren. Durch den Einsatz eines ePortfolios im Internet haben sie die Möglichkeit, zu bestimmten Projektschritten ausgewählte Artefakte (Beiträge, Dokumente, Bilder etc.) zusammenzustellen und für Tandempartner oder Lernbegleiter freizugeben. Diese geben dann ein qualifiziertes Feedback oder fragen nach, wenn etwas unverständlich geblieben ist.

Lernen mit mobilen Endgeräten

Mobile Endgeräte wie Handheld- und Tablet-Computer ermöglichen eine neue, ungebundene Form des Lernens. Lerninhalte lassen sich überall hin mitnehmen und situationsbezogen abrufen. Hierzu werden in unserem Fall neben dem mobilen Endgerät nur eine App und eine leistungsfähige sowie einfach zu bedienende Wissensdatenbank benötigt.

Für die Teilnehmenden unseres Qualifizierungsangebots wurde eine App entwickelt, die es ermöglicht, auf Lerninhalte einfach und schnell zuzugreifen. Die grafische Benutzeroberfläche ist so gestaltet, dass die Einteilung in Module und die zugeordneten Lerninhalte übersichtlich dargeboten werden.

Abbildung 81: Screen der MOLA App

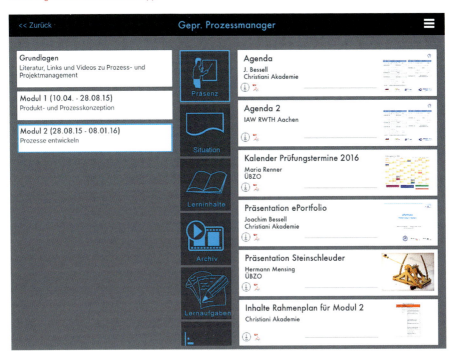

Die App „MOLA" lässt sich über die Portale von Apple oder Google auf die Endgeräte laden. Die Inhalte sind nach einem personenbezogenen Login sichtbar und können bei bestehender Internetverbindung (WLAN) auf das Gerät geladen werden. Dies hat den Vorteil, dass auch in Bereichen ohne Internetverbindung alle Inhalte offline einsehbar und zugänglich sind.

Neben der Funktion als Lerncontainer dient die App dazu, eine persönliche Lernumgebung zu gestalten. Die Benutzer führen ihr eigenes Lerntagebuch über eine Kalenderfunktion, sie speichern eigene Aufnahmen und Videos in einem internen Dateiverzeichnis oder erstellen in einer Sammelmappe aus vorhandenen Inhalten ein eigenes Portfolio.

Fazit

Die Teilnehmenden haben mittlerweile ihre Praxisprojekte durchgeführt und dokumentiert. Die Projektdokumentationen wurden bei der IHK Regensburg eingereicht. Im April konnte ein Teil der Prüfung zum Thema „Mitarbeiterführung und Personalmanagement" erfolgreich absolviert werden. 15 Kursteilnehmende bereiten sich jetzt – wieder mit Hilfe von komplexen Situationsaufgaben – auf die Abschlussprüfung Ende August 2016 vor.

Das Lernen ohne Lehrbuch, ohne gedruckte Lernmaterialien hat sich bewährt. Die Möglichkeit, überall auf Lernmaterialien zuzugreifen, wird von allen Teilnehmenden umfangreich genutzt und als große Hilfe empfunden. Doch nicht alles lief von Anfang an reibungslos. So ist das Angebot des ePortfolios nicht von allen Teilnehmenden gleichermaßen genutzt worden. Manchen ist die Einarbeitung in die ePortfolio-Software zu zeitaufwändig, und nicht immer sind Anwendungsschritte intuitiv nachvollziehbar.

Der Autor

Joachim Bessell studierte Germanistik und Soziologie und ist seit vielen Jahren in der Erwachsenenbildung tätig. Heute arbeitet er als Projektkoordinator im Projekt „PM Kompare" und ist in der Christiani Akademie als Produktmanager für den Bereich Ausbilderqualifizierung zuständig.

Die Christiani Akademie

Aus der ältesten Fernschule Deutschlands hat sich in den letzten Jahrzehnten eine moderne Akademie für die berufliche Weiterbildung entwickelt. So bietet die Christiani Akademie neben innovativen Fernlehrgängen, Seminaren und Online-Kursen auch ein breites Portfolio an kompetenten Dienstleistungen rund um die Berufsbildung. Die Christiani Akademie ist Teil eines der renommiertesten Bildungshäuser in Deutschland. Seit vielen Jahrzehnten setzen Tausende Privatpersonen auf das Know-how des Konstanzer Fernunterricht-Spezialisten. Und immer mehr Unternehmen greifen bei der Planung und Umsetzung ihrer internen Weiterbildungsaktivitäten auf die Dienstleistungen der Christiani Akademie zurück.

KAPITEL 3

AUSGEZEICHNETE UNTERNEHMEN
GEWINNERPROFILE

Dienstleistung kleine/mittlere Unternehmen
Wohngemeinschaft für Senioren

Vom Brainstorming zur zielorientierten Bildungsplanung: Die Wohngemeinschaft für Senioren (WGfS) sorgt schon seit vielen Jahren für die Sicherung der persönlichen und beruflichen Weiterentwicklung des einzelnen Mitarbeiters. „Den Schatz in jedem einzelnen entdecken", ist nicht nur der Leitsatz, sondern eine Bildungsstrategie für die ca. 200 Mitarbeiter der WGfS. Das Maßnahmenangebot umfasst mehr als 125 einzelne Fort- und Weiterbildungsangebote, die für jeden Mitarbeiter frei zur Verfügung stehen.

Die WGfS bietet Integration, Wertschätzung und Chancengleichheit für jedes Individuum. Das betriebliche Bildungsmanagement der WGfS schafft Strukturen und Regeln zur Durchsetzung der langfristigen Bildungs- und Qualifizierungsziele in der Abstimmung mit Unternehmenszielen und Zielvereinbarungen sowie der Investitionsplanung und setzt sie in konkreten Maßnahmen und Konzepten betrieblicher Bildung um. Zur Zielerreichung wurden normative und persönlichkeitsbezogene Strategien entwickelt. Die normative Strategie sorgt für die Einhaltung der gesetzlichen Vorschriften bzw. Sicherung gesetzlich vorgeschriebener Qualifizierungen (Bildungs- und Qualifikationsziele orientieren sich an Werten und Normen, die dem unternehmerischen Handeln allgemein entsprechen). Bei der persönlichkeitsbezogenen Strategie handelt es sich um das Maßnahmenangebot zur Förderung der persönlichen Entwicklung des einzelnen Mitarbeiters.

Der Bedarfsermittlungsprozess der WGfS beinhaltet die Qualitative und Qualitative Bedarfsanalyse. Dabei werden folgende Aspekte berücksichtigt: Personalstruktur, Altersstruktur, Angebotsstruktur, veränderte Anforderungen in Berufs-/Tätigkeitsfeldern, die Zielgruppen sowie kulturspezifische Aspekte. Am Anfang war Brainstorming, dann kam der Bedarfsermittlungsprozess, und jetzt ist die goldene Mischung zum Einsatz gekommen. Alle Brainstorming-Ideen werden in dem Bildungstools erfasst und nach Zielorientierung sortiert. Solch eine Vorgehensweise liefert innovative Ideen aus verschiedenen Sichtperspektiven. Somit ist fast jeder Mitarbeiter in der Bildungsplanung integriert.

| Ausgezeichnete Unternehmen des Deutschen Bildungspreises Gewinnerprofile KAPITEL 3

Die Innovative Software-Lösung unterstützt die qualitative Bedarfsanalyse und ermöglicht eine zielorientierte Bildungsplanung. Im Laufe des Jahres wurde die gemeinsame Datenbank von allen Mitarbeitern, Dozenten und Kursen entwickelt, alle Kompetenzprofile der einzelnen Stellen wurden dort erfasst und täglich mit der „Ampel-Bewertung" synchronisiert. Diese Software kommt auch bei der Seminarplanung und Seminarabwicklung zum Einsatz. Das drei-Phasen-System: Zielexplikation-, Situations- und Potenzialanalyse. Ein Soll-Ist-Vergleich bildet den perfekten Hintergrund für das betriebliche Bildungsmanagement.

Die Wohngemeinschaft für Senioren ist heute, wie viele andere Unternehmen, durch den Aufbau des Web 2.0 gezwungen, die neue Kommunikationsstrategie im betrieblichen Bildungsmanagement zu entwickeln, um die modernen Kommunikationswege optimal nutzen zu können. Dadurch ist die neue WGfS Bildungs-App entstanden. Das ermöglicht den Zugang zum Bildungstool weltweit zu jeder Zeit. Somit hat jeder Mitarbeiter die Möglichkeit, sein eigenes Kompetenzprofil selbst zu gestalten und zu kontrollieren. Als Unterstützung der Online-Lösung wird das Intranet benutzt (internes Wiki – die zentrale Wissens-Enzyklopädie).

„Gemeinsam verfolgen wir unsere Ziele mit 32 Nationalitäten und 200 ganz besonderen Herzen." (Nadiia Glock, IT-Managerin/Bildungsbeauftragte der WGfS)

Dienstleistung Großunternehmen
MOTEL One Group

One University – individuell Karriere machen: Alle Mitarbeiter europaweit nehmen an den maßgeschneiderten Schulungs- und Studienprogrammen der One University teil. Die Mitarbeiter erwartet die professionelle Lernumgebung der One University, die allen Mitarbeitern offen steht. Es soll jedem die Möglichkeit geboten werden, eine hochwertige und ganzheitliche Aus- und Weiterbildung zu erhalten und sich langfristig mit Motel One weiterzuentwickeln.

Gemeinsam mit einem exklusiven Kooperationspartner – der staatlich anerkannten privaten Hochschule IUBH School of Business & Management in Bad Honnef – wurde für die One University das Aus- und Weiterbildungsprogramm neu konzipiert. Hierdurch werden den Mitarbeitern hochwertige Ausbildungsprogramme angeboten, zertifiziert durch die vielfach ausgezeichnete Fachhochschule und Mitglied der „Hotelschools of distinction".

Das Konzept der One University basiert auf drei Säulen.
» One Experts Ausbildung: Die erste Säule umfasst die Weiterbildung zu One Experts an der One University, die zusammen mit langjährigen und professionellen Weiterbildungspartnern konzipiert werden. Jeder Mitarbeiter erhält zu Beginn seiner Tätigkeit einen auf seine Position zugeschnittenen One Training Plan. Die zu absolvierenden Trainings sind modular in Levels gestaltet, so dass der Mitarbeiter von Beginn an einen individuellen Karriereweg mit Motel One gehen kann.

» Akademische Säule: Die zweite Säule bildet die akademische Ausbildung. Hierzu zählen für Motel One entwickelte und zertifizierte Studienkurse wie z. B. Rooms Division oder Personalmanagement, die ab dem dritten Jahr bei Motel One besucht werden können. Die Studieninhalte werden durch Dozenten der IUBH vermittelt. Die Teilnehmer besuchen hierfür zunächst ein sechswöchiges Online-Tutorium in einem für Motel One etablierten E-Learning-Portal. Danach folgt ein dreitägiger Kurs an der One University. Nach erfolgreichem Abschluss gibt es Credits, die auf ein späteres

Studium angerechnet werden können. Der für Motel One akkreditierte Studiengang Tourismuswirtschaft ist dual angelegt und findet zentral in der Motel One Klasse statt. Hierzu haben die Studierenden eine eigene Ebene an der One University, um sich optimal auf ihre Kurse und Prüfungen vorzubereiten. Den praktischen Teil der dualen Ausbildung absolvieren die Studenten an den Motel One Standorten in ganz Deutschland.

» Interne Coachings: Die internen Coachings bilden die dritte Säule der One University. Die von den Coaching Experts entwickelten Module unterstützen die Mitarbeiter on the job. Die vermittelten Inhalte aus den Trainings können in den Hotels nachgearbeitet werden. So wird ein nachhaltiges Weiterbildungskonzept gewährleistet. Alle Abteilungsleiter und Manager werden für das Coaching-Programm an der One University zu internen Coaches ausgebildet.

Highlights One University
» Hochwertiges Lernumfeld mit moderner Ausstattung
» Zertifizierte Trainingsprogramme durch exklusive Kooperation mit der IUBH
» Maßgeschneiderte Trainingspläne für jeden Mitarbeiter
» 2 bis3 Trainingsbesuche an der One University pro Jahr
» Langfristige Aus- und Weiterbildungsmodule über 3 bis 4 Jahre
» Eigenes international anerkanntes duales Studium in der Motel One Klasse
» Zertifizierte Kursprogramme für Mitarbeiter durch Dozenten der IUBH
» Interne Coachings als Ergänzung und Sicherung der Nachhaltigkeit
» Gemeinsame Ideenworkshops zur Weiterentwicklung von Motel One

Produktion/Gewerbe kleine/mittlere Unternehmen
Dichtungstechnik Wallstabe & Schneider

Auf drei Kontinenten präsent, weltweit erfolgreich: Die Dichtungstechnik Wallstabe & Schneider GmbH & Co. KG wurde 1960 von den Familien Wallstabe und Schneider im niederbayerischen Niederwinkling gegründet. Heute sind mehr als 650 Mitarbeiter dort beschäftigt.

Das Unternehmen entwickelt und produziert Präzisionsdichtungen wie O-Ringe, Profildichtungen und Verbundteile. Die dafür notwendigen Elastomermischungen werden ebenfalls selbst hergestellt. Kunden sind zu über 90 Prozent die deutsche und europäische Fahrzeugindustrie. Die Dichtungen von Wallstabe & Schneider werden in medienführenden Kreisläufen der Fahrzeuge eingesetzt, von der Klimaanlage über Lenkungen, Automatikgetriebe und Kraftstoffpumpen bis hin zum Kraftstofftank.

Die hohe Entwicklungskompetenz für Gummimischungen und Teilegeometrien, ebenso wie die ausgezeichnete Produktqualität mit „Automotive-Standard", macht Wallstabe & Schneider zu einem gefragten Partner der Automobilindustrie. Wallstabe & Schneider betreibt einen Fertigungsstandort in Indien als Joint Venture und verfügt über ein eigenes Fertigungswerk in Mexiko. Mit den Auslandsstandorten folgt Wallstabe & Schneider seinen Kunden in die Wachstumsmärkte in Übersee.

Wallstabe & Schneider begreift engagierte, kompetente Mitarbeiter als eine der wichtigsten Säulen seines Erfolges. Dies und die Notwendigkeit einer kontinuierlichen Aus- und Weiterbildung sind in den Unternehmensleitlinien festgeschrieben. Der Bildungsbedarf wird mit Hilfe eines mehrstufigen Prozesses ermittelt und zentral über eine spezielle Personalsoftware gesteuert. Dadurch wird Transparenz und Struktur bei allen Themen rund um das Bildungsmanagement erreicht, bis hin zur Auswertung des Mitarbeiterkompetenzindexes für jeden der über 650 Mitarbeiter.

| Ausgezeichnete Unternehmen des Deutschen Bildungspreises Gewinnerprofile   KAPITEL 3

Die systematische Entwicklung des Wissens und der Kompetenzen aller Mitarbeiter ist bei Wallstabe & Schneider ein durchgängiges Prinzip: Neueinsteigern wird die Eingliederung in die bestehenden Teams durch einen professionellen Onboarding-Prozess erleichtert.

Besonders engagierte Mitarbeiter mit herausragenden Begabungen werden durch das neu entwickelte, interne Talentmanagementprogramm „Gemeinsam wachsen" gefördert. Mit dem Erkennen, Auswählen und Fördern seiner „High Potentials" bietet der Dichtungshersteller Karriereperspektiven und stärkt die Mitarbeiterbindung von herausragenden Talenten im Unternehmen. Darüber hinaus gibt es persönliche Karriereentwicklungspläne, mit denen Mitarbeiter individuell unterstützt werden.

Das Unternehmen engagiert sich stark in der Zusammenarbeit mit Schulen und Hochschulen in der Region. So werden Stipendien finanziert, Abschlussarbeiten vergeben und ein Duales Studium ermöglicht.

Jährlich bietet Wallstabe & Schneider über 60 Praktikanten die Möglichkeit, den Automobilzulieferer näher kennenzulernen. Seit Unternehmensgründung haben über 400 Auszubildende erfolgreich ihre Ausbildung abgeschlossen. Ein eigenes Ausbildungszentrum, in dem Theorie und Praxis von insgesamt zehn verschiedenen Ausbildungsberufen vermittelt werden können, wird im Herbst 2016 eröffnet.

Bei den Aktionen wie „Girl's Day" und „Technik für Kinder" werden Schülerinnen und Schüler bei der Berufsorientierung unterstützt und insbesondere Mädchen an technische Ausbildungsberufe herangeführt.

Produktion/Gewerbe Großunternehmen
AREVA GmbH

Kompetenz als strategischer wie auch stabilisierenden Faktor in der Transformation

Die Veränderungen im Energiemarkt sorgen auch bei AREVA für eine Konzentration der Arbeitsprozesse und damit u. a. für eine höhere Komplexität der Aufgaben. Die damit einhergehenden Veränderungen stellen sowohl hohe Erwartungen als auch besondere Anforderungen an Mitarbeiter und Führungskräfte. Denn: Diese müssen nicht nur vorhandene Kompetenzen anpassen sowie neue erwerben, sondern sich gleichzeitig auf wechselnde bzw. neue Arbeitsinhalte einstellen. Und all das mit dem Ziel, die eigene Beschäftigungsfähigkeit wie auch den gemeinsamen Erfolg zu sichern.

Kompetenzmanagement: für Veränderungen gut aufgestellt sein

Veränderungsprozesse müssen Führungskräften wie Mitarbeitern eine unternehmerische wie individuelle Entwicklungs- und Lernchance bieten. Hier ist AREVA exzellent aufgestellt: Auf der Grundlage von strategisch abgeleiteten Job-Familien (Observatoire des metiers) und operativ validierten kritischen Funktionen (Critical jobs observatory) werden Mitarbeiter und Führungskräfte konsequent qualifiziert und entwickelt sowie Talente identifiziert und gefördert. Beides trägt entscheidend dazu bei, die Pipeline an Potenzialträgern wie auch die der Nachfolgeplanung gefüllt zu halten und die vier möglichen Karrierepfade Führung, Projekt, Experte und Advisor zielgerichtet zu unterstützen.

Erweiterte Herausforderungen für die Personalarbeit

Aus Sicht von AREVA ist eine explizite Veränderungskompetenz bestimmender Faktor für eine marktgerechte und damit erfolgreiche Transformation. Im Bewusstsein, dass Veränderung vor allem durch Vorbild an Fahrt gewinnt, hat der Personalbereich selbst seine Transformation mit dem Projekt HR 2.0 erfolgreich abgeschlossen. Unterstützt wird die „neue" HR-Organisation durch die KAIZEN-Initiative meHR Qualität.

| Ausgezeichnete Unternehmen des Deutschen Bildungspreises Gewinnerprofile KAPITEL 3

Kompetenzentwicklung hat in der Transformation eine besondere Rolle: Führungskräfte und Mitarbeiter müssen in ihrem Umfeld vorbereitet sowie bei der internen (Um-)Orientierung unterstützt und gefördert werden. Aktivitäten wie das Qualifizierungsprogramm m.o.v.e (Motivation bewirken – Orientierung geben – Vorbild sein – Ergebnisse absichern), die Qualifizierungs-Initiativen zur Förderung cross-funktionaler Flexibilität und Mobilität oder das Integrationsprogramm TAC (Train-Act-Change) unterstreichen die Rolle, die Personalentwicklung hier einnimmt.

Persönliche Kompetenz als Stabilisierungsfaktor
AREVA weiß, dass in Veränderungen die soziale Kompetenz der Mitarbeiter, insbesondere die der Führungskräfte, stabilisierend wirkt. Gerade letztere stellen durch ihre persönliche Einflussnahme trotz aller „Wirren" und Änderungen ein gewisses Maß an Kontinuität sicher, die notwendig ist, um unter erschwerten Bedingungen das Geschäft nach vorne zu bringen. Das für die Transformation angepasste AREVA Kompetenz-Modell manager@areva bringt es auf den Punkt: die Führungskraft sorgt durch Vorbild, klare Kommunikation und ihre persönliche Präsenz „vor Ort" für eine inhaltliche Stimmigkeit auch in schwierigen Zeiten.

What gets measured gets done!
Dem expliziten Erfolgsbeitrag von Personalentwicklung kommt zunehmend Bedeutung zu. Hier punktet AREVA mit dem Manager Cycle, der als integrierter Prozess Zielvereinbarung und Entwicklungsgespräch mit den Prozessen Karriere- und Nachfolgeplanung vernetzt. Darüber hinaus erfasst und kommuniziert die Personalentwicklung in den umfangreicheren Programmen den ROCD Return On Competence Development und macht damit den „added value" von Bildung und Kompetenzentwicklung für den Unternehmenserfolg sichtbar.

Innovation
LAMILUX Heinrich Strunz Gruppe

Den Reifeprozess nachhaltig unterstützen: LAMILUX fördert mit dem Projekt „Education für Excellence" die persönlichen und sozialen Schlüsselqualifikationen seiner Auszubildenden. Das oberfränkische Familienunternehmen LAMILUX hat sich zur Maxime gesetzt, den Mensch in den Mittelpunkt all seiner Überlegungen und Anstrengungen zu rücken – und insbesondere die Mitarbeiterinnen und Mitarbeiter als individuelle und starke Persönlichkeiten wahrzunehmen und anzuerkennen. Diese Auffassung findet ihren nachhaltigen Niederschlag auch in den Ausbildungskonzepten:

Die mittelständische Firma mit 800 Beschäftigten hat das Programm „Education for Excellence" entwickelt. Es verfolgt einen ganzheitlichen Ansatz und hat zum Ziel, bei den Auszubildenden persönliche und soziale Schlüsselqualifikationen zu fördern. „Mit unserem Konzept stärken wir jene Kompetenzen, die für eigenverantwortliches Handeln notwendig sind", sagt LAMILUX-Geschäftsführerin Dr. Dorothee Strunz. „Und wir bieten den jungen Menschen Erfahrungsfelder, die sie in ihrem persönlichen Reifungsprozess unterstützen und gegebene Handlungsspielräume verantwortungsvoll nutzen lassen."

Zusätzlich zur „klassischen" Berufsausbildung innerhalb des dualen Ausbildungssystems werden bei „Education for Excellence" durch einen strukturierten und konsequent eingehaltenen Prozess die Sozial- und Selbstkompetenzen der jungen Auszubildenden gefördert. Das wichtigste Instrument ist hierbei ehrenamtliche Arbeit. Denn: Durch ehrenamtliche Tätigkeit und soziales Engagement werden wesentliche personale, soziale, kulturelle und instrumentelle Kompetenzen gewonnen.

Dies wird den Auszubildenden des zweiten Lehrjahres durch eine enge Kooperation mit dem Mehrgenerationenhaus Rehau, der Rehauer Pestalozzischule und der Diakonie Hochfranken ermöglicht. Einmal in der Woche werden die jungen Menschen für eine Stunde von ihrer regulären Tätigkeit im Unternehmen freigestellt und übernehmen helfende, soziale Aufgaben.

| Ausgezeichnete Unternehmen des Deutschen Bildungspreises Gewinnerprofile KAPITEL 3

Zu diesen helfenden und sozialen Tätigkeiten zählen eine Rechen- und Leseförderung durch wöchentliche Betreuung von Schulkindern, Hausaufgabenbetreuung im Kinderhort, ambulante und stationäre Betreuung von Senioren sowie die Planung, Organisation und Durchführung gemeinsamer Veranstaltungen im Mehrgenerationenhaus Rehau. Dort findet auch eine Betreuung von Demenzkranken im Rahmen des „Erinnerungscafés" statt. Über dieses wöchentliche Engagement hinaus finden für die Auszubildenden einmal im Monat Coaching-Gespräche mit einer Diplom-Sozialpädagogin statt, damit sie die gewonnenen Eindrücke unter professioneller Begleitung reflektieren können.

Umfangreich ist auch das Schulungs- und Weiterbildungsprogramm, das im Rahmen von „Education for Excellence" angeboten wird. „Damit möchten wir den Auszubildenden einmal im Monat ein neues Fenster öffnen", betont Dr. Dorothee Strunz. Denn: Bei den außerbetrieblichen Workshops und Veranstaltungen würden die Auszubildenden Einblicke in für sie bis dato teilweise völlig fremde Bereiche erhalten. „Sich auf diese Erfahrungsfelder einzulassen, hilft den jungen Menschen, auch im späteren Leben flexibel und tolerant auf ungewohnte Situationen zu reagieren."

Workshops, Exkursionen und Veranstaltungen gibt es unter anderem zu den Themen „Lernen lernen & Methoden des Zeitmanagements", „Work-Life-Balance", „Selbstbehauptung und Selbstverteidigung", „Verantwortungsvoller Umgang mit Geld", „Rhetorik- und Sprechtraining", „Selbsterfahrung und heilende Kräfte von Pflanzen und Kräutern" sowie Besuch einer öffentlichen Gerichtsverhandlung in einer Jugendstrafsache und ein halbtägiger Workshop bei der regionalen Tageszeitung „Frankenpost".

Bereits im Vorfeld des zweiten Ausbildungsjahres mit seinen vielen Aktionen im Rahmen von „Education for Excellence" werden die jungen Berufseinsteiger intensiv geschult und auf die kommenden Herausforderungen vorbereitet. So steht das erste Jahr der Ausbildung ganz im Zeichen des Herausbildens organisatorischer Fähigkeiten.

Sonderpreis
Bundesagentur für Arbeit

Die Bundesagentur für Arbeit (BA) ist größter Dienstleister am Arbeitsmarkt.
Als Körperschaft des Öffentlichen Rechts mit Selbstverwaltung führt sie ihre Aufgaben, im Rahmen des für sie geltenden Rechts, eigenverantwortlich durch und erfüllt für die Bürgerinnen und Bürger sowie für Unternehmen und Institutionen umfassende Dienstleistungsaufgaben für den Arbeits- und Ausbildungsmarkt. Zur Erfüllung dieser Dienstleistungsaufgaben steht bundesweit ein flächendeckendes Netz von Arbeitsagenturen und Geschäftsstellen zur Verfügung.

Vor dem Hintergrund des wirtschaftlichen und technologischen Wandels und den daraus resultierenden Entwicklungen ändern sich auch in den öffentlichen Verwaltungen die Anforderungen an die Kompetenzen der Beschäftigten.

Dies gilt auch im Blickwinkel des demografischen Wandels mit zunehmendem Fach- und Führungskräftemangel und längeren Lebensarbeitszeiten. Kompetenzsicherung und -entwicklung in allen Lebensphasen gewinnen daher an Bedeutung.

Altersgerechtes Lernen, Stärkung der Eigenverantwortlichkeit, Förderung informellen Lernens, Vereinbarkeit von Beruf und Familie/Privatleben sowie Gleichstellung von Frauen und Männern sind wesentliche Aspekte eines modernen Bildungswesens, um die Innovationsfähigkeit im Zeichen demografischer und gesellschaftlicher Entwicklungen zu erhalten und zu stärken.

Die Bundesagentur für Arbeit bietet deshalb vielfältige und systematische Möglichkeiten der Weiterentwicklung für Mitarbeiterinnen und Mitarbeiter sowie der Führungskräfte aller Ebenen. Ihr modulares Personalentwicklungssystem ist seit Einführung des Kompetenzmanagements der systematische Rahmen für den kompetenzbasierten Leistungs- und Entwicklungsdialog. Aus diesem Dialog heraus werden Entwicklungsmaßnahmen für Potenzialträgerinnen und Potenzialträger abgeleitet und Entwicklungspfade für Fach-

und Führungskarrieren vereinbart. Im Blick sind dabei stets die geschäftspolitischen Ziele, aus denen die Kernkompetenzen der Bundesagentur für Arbeit als Organisation abgeleitet und auf die individuellen Kompetenzprofile der Beschäftigten kaskadiert werden.

Mit dem Engagement-Index und der kontinuierlichen Verbesserung wurden außerdem Instrumente geschaffen, um Handlungsspielräume und Potenziale vor Ort effektiv zu nutzen, auf Umweltanforderungen schnell und flexibel einzugehen und die Effektivität der Gesamtorganisation zu unterstützen.

Vor allem Führungskräfte sollen darin gestärkt werden, sich als verantwortungsvolle Vorbilder mit den geschäftspolitischen Zielen der BA zu identifizieren, für diese einzutreten und sie gemeinsam mit den Mitarbeiterinnen und Mitarbeitern umzusetzen.

Hier setzt ein neues Lernformat an:
Es wird ein Erlebnisraum zum Thema „Führung" geschaffen, der Inhalte des Führungskompasses der Bundesagentur für Arbeit räumlich inszeniert. Das Konzept „Erlebnis Führung – eine Reise" greift sowohl den externen gesellschaftlichen Auftrag der Bundesagentur für Arbeit, Menschen auf ihrem Weg zu begleiten, als auch den internen Auftrag der Führungsakademie der Bundesagentur für Arbeit, Mitarbeiterinnen und Mitarbeiter für ihren Weg als Führungskraft zu stärken, auf. Es ermöglicht durch individuelle und gemeinschaftliche Reflexions- und Transferphasen das intensive Arbeiten an Haltung und Führungsverhalten der Führungskraft.

Sonderpreis
Dr. Ing. h.c. F. Porsche AG

Die Porsche AG bietet den Porsche Zentren weltweit umfassende Qualifizierungsprogramme und -maßnahmen. Bis 2013 existierte kein zentralseitiges Qualifizierungskonzept für Geschäftsführer. Porsche Zentren, welche größtenteils eigenständige Unternehmen sind, stehen vor neuen Herausforderungen wie beispielsweise der Implementierung einer adaptierten Zentralstrategie. Damit zukünftige Herausforderungen gemeistert und eine konsistente Porsche Strategie bis in die Handelsorganisation sichergestellt werden kann, entstand die Idee eines internationalen Qualifizierungsprogramms für die Geschäftsführer von Porsche Zentren: Die Internationale Porsche Dealer Academy.

In Kooperation mit einer der weltweit führenden Business Schools, der Executive School of Management, Technology and Law St. Gallen (Schweiz), wurde ein attraktives und funktionales Weiterbildungskonzept entwickelt, welches den akademischen Anspruch der Universität und den praktischen Inhalt von Porsche vereint. Einzigartiges Element der Porsche Dealer Academy ist dabei die Qualifizierung der Teilnehmer über Unternehmensgrenzen hinweg (Porsche AG – Porsche Händler). Dies stellt eine konsistente Strategieumsetzung im Handel sicher.

Die Lerninhalte werden in drei Lehrwochen in Abständen von jeweils sechs Monaten vermittelt. In der Zeit zwischen den einzelnen Modulen erfolgt die Umsetzung des Gelernten in die Praxis. Um den Lernerfolg und die Motivation auch zwischen den Präsenzveranstaltungen aufrechtzuerhalten, findet regelmäßig eine Überprüfung des Wissens sowie die Vorbereitung auf die nächsten Vorlesungen statt. Geschult werden die Teilnehmer von renommierten Professoren in den Bereichen Leadership, Change Management, Strategy, Finance, Marketing, Sales/After-Sales, HR und Social Media – in einem internationalen Umfeld und an unterschiedlichen Standorten (zum Beispiel Stuttgart, Dubai, Singapur, St. Gallen).

Nach erfolgreichem Durchlaufen aller Module arbeiten die Teilnehmer ein selbstgewähltes Thema in Form einer wissenschaftlichen Abschlussarbeit aus. Dabei fokussiert sich jeder einzelne Geschäftsführer auf eine individuelle Herausforderung, mit welcher er sich aktuell in seinem Porsche Zentrum konfrontiert sieht. Die Anwendbarkeit der erworbenen Fähigkeiten in die Praxis am eigenen Standort steht dabei im Vordergrund. Um weitere Anreize zu schaffen, wird abschließend ein Hochschulzertifikat (CAS) verliehen. Dieses kann durch den Erwerb von Credits auf einen eventuell später angestrebten Abschluss angerechnet werden.

Die Porsche Dealer Academy führt die Geschäftsführer über einen Zeitraum von eineinhalb Jahren Stück für Stück zum Erfolg und schließt mit einer feierlichen Zeremonie, bei welcher die Graduation zelebriert und die Zertifikate übergeben werden, ab.

Heute ist die Porsche Dealer Academy als Top-Qualifizierungsprogramm für Geschäftsführer von Porsche Zentren weltweit etabliert. Nach einem erfolgreichen Testlauf in 2013/2014 haben bis heute drei weitere Gruppen mit je 12 bis 14 Teilnehmern das Programm gestartet.

Das bisherige Feedback der Teilnehmer ist ausgezeichnet. Die Porsche Dealer Academy belegte 2015 den zweiten Platz des St. Galler Leadership Award der Universität St. Gallen und wurde 2016 mit dem ersten Platz in der Kategorie „Sonderpeis" sowie dem Exzellenz-Siegel des Deutschen Bildungspreis ausgezeichnet.

Das Programm wird konsequent weiterentwickelt. Im Herbst 2016 findet das erste Alumni Event der Dealer Academy statt. Die Porsche AG bindet die Geschäftsführer der Porsche Zentren mit der Dealer Academy in ein exzellentes Qualifizierungsprogramm ein und unterstützt sie dadurch in ihrer Rolle als wichtige Multiplikatoren für die Marke Porsche.

AUSGEZEICHNETE UNTERNEHMEN
EXZELLENZUNTERNEHMEN

Exzellenzunternehmen 2014
Abfallwirtschaftsbetrieb München

Im betrieblichen Bildungsmanagement konsequentes Arbeiten mit Zielen – sowohl für einzelne Maßnahmen als auch übergeordnet. Vielfältiger, aufeinander abgestimmter Methodenmix bei komplexeren PE-Vorhaben. Originelle Veranstaltungsformen wie z. B. Forum FRAUENPOWER (2014 ausgezeichnet mit dem Creativpreis des VKU – Verband Kommunaler Unternehmen). Aktives Bildungscontrolling mit guter Abbildung aller Bildungsaktivitäten.

Der jährliche Bildungsbericht kommuniziert Kennzahlen und Erfolge der Bildungsarbeit sowohl in die Betriebsleitung als auch zu den Mitarbeiterinnen und Mitarbeitern.

Als kommunales Unternehmen der Landeshauptstadt München und zertifizierter Entsorgungsfachbetrieb garantiert die AWM die zuverlässige und ökologische Entsorgung aller Münchner Siedlungsabfälle. Neben der Entsorgung und Verwertung der Restmüll-, Papier- und Bioabfälle sind Grüngut, Altholz, Sperrmüll, Bauschutt, Elektroaltgeräte, Metalle, Alttextilien, Kunststoffe und Problemabfälle die wichtigsten Sammelfraktionen.

Täglich werden ca. 55.400 Behälter im Stadtgebiet eingesammelt. Etwa 1489 Mitarbeiterinnen und Mitarbeiter arbeiten in der AWM-Zentrale mit Kfz-Werkstatt, den 4 Betriebshöfen, 12 Wertstoffhöfen, einem Gebrauchtwarenkaufhaus (Halle 2), einem Erdenwerk und der Bio-Trockenfermentationsanlage, dem Entsorgungspark und dem Heizkraftwerk Nord mit Müllverbrennung.

Der größte Teil der Belegschaft ist in operativen Geschäftsbereichen, wie dem Einsammeldienst, dem Containerdienst, den Wertstoffhöfen oder dem Entsorgungspark, beschäftigt. Das Betriebliche Bildungsmanagement hat den Auftrag, möglichst alle Beschäftigtengruppen aktiv in das Bildungsgeschehen einzubeziehen. Dies ist eine große Herausforderung und gelingt dennoch mit Veranstaltungsreihen wie zum Beispiel „Sicher auf Tour – Meine Verantwortung!", bei der ganz praktische Themen wie Arbeitssicherheit mit übergeordneten betrieblichen Themen wie Führung, Verantwortung und der Marke AWM verknüpft werden.

| Ausgezeichnete Unternehmen des Deutschen Bildungspreises Exzellenzunternehmen   KAPITEL 3

Exzellenzunternehmen 2016
Adwen GmbH

Die ADWEN GmbH ist ein 50/50 Joint Venture zwischen der französischen AREVA und der spanischen Gamesa, zwei führenden Unternehmen im globalen Energiemarkt. In Deutschland verfügt die ADWEN über 600 Mitarbeiter, verteilt auf Standorte in Bremerhaven, Bremen, Hamburg und Stade. International ist die ADWEN vorrangig in Spanien, Frankreich und Großbritannien vertreten. Schwerpunkt der Aktivitäten sind die Entwicklung, Fertigung und der Vertrieb von Offshore-Windenergieanlagen.

Durch die Bündelung der industriellen Kapazitäten, der Weiterentwicklung der Supply-Chain-Expertise und dem gemeinsamen Ansatz bei der Entwicklung der neuen 8-Megawatt-Windenergieanlage ist ADWEN in der Lage, sichere, zuverlässige und kostenoptimierte Technologien für die Offshore-Windindustrie zu entwickeln und im Markt zu etablieren. Das derzeitige Produktspektrum erstreckt sich auf zwei 5-Megawatt- und eine 8-Megawatt-Windenergieanlage, welche stetig die Kosten der Energieerzeugung im Offshore-Wind-Bereich senken werden.

Kennzeichen des Bildungs- & Talentmanagements:
» Investition in die Zukunft: Personalentwicklung und die gezielte Weiterentwicklung im Rahmen des Talentmanagements bedeutet für die ADWEN GmbH ein Investment in die Zukunft des Unternehmens. Je besser das Personal auf die derzeitigen und zukünftigen Aufgaben vorbereitet wird, desto besser und effizienter kann dieses den daraus resultierenden Herausforderungen begegnen.
» Struktur: Personalentwicklung und die gezielte Weiterentwicklung bedeutet für die ADWEN ebenso eine strukturelle Investition in eine leistungsfähige Trainingsabteilung, welche, unterstützt von einer leistungsfähigen Kompetenzmanagement-Software, die strategischen und operativen Aspekte einer effektiven Personalentwicklungsarbeit koordiniert und vorantreibt.
» Weiterentwicklung & Controlling: Personalentwicklung und die gezielte Weiterentwicklung bedeuten für die ADWEN nicht zuletzt eine Verpflichtung zur stetigen Weiterentwicklung der Schulungsprogramme und zum strengen und nachhaltigen Controlling der eingesetzten Lieferanten und Dozenten mit dem Ziel der kontinuierlichen Schärfung der Entwicklungsmaßnahmen auf den konkreten und zukünftigen Bedarf.

Exzellenzunternehmen 2015
AirPlus Servicekarten GmbH

Das Unternehmen Lufthansa AirPlus Servicekarten GmbH ist ein Tochterunternehmen der Deutschen Lufthansa AG mit Sitz in Neu-Isenburg. AirPlus ist ein Zahlungsinstitut und unterliegt den Bestimmungen der Bundesanstalt für Finanzdienstleistungsaufsicht (BaFin). In Deutschland betreut AirPlus etwa zwei Drittel aller Unternehmen, weltweit über 40.000 Kunden.

Das Geschäftsfeld von AirPlus ist die Bezahlung und Abrechnung von Geschäftsreisen: Damit hilft AirPlus den Unternehmenspartnern, Zeit und Geld zu sparen, indem wichtige Bereiche der geschäftlichen Reisekosten in eine Rechnung integriert sind.

AirPlus betrachtet seine Mitarbeiter als größtes Potenzial – aus diesem Grund gilt „Top Team" als ein Grundpfeiler der Unternehmensstrategie. 98 Prozent der Mitarbeiter würden sich, wie die jährliche Mitarbeiterbefragung belegt, wieder für AirPlus entscheiden.

Die Zufriedenheit der Mitarbeiter ist nicht zuletzt auf die zahlreichen Möglichkeiten zur persönlichen und beruflichen Weiterentwicklung zurückzuführen. Diese Komponente entspringt einem ausgezeichneten, offenen Betriebsklima, das von gegenseitigem Respekt und einem unkomplizierten Umgang miteinander geprägt ist. Fairness, Gleichberechtigung und Internationalität sind bei AirPlus keine leeren Worte, sondern gelebte Unternehmenskultur.

Im Hinblick auf das Bildungs- und Talentmanagement strebt AirPlus danach, das Beste von seinen Mitarbeitern zu erhalten. Dies kann nach Überzeugung des Unternehmens nur durch kontinuierliches Investment in die Entwicklung und Schaffung einer positiven Arbeitsatmosphäre gelingen. In der Personalentwicklung wird ein prozessorientierter Ansatz verfolgt, bei dem die Förderung von Fach- und Personalkompetenzen im Vordergrund steht. Die Internationalisierung der Mitarbeiter wird aktiv gefördert, und Nachwuchskräfte profitieren durch die Wachstumsstrategie von vielseitigen Möglichkeiten für ihre Karriereentwicklung.

Exzellenzunternehmen 2015
Allianz Beratungs- und Vertriebs-AG

Die Allianz Beratungs- und Vertriebs-AG, eine hundertprozentige Tochtergesellschaft der Allianz Deutschland AG, steht für eine Unternehmenskultur, in der Leistung, Lernen und Entwicklung der Mitarbeiter, Führungskräfte und Vertreter von hoher Bedeutung sind.

Um den Kunden der Allianz gegenüber Kompetenz in Service und Verkauf sicherzustellen, wird der kontinuierlichen Stärkung und Erweiterung von Kompetenzen durch betriebliche Bildung eine hohe Priorität beigemessen.

Aus diesem Grund wurde 2008 die Allianz Außendienst Akademie in Köln als der zentrale Bildungsanbieter im Vertrieb gegründet, der verschiedenste Möglichkeiten bietet, sich beruflich weiterzuentwickeln. Innovative Konzepte für die Aus- und Weiterbildung sowie Führungskräfteentwicklung und -qualifizierung werden hier aus der Unternehmensstrategie abgeleitet. Die operative Umsetzung der ca. 4.000 Bildungsveranstaltungen pro Jahr erfolgt durch bundesweite Akademiestandorte. Ergänzend zu den Präsenztrainings werden E-Learning und Webinare eingesetzt, um Lerninhalte zu vermitteln.

Das Unternehmen begegnet den Herausforderungen der Zukunft mit einer nachhaltigen Strategie für lebenslanges Lernen. Besondere Bedeutung gilt dabei der Bereitschaft und Kompetenz aller Mitarbeiter, Führungskräfte und Vertreter, verschiedenste Lernmethoden zu nutzen und die Verbreitung moderner Bildungsmaßnahmen und -systeme durch zunehmende Selbstverantwortung weiter zu fördern.

Als Vorreiter in der Brancheninitiative Weiterbildung (www.gutberaten.de) stellt die Allianz die kontinuierliche Stärkung der Fach- und Beratungskompetenz in den Mittelpunkt. Durch die Kultur der selbstverantwortlichen Weiterbildung in der Versicherungswirtschaft leistet das Unternehmen einen starken Beitrag zur Professionalisierung der Versicherungsvermittler und sorgt so für Transparenz und Nachweisbarkeit für die Kunden.

Ausgezeichnet mit dem Exzellenzsiegel Bildungs- und Talentmanagement 2013 und 2015 im Rahmen des Deutschen Bildungspreises übernimmt die Allianz Beratungs- und Vertriebs-AG bereits heute eine Vorreiterrolle im Finanzdienstleistungsmarkt. Durch viele Projekte trägt sie nachhaltig zur Weiterentwicklung des gesamten Unternehmens hin zum modernen, wissensbasierten Arbeitgeber bei.

Exzellenzunternehmen 2014
AOK PLUS

Das Bildungsmanagement in der AOK PLUS ist ausgerichtet an den strategischen Unternehmenszielen der AOK PLUS, welche mittel- und langfristig geplant werden, aber auch einer jährlichen Evaluation unterzogen werden.

Die aktuellen internen und externen Rahmenbedingungen werden betrachtet, die Ziele ggf. angepasst. Daran anschließend wird das Bildungs- und Talentmanagement geplant. Die Kosten für Bildung sind fester Bestandteil der jährlichen Haushaltsplanung und werden pro Unternehmenseinheit geplant. Damit ist sichergestellt, dass jeder Mitarbeiter in jeder Unternehmenseinheit Personalentwicklung in Anspruch nehmen kann.

In der AOK PLUS wird das Bildungs- und Talentmanagement an den tatsächlichen Bedarfen ausgerichtet und individuell umgesetzt. Bedarfe werden sowohl durch strategische und operative Erfordernisse geweckt, aber auch durch individuelle Entwicklungsgespräche erkannt, die jeder Mitarbeiter mindestens alle zwei Jahre mit seiner direkten Führungskraft führt.

Ein Hauptaugenmerk wird in der AOK PLUS auf Kundenorientierung gelegt. Ein „Großprojekt" ist hier „Service optimal managen". Dabei wird über alle Unternehmenseinheiten hinweg der Service und dessen Orientierung unter die Lupe genommen. Optimierungsansätze werden gefunden und Entwicklungsmaßnahmen durchgeführt, diese reichen vom Anpassen der Schreiben an Kunden der AOK PLUS bis hin zu Kommunikationstraining, Coaching in der Gesprächsführung oder auch Prozessvereinfachungen, um interne Hürden schneller abzubauen. Ein weiteres Projekt befasste sich mit der Führung als solche. Alle Führungskräfte der AOK PLUS durchliefen einen „Parcours", um sich und ihr Führungsverhalten zu reflektieren und auch Optimierungsansätze zu erkennen. Dies war ein Baustein von „Führung im Dialog". Ein nächster Schritt ist das Multidirektionale Feedback, das momentan ab der Führungsebene 1 pilothaft umgesetzt wird. Die Feedbacks der Teilnehmer sowohl zum Führungsparcours als auch zum MDF sind sehr positiv.

Neben großen, langfristigen Projekten legt die AOK PLUS viel Wert auf die individuelle Entwicklung der Mitarbeiter. Berufsbegleitende Studien, Coachings, Personalentwicklungsmaßnahmen für die einzelnen Stellenanforderungen werden den Mitarbeitern angeboten sowie die Möglichkeit von Nachwuchsförderung.

| Ausgezeichnete Unternehmen des Deutschen Bildungspreises Exzellenzunternehmen KAPITEL 3

Exzellenzunternehmen 2015
AOK Rheinland/Hamburg – Die Gesundheitskasse

Die AOK Rheinland/Hamburg mit Sitz in Düsseldorf engagiert sich als Gesundheitskasse. Sie hat die Aufgabe, die Gesundheit der Versicherten zu erhalten, wiederherzustellen oder ihren Gesundheitszustand zu bessern. Als Gesundheitskasse ist es ihr ein besonderes Anliegen, die Versicherten allgemein über Gesundheitsgefährdungen und über die Verhütung von Krankheiten bzw. deren Vermeidung zu informieren und zu beraten sowie bei der Verhütung arbeitsbedingter Gesundheitsgefahren mitzuwirken.

Das Personalentwicklungskonzept der AOK Rheinland/Hamburg orientiert sich an der Aufgabenstellung der AOK. Durch das Prinzip des lebenslangen Lernens werden die Mitarbeiter für ihre Aufgaben qualifiziert und in ihrer persönlichen Entwicklung unterstützt. Der Geschäftsbereich Personalentwicklung/Bildung sorgt für die Qualifizierung und Entwicklung des Personals (kompetente Mitarbeiter und Führungskräfte) und verfolgt das Prinzip des lebenslangen Lernens. Personalentwicklung/Bildung beginnt für den Mitarbeiter mit der Einstellung und endet mit dem Austritt.

Die strategische Ausrichtung der Personalentwicklung/Bildung der AOK Rheinland/Hamburg ist auf folgende Eckpunkte ausgerichtet: transparente Karriereentwicklung, strukturierte Nachfolgeplanung, Qualifizierung des Oberen Managements, lebenslanges Lernen als PE-Prinzip sowie lebensphasenorientierte Personalentwicklung.

Das Bildungs- und Talentmanagement der AOK Rheinland/Hamburg ist systematisch angelegt, die sachlichen Belange werden berücksichtigt und die Umsetzung erfolgt zeitnah. Es richtet sich nach den Erfordernissen der Stelle auf der Grundlage der Stellenprofile aus. Neben zahlreichen fachlichen Qualifizierungen, die allein schon aufgrund der gesetzlichen Rahmenbedingungen notwendig sind, legt die AOK Rheinland/Hamburg großen Wert auf die persönliche Weiterentwicklung (= Persönlichkeitsentwicklung). Systematische Qualifizierungen wie die Führungskräftequalifizierung und -entwicklung, der Studiengang AOK-Betriebswirt sowie die AOK-Akademie für Unternehmensentwicklung und Management runden das Bildungsmanagement ab.

Das Bildungszentrum in Grevenbroich ist als zentraler Lernort in diese Strategie eingebunden, die Teilnehmer sollen einen „Wohlfühlraum" zum Lernen haben. Außerdem fungiert es als servicestarkes Bildungs-/Tageszentrum der AOK Rheinland/Hamburg.

Exzellenzunternehmen 2013
ascent AG

Weiter blicken – Weiter bilden – Weiter kommen. Seit über 20 Jahren zählt die ascent AG deutschlandweit zu einer der wichtigsten Informationsplattformen zum Thema Geld, mit rund 2000 Geschäftspartnern und Mitarbeitern. Der Firmensitz ist Karlsruhe.

Individualität, Qualität und Know-how sind Erfolgsgaranten

Das innovative Unternehmenskonzept der ascent AG basiert auf hohem fachlichen Know-how. In öffentlichen Vorträgen, die regelmäßig und bundesweit an festen Standorten stattfinden, werden monatlich mehrere Tausend Menschen erreicht. IHK-zertifizierte Mitarbeiter, ein eigenes Investment-Research-Team und ein Kommunikations- und Servicecenter sorgen für optimalen Kundennutzen.

Ein Unternehmen mit gesellschaftlicher Verantwortung

Als visionäres und sozial verantwortlich handelndes Unternehmen wurde die ascent AG mit dem LEA-Mittelstandspreis ausgezeichnet. Die ascent Stiftung entwickelt und unterstützt seit 2001 deutsche und internationale Hilfsprojekte zugunsten bedürftiger Kinder.Im Rahmen des Bildungsprojekts der IHK „Wirtschaft macht Schule" unterhält die ascent AG deutschlandweit Bildungspartnerschaften mit Schulen. Hier geht es um kind- und jugendgerechte Vermittlung von Finanzwissen und ökonomischer Bildung.

Weiterbildung als Qualitätsfaktor der Unternehmensentwicklung

Aus- und Weiterbildung sind wichtige Aspekte der Unternehmenskultur der ascent AG. Kontinuierliche interne und externe Schulungen sind Bestandteil der Jahresplanung eines jeden Mitarbeiters und Geschäftspartners. Die ascent AG hat im Jahr 2014 mit der KWK GmbH, Kompetenzakademie für Weiterbildung Karlsruhe, genau hierfür eine Tochtergesellschaft gegründet. Die KWK GmbH bietet somit ein hochwertiges Weiterbildungsprogramm, mit den verschiedensten Themen, wie Organisation, Führungsqualifikation und Persönlichkeitsentwicklung. Der Qualitätsanspruch der ascent AG, eine umfassende Finanzberatung zu leisten, wird durch die Ausbildungen zum Versicherungsfachmann/frau, Finanzanlagenfachmann/frau sichergestellt. Referentenausbildung und Coachings für Team- und Vertriebsleiter runden das Programm ab. Teilbereiche des Weiterbildungsprogramms werden auch externen Weiterbildungsinteressierten und vor allem Existenzgründern angeboten. Die KWK GmbH stellt sich auf die jeweiligen Bedürfnisse und Aufgabenstellungen der Seminarteilnehmer ein. Wissen wird hier individuell und mit viel Menschlichkeit vermittelt, denn Lernen soll in erster Linie Spaß machen.

| Ausgezeichnete Unternehmen des Deutschen Bildungspreises Gewinnerprofile KAPITEL 3

Exzellenzunternehmen 2013
AUDI

In der automobilen Welt von morgen entscheiden Wissen und Vorsprung den globalen Wettbewerb um neue Kunden. Verändertes Informations- und Konsumverhalten „aufgeklärter" Kunden, gepaart mit einem weiter steigenden Anspruch an Mobilität, Vernetzung, Interaktion und Eco-Trends, setzen traditionelle Trainingsprogramme der Automobilindustrie unter Druck.

Mit einer konsequenten Modularisierung von Trainingsbausteinen und der Möglichkeit, über so genannte „blended learning"-Formate flexible und passgenaue Trainings anzubieten, geht Audi neue Wege in der Weiterbildung der Handelsorganisation. Social communities mit mobiler Technologie unterstützen bereits gezielt den Austausch im Lernprozess. Interaktive, virtuelle Lernwelten wie das „Audi Virtual Training" werden den Lernenden zusätzlich begleiten. Hierbei spielen neben neuesten didaktischen Erkenntnissen auch Elemente aus dem Spiele- und Filmbereich eine große Rolle. Arbeit und Training verschmelzen so zu einem selbstorganisierten Lernprozess.

Der Audi-Konzern hat im Jahr 2014 rund 1.741.100 Automobile der Marke Audi an Kunden ausgeliefert. 2013 hatte das Unternehmen bei einem Umsatz von € 49,9 Mrd. ein Operatives Ergebnis von € 5,03 Mrd. erreicht. Das Unternehmen ist global in mehr als 100 Märkten präsent und produziert an den Standorten Ingolstadt, Neckarsulm, Győr (Ungarn), Brüssel (Belgien), Bratislava (Slowakei), Martorell (Spanien), Kaluga (Russland), Aurangabad (Indien), Changchun (China) und Jakarta (Indonesien). Seit Ende 2013 fertigt die Marke mit den Vier Ringen zudem in Foshan (China), ab 2015 in São José dos Pinhais (Brasilien) sowie ab 2016 in San José Chiapa (Mexiko). Hundertprozentige Töchter der AUDI AG sind unter anderem die quattro GmbH (Neckarsulm), die Automobili Lamborghini S.p.A. (Sant'Agata Bolognese/Italien) und der Sportmotorradhersteller Ducati Motor Holding S.p.A. (Bologna/Italien). Das Unternehmen beschäftigt derzeit weltweit rund 80.000 Mitarbeiter, davon rund 55.800 in Deutschland. Von 2015 bis 2019 plant es Gesamtinvestitionen in Höhe von € 24 Mrd. – überwiegend in neue Produkte und nachhaltige Technologien. Audi steht zu seiner unternehmerischen Verantwortung und hat Nachhaltigkeit als Maßgabe für Prozesse und Produkte strategisch verankert. Das langfristige Ziel ist CO_2-neutrale Mobilität.

Exzellenzunternehmen 2016
BASF

Das Ziel der „We create chemistry"-Strategie besteht darin, Talente für das Unternehmen zu gewinnen, sie zu halten und dabei zu unterstützen, sich weiterzuentwickeln. Dazu wurde eine Arbeitsumgebung geschaffen, die inspiriert und miteinander verbindet. Basis dafür ist eine offene Führungskultur, die auf gegenseitigem Vertrauen, Respekt und Leistungsbereitschaft beruht.

BASF bietet den Mitarbeitern vielfältige Möglichkeiten zur persönlichen Weiterentwicklung, um so zukünftige Herausforderungen meistern zu können und die Wettbewerbsfähigkeit des Unternehmens zu sichern. Das Motto lautet „fordern und fördern". Dabei liegt der Schwerpunkt auf eigenverantwortlichem und praxisnahem Lernen, damit die Mitarbeiter ihre Stärken, ihre Ideen und ihr Wissen voll entfalten können.

Personalentwicklung und Mitarbeitergespräch
Das Thema Personalentwicklung ist seit langem fester Bestandteil des jährlich stattfindenden Mitarbeitergesprächs. Mit der Einführung von Employee Development sind ein weltweit einheitliches Verständnis von Mitarbeiterentwicklung sowie einheitliche Prozesse als Plattform für unternehmensweite Talentkultur verankert. Im Mittelpunkt steht ein individueller Plan für die weitere berufliche und persönliche Entwicklung. Mitarbeiter haben so die Möglichkeit, ihre Entwicklung stärker als bisher selbst zu steuern. Außerdem wird die Führungskraft in ihrer Rolle als Berater und Begleiter von Mitarbeitern gestärkt.

Vielfältige Weiterentwicklungsmöglichkeiten
Das 70:20:10-Prinzip bildet das Grundgerüst der Entwicklungsangebote. Neben Lernen aus Erfahrung und Lernen von Anderen, z. B. in Form von On-the-job-Maßnahmen, werden Seminare und e-Learning zu verschiedensten Themen angeboten. Als innovativer Lernort steht den Mitarbeitern außerdem das BASF-Lernzentrum in Ludwigshafen zur Verfügung. Fachspezifische und individuelle Qualifizierungsmaßnahmen unserer Geschäftseinheiten runden dieses Angebot ab. Für Führungskräfte wurde das Führungskräfte-Curriculum – ein systematisches Weiterbildungsangebot – entwickelt.

BASF steht für Chemie, die verbindet – für eine nachhaltige Zukunft. Neben wirtschaftlichem Erfolg liegt der Fokus auf dem Schutz der Umwelt und gesellschaftlicher Verantwortung. Rund 112.000 Mitarbeiter der BASF-Gruppe arbeiten daran, zum Erfolg der Unternehmenskunden aus nahezu allen Branchen und aus aller Welt beizutragen.

| Ausgezeichnete Unternehmen des Deutschen Bildungspreises Exzellenzunternehmen | KAPITEL 3

Exzellenzunternehmen 2015
Bayer Business Services

Das Projekt „FIT Office"
Um sich auf die ändernden Anforderungen der Partner im Bayer-Konzern einzustellen, zukunftsfähige Arbeitsplätze aufzubauen sowie innovative Dienstleistungen anzubieten und die eigenen Kompetenzen nachhaltig zu stärken, hat Bayer Business Services im Jahr 2012 das „Clarity"-Programm ins Leben gerufen.

Dabei werden weniger wertschöpfende Tätigkeiten identifiziert und abgebaut, andere Aufgaben gebündelt und an externe Partner übertragen, sogenanntes „Off-Shoring". Die auf diese Weise frei werdenden Mitarbeiter übernehmen im Gegenzug die bisher von externen Beschäftigten erbrachten Leistungen, das so genannte „Insourcing". Im Zuge dieser Übertragung von Aufgaben haben die Mitarbeiter die Möglichkeit, sich auf diesen zukunftsträchtigen Stellen weiterzuentwickeln. Die Mitarbeiter erhalten durch das hierfür speziell geschaffene „FIT Office" Unterstützung bei der Bewerbung und Qualifizierung sowie eine individuelle Beratung, um erfolgreich auf die richtige Position vermittelt und für die Übernahme der neuen Aufgabe entsprechend qualifiziert zu werden. Die Abkürzung „FIT" steht für „Fördern & Individuell Trainieren".

Der besondere Aufgabenschwerpunkt des FIT Office liegt in der Unterstützung bei der Beschreibung und Ausschreibung der neuen Insourcing-Stellen, der individuellen Betreuung der Bewerber, dem Abgleich von Stellenanforderungs- und Bewerberprofilen, Besetzungsvorschlägen sowie der Prüfung weiterer interner Vermittlungsmöglichkeiten.

Durch die innovative Konzeption des FIT Office und die konsequente Umsetzung aller inhaltlichen und organisatorischen Aspekte gelingt Bayer Business Services ein Paradigmen-Wechsel: Eigeninitiative, Freiwilligkeit und Eigenverantwortung der Mitarbeiter sowie die Unterstützung und aktive Förderung der Wechselbereitschaft durch die Linienvorgesetzten sind die Voraussetzung für die zielgerichtete Qualifikation der Mitarbeiter.

Auch über das „Clarity"-Programm hinaus wird das FIT Office weitergeführt und unterstützt die Mitarbeiter sowie das Linien-Management von Bayer Business Services weiterhin bei Ausschreibung, Bewerbung, Besetzung und Qualifizierung.

Exzellenzunternehmen 2013
Bayerische Landesbank

Die BayernLB zählt zu den führenden Geschäftsbanken für große und mittelständische Kunden in Deutschland und ist ein leistungsfähiger Unternehmens- und Immobilienfinanzierer mit regionalem Fokus und ausgewogenem Risikoprofil.

Als Mitglied der Sparkassen-Finanzgruppe steht die BayernLB den Sparkassen in Bayern in enger Partnerschaft als Produktlieferant mit breitem Angebot zur Verfügung, gleichzeitig erfüllt sie die Zentralbankfunktion im Verbund. Produkte für Privatkunden bietet die BayernLB vor allem über die Tochtergesellschaft DKB an.

Lernen und Entwicklung hat in den Zeiten des Wandels und der Veränderung einen sehr hohen Stellenwert. Der Mitarbeiter ist hier in der Verantwortung, sich mit ganzer Kraft einzubringen und zu engagieren und dabei die eigenen Fähigkeiten und Fertigkeiten kontinuierlich weiter zu entwickeln, um sich den zukünftigen Herausforderungen und Veränderungen erfolgreich stellen zu können. Die BayernLB stellt ein breites Angebot an Weiterbildungsmöglichkeiten für alle Mitarbeiter zur Verfügung. Die Abteilung Personalentwicklung ist bei allen Fragen rund um das Thema Qualifizierung, Weiterbildung und Personalentwicklung sowie deren Umsetzung behilflich.

Talente sind die Lebensversicherung für ein Unternehmen. Deshalb gibt es bei der BayernLB ein systematisches Talentmanagement. Das Ziel ist es, Leistungs- und Potenzialträger frühzeitig zu identifizieren, zu fördern und zu fordern. Das bedeutet, dass in der Regel 80 bis 90 Prozent der anspruchsvollen Fach- und Führungspositionen aus den eigenen Reihen besetzt werden können. Für die Mitarbeiter bedeutet das eine Fülle von Chancen, ihr Talent zu entfalten und für ihr berufliches Weiterkommen zu nutzen.

Exzellenzunternehmen 2016
Berliner Wasserbetriebe

Die Berliner Wasserbetriebe sind Deutschlands größtes Unternehmen für Wasserversorgung und Abwasserentsorgung. Rund 4300 Mitarbeiterinnen und Mitarbeiter sorgen tagtäglich für einen reibungslosen Ablauf in Berlin. Eine nachhaltige Personalentwicklung unterstützt die Beschäftigten bei ihren vielfältigen Aufgaben.

Für die Berliner Wasserbetriebe ist die Personalentwicklung impliziter Bestandteil der Unternehmensstrategie und richtet sich an den Unternehmenszielen aus. Sichergestellt wird dies durch den strategischen Regelkreis. Dieser sorgt für eine enge Verzahnung von Unternehmensentwicklung, Wirtschaftsplanung und Personalentwicklung.

Wesentliche Elemente dieses jährlichen Regelkreises sind die Mitarbeitergespräche und Personalentwicklungsworkshops, die die Grundlage für eine bedarfs- und zukunftsgerichtete Personalentwicklung legen. Ergänzend gibt es eine IT-gestützte Steuerung des Weiterbildungsbudgets. Weiterbildungen werden passgenau und für Beschäftigte jeden Alters angeboten.

In den letzten Jahren forderten andauernde Veränderungsprozesse und der damit einhergehende Personalab- und -umbau eine intensive Auseinandersetzung mit dem Thema „Fachkräftesicherung". Hierbei setzen die Berliner Wasserbetriebe auf ihre eigenen Stärken. Mit einer qualitativ hochwertigen Ausbildung und einer maßgeschneiderten Förderung der Beschäftigten will das Unternehmen mindestens 60 Prozent seines Fach- und Führungskräftebedarfs sichern.

Für den Erfolg dieses Weges tragen die Führungskräfte eine hohe Verantwortung. Erwartungen und Anforderungen werden durch die Implementierung von Führungsgrundsätzen in einem Umsetzungsprozess über alle Führungsebenen und spezielle Führungskräfteprogramme klar formuliert und transportiert.

Die Berliner Wasserbetriebe bringen ihren Beschäftigten eine große Wertschätzung entgegen. Lebenslanges Lernen und lebensphasenorientierte Arbeitszeitmodelle sind für das Unternehmen eine Selbstverständlichkeit, ein Anreiz und eine Motivation für alle Beschäftigten.

Exzellenzunternehmen 2014

BKK firmus

Die BKK firmus ist entstanden durch den Zusammenschluss mehrerer erfolgreicher Betriebskrankenkassen, deren Ursprung in Unternehmen liegt, die für ihre Mitarbeiterinnen und Mitarbeiter vor über 100 Jahren eine eigene Krankenversicherung ins Leben riefen. Heute ist die BKK firmus ein kundenorientiertes Serviceunternehmen, das den Kunden mit seinen Bedürfnissen und Wünschen in den Mittelpunkt stellt. Die rund 130 Mitarbeiterinnen und Mitarbeiter betreuen an 17 Standorten über 86.000 Kunden und mehr als 10.000 Arbeitgeber bundesweit.

Um den sich verschärfenden Wettbewerbsbedingungen und den wachsenden Ansprüchen der Kunden entsprechen zu können, kommt heute der Personalentwicklung eine zentrale Rolle zu. Service- und Leistungsqualität eines Unternehmens gewinnen zunehmend an Bedeutung für den Erfolg im Markt. Dafür ist neben der fachlichen Qualifikation der Beschäftigten die Aus- und Weiterbildung von persönlichen und kommunikativen Kompetenzen außerordentlich wichtig. Die BKK firmus hat dazu ein spezielles Kompetenzmodell entwickelt. Flache Hierarchien, kurze Informationswege und ein systematisches Talentmanagement sind wesentliche Merkmale der Unternehmensphilosophie.

Mit einer Mischung aus informellem Lernen und arbeitsplatzbezogener Weiterbildung schafft es die BKK firmus, ihren rund 130 Angestellten die Motivation und die Kompetenz zu vermitteln, die sie brauchen, um den Kunden vor allem eines zu bieten: einen guten Service.

Die BKK firmus gehört 2012, 2013 und 2014 zu „Deutschlands kundenorientiertesten Dienstleistern" und hat dabei unter anderem 2014 den Branchenpreis „Beste Krankenkasse" sowie den Sonderpreis „Kundenorientierung des Managements" gewonnen.

2012 ist die BKK firmus als „TopJob-Arbeitgeber" des Jahres ausgezeichnet worden und erhielt in den vergangenen Jahren mehrfach das „BestPersZertifikat" für vorbildliche Personalarbeit.

Exzellenzunternehmen 2014
BSH Hausgeräte GmbH

Die BSH Hausgeräte GmbH ist der größte Hausgerätehersteller in Europa und gehört zu den weltweit führenden Unternehmen der Branche. Der Konzern entstand 1967 als Gemeinschaftsunternehmen der Robert Bosch GmbH (Stuttgart) und der Siemens AG (München). Seit Januar 2015 gehört die BSH ausschließlich zur Bosch Gruppe.

Im Markenportfolio sind Bosch und Siemens die Hauptmarken. Mit acht Spezialmarken (Gaggenau, Neff, Thermador, Constructa, Viva, Ufesa, Junker und Zelmer) bedient die BSH individuelle Verbraucherwünsche. Vier Regionalmarken (Balay, Pitsos, Profilo und Coldex) sorgen für breite Präsenz in ihren jeweiligen Heimatmärkten. Das Produktportfolio umfasst das gesamte Spektrum moderner Hausgeräte. Es reicht von Herden, Backöfen und Dunstabzugshauben über Geschirrspüler, Waschmaschinen, Trockner, Kühl- und Gefrierschränken bis hin zu kleinen Hausgeräten (Consumer Products).

Die klare strategische Ausrichtung auf Qualität und Innovation bestimmt das Handeln und die Entwicklung des Unternehmens. Die BSH setzt auf ihre überlegenen Produkte und den Mehrwert, den diese ihren Kunden an Leistungsfähigkeit, Komfort und Bedienfreundlichkeit bieten. Damit schafft das Unternehmen die Voraussetzung für langfristige Kundenzufriedenheit und die Basis für das Vertrauen der Menschen in die BSH und ihre Marken.

Der Schutz der Umwelt und des Klimas ist bereits seit Jahrzehnten fest in der Unternehmensstrategie verankert. Die BSH richtet ihre Produktpolitik weltweit konsequent auf umweltfreundliche Geräte aus. Sie bekennt sich auch mit ihren Leitlinien zum Umweltschutz zum Prinzip der Nachhaltigkeit und damit zum verantwortungsvollen Umgang mit Ressourcen. Mit ihren energie- und wassersparenden Hausgeräten leistet die BSH einen maßgeblichen Beitrag zur Ressourcenschonung.

2015 hat das unabhängige Top Employers Institute der BSH bereits zum dritten Mal in Folge die begehrte internationale Auszeichnung „Top Employer Europe" verliehen. Diesen Titel erhalten global agierende Firmen, die sich in mindestens fünf Ländern als Top-Arbeitgeber qualifizieren. Wie im vergangenen Jahr wurde dieses Ergebnis in Belgien, Deutschland, den Niederlanden, Polen, Spanien und der Türkei sowie dieses Jahr erstmals auch in China erzielt. In Deutschland wurde die BSH bereits zum wiederholten Mal als „Top- Arbeitgeber Deutschland" sowie „Top-Arbeitgeber Ingenieure" zertifiziert.

Exzellenzunternehmen 2016/2017

Compass Gruppe

Die „DPO Qualifizierung" ist das Ergebnis eines langjährigen Entwicklungsprozesses, in dem die Verbundunternehmen ein zukunftsträchtiges Geschäftsmodell erarbeitet haben. Es wurden Handlungsfelder und die resultierenden Mitarbeiterrollen definiert sowie die dafür notwendigen Kenntnisse.

Alle Trainingsmodule sind zielgruppenorientiert und basieren auf verbindlichen Regelwerken. Die Unternehmen der Compass Gruppe besitzen auf ihrer Zertifizierungsebene ein vergleichbares Niveau und bedienen sich derselben Methoden. Dadurch können die qualifizierten Mitarbeiter der verschiedenen Unternehmen auf einem Level miteinander kommunizieren – was sie dazu befähigt, deutschlandweit gemeinsame Projekte durchzuführen.

Entwickelt wurde das Konzept gemeinsam mit Industriepartnern, externen Trainings- und Zertifizierungsunternehmen sowie unabhängigen Beratern. Es basiert auf Mitarbeiterprofilen (Rollen), wie sie typischerweise bei einem DPO-Anbieter zum Tragen kommen. Insgesamt können im Rahmen der DPO-Qualifizierung für 15 Rollen 37 unterschiedliche Zertifikate erworben werden. In jeder Rolle muss der Mitarbeiter eine bestimmte Anzahl an Trainingskursen absolvieren, um letztlich als Consultant, Spezialist oder Professional zertifiziert zu werden.

Für die Unternehmen selbst bietet das Programm den Status „DPO Partner", „DPO Spezialist" oder „DPO Professional" – je nachdem, welche Anzahl an Personenzertifikaten in den vorgegebenen Rollen erreicht und ob formale Kriterien erfüllt sind. Bereits erworbene Kenntnisse und Fähigkeiten werden anerkannt, sofern sie dem Qualitätsstandard des jeweiligen Zertifikats entsprechen. Innerhalb von drei Jahren seit dem Start der Initiative wurden rund 130 Personen- und 24 Unternehmenszertifikate vergeben. Dazu hat der Verbund mehr als 140 Trainingseinheiten durchgeführt (alle Angaben: Stand Juli 2015).

Die Compass Gruppe ist ein Zusammenschluss von rund 40 mittelständischen, eigenständigen IT-Dienstleistern und Druckspezialisten (Managed Print Services) an mehr als 70 Standorten in Deutschland. Der 1988 gegründete Verbund bietet seinen Mitgliedern die Möglichkeit, in den Bereichen Einkauf, Marketing, Logistik und Service miteinander zu kooperieren. Ein Schwerpunkt der Compass Gruppe liegt im regelmäßigen Wissensaustausch sowie in der Qualifizierung ihrer Mitglieder, damit diese auf Marktveränderungen (abnehmende Margen bei Hard- und Software, geringere Akzeptanz von klassischen Serviceverträgen, sinkende Druckvolumina etc.) besser reagieren können.

Exzellenzunternehmen 2014
conplement AG

Die Themen Weiterbildung und Personalentwicklung sind zentrale Säulen der Firmenphilosophie der conplement AG. In der hauseigenen conplement-Akademie entwickeln sich die Mitarbeiter mit zahlreichen Weiterbildungs- und Lernangeboten kontinuierlich weiter.

Von der Firmenstrategie zur persönlichen Roadmap
Die jährlich weiterentwickelte Firmenstrategie gibt die technologische Ausrichtung des Unternehmens vor. Außerdem entstehen die strategischen Eckpunkte für die Vertiefung von Methodenkompetenzen für das nächste Fiskaljahr. Ergänzt um die individuellen Entwicklungswünsche der einzelnen Mitarbeiter wird im jährlichen Entwicklungsgespräch mit der Führungskraft eine persönliche Roadmap für jeden Einzelnen entwickelt. Die konkreten Weiterbildungsziele werden festgehalten. Klarheit für beide Seiten: Der Mitarbeiter sieht, wie ernst das Thema Weiterbildung genommen wird, die Führungskraft kann kontinuierlich erkennen, wo weitere Unterstützung nötig ist.

Viele Wege führen zum Ziel! Deshalb ist Weiterbildung bei der conplement AG grundsätzlich freiwillig. Die verschiedenen Weiterbildungsangebote und -methoden werden in der conplement-Akademie gebündelt.

Das Fachwissen der Experten wird konsequent weitergegeben. In regelmäßigen Vorträgen und Workshops von Kollegen für Kollegen werden praxisnahe Erkenntnisse aus erster Hand vermittelt.

Das Experimentierfeld: Das cp|Lab
Das cp|Lab ist der geschützte Raum, im dem die Kollegen ihre eigene Idee zu neuen Technologien testen können. Ziel ist dabei jedoch nicht die Entwicklung eines verkaufsreifen Produkts, sondern vielmehr maximaler Wissensaufbau.

Das Weiterbildungskonzept umfasst ganz gezielt auch Themenbereiche wie Kommunikationsfähigkeit, Team Play und agile Prozesse.

Engagement für den Nachwuchs
conplement baut schon während des IT-Studiums talentierte Studierende auf. In Praktikumssemestern werden sie betreut und arbeiten in kleinen Teams an einem Projekt.

Exzellenzunternehmen 2013
ConVista

Als international agierende IT-Unternehmensberatung basiert die Strategie der ConVista auf dem „Expertise hoch drei"-Prinzip: Die Schwerpunkte des Leistungsangebots entstehen durch die gezielte Kombination des Wissens aus den Disziplinen Prozesse, Technologien und Methoden.

Als Dienstleistungsunternehmen, bei dem der Mensch im Mittelpunkt steht, stellt die Personalentwicklung bei ConVista einen wichtigen Erfolgsfaktor dar. Das dreiteilige Prinzip gilt daher nicht nur für Leistungsangebote, sondern wird weltweit rund 600 Mitarbeitern mithilfe eines speziellen Bildungsmanagements angeboten.

Um die Mitarbeiter bestmöglich auszubilden, bietet ConVista im Rahmen der hauseigenen ConVista Academy jährlich über 100 Schulungen in den Bereichen Prozesse, Methoden und Technologien an. Diese Schulungen orientieren sich an den aktuellen Herausforderungen des Wirtschaftsgeschehens. Sich verändernde Marktlagen und neue gesetzliche Rahmenbedingungen beeinflussen die Kunden in der Versicherungs-, Finanz- und Energiewirtschaft und damit auch die Anforderungen an das Know-how von ConVista.

Ein spezielles Personalentwicklungsmodell veranschaulicht, welche Kompetenzen für welche Qualifikationsstufen notwendig sind. Es bietet jedem Einzelnen die Möglichkeit, den individuellen beruflichen Werdegang in den jährlichen Mitarbeitergesprächen gemeinsam strukturiert zu planen und zu erarbeiten. Natürlich reicht ein Gespräch im Jahr nicht aus. Reger und intensiver Austausch zwischen Mitarbeitern und Personalverantwortlichen ist deshalb auch im laufenden Tagesgeschäft essentiell.

Die gezielte Ausbildung der Führungskräfte nimmt bei ConVista einen besonderen Stellenwert ein. Mitarbeiter mit Personalverantwortung werden von Beginn an auf ihre neue Rolle vorbereitet. Ihnen stehen nach einem systematischen Ernennungsprozess Coachings und spezielle Trainings zur Stärkung ihrer Führungskompetenzen zur Verfügung.

Exzellenzunternehmen 2015
D+H Mechatronic AG

Mit hochpräzisen RWA- und Lüftungstechnologien setzt die D+H Mechatronic AG seit über 45 Jahren richtungsweisende Impulse im Markt. Als Antrieb der Branche des natürlichen, elektromotorisch betriebenen Rauch- und Wärmeabzugs (RWA) und Premiumanbieter ist D+H die Nummer 1 in Deutschland und zählt auch international zu den Marktführern.

Finden. Entwickeln. Binden.
Unsere Mitarbeiter – die wichtigste Ressource bei D+H.
Als mittelständisches Unternehmen mit familiärer Struktur fühlt sich D+H seinen Mitarbeitern in besonderem Maße verbunden. Ihre Ideen, ihre Expertise und ihre Leidenschaft sind ausschlaggebend für den unternehmerischen Erfolg. Daher genießen motivierende Arbeitsbedingungen und Personalentwicklung bei D+H eine hohe Priorität. Um der strategischen und operativen Personalentwicklung ein gruppenübergreifendes und damit nationales sowie internationales Fundament zu geben, hat die D+H Mechatronic AG vor drei Jahren mit der Einführung des Talentmanagements begonnen.

Meilensteine des D+H Talentmanagements
Um die Voraussetzungen für eine zielgerichtete Personalentwicklung zu schaffen, bedeutete das zunächst Arbeit am Grundgerüst. Die gesamte Stellenarchitektur wurde mit der systematischen Definition von Führungs- und Sachbearbeiterebenen auf Grundlage eines Jobgrading-Modells vereinheitlicht. Der Talentmanagement-Prozess beinhaltet neben der Ermittlung zukünftig strategischer Personalbedarfe auch die Planung und Durchführung aller definierten Personalentwicklungsmaßnahmen. Mit intensiver Unterstützung und Beteiligung aller Fachbereiche wurden in mehrstufigen Workshops neue Stellenprofile mit den wesentlichen Hauptaufgaben und den dafür erforderlichen Kompetenzen und Fachkenntnissen entwickelt.

Die erfolgreiche Fortführung des Talentmanagements betrachtet D+H als lebendigen Prozess, der einer kontinuierlichen Überprüfung und Weiterentwicklung bedarf.

Exzellenzunternehmen 2013
DB Regio/DB Training

Pro InFo KiN optimiert die Arbeits- und Lernwelt von Zugbegleitern.

In dem Pilotprojekt „Professionalisierung der Informations- und Fortbildungsprozesse im KiN-Bereich" (Pro InFo KiN) haben die DB Regio AG und DB Training den Einsatz von Tablet-PCs zur Verbesserung der Arbeits- und Lernbedingungen der Kundenbetreuer im Nahverkehr (KiN) getestet. Pro InFo KiN läuft als App auf Zehn-Zoll-Tablet-PCs. Über sie können KiN jederzeit auf einen digitalen Wissensspeicher zugreifen, der unter anderem Richtlinien und aktuelle Informationen enthält, um beispielsweise Fahrgästen zuverlässige Auskünfte zu erteilen. Außerdem bietet Pro InFo KiN kleine Lernmodule für das webbasierte Training (WBT). Jeder KiN kann somit selbst entscheiden, wann und wo er sich fortbildet oder welche Inhalte er vertiefen möchte. Pro InFo KiN ist ein innovativer Schritt, die Arbeits- und Lernbedingungen des mobilen Personals zu optimieren und die Servicequalität zu erhöhen. Bei der Zielgruppe stieß das Projekt auf große Akzeptanz.

Als vorteilhaft bewerteten die KiN unter anderem:

» die Möglichkeit, Kenntnisse aufzufrischen und Inhalte zu wiederholen,
» die eigene Lerngeschwindigkeit selbst bestimmen zu können,
» den Zugewinn an Sicherheit gegenüber den Kunden sowie
» die Gewichtseinsparung durch den Wegfall umfangreicher Papierdokumente.

Pro InFo KiN birgt Potenzial für weitere Anwendungen. So könnten Dienstpläne hinterlegt werden oder Formulare, beispielsweise Schadensmeldungen. Der KiN füllt sie auf dem Display aus und sendet sie direkt an die Werkstatt. Pro InFo KiN erleichtert die Arbeit und das Lernen, erhöht somit die Attraktivität des Arbeitsplatzes und die Zufriedenheit der Mitarbeiter. Damit einher geht eine spürbare Steigerung der Servicequalität für die Fahrgäste.

| Ausgezeichnete Unternehmen des Deutschen Bildungspreises Exzellenzunternehmen   KAPITEL 3

Exzellenzunternehmen 2015
Dentsu Aegis Network

Dentsu Aegis Network ist Teil von Dentsu Inc. und eines der führenden globalen Kommunikationsnetzwerke im digitalen Zeitalter. Das Unternehmen beschäftigt weltweit über 23.000 Mitarbeiter in mehr als 110 Ländern.

Personalentwicklung
Damit die Mitarbeiter individuelle Stärken, Ideen und Wissen optimal entfalten können, werden sie ab dem ersten Tag gefördert und gefordert. Mit dem unternehmenseigenen Personalentwicklungskonzept, das auf konsequent und regelmäßig durchgeführten Personalentwicklungsgesprächen basiert, werden alle Mitarbeiter – vom Auszubildenden bis zum Geschäftsführer – gleichermaßen angesprochen und gezielt weiterentwickelt.

In individuellen Entwicklungsplänen werden geeignete Maßnahmen zur individuellen Weiterentwicklung, wie z. B. Hospitationen in anderen Fachbereichen, Einzel- bzw. Teamcoachings oder Trainings aus dem Angebot der agentureigenen Academy, festgehalten. Im Rahmen der Academy wird in Zusammenarbeit mit professionellen Trainern und hervorragend ausgebildeten internen Coaches eine Vielzahl unterschiedlicher Trainings angeboten. Um einen optimalen Lerntransfer sicherzustellen, werden Lernziele zuvor vereinbart und langfristige Möglichkeiten zur Umsetzung des Gelernten geschaffen. Durch den Liquid-Talent-Ansatz werden flexible Laufbahn- und Karrieremöglichkeiten der Mitarbeiter gefördert.

Führungskräfteförderung
Engagierte Top-Mitarbeiter können sich für das globale High-Potenzial-Programm „Route 500" bewerben.

Junge Führungskräfte durchlaufen praxisnahe Führungstrainings, um sie optimal auf ihre künftige Rolle vorzubereiten. Den erfahrenen Führungskräften wird in regelmäßigen Abständen die Teilnahme am Leadership Excellence Programm angeboten. Dieses modular aufgebaute Programm erstreckt sich über mehrere Monate und dient zur Vertiefung und zum Ausbau der eigenen Führungskompetenzen. Um Stärken und Entwicklungsfelder der Führungskräfte zu identifizieren, werden zudem gezielt 360-Grad-Feedbacks und Potenzial-Analysen eingesetzt.

Exzellenzunternehmen 2016/2017
Deutsche Kreditbank AG

In der Deutschen Kreditbank AG (DKB) hat nachhaltiges Handeln einen hohen Stellenwert. Umweltverträgliches Ressourcenmanagement, die Fokussierung auf langfristig verlässliche Geschäftsbeziehungen, die Finanzierung von Zukunftsmärkten, ein hohes gesellschaftliches Engagement und nicht zuletzt die besondere Verantwortung als Arbeitgeber zeichnen das Unternehmen aus.

Die Förderung und Unterstützung der Mitarbeiter zur Entfaltung ihrer Kenntnisse und Fähigkeiten sind wichtige Bestandteile einer nachhaltigen Unternehmensführung der DKB. Individuelle Potenziale werden erkannt und bei der fachlichen und persönlichen Entwicklung berücksichtigt. Dazu unterstützen die attraktiven und gesundheitsfördernden Arbeitsbedingungen die Work-Life-Balance der Mitarbeiter.

DKB MANAGEMENT SCHOOL
Die im Jahr 2000 gegründete hauseigene Weiterbildungsakademie der DKB entwickelt pro Jahr ca. 300 Angebote für die Mitarbeiterbedürfnisse – von fachlichen Schulungen und Führungstrainings über Kommunikationsseminare bis hin zu Gesundheitsworkshops, die auch für Freunde und Familie sind. Alles ist extern über die Homepage www.dkb-management-school.de einsehbar. Hier werden auch die Netzwerkveranstaltungen, die für Kunden und Mitarbeiter angeboten werden, veröffentlicht.

Die DKB MANAGEMENT SCHOOL stellt jedes Jahr ein umfassendes unternehmenskonzeptbasiertes Weiterbildungsangebot vor. Über verschiedene Feedbacktools bringen Fachabteilungen, Mitarbeiter und Betriebsrat ihre Schulungsbedarfe mit ein und partizipieren so an der Konzeption. Mittels Planung, Auswahl und Gestaltung von Themen werden Schulungsmaßnahmen unterschiedlicher Formate geschaffen – sowohl für die fachliche als auch die persönliche Entwicklung der Mitarbeiter. Der Fokus liegt dabei vor allem auf einer nachhaltigen Führungskräfteentwicklung, strategisch ausgerichteten Fachkarrieren sowie der kontinuierlichen Weiterentwicklung von Fachkräften.

Die DKB MANAGEMENT SCHOOL ist darauf ausgerichtet, das komplexe Weiterbildungsmanagement für die Mitarbeiter und Führungskräfte des DKB-Konzerns effektiv und qualitativ hochwertig zu gestalten, Kompetenzen kontinuierlich zu entwickeln, um das Wissen langfristig im Unternehmen zu halten und gleichzeitig die Attraktivität als Arbeitgeber auf dem Bewerbermarkt zu erhöhen.

| Ausgezeichnete Unternehmen des Deutschen Bildungspreises Exzellenzunternehmen KAPITEL 3

Exzellenzunternehmen 2014
Deutsche Postbank

Die Postbank Gruppe ist mit rund 14 Millionen Kunden einer der großen Finanzdienstleister Deutschlands. Bei der Konzeption gezielter Bildungsmaßnahmen orientiert sie sich sowohl an der Unternehmensstrategie als auch am individuellen Bildungsbedarf ihrer Mitarbeiter, um deren berufliche Entwicklung zu unterstützen und Talente im Unternehmen adäquat zu fördern.

Das Bildungs- und Talentmanagement der Deutschen Postbank AG wird strategisch, politisch und konzeptionell durch die Abteilung HR Produkte Talent & Development sowie operativ durch die Bildungsmanager und internen Trainer der Postbank Akademie begleitet und vorangetrieben. Die Business-Partner von Talent & Development agieren auf strategischer Ebene in enger Abstimmung mit dem Top-Management, welches in vorbildlicher Weise hinter dem Thema steht. Der Fokus der Abteilung liegt auf der Konzeption und Bereitstellung von Personalentwicklungsinstrumenten. Die Bildungsbedarfsermittlung und Umsetzung der Instrumente erfolgt durch die Bildungsmanager und internen Trainer der Postbank Akademie. Sie stehen im Austausch mit den internen Kunden und stellen die Ansprechpartner für das Thema Personalentwicklung dar.

Das Bildungs- und Talentmanagement hat eine hohe strategische Bedeutung für die Postbank, was durch die Verankerung der Bildungsziele in die Personalagenda 2013 bis 2015 verdeutlicht wird. Die Führungskräfte bilden in der Postbank die zentrale Säule des Bildungsmanagements und werden in zahlreichen verpflichtenden und freiwilligen Schulungen und Trainings systematisch auf ihre Rolle als erste Personalentwickler vorbereitet. Ein wichtiges Instrument dabei bildet die jährliche Mitarbeiterbefragung, die die exzellente Feedbackkultur in der Postbank fördert und die Kompetenzen der Führungskräfte im Bereich Mitarbeiterentwicklung ermittelt. Anschließend werden gemeinsam mit den Mitarbeitern konkrete Maßnahmen auf Basis der Ergebnisse abgeleitet.

Das Bildungs- und Talentmanagement der Postbank ist aufgrund von drei Faktoren, die einander bedingen, erfolgreich: Sie hat sich über Jahre dem Business angenähert, spricht deren Sprache, argumentiert auf Basis beiderseitig anerkannter Kennzahlen und genießt deren Vertrauen. Sie fokussiert sich auf die Entwicklung und Markteinführung von Produkten, die von internen Kunden intuitiv verstanden und eingesetzt werden können. Konsequent vermeidet sie die Entwicklung wenig pragmatischer PE/OE-Produkte, die spezifische HR-Kenntnisse voraussetzen. Sie akzeptiert Geschwindigkeit als Erfolgsfaktor.

Exzellenzunternehmen 2015
Deutsche Telekom AG

Die Deutsche Telekom will als führender europäischer Telekommunikationsanbieter das Leben der Menschen nachhaltig vereinfachen und bereichern. Der Schlüssel zu diesem Erfolg sind die Mitarbeiter des Unternehmens. Stetiger Wandel bestimmt das Geschäftsumfeld der Deutschen Telekom, daher stellt sich immer wieder die Frage nach den Schwerpunkten der Personal- und Bildungsarbeit, um den Anforderungen und Aufgaben von morgen gerecht zu werden.

Eine am Konzernbedarf ausgerichtete Aus- und Weiterbildung
Als einer der größten Ausbilder in Deutschland und Spitzenreiter unter den DAX-Unternehmen gab die Deutsche Telekom im Jahr 2014 rund 3100 jungen Menschen in dualen Ausbildungsgängen und dualen Studiengängen eine berufliche Perspektive. Für die betriebliche Weiterbildung werden jährlich im deutschen Konzern rund 480.000 Weiterbildungstage für die fachliche und persönliche Entwicklung der Mitarbeiterinnen und Mitarbeiter angesetzt. Um Aus- und Weiterbildung und die darüber vermittelten Kompetenzen und Skills konsequent an den Geschäftserfordernissen auszurichten, wurde das Projekt „Education 3.0" eingerichtet. Damit soll für Mitarbeiter und Unternehmen ein größtmöglicher Nutzen aus den Qualifizierungsinvestitionen sichergestellt werden, mit dem Ziel, ein über alle Telekom-Bildungsinstitutionen (Ausbildung, Weiterbildung, Hochschule) integriertes Bildungsportfolio aufzubauen.

Besondere Talente erkennen und konsequent unterstützen
Über das konzernweite Talentmanagement werden Beschäftigte mit hoher Leistung und Potenzial gefördert. Im Fokus stehen dabei vor allem drei Ziele: Talente identifizieren und für herausgehobene Positionen sichtbar machen. Talente bei der konzernweiten Vernetzung unterstützen. Talente im Rahmen des Nachfolgemanagements berücksichtigen.

Führungskräfte für künftige Chancen und Herausforderungen stärken
Ein neues Führungsmodell adressiert die Themen Zusammenarbeit, Innovation und Leistung, und das konzernweit über einheitliche Prinzipien für Managerinnen und Manager. Bei der strategischen Entwicklung der Führungskräfte unterstützt das neu entwickelte, konzernweite Führungskräfte-Portfolio „LEAD" (Leadership Excellence and Development).

Exzellenzunternehmen 2015
Dornseif® Winterdienst mit System

Die mitarbeiterorientierte Unternehmenspolitik von Dornseif setzt besonders für kleine und mittelständische Unternehmen neue Maßstäbe. Von Anfang an hat Dornseif passgerecht und bedarfsorientiert Lösungen für seine Mitarbeiter gefunden. Arbeitszufriedenheit und die Vereinbarkeit von Beruf und Familie sind in dem familiär geführten Dienstleistungsbetrieb gelebte Unternehmenskultur und ein wesentlicher Bestandteil des wirtschaftlichen Erfolgs.

Anders als in herkömmlichen Unternehmen ist der Bereich Bildung kein separater Posten, sondern vielmehr ein Bestandteil des Projekts Dreamwork. Weiterbildung muss beim Mitarbeiter nicht nur ankommen, sie muss gelebt werden. Das Team-Personal prüft ständig, welche Bedarfsfälle vorliegen, welche Themen neu erschlossen werden müssen und wo die Auffrischung von Wissen notwendig ist. Außerdem können Mitarbeiter fachlichen Bedarf anmelden oder persönliche Weiterbildungswünsche im privaten, nicht fachlichen Bereich mit der Unternehmensleitung besprechen. Dornseif analysiert mit den Mitarbeiterinnen und Mitarbeitern ihre aktuelle Situation und berät sie in einem ausführlichen Gespräch über die Angebote und Möglichkeiten.

Filmnachmittag
Es gibt eine große Bandbreite an verschiedenen Dokumentarfilmen, die die Mitarbeiter für die jeweiligen Filmnachmittage entweder aussuchen oder sogar mitbringen können. Der Filmnachmittag regt die Kommunikation unter den Mitarbeitern an und fördert das Gemeinsamkeitsgefühl.

Bibliothek
Den Mitarbeitern von Dornseif steht eine im Aufbau befindliche Bibliothek zur freien Verfügung. Jeden Monat werden zwei ausgewählte Bücher durch das Team QM angeschafft. Darüber hinaus kann jeder Mitarbeiter Wünsche äußern, welche Bücher für diese Bibliothek zusätzlich gekauft werden sollen.

Tag der offenen Bürotür
Einmal im Jahr findet ein Tag der offenen Bürotür statt. Hier können sich die Mitarbeiter über die Aufgaben in den einzelnen Teams informieren. Die Präsentation der Arbeitsaufgaben ist den jeweiligen Teams überlassen. Rund 50 Prozent der Mitarbeiter haben vergangenes Jahr am Tag der offenen Bürotür teilgenommen.

Exzellenzunternehmen 2016/2017
E.G.O.-Gruppe

Der Firmengründer Karl Fischer entwickelte vor mehr als 80 Jahren die erste serientaugliche Elektro-Kochplatte. Heute produziert das Unternehmen alle Heiz- und Steuerelemente, die zum Kochen und Backen, zum Waschen, Trocknen und Geschirrspülen benötigt werden sowie Komponenten für Gastronomie und Wäschepflege, Medizin- und Gebäudetechnik oder die Automobilindustrie.

Auf Basis dieser Unternehmensstrategie leiten sich die Ziele für die Personalentwicklung ab. Durch effektive Förderung der Mitarbeiter können Innovationen und Produktivität und somit die Wettbewerbsfähigkeit und der wirtschaftliche Erfolg des Unternehmens erreicht werden. Der Transfer, die Nutzung und die Entwicklung der aus der Unternehmensstrategie definierten Kompetenzen der Mitarbeiter stehen im Mittelpunkt aller Aktivitäten. Darum werden strategische Interessen der E.G.O. und die individuelle Entwicklung der Mitarbeiter nach folgenden Kriterien bestmöglich zusammengeführt.

» Regelmäßige Personalentwicklungsgespräche auf allen Ebenen, basierend auf dem E.G.O. Kompetenzmodell
» Umfangreicher interner Schulungskatalog mit mehr als 100 verschiedenen Themen, der regelmäßig bedarfsorientiert überarbeitet wird
» Bei Bedarf auch externe, fachspezifische Weiterbildungen
» Förderung persönlicher Weiterbildung (z. B. Meister, Techniker) und berufsbegleitender Studiengänge
» Coaching als Individual- oder Gruppenmaßnahme
» Zielgruppenorientierte Programme

Bedarfsorientiert und anforderungsgerecht werden jährlich mehr als 700 interne und externe Maßnahmen durchgeführt. Besonderes Augenmerk liegt dabei auf der Nachhaltigkeit und dem Praxistransfer des Gelernten. Mit der Einführung der Fachkarriere können auf Basis der Neigungen und Kompetenzen der Mitarbeiter verschiedene Entwicklungswege definiert werden. Es ist möglich, Potenzialträger auch außerhalb der Führungskarriere weiter zu entwickeln und das Fachwissen für das Unternehmen zu nutzen. Ein mehrstufiges Auswahlverfahren und die klar definierten Anforderungen, die neben dem Fachwissen auch die Fähigkeit zur Ergänzung, Anwendung und Weitergabe des fachlichen Wissens fordert, machen diesen Weg transparent und identifiziert dabei auch das für ein Technologieunternehmen unabdingbare Spezialisten-Know-how.

| Ausgezeichnete Unternehmen des Deutschen Bildungspreises   Exzellenzunternehmen   KAPITEL 3

Exzellenzunternehmen 2014
Giesecke & Devrient

Giesecke & Devrient (G&D) ist ein international führender Technologiekonzern mit Hauptsitz in München und 58 Tochtergesellschaften, Gemeinschaftsunternehmen und assoziierten Unternehmen in 31 Ländern. Ende 2014 waren rund 11.450 Mitarbeiterinnen und Mitarbeiter für G&D tätig. Im Geschäftsjahr 2014 erwirtschaftete G&D einen Gesamtumsatz von rund 1,83 Mrd. Euro.

Vertrauen, Sicherheit und Kompetenz sind Leitbegriffe des Konzerns. Innovative und kundenorientierte Produkte, Systemlösungen und Dienstleistungen machen G&D zu einem verlässlichen Partner für Regierungen, Notenbanken, Sicherheitsdruckereien, kommerzielle Cash-Center-Betreiber, Behörden und Unternehmen.

G&D gehört zu den technologisch führenden Unternehmen weltweit bei Banknoten- und Sicherheitslösungen für einen effizienten und sicheren Bargeldkreislauf. Banken, Mobilfunkanbieter, Nahverkehrsbetriebe, Unternehmen und Original Equipment Manufacturer bietet G&D Komplettlösungen aus Hardware, Software und Services für mobile Sicherheitsanwendungen, insbesondere für Telekommunikation und elektronischen Zahlungsverkehr. Für Regierungen und Behörden liefert G&D schlüsselfertige Gesamtlösungen für Reisedokumente, Ausweissysteme und Gesundheitskarten, die sowohl zur herkömmlichen Identifizierung als auch zur Authentisierung und Absicherung in elektronischen Geschäftsprozessen über das Internet verwendet werden können.

Zum vierten Mal in Folge erhielt Giesecke & Devrient 2014 eine Auszeichnung für seine familienfreundliche und auf unterschiedliche Lebensphasen zugeschnittene Personalpolitik. Dem Unternehmen wurde das Qualitätssiegel „Exzellentes Bildungs- und Talentmanagement 2014" des Deutschen Bildungspreises verliehen.

G&D hat ein hervorragendes Talentmanagement implementiert und fördert Fach- und Führungskräfte gleichermaßen in dafür speziell entwickelten Programmen. Das Unternehmen verfügt über ein nach anerkanntem Qualitätsstandard exzellentes Bildungsmanagement, das in Deutschland vorbildhaft ist.

Exzellenzunternehmen 2014
Heiligenfeld Kliniken

Vor 25 Jahren begann der „Weg zu einem guten Leben", auf dem heute rund 800 Mitarbeiter in den sechs Häusern der Heiligenfeld Kliniken sich mit anhaltendem Erfolg der Behandlung psychosomatisch und somatisch erkrankter Menschen widmen.

Gegründet wurden die Heiligenfeld Kliniken im Jahr 1990 von Fritz Lang und Dr. Joachim Galuska. Beide hatten die Vision, eine Psychosomatische Medizin zu gestalten, die an erster Stelle die Menschen mit ihren Bedürfnissen sieht. Der Familienbetrieb entwickelte sich rasch zu einem innovativen Gesundheitsunternehmen, das Werte und Wirtschaftlichkeit konsequent verbindet. Hinzu kommt eine hauseigene Akademie, die richtungweisende Fortbildungen und Kongresse organisiert und die Entwicklung des Unternehmens mit immer neuen Impulsen begleitet. Unter diesem Aspekt und durch die Initiative von Dr. Joachim Galuska und Christine Seger, Geschäftsführerin Seger Transporte GmbH & Co. KG, entstand das Projekt „Selbstmanagement für Auszubildende".

Die Stärken der zwölfmoduligen Weiterbildung liegen branchen- und unternehmensübergreifend in der Kooperation und Vernetzung der Auszubildenden und Firmen. Zum Start im Jahr 2012 bildete sich ein branchenübergreifendes, regionales Netzwerk aus sechs Unternehmen und 43 Auszubildenden mit unterschiedlichen Berufsausbildungen. Aktuell führen diese Fortbildung 17 Unternehmen mit insgesamt über 150 Auszubildenden durch. Das Konzept „Selbstmanagement für Auszubildende" wird deutschlandweit angeboten.

Durch die Gemeinschaft entsteht ein Feld für gemeinsames und unterstützendes persönliches Wachstum. Freude an der Weiterentwicklung wird geweckt und Kreativität gefördert. Die Vernetzung der Unternehmen ermöglicht die Kommunikation von Werten, die Übernahme von Verantwortung des Einzelnen und des Unternehmens für die Mitwelt sowie der Dialog werden gefördert. In der Weiterbildung werden den Auszubildenden durch die beteiligten Arbeitgeber und Referenten wichtige Inhalte lebendig vermittelt. Das „Selbstmanagement für Auszubildende" setzt den Schwerpunkt in der Vermittlung psychosozialer Kompetenzen und unterstützt die Auszubildenden über drei Jahre in der Verbesserung ihrer Selbststeuerung, Selbstführung, der Fähigkeit zum Dialog und zur Kooperation, dem Umgang mit der eigenen Gesundheit sowie dem Umgang mit den Herausforderungen der modernen Welt. Bei der Konzeption wurde darauf geachtet, dass die Weiterbildung einen großen Anteil an Selbsterfahrung und Selbstreflexion beinhaltet und somit nachhaltig Wissen und Erfahrung entsteht. Die Inhalte wurden jugendgerecht aufgearbeitet und angeboten.

| Ausgezeichnete Unternehmen des Deutschen Bildungspreises Exzellenzunternehmen   KAPITEL 3

Exzellenzunternehmen 2014
Horváth & Partners

Horváth & Partners ist eine international tätige, unabhängige Managementberatung mit Sitz in Stuttgart mit mehr als 600 hochqualifizierten Mitarbeiterinnen und Mitarbeitern. Ihr Fokus liegt auf den beiden Kernkompetenzen Unternehmenssteuerung und Performanceoptimierung.

Horváth & Partners begleitet seine Kunden von der betriebswirtschaftlichen Konzeption bis zur Verankerung in Prozessen und Systemen und arbeitet konsequent an der Entwicklung von trendsetzenden Lösungen. So hat sich das Unternehmen zu einer wegweisenden Managementberatung mit 6 nationalen und 6 internationalen Standorten entwickelt.

Das Bildungs- und Talentmanagement
» Unternehmenskultur stärken
» Leistungsfähigkeit von Horváth & Partners beschleunigen
» Entwicklung von Mitarbeiterinnen und Mitarbeitern systematisch fördern

Wer gut ist, kann noch besser werden. Die Lernkurve steigt ab dem ersten Tag. Horváth & Partners fördern Kompetenzen durch ein gezieltes Einarbeitungsprogramm, interne Trainings, externe Weiterbildungen und Unterstützung bei wissenschaftlicher Weiterqualifikation. Impulse und Orientierung für die Weiterentwicklung bieten das Kompetenzmodell, Mitarbeitergespräche, Projekteinsätze sowie Feedbackprozesse.

Der Erfolg des Unternehmens beruht zu einem großen Teil auf den Mitarbeitern. Bei Horváth & Partners gehört es zum Firmenprinzip, Wissen zu teilen und jeden von jedem lernen zu lassen.

Anspruchsvolle Aufgaben bringen jeden auch persönlich weiter. Zielvereinbarung und Entwicklungsgespräch sind mit Potenzial- und Karriereentwicklung vernetzt und bilden einen integrierten Prozess. Ergebnisse von Befragungssystemen sind die Basis für die Weiterentwicklung des Unternehmens sowie für strategische Personalentwicklungsthemen, die in enger Zusammenarbeit mit dem Top-Management bearbeitet und evaluiert werden.

Exzellenzunternehmen 2014
IBM Deutschland GmbH

IBM (International Business Machines Corp.) kann auf eine lange Erfolgsgeschichte zurückblicken: Vor über 100 Jahren gegründet, hat sich die IBM immer wieder neudefiniert und ist durch weit über Technologien hinausgehende Innovationen zu einer der stärksten Marken der Welt aufgestiegen.

IBM gehört zu den weltweit größten Anbietern im Bereich IT (Hardware, Software und Services) und B2B-Lösungen.

Mit ihrem umfassenden Lösungsangebot bietet IBM ihren Mitarbeiterinnen und Mitarbeitern vielfältige Einsatz- und Karrieremöglichkeiten im In- und Ausland sowie die Mitarbeit in internationalen Projektteams. Unter dem Stichwort „Employability" setzt IBM auf kontinuierliche Aus- und Weiterbildung – IBM investiert in diesem Bereich weltweit jährlich über 500 Millionen US-Dollar.

Das Bildungs- und Talentmanagement der IBM zeichnet sich durch eine hohe Fokussierung auf die Fertigkeiten, Fähigkeiten und Kompetenzen des Mitarbeiters aus. Alle Entwicklungsmaßnahmen werden individuell geplant und umgesetzt und erfordern eine hohe Eigenverantwortlichkeit des Mitabeiters. Die Erhaltung der Marktfähigkeit des Wissens („Employability") ist eines der Paradigmen der Weiterbildung innerhalb der IBM.

Eine individuelle Förderung mittels formellen, informellen und work-based Lernens ermöglicht eine zielgenaue Entwicklung der Mitarbeiter für die Bedürfnisse der Kunden und die Herausforderungen, die ein globalisiertes Unternehmen mit sich bringt.

Standardisierte Prozesse in allen Bereichen der Entwicklungsplanung, -umsetzung und -validierung erlauben es, einen gleichbleibend hohen Standard weltweit für alle Mitarbeiter zu gewährleisten.

Der Herausforderungen der zunehmenden Komplexität des Marktes, bedingt durch die Globalisierung, aber auch durch die starke Nachfrage nach Arbeitskräften in Deutschland begegnet IBM mit einem modernen Talentmanagement.

Im Bezug auf die Anforderungen der globalisierten Welt unterstützt das Talentmanagement, die richtigen Mitarbeiter zur richtigen Zeit zur Verfügungen zu stellen.

| Ausgezeichnete Unternehmen des Deutschen Bildungspreises Exzellenzunternehmen   **KAPITEL 3**

Exzellenzunternehmen 2015
Ingenics AG

Als international tätige innovative technische Unternehmensberatung ist das Ziel der Ingenics AG die Sicherstellung eines nachhaltigen Unternehmenserfolgs ihrer Kunden.

Umfassendes Expertenwissen, verbunden mit methodischer Kompetenz und einem ganzheitlichen Ansatz, stellen für die Kunden der Ingenics AG nicht nur einen verbindlichen Projektabschluss, sondern einen hohen Grad an individueller Problemlösung und partnerschaftlicher Vorgehensweise sicher. Auf einen Nenner gebracht, lassen sich die Kernleistungen der Ingenics AG wie folgt definieren: Planen. Optimieren. Qualifizieren. Oder ganz einfach: Effizienzsteigerung[3].

Diese Anforderung stellt höchste Ansprüche an die Personalentwicklungs- und Qualifizierungsprogramme. Mit dem dadurch erworbenen Know-how repräsentieren die Mitarbeiter die Ingenics Leistungen. Deshalb ist Mitarbeiterqualifizierung im fachlichen wie persönlichen Bereich unabdingbar. Frei nach der Ingenics Erfolgsformel „Erfolg = Möglichkeiten x Motivation" bietet die Ingenics Academy den eigenen Mitarbeitern sowie den Mitarbeitern ihrer Geschäftskunden mehrere Wege der Weiterbildung, darunter einen 18-monatigen Führungskräfte- und Projektleiterausbildungsgang oder eine Vielfalt an Fachkarrieren. Diese vermitteln sowohl fachliche Inhalte als auch Sozialkompetenz, mit dem Ziel, im Fachgebiet Gruppen zum Beispiel Workshopteams erfolgreich zu führen. Ebenso besteht das Angebot zur Trainerausbildung. Alle Angebote sind miteinander kombinierbar und für alle Mitarbeiter weltweit zugänglich.

Die Vorgehensweise bei Trainings und persönlicher Weiterentwicklung folgt den langjährig bewährten didaktischen Modellen in Verbindung mit individuellem Feedback nach jedem Training auf Basis des definierten Ingenics Rollenmodells. Das Rollenmodell zeigt für alle Mitarbeiter die Anforderungen, Beobachtungskriterien und den individuellen Zielerreichungsgrad je nach Aufgabe und Funktion auf. Alle Mitarbeiter können sich weltweit zu jeder Zeit anhand der Ingenics Karriereschritte und der Ingenics Personalentwicklungslandkarte über verschiedene Laufbahnmodelle informieren. Ingenics besetzt über 90 Prozent der internen Führungsfunktionen mit eigenen Mitarbeitern. Dieses Ergebnis ist sichtbarer Ausdruck von exzellenten Nachwuchsprogrammen und einer umfassenden Qualifikation und Förderung der Mitarbeiter.

Exzellenzunternehmen 2016/2017

Johnson Controls

Johnson Controls ist weltweit führend bei Autositzsystemen und -komponenten. Mit seinen Produkten, Technologien und fortschrittlichen Fertigungsmethoden unterstützt das Unternehmen alle großen Automobilhersteller.

Johnson Controls plant die Ausgliederung seines Automotive Experience-Geschäfts voraussichtlich zum Beginn des Fiskaljahres 2017. Danach wird Automotive Experience als das eigenständige, börsennotierte Unternehmen Adient operieren.

Die OPS Academy ist verantwortlich für das Trainingsangebot für die Bereiche OPS JIT und Metall und Qualität für Europa und Südafrika. Neben vielen technikspezifischen Trainings bietet die Academy ein breites Portfolio im Bereich Soft Skills, Coaching und individuelle, bedarfsgerechte Workshops an sowie Talentmanagement auf allen Ebenen. Einen besonderer Bereich der OPS Academy bilden die speziellen Programme PLMDP (Plant Manager/Manager-Entwicklungs-Programm), T2020 (Talent 2020) und TL&SC-Programm (ein spezielles Programm für Teamleiter und Schichtkoordinatoren auf Werksebene). Die OPS Academy ist bestrebt, ihre Trainings an die ständig wechselnden Anforderungen des Business anzupassen und mitarbeitergerechte Konzepte umzusetzen.

PLMDP ist ein einjähriges Entwicklungsprogramm für Führungskräfte, deren Nachfolger und Manager der gleichen Ebene. Die Teilnehmer werden mit diesem individuellen Training auf ihre Rolle vorbereitet bzw. in ihrer bestehenden Rolle on-the-Job gecoacht. Durch Training, Simulation und Coaching werden funktionale und psychologische Aspekte gezielt gelehrt, darüber hinaus Themen wie Finanzen, Marketing, Strategie, IT, Führungskompetenz und Arbeiten in einem globalen Umfeld.

Talent 2020 ist ein zwei- bis dreijähriges individuelles Entwicklungsprogramm für Mitarbeiter, die am Anfang ihres Karrierewegs stehen. Die Zielsetzung des Programms ist es, im Anbetracht des demografischen Wandels den Bedarf nach geeigneten Nachfolgern für Schlüsselpositionen zu decken. Dazu werden europaweit Talente im operativen Automotivebereich identifiziert und gefördert. Dem Programm liegt ein individueller Entwicklungsplan zugrunde. Dieser umfasst einen seitens des Talent 2020-Teams vorgegebenen Trainingsplan, individuell definierte Entwicklungsziele des Teilnehmers und ein darauf abgestimmtes eigenes Projekt.

Exzellenzunternehmen 2015
Kautex Textron

Kautex Textron gehört zu den 100 umsatzstärksten Automobilzulieferern weltweit und ist mit rund 5900 Mitarbeitern in 16 Ländern vertreten. Für alle namhaften Automobilhersteller entwickelt das Unternehmen innovative Tanksysteme, Verfahren und Lösungen für Schadstoffminimierung, On-Board-Diagnostik und alternative Kraftstoffe.

Die Entfaltung und Förderung aller Mitarbeiter steht im absoluten Fokus des Unternehmens und ist gelebter und wertschöpfender Bestandteil der Wachstumsstrategie. So sind Talentmanagement-Ziele fester Bestandteil der Unternehmenskultur und der jährlichen Unternehmensplanung. Für 2015 lautet eines der drei wichtigsten Ziele: „Achieve excellence in recruiting, talent development and working together as one team." Für jede Führungskraft leitet sich hieraus ein Talentmanagement-Ziel ab, an dem sie sich monatlich messen lässt: 80 Prozent der offenen Positionen sollen intern besetzt werden. Der Erfolg des Talentmanagements wird hierbei nicht an der Anzahl von Bildungstagen gemessen, sondern an der Fähigkeit, den eigenen Mitarbeitern die Chance eines nächsten Karriereschritts anzubieten – eine aus Sicht der Firmenphilosophie viel nachhaltigere Kennzahl.

Ausgehend von einem strategischen Kompetenzmodell verwendet Kautex eine Vielzahl von State-of-the-art-Talentmanagement-Prozessen und -Instrumenten. So finden zum Beispiel an allen Standorten weltweit jährliche Talentkonferenzen statt, die bis in den Textron-Konzern kaskadiert sind; hierbei wird neben der strategischen Personalplanung und den daraus abgeleiteten Talentbedarfen den so genannten „Talents to Watch" besondere Bedeutung beigemessen, ebenso wie den verschiedenen Qualifizierungsprogrammen (Ausbildungen, Praktika, Talent Spaces und andere Entwicklungsprogramme). Das komplette Talentmanagement basiert auf regelmäßigen Mitarbeitergesprächen, maßgeschneiderten Trainingsmodulen, Coachings, internationalen Assignments sowie einer konsequenten Nachfolgeplanung – IT-seitig verankert in einer elektronischen Karriereakte.

„No talent development, no leadership responsibility" (Scott Donnelly, Textron CEO) lautet der Anspruch an alle Führungskräfte. Und sie kommen diesem Anspruch sehr erfolgreich nach: Gegenwärtig werden im Schnitt 75 Prozent aller Stellen bei Kautex Textron intern besetzt.

Exzellenzunternehmen 2014

KfW

Die KfW ist eine der führenden Förderbanken der Welt. Mit ihrer jahrzehntelangen Erfahrung setzt sich die KfW im Auftrag des Bundes und der Länder dafür ein, die wirtschaftlichen, sozialen und ökologischen Lebensbedingungen weltweit zu verbessern. Allein 2013 stellte sie dafür ein Fördervolumen von 72,5 Milliarden Euro bereit. Davon flossen 38 Prozent in den Klima- und Umweltschutz.

Die KfW besitzt keine Filialen und verfügt nicht über Kundeneinlagen. Sie refinanziert ihr Fördergeschäft fast vollständig über die internationalen Kapitalmärkte. Im Jahr 2013 hat sie zu diesem Zweck 65,4 Milliarden Euro aufgenommen. In Deutschland ist die KfW-Bankengruppe mit Standorten in Frankfurt, Berlin, Bonn und Köln vertreten. Weltweit gehören 80 Büros und Repräsentanzen zu ihrem Netzwerk.

Der Erfolg der KfW gründet sich vor allem auf die Kompetenz und den Leistungswillen ihrer Mitarbeiterinnen und Mitarbeiter. Mehr als 5s000 Menschen arbeiten an der Umsetzung der KfW-Ziele. Als Unternehmen an der Schnittstelle zwischen Politik und Wirtschaft bietet die KfW ihren Beschäftigten ein vielfältiges Aufgabenspektrum, auch mit internationalen Einsatzmöglichkeiten.

Die KfW begleitet die Entwicklung ihrer Beschäftigten durch kompetente Führung sowie zielgerichtete Qualifikation und Weiterbildung. Die Hertie-Stiftung zertifiziert die KfW seit vielen Jahren als familienfreundliches Unternehmen im Audit „Beruf und Familie". Zudem gehört die KfW zu den 100 beliebtesten Arbeitgebern in Deutschland.

Mehr als 97.000 Stunden Weiterbildung – vom Management-Training über Sprachkurse bis zum Persönlichkeitsseminar – werden allein in der KfW jährlich genutzt. Hinzu kommen die Weiterbildungen in den Tochtergesellschaften. Dabei sorgt das 2011 eingeführte Lernportal dafür, dass die Mitarbeiterinnen und Mitarbeiter von KfW und IPEX stets einen Überblick über aktuelle Seminarangebote und -termine sowie ihre absolvierten Weiterbildungen haben.

Exzellenzunternehmen 2016/2017

KYOCERA

KYOCERA Document Solutions, dessen Sitz sich in Osaka befindet, ist einer der weltweit führenden Anbieter von Lösungen und Dienstleistungen im Bereich Dokumentenmanagement. Im Jahr 2016 feierte das Unternehmen sein 30-jähriges Jubiläum in Deutschland.

Zentraler Bestandteil der KYOCERA Unternehmensphilosophie sind der zwischenmenschliche Umgang sowie die gezielte Förderung und Weiterbildung der eigenen Mitarbeiter. Firmengründer Dr. Kazuo Inamori hat dafür die Grundlage mit dem Satz gelegt: „respect the divine and love people".

Zentraler Faktor in der Weiterbildung der Mitarbeiter sind die jeweiligen Führungskräfte. Diese werden durch die Führungssysteme KYOCompetence (Kompetenzmodell), KYOTarget (Zielvereinbarung) und das Führungshandbuch optimal auf das Managen der eigenen Talente vorbereitet und dabei kontinuierlich unterstützt.

KYOCERA Document Solutions ist eine hundertprozentige Tochtergesellschaft der japanischen KYOCERA Corporation. Der Konzern ist ein weltweit führender Hersteller von nachhaltigen Produkten wie Feinkeramik, Informations- und Büro-Technologie sowie Solarmodulen. Im Geschäftsjahr 2015 (1. April 2014 bis 31. März 2015) beschäftigte KYOCERA weltweit rund 68.000 Mitarbeiterinnen und Mitarbeiter und erwirtschaftete einen Nettoumsatz von 11,7 Milliarden Euro.

Mit Sitz in Meerbusch steuert die KYOCERA Document Solutions Deutschland GmbH die deutschen Vertriebs-, Marketing- und Service-Aktivitäten. Geschäftsführer ist Reinhold Schlierkamp. Das Unternehmen unterstützt seit 1987 die Deutsche Umwelthilfe und vergibt seit dem Jahr 2008 regelmäßig den „KYOCERA Umweltpreis", dessen Ziel die Förderung nachhaltiger Technologien in der Wirtschaft ist. KYOCERA engagiert sich im vom Fraunhofer-Institut für Arbeitsforschung und Organisation (IAO) initiierten Verbundforschungsprojekt OFFICE 21 und ist Co-Sponsor des Fußball-Bundesligisten Borussia Mönchengladbach.

Exzellenzunternehmen 2013

Landeshauptstadt München

München nimmt bei der demografischen Entwicklung insofern eine Sonderrolle ein, als dass für die kommenden zehn Jahre ein stetiges Bevölkerungswachstum prognostiziert wird. Gleichzeitig herrscht auf dem Münchner Arbeitsmarkt ein nicht zu übersehender Fachkräftemangel. Die Personalgewinnung wird immer schwieriger.

Diesen Fachkräftemangel bekommt auch die Münchner Stadtverwaltung zu spüren. Schon früh hat sie deshalb mit einem aktiven Bildungs- und Talentmanagement angefangen, für ausreichend Nachwuchs zu sorgen und die Belegschaft gezielt zu qualifizieren, zu entwickeln und zu binden.

Die Stadt München beschäftigt mehr als 33.000 Mitarbeiterinnen und Mitarbeiter. Davon über 3000 Führungskräfte. Sie ist damit die größte kommunale Arbeitgeberin in Deutschland und zugleich die größte kommunale Ausbilderin. Sie bietet ihren Bürgerinnen und Bürgern qualitativ hochwertige Dienstleistungen an. Dies gelingt nur, wenn Prozesse und Aufgaben laufend überprüft und optimiert werden. Das wiederum verlangt, dass die Kompetenzen der Beschäftigten permanent neuen Anforderungen angepasst werden.

Die Entwicklung und Förderung aller städtischer Mitarbeiterinnen und Mitarbeiter ist deshalb ein wichtiger strategischer Schwerpunkt, der – unter anderem – bereits in der städtischen „Arbeitgebermarke" unter den Schlagworten „Sinnhaftigkeit – Flexibilität – Verlässlichkeit – Gemeinschaft – Vielfalt" verankert ist. Auf dieser Grundlage stehen die Konzepte zur Ausbildung, Personalgewinnung, -entwicklung und -bindung sowie zur Fort- und Weiterbildung. Derzeit baut die Landeshauptstadt ein Kompetenzmanagement auf, mit dem Ziel, nicht nur das richtige Personal für die bestehenden Herausforderungen zu finden, sondern auch die Personalentwicklungsinstrumente noch intensiver zu vernetzen.

Um Bildungsarbeit in einem Großkonzern strategisch zu steuern und alle Beteiligten – von der Sachbearbeiterin bis zur Führungskraft in der Unternehmensleitung – gezielt einzubinden, hat die Stadt München ein wirkungsorientiertes, auch Diversity-Aspekte berücksichtigendes Bildungscontrolling-System entwickelt. In diesem Modell sind die Rollen und Aufgaben aller Beteiligten, auch die der externen Trainerinnen und Trainer, klar definiert. Dabei kommt dem „Transfermanagement" eine tragende Rolle zu.

| Ausgezeichnete Unternehmen des Deutschen Bildungspreises Exzellenzunternehmen   KAPITEL 3

Exzellenzunternehmen 2015
Loesche GmbH

Als unabhängiges Familienunternehmen mit Hauptsitz in Düsseldorf ist Loesche weltweit mit mehr als 850 Mitarbeitern, Tochtergesellschaften in den USA, Brasilien, Spanien, Deutschland, Großbritannien, Südafrika, Indien, Vereinigten Arabischen Emiraten, Russland und China sowie Vertretungen in mehr als 20 Ländern präsent.

Die Loesche GmbH vertreibt seit 1906 weltweit Mahltrocknungsanlagen für die Zement-, Hüttenwerks-, Kraftwerks-, und Mineralindustrie. Die Kernkompetenz des Unternehmens liegt in der Entwicklung und Konstruktion von Vertikalmühlen sowie der Planung, der Projektierung, dem Versand, der Montage und Inbetriebnahme von kompletten Anlagen mit hohem verfahrenstechnischen Ingenieuranteil, in denen die Loesche-Mühlen zum Einsatz kommen. Darüber hinaus bietet Loesche einen breit gefächerten Servicebereich, der sowohl die Wartung, Reparatur und Ersatzteilbeschaffung als auch die Modernisierung von Mahlanlagen umfasst.

Loesche ist ein innovatives, international ausgerichtetes Familienunternehmen des Maschinen- und Anlagenbaus. Die bereits 1928 patentierte Wälzmühlentechnologie wurde ständig weiterentwickelt und ist mittlerweile zu einem Synonym für das Unternehmen geworden. Kreativität, Dynamik und Innovationsbereitschaft haben die Loesche GmbH weltweit zu einem der führenden Anbieter bester Mühlentechnologie gemacht. Loesche konstruiert Vertikalmühlen, plant und liefert individuelles Equipment, komplette Aufbereitungs- und Mahltrocknungsanlagen sowie schlüsselfertige Bauten.

Das Leistungsspektrum reicht von der ersten Planung bis hin zur Inbetriebnahme von kompletten Anlagen. Darüber hinaus bietet Loesche einen breitgefächerten Servicebereich, der sowohl die Wartung, Reparatur, Ersatzteilbeschaffung und Training als auch die Modernisierung von Mahlanlagen umfasst. Nach der Übernahme der ETIG – Elektronische Industrie Automatisierungs GmbH im Jahre 2008 gründete die Loesche GmbH, Düsseldorf, die Loesche Automation GmbH (heute: Loesche Automatisierungstechnik GmbH).

Im April 2012 bildete die Loesche GmbH eine strategische Kooperation mit der A TEC Holding GmbH, Österreich, dem technologisch führenden Unternehmen für Zementpyroprozesse

Exzellenzunternehmen 2013
Luther Rechtsanwaltsgesellschaft

Auf den Punkt. Luther.
Dieses prägnante Kürzel beschreibt eine unabhängige deutsche Partnerschaft von Rechtsanwälten und Steuerberatern mit zehn Standorten innerhalb Deutschlands und sechs Auslandsbüros an zentralen Wirtschafts- und Investitionsstandorten.

Mehrwert durch integrierte Lösungen: Die Expertise, Erfahrung und multidisziplinäre Zusammenarbeit von mehr als 350 Rechtsanwälten und Steuerberatern macht Luther zu einer der führenden deutschen Wirtschaftskanzleien. Sie verfügt über Beratungskompetenz in allen für den Mittelstand, große Unternehmen und die öffentliche Hand maßgeblichen Beratungsfeldern. Die Mandanten der Rechtsanwaltsgesellschaft schätzen hierbei vor allem die Kombination von Spezialisierung und interdisziplinärem Beratungsansatz.

Luther investiert in Kompetenz und Kooperation: Die Mitarbeiter sind das Kapital der Gesellschaft. Daher wird kontinuierlich in die Mitarbeiter investiert und deren Weiterentwicklung und der Austausch von Wissen und Erfahrung gefördert. Dies und die Ausbildung von qualifiziertem Nachwuchs bilden den zentralen Ansatz der Talent-Managementstrategie. Für Luther ist Talentmanagement gleichbedeutend mit Talent-Entfaltungsmanagement. Dabei steht die Entwicklung der Leistungsfähigkeit des gesamten Unternehmens als auch jeden einzelnen Mitarbeiters im Fokus. Bereits beim Recruiting wird darauf geachtet, auf allen Ebenen Mitarbeiter/-innen zu gewinnen, die neben herausragenden fachlichen Qualifikationen eine Persönlichkeit vorweisen, die vom Anspruch zum lebenslangen Lernen geprägt wird.

Fundament der fachlichen und persönlichen Weiterbildung ist die kanzleiinterne Luther academy. Sie umfasst Kooperationen mit externen Experten und Business Schools sowie den internen Erfahrungsaustausch. E-Learning-Angebote und Webinare tragen als moderne Lernplattformen dem Bedürfnis nach Flexibilität Rechnung. Die Förderung einer aktiven Beteiligung an Tagungen und Kongressen als Referenten und Teilnehmer runden das Angebot ab.

Transparente Karrierepfade und das Mentoring durch Führungskräfte schaffen ein Umfeld, um die besten Talente für Luther zu begeistern und an das Unternehmen zu binden. Feedback und regelmäßige Mitarbeitergespräche gehören zu den Grundlagen der Leistungskultur bei Luther.

Exzellenzunternehmen 2013
Munich Re

Das Geschäftsmodell von Munich Re basiert auf der Kombination von Erst- und Rückversicherung unter einem Dach. Weltweit übernimmt Munich Re Risiken unterschiedlichster Komplexität und Ausprägung. Erfahrung, Finanzkraft, Effizienz und ein erstklassiger Service machen das Unternehmen zum ersten Ansprechpartner in allen Fragen rund ums Risiko.

Munich Re steht für ausgeprägte Lösungsexpertise, konsequentes Risikomanagement, finanzielle Stabilität und große Kundennähe. Im Geschäftsjahr 2014 erzielte die Gruppe einen Gewinn in Höhe von 3,2 Mrd. €. Ihre Beitragseinnahmen beliefen sich auf über 48 Mrd. €. Sie ist in allen Versicherungssparten aktiv und mit über 43.000 Mitarbeitern auf allen Kontinenten vertreten.

Mit Beitragseinnahmen von rund 27 Mrd. € allein aus der Rückversicherung ist sie einer der weltweit führenden Rückversicherer. Besonders wenn Lösungen für komplexe Risiken gefragt sind, ist Munich Re ein gesuchter Risikoträger. Das globale und lokale Know-how der etwa 11.000 Mitarbeiterinnen und Mitarbeiter in der Rückversicherung ist einzigartig.

Die Erstversicherungsaktivitäten bündelt Munich Re vor allem in der ERGO Versicherungsgruppe, einer der führenden Versicherungsgruppen in Deutschland und Europa. ERGO ist weltweit in mehr als 30 Ländern vertreten und bietet ein umfassendes Spektrum an Versicherungen, Vorsorge und Serviceleistungen. 2014 nahm ERGO Beiträge in Höhe von 18 Mrd. € ein.

Im internationalen Gesundheitsgeschäft bündelt Munich Re ihre Leistungen in der Erst- und Rückversicherung sowie den damit verbundenen Services unter dem Dach der Marke Munich Health. Die weltweiten Kapitalanlagen von Munich Re in Höhe von 227 Mrd. € werden von der MEAG betreut, die ihre Kompetenz auch privaten und institutionellen Anlegern außerhalb der Gruppe anbietet.

Exzellenzunternehmen 2013

OKE Group

Die OKE Unternehmensgruppe gehört zu den weltweit führenden Anbietern von Kunststoffkomponenten für die Automobil-, Elektronik- und Möbelindustrie. An den 14 Standorten geht es um anspruchsvolle technische Bauteile, die sehr präzise entwickelt und produziert werden. Für das dynamische Wachstum und die hohen Kundenanforderungen braucht OKE engagierte Mitarbeiter, die eigene Ideen entwickeln und sich gerne einbringen. Daher ist bei OKE vieles ungewöhnlich.

OKE hat das erreicht, wovon andere noch träumen: den Einklang von Beruf, Familie und Gesundheit. Hier zählt nicht nur Leistung, sondern der ganze Mensch mit seinen beruflichen Zielen und dem privaten Umfeld. Denn das Unternehmen möchte langfristig mit allen Mitarbeitern planen, sie fördern und fordern, aber nicht überfordern. Das Konzept OKE Plus steht für eine mitarbeiter- und familienfreundliche Unternehmenspolitik mit vielen verschiedenen Angeboten: eine Kindertagesstätte, ein Betriebsrestaurant, ein Aktivbereich sowie viele interne und externe Fortbildungsmöglichkeiten halten Familie und Beruf, Körper und Geist in Einklang. Dazu kommen Bausteine wie Poolfahrzeuge für Fahrgemeinschaften, betriebliche Altersvorsorge und vieles mehr.

Die Mitarbeiter, aber auch Kunden profitieren von OKE Plus. Denn das Unternehmensziel sind zufriedene Kunden, die hin und wieder auch begeistert sein sollen. Und genau dafür braucht die ganze Unternehmensgruppe motivierte Mitarbeiter, die fachlich auf dem neuesten Stand sind, über ein hohes Maß an sozialer Kompetenz verfügen, die gesund und ausgeruht in den Arbeitstag starten. Die Mitarbeiter leisten viel für OKE – und OKE bietet viel für seine Mitarbeiter. Der Erfolg ist auch messbar: Die Unternehmensgruppe entwickelt sich seit Jahren kontinuierlich positiv und erarbeitet sich daraus viele neue Perspektiven für die Zukunft.

Exzellenzunternehmen 2014
Olympus

Olympus Europa ist die Zentrale des japanischen Olympus Konzerns für die Region Europa, den Mittleren Osten und Afrika (EMEA).

Als weltweit führender Hersteller optischer und digitaler Präzisionstechnologie entwickelt und vermarktet Olympus innovative Medizintechnik, Digitalkameras sowie Mikroskope und industrielle Inspektionssysteme. Die preisgekrönten Produkte sind unersetzlich in der Diagnose, Prävention und Heilung von Krankheiten, sie unterstützen Forschung und Entwicklung und erfassen die Vielfalt des Lebens in den unterschiedlichsten Facetten. In den Händen der Kunden machen die Hightech-Produkte von Olympus das Leben der Menschen gesünder, sicherer und erfüllter.

Olympus Europa beschäftigt insgesamt 5800 Mitarbeiter in der Zentrale in Hamburg sowie in den 36 Niederlassungen innerhalb der EMEA-Region. Im Geschäftsjahr 2013/2014 konnte Olympus Europa einen Umsatz von 1,6 Milliarden Euro verzeichnen.

Das Mitarbeitermagazin Olympus life bietet spannende Einblicke hinter die Kulissen.

Exzellenzunternehmen 2016

Pflegezentrum Mainterrasse

Pflegen, betreuen, versorgen, unterhalten, therapieren – das sind die sichtbaren Handlungen im Dienstleistungsunternehmen Mainterrasse.

Eine Wertschöpfungskette zur Steigerung der Lebensqualität für Menschen, die Hilfe im Alltag benötigen – angefangen von Wohnen mit Pflege über Kurzzeit- und Tagespflege, ambulante Pflege bis zu Essen auf Rädern –, deckt das Dienstleistungsunternehmen Mainterrasse mit seinen drei Unternehmen ab.

Mit einem Schwerpunkt in der Betreuung demenzkranker Menschen, einem für die Pflegebranche einzigartigen Führungskonzept und einem Mitarbeiterstamm, der sich die stete Verbesserung auf die Fahne geschrieben hat, zeigt die Mainterrasse, was Exzellenz in der Pflege bedeuten kann.

Gerade bei der Arbeit mit Menschen erleben MitarbeiterInnen täglich neue Herausforderungen. Neues Wissen entwickelt sich, Änderungen des Zeitgeistes müssen wahrgenommen und umgesetzt werden. Das hauseigene Fortbildungszentrum „Art of Change" in Hammersbach ist Basis für die kontinuierliche Weiterentwicklung und Schulung der MitarbeiterInnen in allen Bereichen. Ausgehend von der Tatsache, dass der Wandel und die Veränderung in Unternehmen für deren Erfolg und Bestehen wichtige Komponenten darstellen, wurde im Jahr 2009 die Mainterrasse-Akademie „Art of Change" gegründet. Um Veränderungen, ob von außen (wie durch neue Gesetze) oder von innen (wie Strukturänderungen) zu vermitteln und weiterzugeben oder um eigene Ideen umzusetzen und in bestehende Konzepte zu evaluieren, braucht es einen Ort, an dem eine hohe Konzentration möglich ist. Wissensvermittlung, Forschung und geistige Arbeit sind die Grundsäulen der Mainterrasse-Akademie „Art of Change". Basierend auf einer ganzheitlichen Denkstruktur ergänzen „Bewegung" und „Ernährung" das geistige Arbeiten.

Eine herausragende Kompetenz hat sich die Mainterrasse im Bereich Demenz angeeignet. Unter dem Namen Demential Care Mapping (DCM) nach Tom Kitwood, ergänzt durch ein eigens für diesen Bereich entwickeltes, ganzheitliches Ethik-Konzept, gelingt es den ausgebildeten Fachkräften, in herausfordernden Situationen stets schnell die richtigen Entscheidungen zu treffen.

| Ausgezeichnete Unternehmen des Deutschen Bildungspreises Exzellenzunternehmen KAPITEL 3

Exzellenzunternehmen 2015
Pharma Waldhof GmbH

Die Pharma Waldhof GmbH ist Teil der amerikanischen Aceto-Gruppe. Das Unternehmen ist ein führender Anbieter für Nucleotide, Nucleoside und deren Derivate. Wer diesen Satz nicht verstanden hat, versteht, warum es sich bei den Produkten um erklärungsbedürftige Produkte handelt und warum Bildungs- und Talentmanagement einen hohen Stellenwert für das Unternehmen haben muss.

Nucleotide und Nucleoside sind körpereigene Bausteine, für die sich vielseitige Anwendungen finden: Sie können in Nahrungsergänzungsmitteln wie Folgemilch ebenso eingesetzt werden wie in dermatologischen Kosmetika, in der Diagnostik und als pharmazeutische Wirkstoffe. Dabei entfalten die Produkte in jeder Anwendung eine andere Wirkung. Entsprechend breit müssen die fachspezifischen Kenntnisse der Mitarbeiterinnen und Mitarbeiter des Unternehmens sein, um optimal die Kundenbedürfnisse zu bedienen.

Die Zielsetzung der Pharma Waldhof ist einfach: Das Unternehmen kann nicht das größte, aber es soll das Beste in seinen Produkten und Anwendungen sein. Dazu sucht das Unternehmen gezielt Menschen, die sich von neuem und Neuem begeistern lassen, die sich kontinuierlich verbessern wollen.

In der Fortbildung setzt das Unternehmen auf individuelle Trainings und individuelle Förderung besonders bei interdisziplinären Fragestellungen. Zur Unterstützung wurde ein komplett integriertes Managementsystem entwickelt, das individuelle Entwicklungspläne fordert. Zusätzlich werden im Managementsystem jährliche Ziele formuliert und der Zielerreichungsgrad verfolgt. Für die fächerübergreifende Weiterbildung wurde mit den so genannten Lunchseminaren ein Format entwickelt, bei denen in lockerer Atmosphäre über naturwissenschaftliche Zusammenhänge von internen Fachleuten ebenso referiert wird, wie sich Themen aus dem Tagesgeschäft ergeben.

Talente suchen nach den Chancen, etwas zu bewegen oder eine Veränderung herbeizuführen. Entsprechend wird den Mitarbeiterinnen und Mitarbeitern bei Pharma Waldhof viel Freiraum gegeben. Nicht allen ist es gegeben, mit so viel Freiheit umzugehen. Diejenigen, die es können und wollen, finden in dem Unternehmen weite Felder, um den unternehmerischen Erfolg mitzugestalten.

Exzellenzunternehmen 2013

PROFILMETALL

PROFILMETALL ist der Rollform-Experte mit vorbildlichem Bildungs- und Talentmanagement.

Die PROFILMETALL-Gruppe ist Engineering-Partner, Werkzeug- und Profilieranlagenhersteller und als Systemlieferant spezialisiert auf rollgeformte Profile. Zu ihr gehören die PROFILMETALL GmbH am Hauptsitz in Hirrlingen, Landkreis Tübingen, und die PROFILMETALL Engineering GmbH im mainfränkischen Marktheidenfeld. Das Leistungsspektrum umfasst die Entwicklung, Konstruktion und Herstellung individueller Profilierwerkzeuge, Profilieranlagen in modularer Bauweise und Sondermaschinen für die Profilfertigung sowie die Serienproduktion montagefertiger Profile im Kundenauftrag.

Daniela Eberspächer-Roth und Manfred Roth führen das innovative mittelständische Familienunternehmen mit über 100 Mitarbeitern, das über mehr als 40 Jahre Erfahrung verfügt und mit zahlreichen wissenschaftlichen Einrichtungen kooperiert. Die europaweiten Abnehmer stammen aus zahlreichen Branchen – vom Isolierglas-, Schaltschrank- und Automobilbau über die Möbel-, Elektro- und Solarindustrie bis hin zur Gebäude-, Lager- und Medizintechnik.

Für ihr vorbildliches strategisches Bildungs- und Talentmanagement erhielt PROFILMETALL den Deutschen Bildungspreis 2013 in der Kategorie „Kleine und mittlere Unternehmen aus Gewerbe und Produktion". Gewürdigt wurde PROFILMETALL für den „systematischen und ganzheitlichen Ansatz", das „hochwertige und strukturierte Vorgehen" und das „exzellente Prozessmanagement inklusive Bildungscontrolling". Damit sei PROFILMETALL „Vorreiter über die eigene Branche hinaus". Hervorgehoben wurde außerdem, dass das Unternehmen „auf innovative Weise eine Software für Personalentwicklung und Training" nutzt.

Die Geschäftsführerin Daniela Eberspächer-Roth sagt: „Unser umfassendes Bildungsmanagement dient der nachhaltigen Motivation für Produkt- und Servicequalität und befähigt zur Übernahme von Verantwortung. Für unseren weltweiten Kundenkreis bieten wir maßgeschneiderte Profillösungen, die auch deshalb perfekt zu den jeweiligen Anforderungen passen, weil unsere Mitarbeiter stets kompetent und auf dem neuesten technischen Stand sind."

| Ausgezeichnete Unternehmen des Deutschen Bildungspreises Exzellenzunternehmen

Exzellenzunternehmen 2014
ResMed Germany Inc.

ResMed ist im Bereich Schlaf- und Beatmungsmedizin international erfolgreich aufgestellt. Der Konzern ist weltweiter Entwickler, Hersteller und Anbieter von Geräten zur Diagnostik und Therapie schlafbezogener Atmungsstörungen sowie zur nicht-invasiven und invasiven Beatmung.

Ziel des intensiven und nachhaltigen Engagements ist es, die Lebensqualität von Menschen mit nächtlichen Atmungsstörungen beziehungsweise respiratorischen Atemwegserkrankungen zu verbessern. Des Weiteren setzt sich ResMed dafür ein, auf die potenziell schwerwiegenden gesundheitliche Folge- und Begleiterkrankungen unbehandelter schlafbezogener Atmungsstörungen aufmerksam zu machen.

Das Unternehmen wurde 1989 in Sydney, Australien, gegründet. Hauptsitz ist San Diego in Kalifornien (USA). ResMed ist mit Entwicklungsstandorten unter anderem in Sydney (Australien), Paris (Frankreich) und Martinsried (Deutschland) vertreten. Mit Niederlassungen und einem Händlernetzwerk in mehr als 100 Ländern verzeichnete die ResMed Gruppe im Geschäftsjahr 2012/2013 weltweit einen Umsatz von über 1,514 Mrd. US-Dollar.

Mit dem gleichen Engagement und der Leidenschaft, mit denen ResMed die Lebensqualität der Patienten verbessert, stärkt das Learning Center seit 2004 die funktionelle und persönliche Weiterentwicklung. Die kontinuierliche, zielgerichtete Weiterbildung der Mitarbeiter/-innen ist ein Resultat der engen Verzahnung mit der Unternehmensstrategie. Die 850 Mitarbeiter/-innen in Deutschland haben Zugang zu über 100 unterschiedlichen Trainingsthemen, die sie darin unterstützen, die gesetzten Ziele zu erreichen und somit einen wertvollen Beitrag zum Unternehmenserfolg zu leisten. Mit diesen Angeboten fördert, entwickelt und stärkt ResMed seine Unternehmen, seine Teams und seine Mitarbeiter/-innen.

Exzellenzunternehmen 2015

Stihl

Die STIHL Gruppe hat sich in über 85 Jahren von einem Einmannbetrieb zu einem international tätigen Motorsägen- und Motorgeräteherstellerentwickelt. Der Firmengründer Andreas Stihl begann 1926 in Stuttgart und baute das Unternehmen in wirtschaftlich schwierigen Zeiten auf.

1960 trat Hans Peter Stihl als Assistent der Geschäftsleitung in den väterlichen Betrieb ein. Als er nach dem Tod seines Vaters 1973 als alleiniger persönlich haftender Gesellschafter den Betrieb übernahm, zählte das Unternehmen 2500 Mitarbeiter und erzielte mit vier inländischen Produktionsbetrieben einen Jahresumsatz von 220 Millionen DM.

Seit Beginn der 70er Jahre wurde das Unternehmen zu einer Unternehmensgruppe mit internationaler Struktur ausgebaut. STIHL produziert heute an 10 Standorten in insgesamt 6 Ländern Motorsägen und andere Motorgeräte: Deutschland, USA, Brasilien, Schweiz, Österreich und China. Außerdem entwickelt, fertigt und vertreibt die STIHL Gruppe mit der Übernahme von ZAMA seit 2009 auch Vergaser an den Standorten Japan, Hongkong und China. Das deutsche Stammhaus, die ANDREAS STIHL AG & Co. KG, umfasst 7 Werke an 4 Standorten; Stammsitz ist in Waiblingen bei Stuttgart.

Der internationale Vertrieb von STIHL Produkten erfolgt ausschließlich über den servicegebenden Fachhandel. Insgesamt verfügt STIHL über 36 Vertriebs- und Marketinggesellschaften sowie zwei Repräsentanzen und erzielt damit etwa 90 % des Gesamtumsatzes. Die deutsche Vertriebsgesellschaft hat ihren Sitz in Dieburg. Weltweit arbeitet die Unternehmensgruppe mit mehr als 40.000 Fachhändlern und rund 120 Importeuren zusammen. STIHL Produkte werden auf allen Kontinenten in über 160 Ländern vertrieben.

Spitzenqualität, hohe Innovationskraft, starke Kundennähe und exklusiver Vertrieb über den servicegebenden Fachhandel sind die Markenzeichen des Unternehmens. Auch auf hohe Entwicklungs- und Fertigungstiefe legt das Unternehmen großen Wert. STIHL ist seit Anfang der 70er Jahre die meistverkaufte Motorsägenmarke weltweit. Zum umfangreichen Produktprogramm zählen neben Benzinmotor- und Elektrosägen unter anderem Motorsensen, Heckenscheren, Blas- und Sprühgeräte, Trennschleifer, Bohrgeräte sowie Schutzausstattung und Zubehör. Ergänzt wird die Produktpalette durch das VIKING Gartengerätesortiment; es umfasst unter anderem: Rasenmäher, Aufsitzmäher, Robotermäher, Gartenhäcksler, Motorhacken und Rasenlüfter.

| Ausgezeichnete Unternehmen des Deutschen Bildungspreises Exzellenzunternehmen **KAPITEL 3**

Exzellenzunternehmen 2014
ThyssenKrupp Business Services

Ein Konzern, sechs Business Areas und viele Produkte für die großen Herausforderungen unserer Zeit. Das ist ThyssenKrupp. Rund 157.000 Mitarbeiter in knapp 80 Ländern arbeiten in den Bereichen „Mechanik", „Anlagenbau" und „Werkstoffe", um hochwertige Produkte ressourcenschonend und wirtschaftlich herzustellen. Ihre Qualifikation, Kompetenz und ihr Engagement sind die Basis für den Erfolg von ThyssenKrupp.

Als Teil des diversifizierten Industriekonzerns erbringt die ThyssenKrupp Business Services GmbH ausgewählte Dienstleistungen in den Bereichen HR, Finance und Accounting, IT und Real Estate für den gesamten Konzern weltweit. Das Unternehmen mit 870 aktiven Mitarbeitern (Stand: 8. Juni 2015) arbeitet für den gesamten Konzern – sowohl für die ThyssenKrupp AG, die Business Areas als auch für Konzernunternehmen. Dazu zählen massen- und kompetenzbasierte Prozesse, die nicht zu den Kernaktivitäten der Konzerngesellschaften gehören – so genannte Support-Prozesse.

Die Zukunft entsteht dort, wo gute Ideen und das richtige Hintergrundwissen aufeinandertreffen: in den Köpfen der Mitarbeiter. Daher sind gezielte Aus- und Weiterbildungen für ThyssenKrupp der Schlüssel zum Erfolg. Aufgrund der Verantwortung für die Mitarbeiter hat die Personalentwicklung einen besonders hohen Stellenwert.

Die Systematik des ThyssenKrupp Business Services-Bildungsmanagements steht für den durchdachten und bedarfsorientierten Qualifizierungs- und Personalentwicklungsprozess. Bildungsziele sind systematisch aus den Unternehmenszielen abgeleitet, die Geschäftsleitung steht konsequent hinter den Entwicklungen. Einen besonderen Stellenwert nimmt dabei das Potenzialmanagement mit seinen innovativen Identifikationsmethoden ein. Die Personalentwicklungsprozesse werden durch eine SAP-gestützte Infrastruktur und einen entsprechenden Intranetauftritt der Personalabteilung flankiert.

Die Führungskräfte sind die zentrale Säule des Bildungsmanagements und wurden in den vergangenen Jahren systematisch auf ihre Rolle als erster Personalentwickler vorbereitet. Die Elemente und Prozesse der Personalentwicklungssystematik greifen durchdacht ineinander und können für den Gesamtkonzern ThyssenKrupp AG als Best Practice angesehen werden.

Exzellenzunternehmen 2014
ThyssenKrupp Steel Europe

Die ThyssenKrupp Steel Europe AG verfolgt einen integrierten Ansatz von Rekrutierung, Entwicklung und Bindung von Mitarbeitern (Talent Management). Ein entscheidender Impuls zur Verzahnung und Weiterentwicklung bestehender Personalinstrumente ist im Zusammenhang mit intensiven Bemühungen um ein weitreichendes Demografiemanagement zu sehen: starke Alterskohorten zwischen 45 und 55 Jahren und die steigende Wahrscheinlichkeit von Fachkräfteengpässen machten bereits vor knapp 10 Jahren eine mittel- bis langfristige Personalplanung notwendig.

Seit dem Jahr 2011 entwirft die ThyssenKrupp Steel Europe AG Unternehmensszenarien unter variierenden Bedingungen und Annahmen. Dieser Ansatz mündet in einer lebensphasenorientierten Personalpolitik, die die Zusammenarbeit von Mitarbeitern unterschiedlicher Generationen in individuellen Berufs- und Lebensphasen aufgreift und die vorhandenen Personalinstrumente passgenau weiterentwickelt.

Die Personalentwicklung gibt dem Unternehmen Erkenntnisse über Performance und Potenziale der Belegschaftsmitglieder. Jeder Mitarbeiter erhält ein qualifiziertes Feedback und den abgestimmten Entwicklungspfad. Die ThyssenKrupp Steel Europe AG bietet Bildungs- und Entwicklungsprogramme mit zielgruppengerechter Didaktik und Methodik. Von ausbildungsvorbereitenden Programmen bis hin zum Leadership Development ist das gesamte Bildungsangebot für alle Mitarbeiter nach Zustimmung des Vorgesetzten jederzeit abrufbar. Alle Bildungsformate werden systematisch und regelmäßig verbessert.

Die ThyssenKrupp Steel Europe AG verfügt über eines der größten privaten Bildungszentren in NRW. Im eigenen Eventgarten lassen sich Teamtrainings erlebnispädagogisch ergänzen. Das E-Learning-Portal Linet24-7® wird im ThyssenKrupp-Konzern weltweit genutzt. Neben moderiertem Wissenstransfer wird technisches Erfahrungswissen aus der Produktion multimedial und detailliert per Intranet-Tool zur Verfügung gestellt – das erleichtert und verkürzt Nachfolge- und Einarbeitungsprozesse erheblich.

| Ausgezeichnete Unternehmen des Deutschen Bildungspreises Exzellenzunternehmen KAPITEL 3

Exzellenzunternehmen 2014
VISPIRON Engineering GmbH

Persönliche Entwicklung des Einzelnen gemäß seiner Karrierestufe durch Fokussierung auf die individuellen Stärken und gemäß unternehmensspezifisch festgelegter strategischer Kompetenzen.

Das Ziel der 2011 gegründeten V-Academy war es, ein strategieunterstützendes Personalentwicklungssystem aufzusetzen, welches sich gemäß der „Positiven Psychologie" auf die Stärken statt auf die Verbesserung der Schwächen der einzelnen Mitarbeiter fokussiert. Die unterschiedlichen Unternehmensbereiche beinhalten unterschiedliche Ziele, Entwicklungsmöglichkeiten und Karrierestufen. Je nach Bereich gibt es bestimmte Kompetenzen, die man mitbringen, sich innerhalb der Position erarbeiten und als Vorbereitung für die nächste Position anstreben muss.

V-ACADEMY: eine transparente und zielgerichtete Karriereplanung schafft eine erhöhte Mitarbeiterzufriedenheit und ein höheres unternehmerisches Bewusstsein der Belegschaft.

Das Schulungsangebot der V-Academy wurde auf Basis der erarbeiteten Kompetenzen entwickelt und basiert auf vier Säulen: persönliche, fachliche, methodische und sprachliche Trainings. Das Konzept der „Positiven Psychologie" findet seinen Einsatz in mehreren Bereichen, damit der stärkenorientierte Einsatz der Mitarbeiter als langfristiges Ziel verfolgt werden kann.

Eine greifbare, motivierende Unternehmensvision, heruntergebrochen auf jeden Unternehmensbereich und weiter auf jede Karrierestufe, ermöglicht, dass jeder Mitarbeiter weiß, was er persönlich erreichen soll, um zum Erreichen der Vision beitragen zu können.

Die spezielle Anpassung der Mitarbeitergespräche wird sowohl den unternehmerischen Zielen als auch der persönlichen Entwicklung gerecht, wobei hierfür eine zweistufige Vorgehensweise entwickelt wurde: Wintergespräche als Zielvereinbarungsgespräche (Fokus: Unternehmensziele) und Sommergespräche als Mitarbeiterdialoge (Fokus: persönliche Entwicklung der Mitarbeiter).

Exzellenzunternehmen 2016/2017
Volkswagen AG

Der Schlüssel für den Erfolg der Volkswagen AG ist die kontinuierliche Weiterentwicklung der Mitarbeiter-Kompetenz. Die Qualifizierung und Personalentwicklung der Volkswagen Mitarbeiter erfolgt systematisch und beruht auf dem Konzept der Berufsfamilien (IT, Logistik, Beschaffung etc.).

Zu einer Berufsfamilie gehören alle Mitarbeiter, die ihre Tätigkeit auf Grundlage einer gemeinsamen Fachlichkeit ausüben und hierfür verwandte Kompetenzen benötigen. Alle Geschäftsbereiche bilden dafür dauerhafte Arbeitsstrukturen, wie die sogenannten „Berufsfamilienakademien". Die wichtigste fachliche Säule der Berufsfamilienakademien ist das besondere Engagement der eigenen Experten, die Verantwortung dafür übernehmen, den Wissensschatz von Volkswagen zu sichern und kontinuierlich weiterzuentwickeln. Volkswagen wird so zur lernenden und lehrenden Organisation. Das Lernen und Lehren bei Volkswagen erfolgt über alle Entwicklungsstufen hinweg – vom Auszubildenden bis zum Top-Manager – nach dem dualen Prinzip der engen Verzahnung von Theorie und Praxis. Innovative Lernformate wie die sogenannten „Reisen in die digitale Welt" im Rahmen der „Wissensoffensive Digitalisierung" oder internationale „Expertenwochen" spielen dabei eine wichtige Rolle.

Qualifizierung ist bei Volkswagen in zentrale Unternehmensprozesse wie den Fabrik- und Produktentstehungsprozess integriert. Dies ermöglicht die frühzeitige Analyse und Deckung von Bildungsbedarfen.

Der Qualifizierungsbedarf für jeden einzelnen Mitarbeiter wird mindestens einmal jährlich im sogenannten „Mitarbeiter- und Quafizierungsgespräch" identifiziert. Mitarbeiter und Vorgesetzte gleichen hier die Kompetenzen des Mitarbeiters mit dem entsprechenden Kompetenzprofil ab und leiten daraus geeignete Qualifizierungen ab.

Die Volkswagen Group Academy ist die Dachorganisation der Bildungsaktivitäten im Volkswagen Konzern. Das zusammen mit den Berufsfamilien entwickelte und an aktuellen Bildungsbedarfen und -formaten ausgerichtete Qualifizierungsangebot umfasst ein breites Spektrum an fachlichen und überfachlichen Maßnahmen. Die AutoUni mit ihren neun Instituten stellt dabei neuestes akademisches Wissen zur Verfügung.

| Ausgezeichnete Unternehmen des Deutschen Bildungspreises Exzellenzunternehmen   KAPITEL 3

Exzellenzunternehmen 2014

VR Bank Südpfalz

Die VR Bank Südpfalz ist eine selbstständige, regional tätige Genossenschaftsbank mit 150-jähriger Geschichte. Eine enge regionale Verbundenheit und ein klares Bekenntnis zur Kundennähe bestimmen die Geschäftspolitik.

Qualität und Kundenorientierung gehören zum Selbstverständnis gegenüber den Kunden. Mit einer bedarfsgerechten, ganzheitlichen Kundenbetreuung sowie attraktiven Produkten und Dienstleistungen ist die VR Bank Südpfalz für ihre Mitglieder und Kunden ein kompetenter Ansprechpartner.

Erfolgsfaktor Nr. 1 sind die Mitarbeiterinnen und Mitarbeiter. Die Qualität der VR Bank Südpfalz ist die Summe des persönlichen Engagements, des fachlichen Könnens und der beruflichen Begeisterung der Mitarbeiter. Die Entwicklung und Wertschätzung der Mitarbeiter ist daher zentrale Aufgabe und Zukunftssicherung.

Bildungs- und Talentmanagement beginnt in der VR Bank Südpfalz am ersten Tag der Berufsausbildung. Das Unternehmen investiert gezielt in die Qualifizierung der Auszubildenden und ist das erste rheinland-pfälzische Unternehmen mit TÜV-zertifizierter PREMIUM-Ausbildung.

Die VR Bank Südpfalz legt großen Wert darauf, alle Mitarbeiter gezielt in ihrer fachlichen und persönlichen Entwicklung zu unterstützen. Dafür steht ein breites Spektrum an PE-Angeboten zur Verfügung. Lebenslanges Lernen ist dabei fester Bestandteil der Personalarbeit.

Wer gute Mitarbeiter beschäftigen möchte, muss sich von anderen abheben, attraktiv sein und gute Perspektiven bieten. Um immer noch ein Stück besser zu werden, lässt die VR Bank Südpfalz ihre Maßnahmen und Prozesse regelmäßig im Rahmen von Audits überprüfen und zertifizieren. Das Unternehmen setzt bewusst auf eine familienfreundliche Personalpolitik, fördert die Vereinbarkeit von Beruf und Familie und unterstützt seine Mitarbeiter im Rahmen eines umfassenden Gesundheitsmanagements. Das große Vertrauen der Mitarbeiter belegt die Auszeichnung „Great Place To Work – Deutschlands beste Arbeitgeber 2015", mit der die VR Bank Südpfalz erneut zu den 100 besten Arbeitgebern Deutschlands zählt.

Exzellenzunternehmen 2014
Wöhrl Akademie

Hauptaufgabe der Akademie ist seit ihrer Gründung die Qualifikation und Weiterbildung der WÖHRL Mitarbeiter. Der Gedanke dahinter: Gut ausgebildete Führungskräfte leiten motivierte Mitarbeiter an, gut ausgebildete Mitarbeiter bieten dem Kunden ein individuelleres, angenehmeres Einkaufs- und Beratungserlebnis.

Die WÖHRL Akademie auf Schloss Reichenschwand verfügt nicht nur über 25 Jahre praktische Erfahrung im Bereich Weiterbildung und Führungskräfteentwicklung. Sie verfolgt mit ihren Maßnahmen und Programmen auch einen einzigartigen Ansatz: Qualifizierung wird hier als organisationsübergreifendes Lernen voneinander sowie in Form einer wechselseitigen Kooperation zwischen interessierten Unternehmen und der Akademie selbst gelebt.

Weiterbildung, die zu den Menschen kommt
Über 1500 Teilnehmer besuchen an der WÖHRL Akademie jährlich eine Vielzahl von Maßnahmen zur internen Weiterbildung, Personalentwicklung und Förderung von Nachwuchs- und Führungskräften. Erfahrene Trainer und renommierte Dozenten führen dabei über 120 Seminare, Workshops, Schulungen und individuelle Coaching-Einheiten sowie ganzjährig laufende Entwicklungsprogramme durch. Die Lehr- und Lerninhalte, allem voran die Umsetzung des professionellen Verkaufsprozesses, werden aber nicht nur vor Ort in der Akademie weitergegeben. So genannte „Haustrainer" tragen die Weiterbildungsangebote auch in die regionalen Standorte der Rudolf Wöhrl AG hinein und begleiten bei der Umsetzung kontinuierlich. Darüber hinaus hat die WÖHRL Akademie seit 2010 mit einem unternehmensübergreifenden Programm für den Führungskräftenachwuchs auf sich aufmerksam gemacht. Das eigens dafür konzipierte interaktive Management-Entwicklungsprogramm iMEP ist auch im vierten Jahr bereits ausgebucht.

Gemeinsames Ziel aller Akademie-Angebote ist die Eröffnung neuer Bildungshorizonte, die Anleitung und Unterstützung talentierter Spitzen- und Nachwuchsführungskräfte aus der Wirtschaft bei der Entwicklung persönlicher Potenziale sowie bei der Beschreitung neuer Wege in der Personal- und Unternehmensführung.

KAPITEL 3

Ausgezeichnete Unternehmen des Deutschen Bildungspreises Exzellenzunternehmen

KAPITEL 4

DIE INITIATIVE DEUTSCHER BILDUNGSPREIS

DER INITIATOR

TÜV SÜD Akademie

Akademie

Ob Handel, Industrie, Handwerk, öffentlicher Dienst oder Privatpersonen: Die TÜV SÜD Akademie gehört zu den führenden Aus- und Weiterbildungspartnern und hat es sich zur Aufgabe gemacht, Menschen zu qualifizieren und die Zukunft von Unternehmen und Arbeitnehmern zu entwickeln. Professionelle Wissensvermittlung, innovative Produktentwicklung und flexible Lösungen für Unternehmenskunden zeichnen die TÜV SÜD Akademie als Bildungsberater aus.

Das breit aufgestellte Weiterbildungsprogramm der Akademie bietet Seminare in mehr als 400 Fortbildungsthemen aus den Bereichen Management, Medizin und Technik an. Auch in aktuellen und zukunftsorientierten Themen wie beispielsweise Elektromobilität, Energiemanagement oder Medizintechnik bildet die TÜV SÜD Akademie aus. Die erworbenen Qualifikationen und zertifizierten Abschlüsse entsprechen höchsten Qualitätsanforderungen und genießen in der Wirtschaft ein weltweites Ansehen. Neben den vielfältigen Seminaren, die in verschiedenen Sprachen angeboten werden, unterstützt die TÜV SÜD Akademie als Komplettanbieter Unternehmen im Bereich Bildungsmanagement, zum Beispiel bei Personalentwicklungsplanung und Bildungsbedarfsanalyse, beim Anlegen von Kompetenzprofilen und Qualifizierungsplänen oder beim Aufbau eines modernen Bildungscontrollings und der Sicherung des Wissenstransfers. Zudem werden auf den Kunden und dessen Inhalte spezifisch zugeschnittene Inhouse-Schulungen konzipiert, um den bestmöglichen Lernerfolg für den Mitarbeiter und ein optimales Ergebnis für das Unternehmen zu erreichen. Rund 110.000 Teilnehmer bildet die TÜV SÜD Akademie jährlich weiter. Die mehr als 10.000 Seminare werden durch rund 60 verschiedene Fachtagungen ergänzt. Sitz der TÜV SÜD Akademie ist München, 500 Mitarbeiter und mehr als 3000 Trainer an über 80 Standorten weltweit sorgen für eine flächendeckende Präsenz.

Beispiele für Kompetenz und Erfahrung:

» Wissenschaftlich fundiert: Das Qualitätsmodell des Deutschen Bildungspreises ist Grundlage aller Analyseangebote.
» Methodenvielfalt: Neben Seminaren und Workshops konzipiert die TÜV SÜD Akademie zum Beispiel auch E-Learning-Angebote oder Blended-Learning-Pakete.
» Höchste Qualität im In- und Ausland: Die TÜV SÜD Akademie bietet den gesamten Seminarkatalog in gleichbleibend hoher Qualität weltweit an.

SCHIRMHERRSCHAFT

BEIRAT DES DEUTSCHEN BILDUNGSPREISES

Als Beirat fungieren aktuell:
- Sünne Eichler – Leiterin der Learntec
- Prof. Dr. Michael Gessler – Universität Bremen
- Barbara Hemkes – Bundesinstitut für Berufsbildung
- Wilfried Horn – Ehemaliger Director HR bei McDonald's Deutschland Inc.
- Prof. Dr. Astrid Nelke – Deutscher Mittelstands-Bund (DMB) e. V.
- Kirsten Rudolph – PQ GmbH – Paritätische Gesellschaft für Qualität und Management
- Jörg Schäfer – Deutsche Gesellschaft für Personalführung e. V.
- André Schleiter – Wissenschaftlicher Beirat im DDN (Das Demographie Netzwerk)
- Melanie Schneider – Stifterverband für die Deutsche Wissenschaft
- Prof. Dr. Marc Solga – Universität Bochum

Aufgaben des Beirats

Die Expertinnen und Experten wählen aus den Top-8-Bewerbern in jeder Kategorie die Unternehmen aus, die auditiert werden sollen. Auf Grundlage der Auditberichte bestimmen sie dann in der Beiratssitzung die Preisträger. Der Beirat kann zudem Bewerber für Sonderpreise vorschlagen.

Die Expertinnen und Experten stellen die Qualität und Praxistauglichkeit des Qualitätsmodells sicher. Der Großteil der Beiräte war bereits an der Erstellung des Modells beteiligt, nun fließen Feedback und Erfahrungen jährlich in die Revision des Qualitätsmodells ein.

Vertreter der TÜV SÜD Akademie nehmen als Initiatoren und Moderatoren an der Beiratssitzung teil, sind jedoch nicht stimmberechtigt.

PREMIUMPARTNER DES DEUTSCHEN BILDUNGSPREISES

Christiani

Der Lehrmittelanbieter Christiani ist mit seinen 145 Mitarbeitern bereits seit über 80 Jahren am Markt und einer der führenden Anbieter im Bereich der technischen Bildung. Das Unternehmen steht für qualitativ hochwertige und praxisnahe Lehrmittel und Lernkonzepte. Christiani begleitet seine Kunden in allen Phasen der technischen Bildung, angefangen von den allgemeinbildenden Schulen hin zur beruflichen Ausbildung, den Hochschulen und der beruflichen Weiterbildung.

Durch das umfangreiche Know-how und ein stetig wachsendes Produkt- und Dienstleistungsangebot hat sich Christiani als Komplettanbieter am Bildungsmarkt etabliert. Das Portfolio erstreckt sich von klassischen Fachbüchern und Projektarbeiten bis hin zu komplexen Lehrsystemen und Fachraumkonzepten.

Auch digitale Medien in Form von Lern-Apps und Online-Plattformen werden für den Wissenstransfer angeboten. In der Weiterbildung unterstützt Christiani seine Kunden durch praxisnahe Fernlehrgänge und Seminare sowie individuell abgestimmte Inhouse-Lösungen und Bildungsdienstleistungen.

Durch Kooperationen mit zahlreichen namhaften Industrieunternehmen gewährleistet Christiani, dass die angebotenen Produkte stets dem aktuellen Stand der Technik entsprechen und somit den Bedarf der Unternehmen decken.

Weiterhin bietet Christiani eine Vielzahl seiner didaktischen Lehrmaterialien auch in Fremdsprachen an und unterstützt damit deutsche Unternehmen bei der qualifizierten Ausbildung ihrer Mitarbeiter im Ausland.

Eckert Schulen

Die Eckert Schulen, eines der führenden privaten Unternehmen für berufliche Bildung, Weiterbildung und Rehabilitation in Deutschland, sind seit 70 Jahren innovative Ideenschmiede für die Karrieren von morgen.

Mit jährlich mehr als 7.000 Teilnehmern und zweistelligen Wachstumsraten ist Bayerns größter Weiterbildungsanbieter auf dem Weg zum führenden privaten Lerncampus in Deutschland. Beflügelt wird die Zukunftsexpansion von Bayerns „Praktiker-Universität" Nummer 1 durch inzwischen mehr als 40 regionale Bildungszentren in der gesamten Bundesrepublik. Sie ergänzen als „Satelliten" des Eckert-Campus am Stammsitz im ostbayerischen Regenstauf.

Mehr als 90.000 Menschen haben an den Eckert Schulen in den vergangenen Jahrzehnten durch Aus- und Weiterbildung den Grundstein für mehr beruflichen Erfolg gelegt. Schlüssel zum Erfolg ist dabei das einzigartige Bildungskonzept „Eckert 360 Grad", das die unterschiedlichen Lebenskonzepte mit den angestrebten Berufswünschen lückenlos und maßgeschneidert aufeinander abstimmt. Die flexible Kursgestaltung, die Präsenz- und Onlineangebote kombiniert, ein enger Bezug zur beruflichen Praxis und eine herausragende technische Expertise machen Erfolgsquoten von bis zu 100 Prozent möglich und öffnen Teilnehmern Türen zu neuen Jobchancen.

In Zeiten zunehmender Akademisierung vertrauen auch immer mehr Unternehmen direkt auf das Eckert-Know-how: Heute sind die Eckert Schulen mit ihren innovativen Angeboten und durch zahlreiche einzigartige Firmen-Kooperationen zunehmend gefragter Impuls- und Taktgeber im Kampf gegen den Fachkräftemangel der Zukunft — besonders in den technischen, kaufmännischen und medizinischen Berufen, wo die sich die Versorgung mit Fachkräften eine besonders große Zukunftsherausforderung darstellt.

FREUNDE DES DEUTSCHEN BILDUNGSPREISES

SoftDeCC

ANHANG
LITERATURVERZEICHNIS

LITERATURVERZEICHNIS

Baden-Württembergischer Industrie- und Handelskammertag BWIHK (Hrsg.) (2014): Azubis gewinnen und fördern. Stuttgart: BWIHK

Bahnmüller, R. u. a. (1992): Betriebliche Personalpolitik, Weiterbildung und betriebliche Interessenvertretung – Erfahrungen aus der Metallindustrie. In: WSI Mitteilungen, S. 338–348

Bargstedt, U.; Horn, G.; van Vegten, A. (2015): Resilienz in Organisationen stärken – Vorbeugung und Bewältigung von kritischen Situationen, Kap. III. Frankfurt: Verlag für Polizeiwissenschaft

BMBF Bundesministerium für Forschung und Entwicklung (2015): Broschüre „Zukunftsprojekt Industrie 4.0", 2. Auflage

Bundesamt für Sicherheit in der Informationstechnik (BSI) (2013): „UP Kritis – Öffentlich-Private Partnerschaft zum Schutz Kritischer Infrastrukturen"

Burrows, A./Harvey, L. (1992): Defining Quality in Higher Education: the Stakeholder Approach. Paper to the AETT conference on "Quality in Education", University of York, 6.–8. April 1992

Calmbach, M.; Borgstedt, S.; Borchard, I.; Thomas, P. M.; Flaig, B. B. (2016): Wie ticken Jugendliche 2016? Lebenswelten von Jugendlichen im Alter von 14 bis 17 Jahren in Deutschland. Wiesbaden: Springer Fachmedien Wiesbaden GmbH

Calmbach, M;Thomas, P. M.; Borchard, I.; Flaig, B. (2012): Wie ticken Jugendliche 2012? Lebenswelten von Jugendlichen im Alter von 14 bis 17 Jahren in Deutschland. Düsseldorf: Verlag Haus Altenberg.

Calmbach, M.; Schleer, C.; Thomas, P. M. (2015): Was erwarten Jugendliche von Beruf und Unternehmen? In: Wirtschaft & Beruf, 67. Jg., S. 78–83

Crawford, F. W. (1992): Total Quality Management. Paper to the "Quality by Degrees" Conference at Aston University, 8. Juni 1992

Cohn, M. (2012): Agile Succeeds Three Times More Often Than Waterfall http://www.mountaingoatsoftware.com/blog/agile-succeeds-three-times-more-often-than-waterfall, 20.05.2016

Deal, T.; Kennedy, A. (2000): Corporate Cultures: The Rites and Rituals of Corporate Life. New York:Perseus Books Group

Denker, T. (2006): Qualität in der Weiterbildung im Spannungsfeld zwischen ökonomischer Steuerung und pädagogischem Handeln. Norderstedt: GRIN Verlag

Drews, G./Hillebrand, N. (2007): Lexikon der Projektmanagement-Methoden. München: Haufe Verlag, S. 186 ff.

Gallup Studie (2013) https://hbr.org/web/infographic/2013/11/workplace-engagement-around-the-world, 20.05.2016

Harramach, N.; Prazak, R. (2014): Management absurd: Ein Blick auf die Kehrseite moderner Management-Begriffe.Berlin: Springer Verlag S. 43 f

Harvey, L.; Green, D. (2000): Qualität definieren. Fünf unterschiedliche Ansätze. In: Helmke, A./Hornstein, W./Terhart, E. (Hrsg.): Qualität und Qualitätssicherung im Bildungsbereich; Schule, Sozialpädagogik, Hochschule. S. 17–39. (Zeitschrift für Pädagogik, Beiheft 41). Weinheim: Beltz Verlag

Hippel, A. von (2011): Programmplanungshandeln im Spannungsfeld heterogener Erwartungen – Ein Ansatz zur Differenzierung von Widerspruchskonstellationen und professionellen Antinomien. Report 1/2011, S. 45–56
http://www.die-bonn.de/doks/report/2011-programmforschung-02.pdf (16.10.2014)

Höfliger, R. (2014): Präsentationsausschnitt, Kontakt: http://www.hoefliger.ch/

Kluge, S. (1999): Empirisch begründete Typenbildung. Zur Konstruktion von Typen und Typologien in der qualitativen Sozialforschung. Opladen: Leske + Budrich

König, E./Volmer, G. (1994): Systemische Organisationsberatung: Grundlagen und Methoden. System und Organisation, Bd. 1. Weinheim: Deutscher Studien Verlag

Komus, A. (2014): Studie „Status Quo Agile 2014", BPM-Labor HS Koblenz https://www.hs-koblenz.de/index.php?id=7169, 20.05.2016

Lamnek, S. (1995): Qualitative Sozialforschung. Bd. 2, Methoden und Techniken. 3. Aufl. Weinheim: Beltz, Psychologie-Verlags-Union

Leodolter, W. (2015): Das Unterbewusstsein von Organisationen: Neue Technologien – Organisationen neu denken. Berlin: Springer Verlag, S. 164

Lohaus, D./Habermann, W. (2011): Weiterbildung im Mittelstand. Personalentwicklung und Bildungscontrolling in kleinen und mittelständischen Unternehmen. München: Oldenbourg Wissenschaftsverlag

Loibl, S. (2003): Zur Konstruktion von Qualität in Weiterbildungseinrichtungen am Beispiel der Kreisvolkshochschule Hochtaunus/Oberursel. Bielefeld: Bertelsmann Verlag

McDonald's Deutschland (2013): Die McDonald's Ausbildungsstudie 2013. Pragmatisch glücklich: Azubis zwischen Couch und Karriere. Eine Repräsentativbefragung junger Menschen im Alter von 15 bis unter 25 Jahren. München: Produktionsteam Gesellschaft für Medienproduktion mbH

Mayring, P. (1985): Qualitative Inhaltsanalyse. In: Jüttemann, G. (Hrsg.): Qualitative Forschung in der Psychologie. Grundfragen, Verfahrensweisen, Anwendungsfelder. Weinheim u. Basel: Beltz

Mourlane, D.; Hollmann, D.; Trumpold, K. (2013): Führung, Gesundheit & Resilienz. Studie der Bertelsmann Stiftung. Gütersloh: Bertelsmann Stiftung

Schloß, B. (2015): Stakeholderanalyse https://www.openpm.info/display/openPM/Stakeholderanalyse, überarbeitete Version vom 02.01.2015, 20.02.2015

Petanovitsch, Alexander (2012): Branchenspezifische Aspekte betrieblicher Weiterbildung. Empirische Befunde aus Unternehmensbefragungen. In: Magazin Erwachsenenbildung.at, 2012/17. Wien.

Projektmanagement Manufaktur (2015)
http://www.projektmanagement-manufaktur.de/stakeholderanalyse, 20.02.2015

Rosenstiel, L. von (2008): Qualitätssicherung in der betrieblichen Weiterbildung. In: Klieme, E./Tippelt, R. (Hrsg.): Qualitätssicherung im Bildungswesen. Weinheim und Basel : Beltz Verlag, S. 122–134. (Zeitschrift für Pädagogik, Beiheft; 53)

Schermuly, C. G./Schröder, T./Nachtwei, J./Kauffeld, S./Glä, K. (2012): Die Zukunft der Personalentwicklung. Eine Delphi-Studie. Zeitschrift für Arbeits- und Organisationspsychologie. 56 (N. F. 30) 3, 111–122. Göttingen: Hogrefe Verlag

Scharnhorst, J. (2014): Psychischen Belastungen im Unternehmen vorbeugen. In: HAUFE Personal Office Premium, Abschnitt 5 „Resilienz-Aufbau", ohne Seitenzahl, Stand Februar 2014. Freiburg: Haufe Verlag

Schiersmann, C. (2006): Berufliche (Betriebliche) Weiterbildung im Umbruch – Perspektiven und Herausforderungen. In: Pohlmann, M./Zillmann, T. (Hrsg.): Beratung und Weiterbildung. Fallstudien, Aufgaben und Lösungen. München: Oldenbourg Wissenschaftsverlag

Schimank, U. (2007): Theorien gesellschaftlicher Differenzierung. 3. Auflage. Wiesbaden: VS Verlag für Sozialwissenschaften, GWV Fachverlage GmbH

Schmeer, K. (1999): Guidelines for Conducting a Stakeholder Analysis. November 1999. Bethesda, MD: Partnerships for Health Reform, Abt Associates Inc.

Senge, P. (1990): The art and practice of the learning organization. The new paradigm in business: Emerging strategies for leadership and organizational change. New York: Free Press

Sonntag, K.; Stegmaier, R; Schaper, N.; Friebe, J. (2004): Dem Lernen im Unternehmen auf der Spur: Operationalisierung von Lernkultur. In: Unterrichtswissenschaft 32, Jg. 2004/2, S. 104–127

Sztuka, A. (2011): Stakeholderanalyse
http://www.manager-wiki.com/externe-analyse/32-stakeholder-analyse, 20.02.2015

Thomas, P. M. (2014): Wer kommt nach der Generation Y? Die zukünftigen Zielgruppen des Ausbildungsmarketings. In: Beck, C.; Dietl S. F. (Hrsg.): Ausbildungsmarketing 2.0 Die Fachkräfte von morgen ansprechen, gewinnen und binden. Köln: Wolters Kluwer, S. 71–90

VDI (2013):
https://www.vdi.de/bildung/qualitaetsdialoge/4-qualitaetsdialog-2013-tagungsdokumentation/, 9./10. September 2013

Vollmar, M. (2013): Gestaltung der beruflichen Weiterbildung in Unternehmen (2010), S. 883–892. Wiesbaden: Statistisches Bundesamt

Wieland, A.; Wallenburg, C.M. (2013): The influence of relational competencies on supply chain resilience: a relational view. International Journal of Physical Distribution & Logistics Management, Vol. 43, Iss: 4, pp. 300–320

| Literaturverzeichnis   ANHANG

Deutscher Bildungspreis
www.deutscher-bildungspreis.de
bildungspreis@tuev-sued.de
Tel.: +49 (0) 89 5791-1180

Technisches Institut für
Aus- und Weiterbildung

Dr.-Ing. Paul Christiani GmbH & Co. KG
Hermann-Hesse-Weg 2
78464 Konstanz
Tel. 07531 5801-26, Fax 07531 5801-85
www.christiani.de

Bestell-Nr. 69823